Georg Pfau | Thomas Hartl

Männer

Georg Pfau | Thomas Hartl

MÄNNER

Die ganze Wahrheit

GOLDEGG VERLAG

Die im Buch vorkommende Beispiele beruhen auf den Erfahrungen der Autoren wurden aber hinsichtlich der Namen, Orte, Details verändert, sodass keine Rückschlüsse auf Personen möglich sind.

Der Verlag und seine Autoren sind für Reaktionen, Hinweise oder Meinungen dankbar. Bitte wenden Sie sich diesbezüglich an verlag@goldegg-verlag.at.

ISBN: 978-3-902729-30-9

Mommsengasse 4/2 • A-1040 Wien
Telefon: +43 (0) 1 5054376-0
E-Mail: office@goldegg-verlag.com
http://www.goldegg-verlag.com
Herstellung: Goldegg Verlag GmbH, Wien
Druck: CPI Moravia Books

Für Mutter, Oliver, Birgit und Kerstin.

Georg Pfau

Vorwort

Dieses Buch ist in seiner Konzeption einzigartig. Ein Sexualmediziner beschreibt anhand authentischer Fälle seine Tätigkeit in der Praxis. Damit soll die Sexualität des Menschen erklärt und enttabuisiert werden. Keinesfalls soll der Leser schockiert werden, denn mit Pornografie hat dieses Werk nichts zu tun.

Der Mensch ist ein soziales Wesen, daher ist Sexualität eines der wichtigsten Kapitel in seinem Leben. Der Sexualmediziner gerät ganz unweigerlich in einen Konflikt mit den Lobbyisten jener Organisationen, die sich der Sexualität bedienen, um den Menschen zu beherrschen.

Der Sinn von Sexualität ist aber nicht, den Menschen zu beherrschen. Vielmehr dient sie neben dem ursprünglichen Zweck der Fortpflanzung auch der Erfüllung der wichtigsten psychosozialen Grundbedürfnisse, jener Bedürfnisse, deren Erfüllung den Menschen erst glücklich macht.

Sexualität und Lebensglück sind daher eng miteinander verknüpft.

Die geschilderten Fälle sind inhaltlich so gestaltet, dass sie Wissen und Verständnis für das Phänomen Sexualität vermitteln. Um die Identität der zitierten Darsteller zu schützen, wurde die Handlung derart verändert, dass ein Rückschluss auf bestimmte Personen nicht möglich sein kann. Parallelen zu lebenden Personen sind daher rein zufällig.

Georg Pfau

Sex, Sex, Sex. Wo man hinsieht, überall Sex. In den Zeitungen und Magazinen, im Fernsehen und Kino. Sex? Eigentlich doch nicht, eher die Andeutung davon. An jeder Ecke prangt eine Versprechung, ein Hauch davon, eine medial verfremdete Verführung. Doch über den realen Sex, der sich tatsächlich in den Betten oder anderswo abspielt, darüber weiß kaum einer Bescheid. Männer reden zwar angeblich gerne darüber, aber Hand aufs Herz: Wer ist dabei ehrlich? Wer teilt seinen Freunden schon die Wahrheit mit? Wer erzählt seine Probleme?

Einsichten in das Sexualleben der Männer gibt einer, der es wissen muss: Der Sexualmediziner Dr. Georg Pfau betreibt eine der wenigen „Männersprechstunden“ und kennt die Probleme und Sorgen der Männerwelt ganz genau. Er lässt uns durchs Schlüsselloch schauen und zeigt uns die Welt des Sexualmediziners. Oder besser gesagt die Welt der Sexualprobleme seiner Patienten. Man erfährt, wie es den anderen geht, womit diese kämpfen und wie sie mit ihren Problemen umgehen. Spannend ist es allemal, endlich einmal zu erfahren, woran der Mann und sein bestes Stück tatsächlich so leiden und woran es hapert.

Der Mediziner Dr. Pfau gibt einen (durchaus provokanten) Einblick in das Beziehungs- und Sexualleben von Mann und Frau und hält mit seinen Ansichten nicht hinter dem Berg, auch wenn sie nicht allen schmecken werden.

Thomas Hartl

Inhaltsverzeichnis

1. Kapitel

Der Mann als Turbo der Evolution

Hallo Herr Doktor, ich hoffe, ich darf mich mit meinen Problemen an Sie wenden. Ich bin ein 17-jähriger Gymnasiast, der in seinem Selbstbild massiv erschüttert wurde. Eigentlich bin ich richtig verwirrt und weiß nicht mehr ein noch aus. Ich werde von meiner Mutter erzogen. Bisher gab es keine gröberen Differenzen, doch in den letzten Monaten kommt es zu häufigen Konflikten zwischen uns beiden. Der Grund hierfür ist der Versuch, mich „geschlechtsegalitär" zu erziehen. Wie Sie sicher wissen, gibt es Tendenzen im Gender-Mainstreaming-Bereich, die Existenz der beiden Geschlechter überhaupt zu leugnen, so als gebe es nicht Mann und Frau, sondern nur ein einziges Geschlecht. Die Forderung lautet: Männer und Frauen sind dasselbe Geschlecht, allfällige Unterschiede zwischen ihnen müssen durch geeignete Maßnahmen ausgeglichen werden. Ich weiß auch, woher diese Ideen stammen. Eine enge Freundin meiner Mutter arbeitet in diesem Metier an einer Universität, sie sagt: „Geschlechter wären eine Erfindung der Gesellschaft". Die Folge ist, dass ich mich permanent rechtfertigen muss, wenn ich etwas mache, was in den Augen meiner Mutter „typisch Mann" ist. Da geht es um ganz banale Dinge, meine Ausdruckweise, meine Wortwahl, meine Art zu gehen, meine Kleidung, meine Interessen, ja selbst meine Angewohnheit, beim Pinkeln zu stehen. Diese ewigen Nörgeleien hören auch nicht auf, ich habe eher das Gefühl, sie werden immer schlimmer. Leider habe ich keinen Vater, der mir dabei hilft. Den kenne ich kaum und obwohl er im sel-

ben Ort wohnt, darf ich ihn nicht sehen. Wie sehen Sie die Situation, was soll ich machen? Bitte helfen Sie mir, bevor noch was Schlimmes passiert.

Anfragen solchen Inhalts gibt es noch nicht so lange, sie werden aber immer häufiger. Sie spiegeln ein neues Kapitel wider im Kampf der Geschlechter. Nach Behauptungen, der Mann wäre ein Irrtum der Natur, geht es nun in die nächste Runde. Längst widerlegte alte Hüte werden ausgegraben und in anderer Verpackung neu aufgelegt. Zum Beispiel die Meinung, geschlechtstypisches Verhalten wäre ausschließlich anerzogen und nicht biologisch bedingt. Neuerdings gibt es nach Meinung mancher feministisch indoktrinierter Wissenschafterinnen gar keine Geschlechter mehr, weder Frauen noch Männer! Nach der inzwischen überholten Behauptung Simone de Beauvoirs, eine Frau würde nicht als Frau geboren, sondern erst dazu gemacht werden, wird nun die Existenz der beiden Geschlechter überhaupt infrage gestellt.

Dabei sah alles einmal so einfach aus. Jeder wusste, dass Gott am Sechsten Tage den Menschen erschaffen hat und mit „Mensch“ meinte man den „Mann“. Erst in einer zweiten Anstrengung schuf Gott die Frau aus einer Rippe Adams. Damit nahm das Unglück seinen Lauf. Die Schlange verführte Eva, Eva verführte Adam und die Folge war der Fall des Menschen. Jeder der Beteiligten sollte die gerechte Strafe bekommen. Die Schlange wurde verdammt, für ewig auf dem Bauch kriechen und Staub fressen zu müssen; Eva und ihre weiblichen Nachkommen mussten in Hinkunft unter Schmerzen ihre Kinder gebären und sollten Verlangen haben nach den Männern, von ihnen aber beherrscht werden. Auch Adam, als Mann der Liebling Gottes, kam nicht ungeschoren davon. Er hatte sich ja von Eva verführen lassen. Seine Strafe war, im Schweiße seines Angesichts den Ackerboden bestellen zu müssen. Zu all dem Unglück kam noch hinzu, dass der Mensch sich ab sofort seiner Nacktheit schämen sollte. Denn im Paradies waren Adam und seine Frau nackt gewesen, aber sie schämten sich nicht.

Diese Geschichte ist auch heute noch in der Bibel zu lesen und das wird sich vermutlich auch nicht ändern. Sie ist eine der Grundlagen für den merkwürdigen Umgang der Kirche mit der Sexualität. Des Sündenfalles wegen sollten sich die Menschen in Hinkunft ihrer Nacktheit schämen; Scham ist aber eine schlechte Voraussetzung für gesunde Sexualität.

Der Fortschritt der Naturwissenschaften führte zu größeren Verwicklungen, mit denen umzugehen die Kirche erst lernen musste. Die weltliche Förderung der Wissenschaften verstand die Kirche als einen Angriff auf ihre Deutungshoheit, weswegen sie mit Vehemenz dagegen ankämpfte, zumal sie sich selbst als Förderin der Künste und der Wissenschaften verstand. Doch die Wissenschaften, die zu fördern sie gedachte, wurden sorgsam ausgewählt. Die Naturwissenschaften ganz allgemein, die Medizin im Besonderen gehörten nicht dazu. Der geniale Galileo Galilei (1564–1642) verbreitete die Ansicht Kopernikus', dass nicht die Erde im Mittelpunkt unseres Sonnensystems steht, sondern die Sonne. Weil diese Behauptung das christliche Weltbild infrage stellte, zwang ihn Papst Urban VIII. das Gegenteil zu behaupten und ließ ihn abschwören und unter Hausarrest stellen. So einfach konnte man sich früher solcher Probleme entledigen. Wenn die beiden nicht schon als Buben gemeinsam im Sandkasten gespielt hätten, wäre die Sache sicher noch viel dramatischer verlaufen. Die Heilige Inquisition hätte mit einem Ketzer vom Range Galileis sicher ihre Freude gehabt. Auf diese Weise wurden Millionen von Forschern, Alchimisten und Naturheilern ruhig gestellt und liquidiert. Auch 5 Millionen Frauen fielen den Häschern in die Hände und wurden als Hexen verbrannt, die meisten von ihnen hatten die damals für die Bevölkerung so wichtige Rolle des Wundärztinnen inne. Zu jener Zeit war die Medizin weiblich, derzeit ist sie im Begriffe, es wieder zu werden.

Das war damals, doch heute ist alles nochmals viel schwieriger. Die Wissenschaft macht immer rasantere Fortschritte und die Medien sorgen für deren Verbreitung. Wir leben in einer medialen Welt, das Vertuschen von ungeliebten Neuigkeiten ist schwieriger denn je und mit einem bloßen Abschwören à la Galilei kann man heute keine Probleme lösen. Wir wissen so vieles nicht, weder woher das Leben stammt, noch woraus es eigentlich besteht. Ist „Leben“ wirklich nur der Transfer von Elektronen, so unromantisch das klingen mag? Oder gibt es eine bessere Erklärung für das, was der Mensch „ist“?

Genauso wenig wissen wir, woher wir eigentlich stammen, vorausgesetzt man ist bereit, die Schöpfungsgeschichte zu hinterfragen. Der Mensch hat die Neigung, zu kategorisieren und zu werten. Nichts ist ihm, der angeblichen Krone der Schöpfung, verhasster, als sich Unwissen und Unvermögen eingestehen zu müssen. Wir leben in einer technisierten Welt, unsere Gesellschaft ist die Gesellschaft des Machbaren. Die Themen, an den wir zu scheitern drohen, werden verschwiegen, niemand spricht gerne über unheilbare Krankheiten oder gar über den Tod. Gerade er ist aber das Sinnbild für das Scheitern des Menschen.

Um den Zeitpunkt der Entstehung des Mannes festzulegen, genügt es, eine relativ kurze Zeitspanne zurückzusehen. Für unsere Betrachtungen, nämlich die Definition der beiden Geschlechter, sind lediglich die letzten 500 Millionen Jahre von Bedeutung, die „restlichen“ 3,3 Milliarden können wir getrost vergessen. In dieser enormen Zeitspanne hat sich auch tatsächlich nicht viel getan auf unserem Planeten. Das Klima war unwirsch, es gab noch keine Ozonschicht in der Stratosphäre. Das einstrahlende ultraviolette Licht der Sonne war derart aggressiv, dass sich Leben mit wenigen Ausnahmen überwiegend im Wasser, also in den Weltmeeren, abspielte. Dort gab es eine Vielzahl von verschiedenen Lebewesen, die allesamt ein ziemlich unspektakuläres Leben führten. Mikroskopisch kleine Einzeller, etwa in der Art der heute noch existierenden Bakterien, allenfalls noch Mehrzeller, die durch die Fusion mehrerer Zellen entstanden. Doch zu einem größeren Entwicklungsschritt hat es nicht gereicht. Wie denn auch? Die Fortpflanzung der Lebewesen erfolgte durch Zellteilung, die nächste Generation war ein identer Klon der vorhergehenden Generation. Ein ideales Beispiel für den durch Klonen bedingten Stillstand der Evolution ist das Rädertierchen Bdelloidea, ein relativ weit entwickeltes Exemplar seiner Gattung. Es vermehrt sich seit 40 Millionen Jahren ungeschlechtlich, also ohne Männchen. Die gesamte Population besteht aus Weibchen, die sich durch unbefruchtete Eier vermehren. Auf diese Weise musste die Evolution auf dem Stand treten, fand eigentlich gar nicht statt. Wenn es überhaupt zu Veränderungen der Genetik kam, dann durch Zufallsmutationen oder durch die Einwirkung exogener Einflüsse wie Blitze oder ionisierende Strahlen. Dies brachte die Evolution zwar weiter, zu einer echten Beschleunigung aber kam es nicht.

3,3 Milliarden Jahre lang fand die Evolution in Mikroschritten statt, stand fast still, ließ jeden Quantensprung vermissen. Doch plötzlich änderte sich das. Erst vor 540 Millionen Jahren endete die Epoche der Ediacara, der ersten primitiven, sichtbaren Lebensformen der Erde. Sie mussten den höher entwickelten Lebewesen weichen, die erstmals mit Sexualität und auch mit Aggression ausgestattet waren. Erstmals – Millionen Jahre vor den Dinos – war eine Lebensform für immer verloren gegangen. In den folgenden 500 Millionen Jahren versuchte die Evolution all das aufzuholen, was sie vorher versäumt zu haben schien, jetzt ging es rasant voran. In diesen 500 Millionen Jahren kam es zu fulminanten Entwicklungsschritten, vom Einzeller zum höheren Lebewesen bis hin zum am höchsten entwickelten Lebewesen, dem Menschen.

Was war geschehen? Welche gravierende Veränderung hat dies alles möglich gemacht?

Die neuen Lebensformen waren wie bereits ausgeführt mit Sexualität ausgestattet, Sexualität aber ist gepaart mit Aggression. Sie hatten somit das Potenzial, sich besser behaupten zu können und auf Grund des mit der Fortpflanzung verbundenen Gen-Austausches auch wesentlich rasanter zu entwickeln. Die Sexualität wirkte im Vergleich mit der Bedächtigkeit vergangener Jahrmilliarden wie ein Turbo.

Der Beginn der sexualitätsassoziierten Fortpflanzung ist gleichzusetzen mit der Geburtsstunde eines zweiten Geschlechtes, denn Sexualität funktioniert nur paarweise. Dies war die Geburtsstunde des Mannes. Mit seinen 500 Millionen Jahren ist er somit eine relativ neue Erfindung der Evolution. Zuvor – die bereits erwähnten 3,3 Milliarden Jahre – war das Leben eingeschlechtlich, und zwar weiblich. Warum genau die Evolution den Mann „erfand" und wie diese „Erfindung" vor sich ging, wissen wir nicht. Es ist und bleibt ein Rätsel, doch plötzlich begannen sich manche Lebewesen in zwei verschiedene Geschlechter aufzuteilen. Für die Fortpflanzung, die Generierung der Nachkommen war von nun an die Verschmelzung des Erbgutes zweier verschiedener Lebewesen erforderlich. Dies ist des Rätsels eigentliche Lösung: die Verschmelzung von Erbgut zweier verschiedener Lebewesen. Die Geburt eines zweiten Geschlechtes, der Männer eben, war ein weiterer, spektakulärer Quantensprung für den Fortschritt der Evolution.

Es ist das Grundprinzip des Darwinismus, dass das Bessere der Feind des Guten ist. Der rasante Fortgang der Evolution beweist also, dass die Männer sich bewährt haben. Es ist aber umgekehrt nicht zu leugnen, dass die Generierung von neuem Leben der eigentliche evolutionäre Auftrag an die Männer ist. Die möglichst weite und rasche Verteilung ihrer Gene ist evolutionsbiologisch der Auftrag an die Männer. Immer noch!

Zugegeben, das Y-Chromosom macht einen etwas mitleidsbedürftigen Eindruck. Es ist deutlich kleiner als die anderen Chromosomen, vor allem als das Weiblichkeitschromosom (X). Wahrscheinlich ist dies auch der Grund, warum es immer für dumme Sprüche herhalten muss. Der Mann wäre ein „Irrtum der Natur" wird salopp behauptet und auf den ersten Blick kann man gar nicht widersprechen.

Auf den zweiten Blick erkennt man aber, dass in der Genetik das „Prinzip des kleinen Unterschiedes mit der großen Wirkung“ vorherrscht. Der Mensch unterscheidet sich von seinen nächsten Verwandten im Tierreich, den Primaten, lediglich durch 2 Prozent der Gene und dies ist wohl der beste Beweis für diese These. Und zweitens: Die Evolution lebt von zufälligen Veränderungen, von Unfällen und traumatischen Zerstörungen von Chromosomen oder Genen, das scheint ganz normal. Die Evolution ist nicht die intellektuelle Leistung eines kreativen Wesens, sie verfolgt lediglich ein Prinzip, das der Random-Selektivität. Je größer die Auswahl, desto besser das Ergebnis. Worauf es ankommt, ist immer die Konkurrenzfähigkeit zu anderen Lebewesen. Die gesamte Evolution wird durch den Zufall regiert, der sich dann noch als die bessere und vor allem die stabilere Variante behaupten muss. Zweifelsohne ist das Y-Chromosom um Milliarden Jahre jünger als das weibliche Pendant und möglicherweise tatsächlich nur ein abgesprengtes Bruchstück des X-Chromosoms; es ist zwar klein, aber wirksam. Es umfasst 23 Millionen Basenpaare, auf denen 78 Gene sitzen. Das wichtigste Gen ist das SRY-Gen, es enthält jene Informationen, die aus der Urgonade den männlichen Hoden machen. Der Hoden schließlich produziert den „Männermacher“, das Testosteron.

Man spricht fälschlicherweise von zwei Geschlechtschromosomen, den Gonosomen. Das Männlichkeitschromosom ist das Y-Chromosom, das Weiblichkeitschromosom das X-Chromosom. Diese Behauptung ist irreführend, denn das X-Chromosom ist weder typisch noch differenzierend für eines der beiden Geschlechter, es kommt ja bei beiden Geschlechtern vor, bei Männern und Frauen. Ganz im Gegenteil zum Y-Chromosom, das für den Mann differenzierend ist und bei den Frauen gar nicht existiert. Es gilt: Alle Männer haben ein Y-Chromsom, keine Frau besitzt ein Y-Chromosom.

Mann zu sein ist daher weniger die Folge einer Maskulinisierung des Femininen als viel mehr die einer Defeminisierung.

„Mannsein heißt daher primär nicht Frau zu sein.“

Das Potenzial der Evolution steckt im möglichst raschen Wechsel der Generationen, denn nur neues Leben hat die Chance, besser zu sein als das Leben zuvor. Das müssen wir Menschen erst begreifen. Der Tod ist von der Evolution gewollt, genauso wie der Alterungsprozess, der unausweichlich zum Tode führt. Es gibt kein naturalistisches Interesse, das Individuum besonders alt werden zu lassen, denn das kostet Ressourcen. Ewiges Leben wiederum brächte die Evolution zum Stillstand. Der Wunsch des Menschen nach einem möglichst langen Leben ist somit nicht biologisch begründet. Auch wenn Forscher errechnet haben wollen, dass die für Menschen erreichbare Lebenserwartung bei 120 Jahren liegt, ist es für jedermann erkennbar, dass problemlose Gesundheit maximal bis 40 gewährleistet ist, und nicht einmal das zu 100%. Wenn also jeder von uns möglichst lange leben möchte, muss er die Dinge selber in die Hand nehmen. Die daraus resultierenden Maßnahmen nennt man Präventionsstrategie oder Lifestyle. Damit ist es möglich, Mutter Natur mit wechselndem Erfolg ein paar Jährchen abzuringen. Die Fortpflanzung ist und bleibt – evolutionsbiologisch – die Hauptaufgabe aller Lebewesen, deshalb sind sie auch nach dem Erreichen der Fortpflanzungsfähigkeit auf den Tod programmiert.

Der Mann scheint nicht der Liebling von Mutter Natur zu sein. Er wurde mit einer geringeren biologischen Stabilität ausgestattet als die Frau, was sich in vielen Details, unter anderem auch in der geringeren Lebenserwartung, dokumentiert. Männer befinden sich bezüglich ihrer biologischen Ressourcen im Nachteil.

Die Evolution leistet sich den Mann als Spender seiner Gene. Seine primäre Aufgabe ist die Erzeugung von Leben, eine Aufgabe, der er am besten in seiner Jugend nachkommen kann. Seine Potenz und die Qualität seiner Spermien nimmt bereits in jungen Jahren dramatisch ab, warum also sollte man ihn länger am Leben erhalten als unbedingt erforderlich? Diese Wahrheit ist ebenso einfach wie ernüchternd.

Jedes Lebewesen belastet die Energiebilanz der Erde. Dort, wo Energie am rarsten ist, muss damit besonders sparsam umgegangen werden – unter Aufrechterhaltung der Fortpflanzungsfunktionen als oberstes Gebot. In der dunklen Unterwelt der Meere gibt es kein Licht, keine Fotosynthese, und auch Sauerstoff ist Mangelware. Manche der dort lebenden Krebsmännchen werden gänzlich ohne Mundwerkzeuge und ohne Darm geboren, verfügen aber über riesige Sinnesorgane. Sie verzichten ihr Leben lang auf Essen, setzen alles auf eine Karte, schlüpfen aus dem Ei und versuchen ein Weibchen zu finden und sich zu vermehren. So nehmen sie den Weibchen nicht die Nahrung weg und erfüllen dennoch ihre Pflicht, die der Zeugung neuen Lebens.

Glücklicherweise handelt es sich hier um ein Extrembeispiel und nicht um einen allgemein gültigen Standard. Dennoch muss man erkennen, dass das Schicksal des Einzelnen und ganz besonders das des Mannes nicht im primären Interesse der Natur liegt, diese stellt die Erhaltung der Art und deren Weiterentwicklung in den Vordergrund.

Dies gilt natürlich auch für den Menschen. Es scheint das Los des Menschen zu sein, in selbstloser Weise der Fortpflanzung zu dienen. Und selbst in einer Gesellschaft, in der die Fortpflanzung eine nur mehr untergeordnete Rolle spielt, folgt er dem Edikt der Evolution: Die Erhaltung der Art ist vorrangiges Ziel, das persönliche Glück daher nachrangig. Nur so lässt sich die große Bedeutung der Sexualität in der menschlichen Gesellschaft plausibel erklären.

Dass der Mensch mithilfe seines Intellektes auch andere Lebensinhalte sucht, ist verständlich, es ändert aber nichts an der ursprünglichen Aufgabe des Einzelnen. Die menschliche Gesellschaft versucht die Prinzipien der Evolution zu unterlaufen. Das evolutionäre Prinzip, dass „der Stärkere gewinnt“, entspricht nicht mehr den Zielen unserer individualisierten Gesellschaft, jedenfalls nicht mehr im Sinne des alten Kriegers, der sich auf dem Schlachtfeld behaupten muss. Bei näherer Betrachtung müssen wir uns dennoch eingestehen, dass wir das Prinzip des siegreichen Stärkeren nicht wirklich verändert haben, wir haben nur die Anforderungen und die Strategien verändert. Im Großstadtdschungel sind Kampfesmut und Körperkraft kaum mehr gefragt, was zählt, sind Sozialkompetenz und Networking, also eher weibliche Eigenschaften. Dies ist einer der wesentlichsten Gründe, warum der Mann als Geschlecht heute in die Defensive gerät.

Ausgehend von einem Grundkonsens über die unterschiedlichen Geschlechtsrollen von Männern und Frauen sollte es nicht schwierig sein, auch zu akzeptieren, dass Männer und Frauen für die ihnen zugedachten Rollen von der Evolution besonders ausgestattet wurden. In allen Kulturen, selbst in matriarchalischen, vertritt der Mann die Gruppe nach außen, beschützt das Gemeinwohl und sorgt durch die Jagd für Nahrung. Die ureigenen Rollen der Männer sind daher die Jagd, das Kämpfen und das Experimentieren und genau dafür wurde er besonders ausgestattet. Er „jagt" nach Wild, nach Feinden, nach Frauen, um seinen Stamm zu versorgen, zu schützen, zu vermehren. Der Drang zum Experimentieren ist die Grundlage für seinen Erfindergeist, der der Menschheit nicht nur technischen Fortschritt gebracht hat. Entdeckungsreisen mit ungewissem Ausgang, Expeditionen in unwegsames Gelände, aber auch das schöpferische Werk von Komponisten sind die Ergebnisse typisch männlicher Kreativität. Dass es nur wenige weibliche Komponisten gibt, hängt übrigens nicht damit zusammen, dass die Mädchen nicht ausreichend gefördert wurden. In der besseren Gesellschaft vergangener Epochen war es Usus, dass auch Mädchen Musikunterricht erhielten und ein Instrument erlernen mussten. Dem Komponieren stand also nichts im Wege.

Der Mann steht also für Kämpfen, Jagen und Experimentieren und dafür wird er auch geliebt und geachtet. Unter diesem Aspekt ist es nicht verwunderlich, dass der hegemonial agierende Mann von Frauen (und auch Männern) eher respektiert wird als der Softie. Das beginnt schon in der Schule. Alle reißen sich um das Alphatier, er erfreut sich einer höheren sexuellen Attraktion, knüpft leichter Kontakte, hat öfter mit einer größeren Anzahl Frauen Sex und ist auch im Beruf erfolgreicher. Dem gegenüber steht das Weichei, das erkennen muss, dass seine Bemühungen, dem Männerbild gewisser Frauenzeitschriften zu entsprechen, nicht honoriert werden. Generell geht es allen Männern mit weiblichen Verhaltensmustern ähnlich, sie werden als Männer nicht wahrgenommen und auch despektierlich behandelt. Dies wird von Studien belegt. Das Märchen vom erfolgreichen Softie, dem Frauenversteher, entbehrt also jeder realen Grundlage. Man kann die Männer nur davor warnen und nicht oft genug darauf hinweisen, dass Frauen starke Männer wollen. Nicht nur für die erotische Seite des Lebens.

Die sich rasant entwickelnde Zivilisation verändert in zunehmendem Ausmaß unser Leben, ohne dass die Evolution auch nur annähernd Schritt halten kann. Die Geschlechtsrolle der Männer ist dafür ein klassisches Beispiel. Geschaffen und ausgestattet für die Jagd, darf der Mann von heute alles, nur nicht jagen.

Die Jagd nach Großwild hat seit der Erfindung des Schießpulvers nur mehr marginal mit dem ursprünglichen Sinn der „Jagd“ zu tun. „Jagen“, das bedeutete Mut, Schnelligkeit, Geschicklichkeit und Ausdauer, all das bedurfte eines athletischen Körperbaus. Im Zeitalter des Präzisionsgewehres mit Zielfernrohr sind diese Attribute nicht mehr erforderlich und der durchschnittliche moderne Jäger ist daher meist leider nicht athletisch. Auch das Kriegshandwerk hat sich gehörig verändert, es besteht primär aus der Bedienung von elektronischen Geräten. Und die „Jagd“ nach Frauen? Ist strengstens verboten. Selbst wenn „er“ auf die „Jagd“ – im ursprünglichen Sinne des Wortes – verzichtet, bewegt der Mann sich auf dünnem Eis, denn auch ein harmloser Flirt kann im Einzelfall als Übergriff gewertet werden. In Zeiten, in denen selbst der Klaps eines pubertierenden Jungen auf den Po einer Mitschülerin sanktioniert zu werden droht, ist von der Jagd auf Frauen keine Rede mehr. Manchmal nicht nur zum Missfallen der Männer.

Dieses Auseinanderdriften von Evolutionsabsichten und Zivilisationsanforderungen nennt man die „Dissoziation zwischen Evolution und Zivilisation". Sie spielt sich fast unbemerkt in unseren Köpfen ab, kaum jemand nimmt wahr, auf welch bemerkenswertem Weg sich diese Gesellschaft befindet. Der Mensch möchte sein Leben gestalten, neue Werte installieren, ohne zu bedenken, woher er eigentlich kommt und vor allem, was er ist. Man muss kein Genie sein, um zu erkennen: Das muss und wird scheitern.

Gesundheit ist ein vielschichtiger Begriff. Zur früheren Zweidimensionalität, dem gleichwertigen Nebeneinander von physischer und psychischer Befindlichkeit, hat sich eine dritte Dimension hinzugesellt: die soziale Gesundheit. Männer und Frauen bestätigen unisono, dass das Eingebettetsein in ein soziales Netzwerk eine der ganz wesentlichen Voraussetzungen für Lebensglück ist. Im sozialen Sinne gesund zu sein, bedeutet geliebt und akzeptiert zu sein. Was könnte denn glücklicher machen, als von sich selbst sagen zu können: Ich werde geliebt!? Und begehrt!? Die Sexualmedizin definiert sich selbst aus dem Paradigma der krankmachenden Einsamkeit. Einsamkeit kann krank machen und zu psychosomatischen Symptomen führen. Die beste Medizin hierfür ist eine glückliche Beziehung und nicht die Verordnung einer Glückspille. Dennoch leben wir in einer Gesellschaft der Singles. Dabei sollten wir nicht vergessen, dass die Gesellschaft der Singles eine Gesellschaft der gescheiterten oder der nicht gefundenen Beziehungen ist. Trotz unseres Wissens, dass der Mensch ein soziales Wesen ist, steuert diese Gesellschaft den gegenteiligen Trend an. Ist dies der Grund, warum Männer zum Alkohol greifen und Frauen zu Psychopharmaka?

Nicht minder krank macht das Fehlen von regelmäßiger körperlicher Bewegung, wenngleich in anderer Weise. Der Fortschritt der Zivilisation eröffnet uns die Möglichkeit zu Komfort und Bequemlichkeit. Die Verbannung jeder Mühsal ist zum Grundprinzip geworden, für fast jede Schwierigkeit gibt es eine Lösung. Die fortschreitende Technisierung erleichtert zwar in vielen Bereichen unseren Alltag, fordert aber schweren Tribut an die persönlichen Ressourcen des Einzelnen und denen unseres Planeten. Es gibt für jeden Handgriff eine Maschine, doch – wie jeder weiß – nicht kostenfrei. Welches Beispiel für diese Behauptung böte sich eher an als die Erfindung des Autos. Das Auto steht für Freiheit, Individualität, Wohlstand und Bequemlichkeit. Die hemmungslose Art der Nutzung – wie heutzutage üblich – führt zu Bewegungsmangel, Übergewicht und Krankheit, ganz abgesehen von Lärm und Umweltverschmutzung. Der Mangel an Bewegung macht uns Menschen krank. Bloß weil der Mensch seine Vorstellungen von einem lebenswerten Leben verändert, ändert sich nicht die Genetik des Körpers. Noch im Jahre 1900 legte der Mensch pro Tag durchschnittlich 8 km zu Fuß zurück, heute sind es nur mehr 800 Meter. Wer rastet, der rostet. Endlich – angesichts des rasant steigenden Durchschnittsgewichtes der Menschen – hat man erkannt, dass das auch umgekehrt funktioniert, nämlich dass der, der nicht rastet, auch nicht rostet. Der Drang zur Bewegung liegt in unseren Genen, sich anzustrengen und dabei ins Schwitzen zu kommen, ist kein Geschenk an den Körper, sondern eine Verpflichtung. Um dem Körper geben zu können, was er braucht, muss man seine Bedürfnisse kennen. Das hierfür erforderliche Körpergefühl scheint vielen verloren gegangen zu sein. Bewegungsmangel macht krank, solange sich die Gene nicht verändert haben! Und das wird dauern, mindestens Zigtausend Jahre. Einige wenige unserer Artgenossen gehen dafür ins Fitnesscenter. Zahlen dafür, sich bewegen zu dürfen, wo wir doch vorher durch die Anschaffung eines Fahrzeuges schon gezahlt haben, um uns nicht bewegen zu müssen?

Ein weiteres Beispiel für das Unterlaufen der Evolution ist die industrielle Nahrungsmittelerzeugung. Sie erspart uns Hungersnöte, ist in der Lage, jede gewünschte Menge an Essbarem billig zu produzieren. Leider können nur wenige Menschen damit umgehen, die meisten neigen dazu, viel zu viel in sich hineinzuschaufeln, sie werden übergewichtig und krank. Und obwohl der Überfluss an Nahrung zu Krankheit führt, gibt es keine Anzeichen für eine Veränderung der Gene; vielleicht geschieht das noch irgendwann, doch nicht in den nächsten 30.000 Jahren. Die Evolution entwickelt sich weiter, aber nicht im selben Tempo wie die Zivilisation. Fasten ist auch ein gesundheitsförderndes Prinzip, der positive Effekt auf die Biologie und die Psyche des Menschen ist erwiesen und kann nicht geleugnet werden.

Das Auseinanderdriften von Evolution und Zivilisation betrifft nicht nur die Biologie des Menschen, sondern auch seine Psyche. Eines der fragwürdigsten Beispiele, die Evolution unterlaufen zu wollen, ist der Versuch, Männern und Frauen die sexuelle Identität zu nehmen. Feministische Gleichmacherei zielt darauf ab, das „Geschlecht" als rein soziales Konstrukt zu sehen, die Existenz zweier verschiedener Geschlechter einfach zu negieren. „Der Penis ist eigentlich eine Vagina" ist das Motto, das inzwischen auch in der Erziehung mancher Kindergartenkinder in die Realität umgesetzt wird. Zugegeben, die geschlechtsegalitäre Erziehung ist – noch – die Ausnahme, doch hat diese Ansicht vom „Geschlecht als soziales Konstrukt" immerhin schon Einzug gefunden in die Vorlesungen mancher Universitäten. Hier geht es nicht um die politischen Ziele einer rechtlichen und ökonomischen Gleichstellung von Mann und Frau (da kann doch ein vernünftiger Mann gar nicht dagegen sein), ganz im Gegenteil. Es geht um das Negieren naturalistischer Unterschiede zwischen den beiden Geschlechtern. Männer sind nun mal keine Frauen und Frauen sind nun mal keine Männer! Um diese Weisheit muss man heute kämpfen, schon das ist bemerkenswert. Beide Geschlechter sind von Natur aus für unterschiedliche Aufgaben in der Gesellschaft prädestiniert, in genialer Weise aufeinander abgestimmt und: Sie ergänzen sich und konkurrieren nicht. Nur weil in unserer Gesellschaft die Sorge nach Nachwuchs plötzlich eine nur mehr untergeordnete Rolle spielt, sind und bleiben Männer und Frauen auf Fortpflanzung gepolt. Der Sinn des Lebens ist die Erhaltung der Art und der Wechsel der Generationen. Das Recht auf Nachwuchs ist ein psychosoziales Grundbedürfnis, dessen Nichterfüllung zu Krankheiten führen kann. Die gesamte Biologie des Lebens ist auf Fortpflanzung abgestimmt, auch wenn der Mensch davon nicht mehr viel wissen will. Irgendwann vielleicht wird es gelingen, selbst dieses sinnliche Kapitel menschlichen Daseins zu technisieren, Ansätze hierfür gibt es bereits. Tatsächlich denken Forscher über eine industrielle Babyproduktion nach, wollen den Frauen die angeblich entwürdigende Prozedur von Schwangerschaft und Geburt ersparen. Ob dies letztlich die Menschen glücklicher macht, ist zu bezweifeln.

Für das Auseinanderklaffen zwischen Evolution und Zivilisation gibt es noch viele weitere Beispiele. Durch Innovation und Erfindergeist versucht der Mensch evolutionsbiologische Prinzipien auszuhebeln oder durch andere Prinzipien zu ersetzen. Doch so einfach ist es nicht. Was uns durch Jahrmillionen das Überleben gesichert hat, kann man nicht in wenigen Jahrzehnten abschaffen.

Das Leben auf diesem Planeten ist 3,8 Milliarden Jahre alt, die Aufteilung des Lebens in zwei verschiedene Geschlechter ist 500 Millionen Jahre her, den Menschen selbst gibt es seit 2 Millionen Jahren. Das Genom des Menschen hat sich durch mindestens 30.000 Jahre nicht verändert. Und: Wenn man Forschern glauben kann, gibt es keinerlei Anzeichen dafür, dass es sich in den nächsten 30.000 Jahren ändern wird.

Für die Beurteilung evolutionsbiologischer Zusammenhänge ist es von eminenter Bedeutung, diese großen Dimensionen in den zeitlichen Abläufen zu erkennen.

Der Mann ist entwicklungsgeschichtlich noch jung, doch er ist zweifelsfrei ein Erfolgsmodell der Evolution. Nach seiner „Erfindung“ hat sich die Geschwindigkeit der Evolution potenziert, die Entwicklung höherer und hoher Lebewesen ist möglich geworden.

Und somit wenden wir uns wieder der am Anfang dieses Kapitels gestellten Leseranfrage zu.

„Hallo Herr Doktor, ich hoffe, ich darf mich mit meinen Problemen an Sie wenden. Ich bin ein 17-jähriger Gymnasiast, der in seinem Selbstbild massiv erschüttert wurde. Eigentlich bin ich richtig verwirrt und weiß nicht mehr ein noch aus ...“

Dieser junge Mann befindet sich in einer der verletzlichsten Phasen seines Lebens. Das in der Pubertät einschießende Testosteron verändert seine Biologie und seine Psyche in Richtung männlich. Dies führt zu Unsicherheit und Selbstzweifeln. In dieser Zeit dürstet er nach Anerkennung und Bestärkung, nicht nach Demontage und Unverständnis. Jetzt entscheidet sich, ob er als ein in sich gefestigter Mann liebes- und beziehungsfähig sein wird oder ein in seiner sexuellen Identität traumatisiertes Geschöpf. Der fehlende Vater entpuppt sich als eine persönliche Katastrophe für den Jungen. Seine Mutter verfolgt gefährliche Wege, indem sie ihren Sohn politischen – und somit vergänglichen – Zielen opfert. Sie negiert den Mann in ihm. Diese mangelnde Akzeptanz der erwachenden Geschlechtlichkeit wird womöglich zu psychischen Krankheiten führen, jedenfalls zu einer Störung der sexuellen Identität. Der Respekt gegenüber dem anderen Geschlecht ist aber die einzig wahre Grundlage für eine liebevolle Beziehung, denn „eine Beziehung verläuft dann gut, wenn es sich um zwei gleich starke Partner handelt“. Frauen sollten ein großes Interesse daran haben, dass in sich gefestigte Männer herangezogen werden. Denn nur sie bieten die Chance auf funktionierende Beziehungen. Die Gesellschaft neigt dazu, den Mann als das schlechtere Geschlecht darzustellen. Dies kann aber nicht hingenommen werden, denn die generelle Verteufelung des Männlichen ist kein akzeptables Mittel zur Veränderung der Gesellschaft. Dass es in manchen Bereichen zur Unterdrückung von Frauen durch Männer kommt, ist Primatenerbe, dies ist selbstverständlich abzulehnen. Daran muss gearbeitet werden. Dies kann aber kein Motiv sein, die beiden Geschlechter einfach abschaffen zu wollen. Es ist auch falsch, Geschlecht als rein soziales Konstrukt darzustellen. Das wird auch nicht funktionieren, bleibt eine exotische Idee.

An den 17-jährigen Mann und an alle Männer: Sie sollen und dürfen sich als Mann wohlfühlen. Emanzipieren Sie sich, weisen Sie Ihre Einflüsterer in die Schranken und leben Sie Ihr Leben, das des selbstbewussten Mannes!

2. Kapitel

Testosteron macht den Mann

Androgene sind ein Sammelbegriff für alle männlichen Sexualhormone. Es gibt eine ganze Reihe von Androgenen, das wichtigste von allen ist das Testosteron. Es stammt aus dem männlichsten aller Körperteile, dem Hoden, und macht den Mann zum Mann. Viele Männer glauben ja, der Penis wäre der männlichste aller Körperteile, das ist jedoch eine Fehleinschätzung, für die Männer besonders anfällig zu sein scheinen. Während sie dem Penis große Aufmerksamkeit schenken, betrachten sie die Hoden als lästiges Anhängsel. Dabei gibt es gute Gründe, sich gerade um sie besonders zu kümmern. Krankheiten oder gar der Verlust der Hoden führt zu einer De-Facto-Entmannung (würde man die fehlenden Hormone nicht substituieren), ein fehlender Penis höchstens zu technischen Problemen.

Selbstverständlich wollen richtige Männer nicht auf ihre Genitalien reduziert werden, denn ihr Tun und Lassen entscheidet sich letztlich im wichtigsten aller Körperteile, dem Gehirn. Das Gehirn ist der Sitz des psychosozialen Geschlechtes, Gender. Es ist zuständig für die sexuelle Identität, die Lust, die sexuelle Orientierung, die Geschlechtsidentität und die Geschlechtsrolle. Sexualität spielt sich also im Gehirn ab, deswegen ist der Sexualmediziner überwiegend Arzt für Psychosomatik. Penis, Mund und Hände sind nur die Tools, mit denen Sexualität umgesetzt wird. Um aber zu dem zu werden, was es sein soll, nämlich ein *männliches* Gehirn, benötigt es ausreichende Mengen an Testosteron, schon ab der neunten Woche nach der Zeugung; da ist der kleine

Mann erst wenige Zentimeter groß. Zu diesem Zeitpunkt wird das primär geschlechtslose, bipolar angelegte Gehirn androgenisiert, also vermännlicht. Und somit schließt sich der Kreis. Weil das Gehirn – funktionell und nicht anatomisch – durch die Sexualhormone moduliert wird, diese aber aus dem Hoden stammen, bleibt der Hoden das männlichste aller Körperteile.

Der eine oder andere Mann will vielleicht gar nicht als Mann in Erscheinung treten, weil manche Mütter ihm lange genug eingetrichtert haben, die Männer wären das schlechtere Geschlecht. Denen kann nicht mehr geholfen werden, außer vielleicht durch einen guten Psychologen. Für die Allgemeinheit ist das nicht weiter schlimm, denn der Übergang vom Maskulinen zum Femininen verläuft ohnehin fließend und nicht jeder Mann muss ein Prototyp von einem Mann sein. Die meisten in ihrem Selbstverständnis nicht gefestigten Männer haben eines gemeinsam: die fehlende männliche Bezugsperson. Sie werden überwiegend von Frauen großgezogen und von ihren Vätern ignoriert. Jeder Junge braucht neben seiner Mutter einen erwachsenen Mann, der ihn fördert und ihm das nötige Selbstvertrauen gibt, also eine verlässliche männliche Bezugsperson. Das ist für einen Mann so wichtig wie die Luft zum Atmen. Selbstverständlich muss das nicht der leibliche Vater sein, Lehrer oder beste Freunde können diese Rolle manchmal sogar besser spielen. Es geht nicht darum, von wem ein Kind gezeugt wurde, sondern welcher Mann sich darum kümmert, es also fördert. Der Fördervater ist ein Mann, zu dem der Heranwachsende respektvoll aufsehen kann und der sein männliches Selbstverständnis reflektiert. Moderne Erziehung vermittelt nicht primär traditionelles Gedankengut, sondern fördert auf individuelle Weise Talente. Die meisten alleinerziehenden Mütter versuchen den fehlenden Vater zu ersetzen. Das wird und kann aber – trotz ehrlichen Bemühens – nicht gelingen, denn die Rolle der Mutter ist nun mal nicht die des Mannes. Typisch weibliche Erziehung ist nur bedingt geeignet, aus einem Jungen einen Mann zu machen, denn Frauen vermitteln weibliche Werte. Das ist natürlich nicht grundsätzlich schlecht, denn weibliche Werte scheinen in der modernen Gesellschaft höher angesehen zu sein, teilweise auch zu Recht. Gemeint ist Mitleidfähigkeit statt Heldentum, Charme statt Gewalt, Praktikabilität statt sinnlosen Experimentierens, Teamorientierung statt hierarchischer Strukturen. Wenn aber überwiegend weibliches Gedankengut vermittelt wird, besteht die Gefahr, dass die männliche Seite zu kurz kommt. Solche Männer leiden häufig an Störungen ihres sexuellen Selbstwertes mit all den negativen Auswirkungen auf Beziehung und Partnerschaft. Solche Männer fühlen sich nicht wohl in ihrer Haut. Sie wissen dann nicht, wie sie sich als Männer präsentieren sollen, sind unsicher und neigen zu Verhaltensmustern, die mit Männlichkeit nicht wirklich zu tun haben, zum Beispiel zu Aggression. Wie schon mehrmals erwähnt sind die begehrtesten Männer jene, die „hegemonial" agieren – das wäre typisch männliches Verhalten –, und nicht jene Zaghaften, die alles und jedes hinterfragen. „Hegemonie" kommt aus dem Altgriechischen und heißt so viel wie „Führer", ein hegemonial agierender Mann ist daher eher dominant, er zeichnet sich durch Bestimmtheit und Willenskraft aus. Ein solches Verhalten scheint einem Mann in dessen Beurteilung durch andere nicht abträglich zu sein.

Erst kürzlich kam ein 18-jähriger Mann in die Sprechstunde. Er hätte einige wichtige Dinge zu besprechen, sagte nicht er, sondern seine Mutter am Telefon. Ohne ihn überhaupt zu kennen, hatte der Arzt schon eine sehr konkrete Vorahnung von seinen Problemen. Ein in sich gefestigter junger Mann von 18 Jahren macht sich seine Termine selbst, dies gilt ganz besonders für den Besuch eines Sexualmediziners. Und sollte er in diesem Alter so unselbstständig sein und seine Mutter darum bitten, einen Termin zu machen, dann sagt sie: „Schatz, dafür bist du aber jetzt sicher alt genug. Das kannst du alleine machen." Eine Mutter interessiert sich für die Sexualität ihres Sohnes nur so weit, wie das gewünscht ist.

Sie weiß, dass sie dafür nicht die richtige Ansprechpartnerin ist, es sei denn, sie wird um Rat gefragt. Diese Mutter brachte ihren Sohn nicht nur in die Praxis, sondern betrat mit ihm gemeinsam das Ordinationszimmer. Der Arzt war sprachlos, hatte sich aber nichts anderes erwartet. Sie eröffnete auch das Gespräch mit dem Worten: „Warum wir da sind", und für einen Augenblick entstand der Eindruck, als wären die beiden ein Paar. Waren sie aber nicht. Sie waren nicht Mann und Frau, sondern Mutter und Sohn. Sie hatte ein ganz besonderes Anliegen, wollte den Jungen von der Wehrpflicht befreien lassen. Für solch einen Unsinn hatte sie nichts übrig. Der Arzt hörte geduldig zu, nickte manchmal, um den Gesprächsfortgang zu beschleunigen, und wandte sich an den Burschen. „Wie stehen Sie dazu?" Der hatte offenbar darauf gewartet, wie sich in einem späteren Gespräch herausstellte, sogar gehofft, nach seiner Meinung gefragt zu werden. Was er seiner Mutter nicht sagen konnte, sagte er jetzt kurz und prägnant: „Ich möchte den Wehrdienst ableisten und den Einberufungsbefehl habe ich auch schon." Nun war es Zeit, die Mutter in das Wartezimmer zu verweisen. Andernfalls wäre ein offenes und vertrauensvolles Arztgespräch gar nicht möglich, so war die Argumentation. Endlich alleine, gestand der Sohn, den Wehrdienst als willkommene Gelegenheit benutzen zu wollen, sich von der Mutter abzunabeln. „Hoffentlich", so meinte er, „werde ich so weit entfernt einberufen, dass ich nicht täglich nach Hause muss." Die darauf folgenden Gespräche ergaben ein typisches Bild. Der junge Mann war von seiner Mutter alleine erzogen worden. Zweifelsfrei hatte sie sich bemüht, aus ihm einen ordentlichen Menschen werden zu lassen, sie machte dies aber mit den Mitteln einer Frau unter Vernachlässigung des väterlichen Parts. Dafür konnte sie nichts, sie war ja die Mutter, nicht der Vater. Dass der Sohn aber seinen Vater nicht sehen durfte, fiel in die Verantwortlichkeit der Mutter. Sie instrumentalisierte das Kind zur Austragung ihres Partnerschaftskonfliktes, wahrscheinlich ohne die negativen Auswirkungen auf den Buben zu erahnen. „Ich wünsche keinen Kontakt meines Sohnes mit seinem Vater“, brachte sie ihre Meinung auf den Punkt. Die Mutter wollte aus ihrem Sohn einen ganz besonderen Mann machen. Er sollte anderes sein als sein Vater, von dem sie ja so bitter enttäuscht wurde. Die Förderung seiner männlichen Verhaltensweisen kam dabei zu kurz, was zunehmend seinen Unwillen hervorrief. Er musste im Sitzen pinkeln, was er „erst recht nicht machte“. Er durfte nicht masturbieren, denn die Masturbation wäre eine häufig unterschätzte Unart der Männer, die viel zu viel Energie kostete. Die Mutter zwang ihn deswegen, das Ehebett mit ihr zu teilen, und untersagte ihm, die Toilettentüre zu verriegeln. Er durfte kein Motorrad fahren, denn das wäre zu gefährlich und er durfte auch nicht mit anderen Jungs auf Urlaub fahren, denn pubertierende junge Männer hätten nur Unsinn im Kopf. Patrick sollte auch keine Freundin haben, denn „zuerst kommt die Schule, dann das Vergnügen“.

Unter diesen Umständen ist es nicht überraschend, dass Patrick auch noch ein anderes Problem hatte als die Auseinandersetzung rund um die Ableistung des Wehrdienstes. Sein primäres Anliegen war die Behandlung einer Erektionsstörung. Davon wusste seine Mutter nichts, das hatte er geheim gehalten. Er ahnte, wie sie auf diese Probleme reagieren würde: „Du bist ja noch zu jung für Sexualität“, würde sie wohl gesagt haben. Für ihn war das aber ein fundamentales Problem und er ahnte, dass die Mutter hierfür nicht die richtige Ansprechpartnerin war. Ganz geheim hatte er vor Kurzem den ersten Sex versucht. Leider hatte es nicht geklappt. Für den Arzt war das keine Überraschung. Patrick war ein zutiefst verunsicherter Mann, der nun an seiner Erziehung scheiterte. Die Erektion ist der beste Gradmesser für die biologische, aber auch die psychosoziale Gesundheit von Männern. Die aber wurde ihm genommen.

Die Auswirkungen dieser einseitigen, weiblich dominierten Erziehung trifft nicht die Verursacherinnen selbst, sondern die Heranwachsenden und ihre späteren Beziehungspartnerinnen, welche anstatt akkurater junger Männer in sich verunsicherte Geschöpfe vorfinden. Dabei wäre alles so einfach: Um als Mann positiv in Erscheinung zu treten, müssen Sie als Mann nicht irgendwelche bestimmte Kriterien erfüllen, Sie müssen nur „Attitüde“ haben, also „Haltung“ bewahren. Zur Entschuldigung all derer, denen das ganz und gar nicht gelingen mag: Attitüde kann vermittelt werden. Durch ein männliches Vorbild – eben einen Fördervater (den es immer seltener gibt) – und einen ansehnlichen Testosteronspiegel. Testosteron beeinflusst nicht nur die biologische Sexualität, sondern auch die sexuelle Identität, das psychische Wohlbefinden der Männer.

Unter der *sexuellen Identität* versteht man in der Sexualmedizin das Wohlbefinden als erotisches Wesen. Sie ist der Gradmesser für den Selbstwert gegenüber dem potenziellen Sexualpartner, die Selbstbeurteilung der eigenen sexuellen Attraktion (Anziehung). Wie beurteilen denn Sie Ihre sexuelle Identität?

Die sexuelle Identität beeinflusst den Erfolg oder Misserfolg im gesamten Leben. Erfolgreiche Männer haben keine Probleme beim Anknüpfen von sozialen Kontakten zu Frauen und Männern. Der selbstbewusste Mann ist nicht geplagt von Selbstzweifeln, er weiß, wie's geht. Mit dem Lächeln des Siegers stellt er sich jeder Herausforderung im Bewusstsein, dass Scheitern ein Bestandteil des Erfolges ist. „Neues Spiel, neues Glück“, denkt er sich und wartet auf die nächste Chance. Der positiv besetzte Selbstwert hilft bei der Anbahnung von sozialen Kontakten aller Art, er entscheidet daher ganz wesentlich über das Lebensglück.

Die sexuelle Identität ist zunächst ein rein psychologisches Phänomen und spielt sich im Kopf ab. Sie ist eine subjektive Empfindung und besitzt keine objektive Dimension, so wie etwa Schönheit im Auge des Betrachters liegt. Was für den einen wichtig ist, kostet den anderen keine Gedanken. Doch auch wenn die sexuelle Identität von Männern eine psychosoziale Größe ist, steht sie im deutlichen Zusammenhang mit biologischen Gegebenheiten.

Lieber Herr Doktor, schreibt ein Patient, *eigentlich habe ich als Mann alles erreicht, was man erreichen kann. Ich bin seit 20 Jahren glücklich verheiratet, habe 2 erwachsene Kinder, die mir und meiner Frau große Freude bereiten, und dennoch bin ich mit mir nicht zufrieden. Ich trage Gedanken mit mir herum, von denen ich weiß, dass es eigentlich dumm ist, darüber überhaupt nachzudenken. Doch schön langsam wächst sich das zu einem richtigen Problem aus. Ich habe bereits Angst, mich in der Öffentlichkeit auszuziehen, scheue Saunen und öffentliche Bäder. Schön langsam stört das auch unser Beziehungsleben, denn mit meiner Frau möchte ich darüber nicht reden, da würde ich mich genieren. Die Wurzel allen Übels ist meine fehlende Körperbehaarung. Wenn ich mich nackt im Spiegel betrachte, habe ich das Gefühl, das wäre gar kein Männerkörper, was ich da zu sehen bekomme. Also meine Frage: Was soll ich machen? Kann man das ändern? Und wenn ja, wie?*

R. S., 45 Jahre

Dies ist eine typische Anfrage zur Thematik der sexuellen Identität von Männern. Erfahrungen lehren, dass Männer ihren Selbstwert nicht zuletzt an körperliche Merkmale knüpfen. Und sie haben recht damit, denn ein schöner Körper fördert das eigene Wohlbefinden und das Ansehen bei Männern und Frauen. Im Gegensatz zu früheren Ansichten zählen auch für Frauen keinesfalls nur die „inneren Werte". Ganz im Gegenteil, vor allem in der östrogengesteuerten Phase ihres Zyklus sind auch für Frauen Äußerlichkeiten ausschlaggebend. Kurz vor dem Eisprung sind Frauen, biologisch gesehen, auf der Suche nach dem Samenspender, sie suchen den Erzeuger ihrer Nachkommen, nicht den Erhalter. Jetzt entwickeln Frauen eine Libido, die der der Männer sehr ähnlich ist, da neigen sie zum Seitensprung, da wollen sie Sex. Und nicht bloß Kuscheln.

Männer machen daher nichts Falsches, wenn sie ihr Äußeres pflegen. Jede Investition in den eigenen Körper ist eine gute Investition in die Beziehung. Wer – was meinen Sie – hat die besseren Karten? Der Untrainierte mit Doppelkinn und einer roten Rose in der Hand oder der sportlich-lässige Latin Lover mit dem verführerischen Lächeln, *ohne* rote Rose? Richtig geraten. Sie haben es schon verstanden, wovon hier die Rede ist. Männer, die in ihren eigenen Körper investieren, verbessern ihren Marktwert und gleichzeitig ihre sexuelle Identität. Und die trägt maßgeblich zu einer positiven Befindlichkeit bei. Körpermerkmale, die das männliche Selbstwertgefühl verbessern, bezeichnet man als „narzisstisch besetzt". Narzissmus ist der Fachausdruck für Selbstliebe. Eine angemessene Portion von Narzissmus ist nicht nur normal, sondern schlichtweg erforderlich. Ohne Selbstliebe ist wahre, altruistische, partnerbezogene Liebe gar nicht möglich. „Narzisstisch besetzt" sind bei Männern zum Beispiel die Körpergröße, die Breite der Schultern, ein straffer, flacher Bauch und natürlich auch die Länge des Penis. Untersuchungen zeigen, dass große Männer nicht nur bei Frauen besser ankommen, sondern auch beruflich erfolgreicher sind. Jeder Zentimeter Körpergröße erhöht die Chancen auf berufliche Karriere, tatsächlich verdienen größere Männer besser als kleinere. Jeder Zentimeter Körpergröße bedeutet bare Münze.

Die Schönheit eines Mannes ist ein soziales Konstrukt und unterliegt veränderlichen gesellschaftlichen Normen. Zu Zeiten des Wirtschaftswunders war ein Mann begehrenswert, wenn er am steigenden Wohlstand möglichst sichtbar Anteil hatte. Tüchtige Männer hatten einen Bauch, ein großes Auto und eine Zigarre im Mund, also all das, was sich „Otto Normalverbraucher" nicht leisten konnte. Dieses Klischee ist längst überholt, heute ist der Durchschnittsmann zu dick und eine Zigarre könnte sich jeder leisten. Inzwischen ist Wohlstand weit verbreitet, man besinnt sich daher neuerlich auf Attribute mit Seltenheitswert, auf den sinnlichen Mann mit wohlgeformten Körperproportionen. Diese Spezies von Mann erfüllt auch eher die Ansprüche der Sozialversicherungen auf gesunde Lebensführung, sie hat sogar das Glück, der heute geforderten *political correctness* zu entsprechen. Die heutigen Vorstellungen von einem schönen Mann kommen dem Bild des Jägers von einst schon ziemlich nahe: Das Wohlstandsbäuchlein ist out, männlich sind ein flacher Bauch, breite Schultern bei schmaler Taille und ein – im übertragenen Sinn – großes Herz. Um diesen Ansprüchen gerecht zu werden, bedarf es gewisser Anstrengungen, zu denen sich nicht jeder aufraffen kann. Maskuline Körperproportionen können zwar trainiert werden, eine unabdingbare Voraussetzung für ein erfolgreiches Training ist aber Konsequenz und ein ausreichend hoher Testosteronspiegel. Ohne den geht gar nichts.

Mit ein wenig Übung kann man den Testosteronspiegel eines Mannes schon auf 10 Meter Entfernung einschätzen. Wer glauben Sie, besitzt mehr Testosteron? Ein Mann, der seinen Bauch mit hängenden Schultern vor sich her schiebt, oder der sportlich schlanke Mann, dessen Schultern breiter sind als seine Hüften? Genau, der Zweitere. Wer glauben Sie, wird leichter Kontakte knüpfen, den häufigeren und besseren Sex haben und auch beruflich erfolgreicher sein? Wieder richtig, der Zweitere.

Tatsächlich ist Testosteron nicht nur äußerlich der Inbegriff des Mannes, sondern auch für dessen Selbstwert und Lebensqualität von eminenter Bedeutung. Ohne Testosteron gibt es keinen Mann und das darf ruhig wörtlich genommen werden. Mutter Natur hat dieses Hormon auch mit einem privilegierten Wirkmechanismus ausgestattet: Es wirkt direkt auf das Allerheiligste der Zelle, auf die DNS. Und: Testosteron macht Lust auf Sex!

Rekapitulieren wir: Ein Mensch besteht aus etwa 100 Billionen – das sind hunderttausend Milliarden – Zellen. Mit ein paar wenigen Ausnahmen besitzt jede Zelle einen Zellkern mit dem gesamten genetischen Material, eben der DNS. Das Genom eines jeden Menschen ist in dieser Zusammensetzung einzigartig auf der gesamten Welt – so gesehen ist jeder Mensch einzigartig –, außer Sie haben einen eineiigen Zwilling oder einen Klon. (Das Klonen von Menschen ist übrigens bis dato noch nicht gelungen.) Das Geschlecht scheint eine sehr wichtige Eigenschaft eines Menschen zu sein, denn jede einzelne Zelle eines Mannes besitzt ein Y-Chromosom und ist daher männlich.

Sexualhormone besitzen einen direkten Zugriff auf die DNS, die Zentrale des Lebens, das Allerheiligste der Zelle. Auch das Testosteron ist privilegiert durch eine ganz besondere Wirkweise: Es dockt direkt am Zellkern an und beeinflusst den Output des Genoms. Man nennt diesen Vorgang die Modulation der Genexpression. Auf der DNS gibt es kleine Schalter – Methylgruppen –, die man epigenetische Marker nennt. Mit ihrer Hilfe können Gene ein- und ausgeschaltet werden. Genau das macht Testosteron: Es schaltet Gene ein oder aus. Nicht das genetische Material wird verändert, sondern dessen Produkt, eben die Genexpression, das was dabei herauskommt. Die testosteronbedingten Veränderungen in der Pubertät erklären am besten die effiziente Wirksamkeit von Testosteron. Testosteron ist ein hochwirksames Hormon und eignet sich nicht für Experimente. Wie gefährlich und folgenschwer unsachgemäße Behandlungen mit Testosteron sein können, wissen wir aus dem Doping im Leistungssport.

Das Y-Chromosom macht den Hoden, der Hoden das Testosteron, das Testosteron macht schließlich den Mann mit allen seinen guten und weniger guten Eigenschaften. Positiv besetzte Eigenschaften etwa sind Experimentierfreudigkeit, Bestimmtheit, Konsequenz, Verantwortungsbewusstsein, Autorität und Stärke. Das alles hat mit Aggression zu tun, natürlich im positiven Sinne des Wortes. Aggression heißt „an etwas herangehen“, Testosteron macht den Mann zu einem extrovertierten, neugierigen Wesen. Die damit vermittelten Werte und Talente sind die wahre Ursache, warum 95% aller Nobelpreise an Männer gingen und es keinen weiblichen Mozart gibt. All diese Attribute sind testosterongesteuert, sei es als Folge der Androgenisierung des Gehirns oder durch direkte Einflussnahme auf die Genexpression der Männer. Negativ zu bemerken wäre die für Männer typische Tendenz zu unprovoziert aggressivem Verhalten. Das ist der Nachteil der Aggression der Männer und der Vorteil der Frauen: Es gibt zwar keinen weiblichen Mozart, aber dafür auch kaum weibliche Serienkiller. Männer schlagen öfter einfach zu, ohne dass es dafür einen Grund geben würde. Studien belegen, dass dieses Verhalten typisch für Männer ist, das heißt aber lediglich, dass es bei Männern öfter vorkommt als bei Frauen. Es heißt jedenfalls nicht, dass alle Männer zur Aggression neigen, und auch nicht, dass es nicht auch aggressive Frauen geben würde. Das höhere Aggressionspotenzial der Männer kommt in allen Kulturen und allen sozialen Schichten vor und betrifft sogar unsere nächsten Verwandten im Tierreich, die Primaten. Testosteronmangel verändert das Verhalten betroffener Männer. Sie sind deutlich zaghafter, weniger energiegeladen und konsequent, häufig abwartend, manchmal sogar melancholisch.

Wie Männer beurteilt werden, hängt erstaunlicherweise auch von der hormonellen Verfassung der Frauen ab. Früher durfte man über solche Dinge höchstens spekulieren, heute ist es amtlich: Genauso wie Testosteron die Stimmung der Männer beeinflusst, versetzen Östrogene und Gestagen die Frauen in sehr unterschiedliche Stimmungen. Die für Frauen typische Hochschaubahn der Gefühle ist bestimmt durch eine Hochschaubahn der Hormone, ausgenommen natürlich bei jenen Frauen, die mit hormonellen Verhütungsmitteln behandelt werden. Die ersten zehn Tage im Zyklus einer Frau sind östrogengesteuert. Die Östrogene sind jene Hormone, die Frauen auf den Eisprung und die Befruchtung vorbereiten. Zur Befruchtung bedarf es aber eines Spermiums und woher sollte das denn kommen, wenn nicht von einem Mann? Der Anstieg der Östrogene im Körper einer Frau geht daher mit einem Anstieg der sexuellen Lust einher. Nach dem Eisprung wird die östrogene Phase abgelöst durch die gestagene Phase. Auch da wollen Frauen Sex, aber ganz anderen. Nämlich Kuschelsex. Wenn alles so geklappt hätte, wie das von der Natur vorgesehen ist, ist die Frau nun schwanger, eine neuerliche Paarung ist daher nicht erforderlich. Danach folgt die Menstruationsphase.

In Abhängigkeit der jeweiligen Zyklusphase sollen Männer für ihre Frauen ganz unterschiedliche Rollen spielen, mal den Lover, mal den Kuschelbären, dann wieder sollten sie sich am besten in Luft auflösen. Am besten wäre ein Schalter, mit dem frau bei einem Mann das jeweils bevorzugte Programm wählen kann. Der Schalter hätte mehrere Einstellung: „L" wie *Lover* für die östrogene Phase, dieser Schalter macht den Mann zum animalischen Liebhaber; „S" wie *Softie* für die gestagene Phase, dieser Schalter macht aus dem Mann ein zärtliches Kuschelbärchen; und natürlich die „Null", denn manchmal möchte frau ja ihre Ruhe haben. Ist der Schalter auf „Null" gestellt, lassen sich Männer in die Ecke stellen. Sie warten dann geduldig, bis sie wieder hervorgeholt werden, die Chancen stehen ja gut. Es ist das Wesen eines Zyklus, immer wieder von vorne zu beginnen. Leider gibt es solche Schalter nicht, die Domestizierung der Männer ist daher bis heute nicht gelungen und man kann ganz ohne hellseherische Fähigkeiten darauf wetten, dass sie auch in Zukunft nicht gelingen wird.

Angesichts des weiblichen Zyklus und der damit schwankenden sexuellen Lust der Frauen ist der Mann der Verlierer in unserer monogam organisierten Gesellschaft. Er wurde mit einem gleichbleibend hohen Lustpotenzial ausgestattet, das aber von seiner Geliebten in Abhängigkeit des weiblichen Zyklus nur teilweise erwidert wird. Deshalb ist die Monogamie für die Männer durch lange Zeit nicht an Treue gebunden gewesen, Monogamie bedeutet ja lediglich, dass ein

Mann mit nur einer Frau verheiratet sein darf, sie schließt die sexuelle Treue nicht zwangsläufig mit ein. Monogamie heißt Einehigkeit, nicht Monosexualität. Und wenn man bedenkt, dass die höheren Fürsten bis weit in das 19. Jahrhundert ihr „Recht auf die erste Nacht“ tatsächlich ausübten, scheint dies auch gesellschaftlich akzeptiert gewesen zu sein. Frauen mussten treu sein, Männer nicht. Der Grund hierfür lag wohl darin, dass die Sorge um die Nachkommenschaft das wichtigste Anliegen des patriarchalischen Prinzips war, und wie sollte ein Mann denn wissen, dass er seine Kinder wirklich selbst gezeugt hat, wenn seine Frau nicht treu war? Mit diesem Argument ist schon Anne Boleyn hingerichtet worden. Solange Vaterschaft mit der Zeugung eines Kindes definiert ist, wird sich dieses Problem nicht lösen lassen. Der Begriff der Vaterschaft sollte sinnvollerweise neu festgelegt werden: Der Vater ist der Mann, der sich um ein Kind kümmert. Dem Kind nämlich ist es vollkommen egal, wer es gezeugt hat, es braucht aber neben der weiblichen auch eine männliche Bezugsperson.

Wird eine Frau mit Hormonen behandelt, ändert sich ihre Gefühlswelt. Das trifft selbstverständlich auch für die Einnahme von Hormonen zu, die zum Zwecke der Verhütung verabreicht werden, wie zum Beispiel für die Pille, aber auch für die Dreimonatsspritze. Untersuchungen zeigen, dass sich Frauen instinktiv in jene Männer verlieben, die sie buchstäblich gut riechen können. Meistens sind das jene Männer, die sich genetisch am meisten von ihnen unterscheiden, dies bringt Vorteile für die Beziehung und das Kind. Nun verändern Hormone aber den Geruchssinn, was wiederum die Partnerwahl beeinflusst. Die falsche Partnerwahl soll einer Untersuchung der Universität in Liverpool zufolge negative Auswirkungen auf die Empfängnisbereitschaft haben, aber auch für den Verlauf der Schwangerschaft und der Beziehung. Nach dem Absetzen der Hormonbehandlung konnte die Frau den Partner nämlich plötzlich „nicht mehr riechen“! Über diese und ähnliche Themen gibt es bereits reichlich gesicherte Erkenntnisse. Die wesentliche Erkenntnis ist aber, dass Hormone die Psyche und das Verhalten von Männern und Frauen verändern. Dies lässt Hormonbehandlungen grundsätzlich in einem veränderten Licht erscheinen!

Den Grad der Männlichkeit nennt man Androgenizität. Das Maß der Androgenizität wird durch jene Attribute bestimmt, die als typisch für Männer gelten. Die Körpergröße, der Körperbau, das Behaarungsmuster und die Ausstattung der Genitalien sind wohl akzeptierte Indizes für Männlichkeit, genauso wie Extrovertiertheit und Unternehmungsgeist. Schwarzafrikaner haben die höchste Androgenizität, Asiaten die geringste, Europäer liegen etwa im Mittelfeld, je nachdem, wie groß die Menge an konsumiertem Bier ist, die sie für „normal" halten. Wer hat den größten Testosteronspiegel von allen? Falsch geraten! Alle haben durchschnittlich denselben! Für alle gilt: Ohne Testosteron kein Mann, doch es gilt auch, dass der Spiegel an Testosteron nicht alleine über die Androgenizität entscheidet, auch andere Faktoren spielen eine Rolle.

Ein Teil des Testosterons ist nicht frei verfügbar, nur das frei verfügbare Testosteron ist aber in den Lage, wirksam zu werden, um einen Mann „männlich" zu gestalten. Eine variable Menge an Testosteron ist im Blutkreislauf an einen Eiweißstoff gebunden, der mit zunehmendem Alter immer mehr wird. Leider trägt das gebundene Testosteron nichts zur Androgenizität bei, weil es gar nicht wirksam werden kann. Zur Illustration stellen Sie sich einen Hund mit Beißkorb vor, der kann auch nicht beißen. „Gebundenes" Testosteron ist wie ein Hund mit Beißkorb. Weil also das Testosteronbindungseiweiß mit zunehmendem Alter immer mehr wird, wird das freie Testosteron immer weniger. Dagegen kann man auch nichts machen. Zwar haben Sportler ein höheres Maß an freiem Testosteron als Stubenhocker, an dessen tendenzieller Verminderung mit dem Älterwerden lässt sich aber nicht rütteln.

Doch nicht genug damit, es gibt noch andere Faktoren,

die für die Androgenizität der Männer wichtig sind. Damit Testosteron wirksam werden und die Genexpression verändern kann, muss es an einen Rezeptor andocken. Ein Mann braucht daher eine möglichst große Menge an qualitativ hochwertigen Rezeptoren. Rezeptoren sind Eiweißmoleküle, an denen das Testosteron andocken muss, um seine Wirksamkeit überhaupt entfalten zu können. Am besten kann man sich Rezeptoren wie kleine Magnete vorstellen, die auf den Zellmembranen sitzen und das im Blut vorbeifließende Testosteron herausfischen. Rezeptoren können in ihrer Dichte variieren, aber auch in ihrer Qualität. Je höhermolekular (größer) ein Testosteronrezeptor ist, desto besser seine Magnetwirkung. Menge und Qualität der Rezeptoren sind genetisch bedingt. Doch Vorsicht: Man kann sein Schicksal nicht mit den Genen entschuldigen, so leicht kann man sich das nicht machen. Gene vermitteln keine absoluten Größen, lediglich Veranlagungen, daher bleibt der Lifestyle, die Art zu leben, der wichtigste Faktor zu mehr oder weniger Androgenizität. Jeder Mann hat seine Chance, ein richtiger Mann zu sein oder zu werden. Doch wie immer gilt auch hier: ohne Fleiß kein Preis. Oder, um in der Sprache der Evolution zu sprechen: wer rastet, der rostet.

Wie wichtig Testosteron für Männer und vor allem für die Entwicklung zum Mann ist, hat sich überraschenderweise noch nicht so richtig herumgesprochen, obwohl diese Erkenntnisse so neu nicht sind. Weite Bereiche der universitären Wissenschaften scheinen davon entweder noch nicht gehört zu haben oder weigern sich sie zur Kenntnis zu nehmen. Forschungsergebnisse belegen, dass die geschlechtstypische Differenzierung des Körpers und des Gehirns beider Geschlechter bereits im Mutterleib beginnt und dass ein Junge bereits als Junge geboren wird. (Ein Mädchen natürlich auch als Mädchen.) Dies widerlegt natürlich die These, dass das Geschlecht an sich ein rein soziales Konstrukt sei.

Der Abschied von dieser Lehrmeinung wird sich nicht verhindern lassen, auch wenn Abschied schwer fällt, denn inzwischen gibt es sehr gute wissenschaftliche Untersuchungen darüber. Buben und Mädchen zeigen in manchen Belangen schon als Neugeborene und als Kleinkinder unterschiedliche Verhaltensmuster. Ein weinendes Mädchen reagiert zum Beispiel wesentlich williger auf Zurufe, wenn die Mutter sich zum Beispiel gerade in einem anderen Raum befindet, ein Junge nicht, der muss daher auch öfter in den Arm genommen werden. Versuche an Menschenaffenkindern beweisen den nicht erziehungsbedingten unterschiedlichen Gebrauch von Spielzeug. Gibt man Schimpansenmädchen Holzstöcke als Spielzeug, so spielen sie damit wie mit einer Puppe, während Schimpansenbuben die Stöcke als Waffen verwenden. Diese unterschiedlichen Verhaltensmuster spiegeln sich übrigens auch im unterschiedlichen Verhalten der Mütter gegenüber ihren Kindern wider. Wem – glauben Sie – schenken Mütter größere Aufmerksamkeit? Ihren kleinen Söhnen oder den kleinen Töchtern? Den Buben! Doch nicht bloß deshalb, weil sie ihre Söhne mehr lieben, sondern weil Jungen sich durch Zurufe nicht so leicht beruhigen lassen.

Zurück zum Thema: Wir wissen, dass neben dem Körper auch das Gehirn einer geschlechtstypischen Differenzierung unterliegt und dass diese bereits im Mutterleib, also noch vor der Geburt, beginnt. Die Leugnung dieser biologischen Vorgänge wird zwar aus politischen Gründen propagiert, dies erhöht aber nicht den Wahrheitsgehalt solcher Thesen. Die Erkenntnisse aus der Biologie werden hier aus gesellschaftspolitischen Gründen nicht anders als zu Galileis Zeiten bewusst negiert.

Andererseits wurde bereits im Jahre 1958 vom New Yorker Biologen Milton Diamond herausgefunden, dass bei Nagern nicht das chromosomale Geschlecht für die Geschlechtsidentität und die Geschlechtsrolle verantwortlich ist, sondern die Konzentration an Testosteron zum Zeitpunkt rund um die 9. Schwangerschaftswoche. Milton Diamond war zu dieser Zeit bereits ein renommierter Biologe, seine Erkenntnisse waren für die damalige Zeit bahnbrechend, sie werden aber – obwohl inzwischen auch beim Menschen etabliert – bis heute ignoriert.

Zugegeben, die Vorgänge spielen sich im Verborgenen ab, sind aber dennoch nicht so schwierig zu verstehen, wenn man nur will:

Versuchen wir uns in dieses kleine Lebewesen hineinzudenken, das nach der Befruchtung als Zygote bezeichnet wird. Als zukünftiger Mann besitzt bereits jede einzelne Zelle ein Y-Chromosom, das ihm ja sein Vater bei der Zeugung mitgegeben hat. Mithilfe der Informationen des (auf dem Y-Chromosom liegenden) SRY-Gens wurde die bipolar angelegte Urgonade in Richtung Hoden differenziert. Schon vor dem 57. Schwangerschaftstag ist der kleine, winzige Hoden bereit zur Testosteronproduktion. Er wird bald zum Einsatz kommen, steht schon in den Startlöchern.

In der 9. Schwangerschaftswoche ist die Zygote noch ein winziges Würmchen. Schon jetzt – ab dem 57. Tag nach der Zeugung – beginnt mithilfe des eigenen Testosterons die komplizierte Differenzierung des bipolar (ungeschlechtlich) angelegten Körpers und vor allem des Gehirns in Richtung Mann. Damit ist nicht das höhere Durchschnittsgewicht des männlichen Gehirns gemeint, dies ist ja lediglich die Folge der größeren Muskelmasse, sondern die Ausprägung einer geschlechtstypischen Funktionalität.

Da wächst also in einem Frauenkörper – dem der Mutter – ein Junge heran, dies ist für sich schon ein kleines Wunder. Woher sollte er denn sein Testosteron beziehen, wenn nicht aus seinem eigenen Hoden? Ein ganzes Männerleben spielt der Hoden eine ganz besondere Rolle, jetzt aber geht es um Gelingen oder Scheitern der Geschlechtsdifferenzierung dieses zukünftigen Mannes. Die Einsatzbereitschaft des Hodens entscheidet, ob die Differenzierung zum Mann zur Gänze abläuft oder nur teilweise (partiell). Eine nicht ausreichende Versorgung dieses in Entwicklung befindlichen kleinen Mannes mit Testosteron führt zu Fehlbildungen an den Geschlechtsorganen oder zu einer nur unvollständigen

Maskulinisierung des Gehirns, die sich später einmal in Form von Intersexualität, Homosexualität oder Transsexualität äußern könnte. Homosexualität oder Transsexualität sind keine Krankheiten und auch keine Störungen, sie sind aber die Folge einer unvollständigen Androgenisierung (Vermännlichung) des Gehirns in einem männlichen Körper. Vereinfacht ausgedrückt hängen sexuelle Orientierung und Geschlechtsidentität davon ab, in welchem Ausmaß die Androgenisierung des Gehirns abgelaufen ist. Dieses Modell für die Ausgestaltung der sexuellen Orientierung hat sich bewährt und gilt als weitgehend bewiesen. Damit lassen sich ihre verschiedenen Spielarten erklären und auch der fließende Übergang von der Hetero- zur Homosexualität. Die sexuelle Orientierung als rein soziales Konstrukt zu sehen ist falsch, dieser Sichtweise liegen gravierende Missverständnisse zugrunde, die leicht zu klären sind. Genau dieses Missverständnisse – oder handelt es sich doch um bewusste Leugnung wissenschaftlicher Erkenntnisse? – sind der Grund dafür, dass manche Berufsgruppen es nicht lassen können, Homosexuelle heilen zu wollen, meist ohne deren Einverständnis. Apropos Gehirn: Es gibt keine anatomischen Unterschiede bei den Gehirnen beider Geschlechter, außer dass das männliche Gehirn durchschnittlich größer ist als das der Frauen. Männer haben mehr Muskeln und daher auch einen voluminöseren motorischen Cortex, der dadurch bedingt ist, dass eine größere Muskelmasse mehr grauer Zellen zu deren Aktivierung bedarf. Ein sichtbares Unterscheidungsmerkmal wie etwa bei den Genitalien gibt es nicht. Und alles, was nicht sichtbar ist, ist schwer zu verstehen, vor allem dann, wenn man sich scheut, in die Materie tiefer einzudringen. Ärzte und Biologen haben dies dennoch gemacht und siehe da, die Ergebnisse sind verblüffend. Die geschlechtstypische Ausgestaltung der Gehirne ist Realität. Auch wenn sie nach außen gleich aussehen, sie funktionieren auf unterschiedliche Weise. Männer und Frauen denken im sprichwörtlichen Sinn in anderen Sphären! Bei Frauen sind die beiden Gehirnhälften besser miteinander vernetzt, sie denken daher in größeren Zusammenhängen. Dies mag das biologische Äquivalent für die größere Praktikabilität weiblicher Gedankengänge sein. Männer denken fokussiert, problemorientiert, sie forschen und experimentieren.

Der kleine Hoden produziert vom Beginn der 9. bis zum Ende der 18. Schwangerschaftswoche riesige Mengen an Testosteron. Die gemessenen Blutspiegel entsprechen denen erwachsener Männer. Doch damit nicht genug. Die Kompliziertheit dieses Vorganges im Mutterleib birgt noch eine weitere Tücke, die möglicherweise störanfällig sein könnte: Der Hoden funktioniert nicht für sich alleine. Er benötigt für die Testosteronsynthese ein ganz spezielles Hormon aus der Hirnanhangdrüse, das ICSH (interstitial cell stimulating hormone). Das kleine in Entwicklung befindliche Gehirn der Zygote ist noch nicht so weit entwickelt, um dieses Hormon bereitstellen zu können, daher bezieht der kleine Winzling sein ICSH aus dem Gehirn der Mutter. Während der Schwangerschaft verfügt der mütterliche Körper über riesige Mengen an ICSH, es ist ident mit jenem Hormon, das den Verlauf der Schwangerschaft regelt. Es gelangt über den mütterlichen Blutkreislauf unter Überwindung der Plazentaschranke in den Körper des heranwachsenden Mannes. Die mit diesen komplizierten Vorgängen verbundene Störanfälligkeit ist die Grundlage für das „Prinzip der größeren Störanfälligkeit beim männlichen Geschlecht“ und der damit verbundenen geringeren biologischen Stabilität.

Die Entwicklung zum Mann verläuft tatsächlich wesentlich komplizierter als die zur Frau. Männer benötigen ein Y-Chromosom, einen funktionstüchtigen Hoden sowie ausreichende Mengen an Testosteron. Um die Vorgänge für den Laien nicht unnötig zu verkomplizieren, wurden einige Ingredienzien aus dem Kochrezept für Männer weggelassen. Zum Beispiel ein sehr wichtiger Metabolit des Testosterons, das *DHT (Dihydrotestosteron)*, oder ein für die Entwicklung der inneren Geschlechtsorgane unverzichtbares Hormon, das *Anti-Müller-Hormon.* (Neuesten Forschungen entsprechend spielt dieses Hormon bei der Initialisierung des Wechsels der Frau eine Rolle. Hier kann man demnächst interessante Neuigkeiten erwarten).

Bei der Frau gibt es all das nicht. Die Feminisierung ist somit per definitionem gar keine „Feminisierung", die Urform des Lebens ist weiblich und was schon weiblich ist, muss nicht feminisiert werden. Vor dem Hintergrund der Zweigeschlechtlichkeit entspricht die Entwicklung zur Frau einer nicht stattfindenden Maskulinisierung. Das Programm läuft einfach durch, ohne wesentliche Beteiligung von Sexualhormonen, Eierstöcken oder sonstiger Zutaten.

In der Tat sind Frauen biologisch stabiler, das merkt man schon daran, dass sich die höhere Lebenserwartung der Frauen beständig hält. Es gibt aber noch weitere Beweise. Eine israelische Studie meldete im Jahre 2009, es wäre für eine schwangere Frau wesentlich riskanter, mit einem Buben schwanger zu sein als mit einem Mädchen. Das bedeutet, dass bei Schwangerschaften mit Buben wesentlich häufiger Störungen – wie Aborti oder Fehlgeburten – auftreten. Ohne für diese Erkenntnis undankbar sein zu wollen: Dies ist nicht neu, das war schon lange bekannt. Es ist nur immer wieder beruhigend, dass wissenschaftliche Studien zu immer denselben Ergebnissen kommen.

Dazu die Fakten: Die *Primäre Geschlechtsproportion* beschreibt das Verhältnis von gezeugten Buben zu gezeugten Mädchen. Sie beträgt 125:100 zugunsten der Buben. Nochmals anders formuliert: Auf 100 Mädchen werden 125 Buben gezeugt. Dieses Missverhältnis kommt nicht von ungefähr und ändert sich noch im Mutterleib: Von den 125 kommen nämlich lediglich 106 Buben auf 100 Mädchen zur Welt. Das Verhältnis von lebend geborenen Buben zu Mädchen nennt man „Sekundäre Geschlechtsproportion". Ahnen Sie schon, worum es hier geht? Es sterben wesentlich mehr Buben schon im Mutterleib, genau dies ist auch gemeint mit dem größeren Risiko bei Schwangerschaften mit Buben.

Dies wird durch jene komplexen Entwicklungsschritte erklärt, die Buben über sich ergehen lassen müssen, um zu Männern zu werden. Doch Mutter Natur schafft Ausgleich. Die höhere Zeugungsquote zugunsten der Buben ist der Ausgleich für die größeren Verluste. Weitere Zahlen gefällig? Es gibt ein Missverhältnis bei Totgeburten: Auf 100 totgeborene Mädchen kommen 111 bis 119 totgeborene Buben.

Der höhere Aufwand für das männliche Geschlecht führt nicht nur zu einer größeren Störanfälligkeit, sondern zu einem stets vorhandenen Entwicklungsnachteil für die Buben, der sich erst in der Mitte der dritten Lebensdekade ausgleicht. Der erste kindliche Gestaltswandel – in dieser Zeit verliert das Kleinkind seinen Babyspeck und erhält kindliche Körperproportionen – findet bei Mädchen bereits mit 4 Jahren und 7 Monaten statt, bei Buben erst mit 5 Jahren und 10 Monaten, die Pubertät beginnt bei Mädchen bereits ab 8 Jahren, bei Buben erst ab 10. Der in der Pubertät rasant steigende Testosteronspiegel ist für die intellektuelle Entwicklung des Gehirns von eminenter Bedeutung. Das menschliche Gehirn besitzt mit 17 Jahren sein größtes Gewicht und die größte Anzahl an Nervenzellen. Der körperliche Entwicklungsvorsprung der Mädchen durch die um zwei Jahre früher einsetzende Pubertät entspricht daher auch einem Vorsprung in der Gehirnleistung.

Es ist kein Geheimnis, dass Buben in ihrer Entwicklung den Mädchen hinterher sind. Jede Mutter und jeder Vater kann dies bestätigen. Nur die Politik scheint dies nicht zur Kenntnis nehmen zu wollen. Sie steckt nach wie vor die Buben und die Mädchen in dieselben Klassen, lässt sie von denselben Lehrern gemeinsam unterrichten. Dies ist etwa so, als würde man Frauen und Männer bei sportlichen Wettkämpfen gegeneinander antreten lassen. Diese als Koedukation bezeichnete Maßnahme sollte dem Verständnis zwischen den Geschlechtern dienen, erreicht wird aber das Gegenteil: Die Buben geraten in die Defensive, das durch die Konkurrenzsituation gezeichnete Verhältnis zueinander wird vergiftet. Da es aber ein politischer Konsens zu sein scheint, die Mädchen im Nachteil zu sehen (*Heike Dieffenbach, Erziehungswissenschafterin in Chemnitz*), werden die Buben betreffenden Argumente einfach nicht zur Kenntnis genommen. Buben haben keine Lobby.

Dass Männer in ihrer biologischen und psychosexuellen Entwicklung den Frauen hinterherhinken, hat noch andere Auswirkungen auf das Gesellschaftsleben, nämlich in der Auswahl der Sexual- und Beziehungspartner. Nach wie vor besteht die Standardbeziehung aus einer jüngeren Frau und einem älteren Mann. Soziologen behaupten, dies wäre lediglich die Folge der Tradition und der Erziehung, diese Behauptung hält aber einer Überprüfung nicht stand.

Dass sich Männer öfter für jüngere Partnerinnen und Frauen öfter für ältere Partner begeistern, entspricht mit größter Wahrscheinlichkeit einem genetisierten Verhaltensmuster.

Hierfür sprechen mehrere Fakten:

Der junge Mann hinkt bis zur Mitte der dritten Lebensdekade in der körperlichen und psychischen Entwicklung gegenüber der Frau um einige Jahre hinterher. Dies ist nicht der Ausdruck eines Defizits, sondern eben die Folge des „Prinzips des höheren Aufwandes", dem die Männer unterliegen. Gleichaltrige junge Männer und Frauen verfolgen nicht dieselben Ziele – während Männer mit 20 noch als Jugendliche zu gelten haben, sind Mädchen desselben Alters bereits junge Frauen mit dem Wunsch nach Familiengründung.

Die Fortpflanzungsfähigkeit der Frau endet in den 40-ern, mit dem Beginn der Praemenopause. Dieser kurzen Zeit der Reproduktionsfähigkeit steht eine lebenslange Zeugungsfähigkeit der Männer gegenüber. Die Eile bei der Fortpflanzung, die „biologische Uhr", ist ein weibliches Phänomen mit biologischem Hintergrund.

Die Aufgabe der Männer bei der Fortpflanzung ist neben der Samenspende die Vertretung der Familie nach außen. Die Wahrnehmung der männlichen Rolle, wie die Sorge um die materielle Ausstattung der Familie und deren Verteidigung, bedarf einer gewissen Reife, die bei Männern sicher deutlich später vorausgesetzt werden kann als bei Frauen.

Unter diesen Aspekten ist die gesellschaftliche Norm des älteren Mannes und der jüngeren Frau als durchaus sinnvoll und begründet zu sehen.

Dass manche Powerfrauen (z.B. Madonna) in letzter Zeit dazu neigen, mit ihren *Lover-Boys* Aufsehen zu erregen, ist eine Randerscheinung, die nicht als Vorbild für die Allgemeinheit genommen werden kann. Hier geht es nicht um Familiengründung, sondern um reine Sexualität und Prestige, die „Boys" werden auch ausgewechselt wie die Hemden. Man sollte sich hüten, entsprechende Trends als nachahmenswerte Vorbilder darstellen zu wollen. Manche Journalisten neigen dazu, solche Phänomene als Schritt zur Befreiung der Frauen zu feiern, aber das Gegenteil ist der Fall. Glücklich macht nicht das Statussymbol *Lover-Boy* oder der durch sie vermittelte Orgasmus, sondern die emotional motivierte Sexualität innerhalb einer Beziehung. Die meisten Frauen sehnen sich nach Familienglück, die meisten Männer übrigens auch. Die Nachahmung ehemals verteufelter männlicher Verhaltensmuster wird Frauen kaum glücklich machen. Die US-amerikanische Feministin Betty Freedan sieht im „Shopping- und Fucking-Feminismus" eine Erniedrigung der Frauen durch sie selbst. In ihrem Buch „The Second Stage" forderte sie die Frauen auf, „Familie als feministisches Ziel" zu sehen.

Auf die für die Entwicklung zum Buben so immens wichtigen Testosternspitze zwischen der 9. und der 18. Schwangerschaftswoche, also noch *vor* der Geburt, folgen weitere testosteronmodulierte Androgenspitzen unmittelbar *nach* der Geburt. In der 2. bis 4. Lebensstunde (!) und zwischen dem 60. und 90. Lebenstag steigt der Testosteronspiegel nochmals auf ungeahnte Höhen an. In dieser Zeit wird vollendet, was vor der Geburt begonnen wurde: Jetzt werden die Sexual- und Paarungszentren differenziert und – wenigstens teilweise – die Partnerpräferenz geprägt. Unter der

Partnerpräferenz versteht man die sexuellen Vorlieben. Sie teilen sich in die Vorliebe für ein bestimmtes Geschlecht des Partners (sexuelle Orientierung), für ein gewisses Alter (sexuelle Ausrichtung) und für all die anderen Dinge, die man beim Sex so braucht (sexuelle Neigung). Die sexuelle Orientierung wird unter dem Einfluss von Testosteron bis zum 90. Lebenstag festgeschrieben und ist danach unveränderbar. In der Prägung der anderen Bereiche der sexuellen Präferenz spielen die Erziehung und auch Beziehungserfahrungen sicherlich eine wesentliche Rolle, spätestens ab der Pubertät sind aber auch hier kaum mehr Veränderungen möglich. Dass es dennoch Spielraum für Variationen in der Sexualität gibt, steht mit diesem Paradigma nicht im Widerspruch. Sexuelle Präferenzen sind zwar nach der Pubertät unveränderbar, es gibt aber neben den Hauptströmungen auch noch Nebenströmungen, die eine gewisse Flexibilität zulassen. Sie sind der Grund, warum homosexuelle Männer sehr wohl auch mit Frauen Sex haben und ihn auch genießen können.

Erinnern Sie sich noch an die Geburt Ihres Sohnes und die überproportionale Ausprägung seiner Genitalien? Sie wissen jetzt, dass das nicht zufällig war. Der Hoden hatte ja schon vor seiner Geburt einiges zu tun. Er war verantwortlich für die geschlechtstypische Differenzierung des eigenen Körpers, das dafür erforderliche Testosteron musste von ihm selbst bereitgestellt werden, wo sonst hätte es herkommen sollen? Nach Erfüllung seiner Aufgaben reduziert sich das Genitale des kleinen Buben auf das erwartbare Ausmaß, es fällt in Agonie, um schließlich in der Pubertät mit Vehemenz aus dieser fast zehn Jahre dauernden Funktionspause geweckt zu werden. Die Vorgänge der Pubertät sind für uns alle wesentlich einfacher zu verstehen, da sie – im Gegensatz zu den im Verborgenen ablaufenden Maskulinisierungsprozessen vor der Geburt – vor unser aller Augen sichtbar stattfinden. Welches Elternpaar hat nicht staunend zur Kenntnis nehmen müssen, wie durchgreifend Testosteron das eigene

Kind verändert? Unter dem Einfluss der Sexualhormone, beim Mann natürlich des Testosteron, entsteht ein neuer Mensch mit all seinen Auswirkungen auf ihn selbst, aber auch auf den Freundeskreis und die Familie. Die Pubertät ist das wohl dramatischste Beispiel für die Wirkung von Testosteron.

Sie beginnt beim Buben etwa zwei Jahre später als bei den Mädchen, also mit durchschnittlich zehn Jahren. Das Priming der Pubertät ist ein hochkomplizierter Vorgang, der durch biologische und Sozialisationsfaktoren beeinflusst wird.

Die Aktivierung des Pubertätsgens GPR 54 führt zu einem sprunghaften Anstieg der Hormonsekretion des Gehirns und als Folge zu einem dramatischen Anstieg des Testosteronspiegels auf den höchsten Wert des gesamten Lebens. Der Testosteronspiegel eines Mannes wird niemals wieder so hoch sein wie im zarten Alter von 17. Ungestümes Verhalten, unreine Haut und ein schwer zu bändigender Sexualtrieb sind die äußeren Anzeichen hierfür. Dazu kommt – vor allem bei Fehlen einer kompetenten Vaterfigur – tiefe seelische Verunsicherung. Die Pubertät gehört zu den komplikationsreichsten Phasen der Entwicklung eines Menschen, gekennzeichnet durch einen deutlichen Anstieg von Depressionen und Suizidversuchen.

Der ansteigende Testosteronspiegel verändert das extragenitale Erscheinungsbild des heranwachsenden Mannes. Es kommt zu einer Transformation vom Kind zum Mann, Voraussetzung ist eine „artgerechte Haltung“. Die Genitalien selbst wurden ja bereits im Mutterleib männlich gestaltet, sie verändern nur mehr ihre Größe, das allerdings in erheblichem Ausmaß. Zeitgleich kommt es zu einer Aktivierung der Sexual- und Paarungszentren; die Sexualität des Mannes erwacht wie die Eruption eines Vulkans, plötzlich und meistens ohne Vorbereitung.

Im Gehirn kommt es zur Neubildung von Milliarden Nervenzellen und Synapsen. Dies führt zur größten Hirnmasse des gesamten Lebens, der besten Voraussetzung für intellektuelle Entwicklung. Bei Nichtverwendung droht allerdings die Verkümmerung der neu erworbenen Ressourcen. Auch das ist Evolution, in diesem Fall spricht man von „Neuronalem Darwinismus". Nur die meistgenutzten Synapsen überleben.

In der Pubertät wird ein Junge zum geschlechtsreifen Mann. Dieser Prozess ist heute mit besonderen Schwierigkeiten verbunden, da die Rolle des Mannes in der Gesellschaft hinterfragt wird. „Was soll aus mir werden, wie soll ich mich verhalten, um ein guter Mann zu werden?" Solche und ähnliche Fragen beschäftigen viele Jugendliche. Alte Rollenbilder – wie die des Patriarchen als Familienoberhaupt – haben ausgedient, die neuen Rollenbilder sind nicht einfach unter einen Hut zu bringen, sie konkurrenzieren sich selbst unter dem Titel „Neuer Mann", „Neuer Partner", „Neuer Vater". Wie schwierig es ist, eigentlich wie unmöglich es ist, all diese Rollen in ein und derselben Person zu vereinen, können ganze Heerscharen von Männern bestätigen. Viele von ihnen gaben entnervt auf und beginnen ein zweites Leben unter völlig anderen Vorzeichen.

Ein dafür typischer Fall ist Sebastian. In den Augen der meisten Frauen ist er das Traumbild von einem Mann. Gut aussehend, sympathisch und fähig zur konstruktiven Kommunikation. Er konnte sich glücklich schätzen, hatte eine bildhübsche Frau und zwei gesunde Kinder, dennoch wusste er nicht mehr weiter. Seit einigen Monaten war er auf der Suche nach professioneller Hilfe. Er recherchierte im Internet und wurde fündig. In einer E-Mail schrieb er: „Lieber Herr Doktor! Ich bin am Ende meiner Kräfte. Nicht körperlich, sondern emotional. Bitte helfen Sie mir!" Wenige Tage später saß er in der Sprechstunde dem Arzt gegenüber. Er schilderte seine Situation: „Ich zähle auf Ihre Diskretion", begann er seine Ausführungen, „denn meine Frau wäre zu Tode gekränkt, wenn sie erfahren würde, dass ich hier bin." „Ist selbstverständlich", entgegnete der Arzt, „erzählen Sie.“ Sebastian redete eine ganze Stunde lang und ließ sich nicht unterbrechen. Ganz besonders wichtig schien ihm zu sein seine Familie herauszuhalten. „Meine Frau kann nichts dafür“, betonte er immer wieder. Sie war die Traumfrau seines Lebens, und daran werde sich auch gar nichts ändern. „Worin liegt nun aber das Problem?“, wollte der Arzt wissen.

Zum Zeitpunkt der Eheschließung war Sebastian 28 Jahre alt. Er hatte sein Wirtschaftsstudium abgeschlossen und begann gerade die Karriereleiter nach oben zu klettern, als er Romana kennenlernte. Zu diesem Zeitpunkt plagten Sebastian keine Sorgen: Er hatte alles, was er brauchte, und hätte sich damals nicht erträumen lassen, dass er ein knappes Jahr später Ehemann und nach weiteren neun Monaten Vater sein sollte. Er spielte halbprofessionell in einem Handballverein und war mit „seinen Jungs“, den Teamkollegen, viel unterwegs. Er interessierte sich für alles, was Männer interessiert, hatte sein eigenes Motorrad, sein Cabrio und zog um die Häuser. Romana veränderte sein Leben nachhaltig. Sie bestand darauf zu heiraten, denn sie lasse sich nicht benützen und wenn schon, dann wollte sie gleich auch Kinder. Wenn schon, denn schon. Sebastian willigte ein. Unmittelbar nach der Eheschließung kam es aber zu nachhaltigen Veränderungen in seinen Gewohnheiten, die ihn anfangs belustigten, nun aber sah er alles ein wenig differenzierter. „Wissen Sie, das mag zwar kleinkariert klingen, aber da gab es Dinge, die mich schon störten. Wir wohnten in meiner Wohnung, Romana bestand aber darauf, dass ich meine Schuhe am Wohnungseingang auszog. Und auch das Rauchen war sofort ein Streitpunkt, ich durfte in meiner eigenen Wohnung nicht mehr rauchen, denn es war nicht mehr meine eigene Wohnung, es war jetzt auch Romanas Wohnung.“ Zur Geburt des ersten Kindes bestand Romana auf den Verkauf des Motorrades, zur Geburt des zweiten Kindes wurde ihm nahegelegt, das Handballspielen aufzugeben. Man müsse schon wissen, was man wolle, pochte Romana auf ihre Rechte und auf die Pflichten des Vaters und Ehemannes. „Es gibt da noch ein paar andere Dinge, die wohl dazu geführt haben, dass ich keine Lust mehr habe." Der Arzt runzelte die Stirn und fragte nach: „Lust worauf?"

„Auf dieses Leben", entgegnete Sebastian trotzig, „ich mag nicht mehr und deswegen bin ich hier. Raten Sie mir, was ich tun soll."

Der Arzt konnte keinen Rat geben, er konnte sich bemühen, diese Ehe zu retten, indem er die Kommunikation innerhalb der Paarbeziehung zu verbessern suchte. Hier gab es Bedürfnisse, deren Nichterfüllung zu einer Unzufriedenheit innerhalb der Beziehung führte. Beziehungsunzufriedenheit ist die häufigste Ursache für das Scheitern einer Beziehung, es war also höchste Zeit, hier zu agieren. In weiterer Folge gab es mehrere Gespräche unter Einbeziehung von Romana. Die Chance bestand in einer Aufarbeitung ungelöster Probleme; und das kann manchmal auch weh tun. Sebastian hatte damals gar keine Lust gehabt zu heiraten, er wollte auch nicht sein Motorrad verkaufen und das Handballspielen wollte er schon gar nicht aufgeben. Er wollte sehr gerne Kinder, aber noch nicht zu diesem Zeitpunkt. Jedes dieser Gespräche verlief höchst emotional. Man spürte, dass die beiden sich noch liebten und dennoch gab es kein Zurück. Ein halbes Jahr später war diese Ehe geschieden. Sebastian überließ Romana alles, was sie haben wollte, auch seine Wohnung. Jetzt wohnt er nicht mehr auf 100 Quadratmetern im Zentrum, sondern nur mehr auf 60 Quadratmetern am Stadtrand. Er hat eine lockere Beziehung zu einer jungen Frau, die Romana wie aus dem Gesicht geschnitten ist. Er war auch weiterhin ein guter Vater, doch nun war er wieder im Handballverein und eine Ducati steht auch in der Garage. „Wissen Sie", sagte er später einmal zu seinem Therapeuten, „ich fahre vielleicht ein paar hundert Kilometer im Jahr, also kaum der Rede wert, darum geht es aber gar nicht, es geht um den Besitzerstolz und auch darum, ein Motorrad besitzen zu *dürfen*."

Sebastian war einer jener Männer, die entnervt aufgaben und ein völlig anderes Leben begannen. Er liebte seine Familie und verließ sie dennoch. Manchmal dachte er darüber nach, ob das die richtige Entscheidung war. „Aus der damaligen Sicht der Dinge war es die richtige Entscheidung, immer und immer wieder habe ich versucht, meine Bedürfnisse klarzustellen. Leider ist es mir nicht gelungen."

Das Schicksal dieser jungen hoffnungsfrohen Familie ist leider recht häufig. So sehr sich Sebastian auch bemühte, die Rolle des Traumprinzen hielt er nicht lange durch. Im festen Wunsch, ein neuer, moderner Mann sein zu wollen und dessen Rollenanforderungen gerecht zu werden, hatte er seine eigenen Kräfte überschätzt. Er versuchte Beziehung so zu leben, wie es seine Mutter ihm vermittelt hatte, denn auch Sebastian wuchs ohne Vater auf. Erst in der nächsten Beziehung würde er die Chance haben, aus seinen Fehlern zu lernen. Um zufrieden zu sein, darf ein Mann sich nicht verleugnen.

Wie schon mehrfach erwähnt, wird die verfahrene Situation durch das Fehlen von männlichen Vorbildern erschwert. Entweder es sind keine (oder zu wenige) Vorbilder da – wie zum Beispiel im Erziehungsbereich – oder die Vorbilder sind „von gestern", bedienen alte Werte oder sie stellen in zu geringem Ausmaß den Typus Mann dar, der eine Chance hat, von den Heranwachsenden auch akzeptiert zu werden. Jugendliche scheinen bestimmt und dominant agierenden Männern eher Respekt entgegenzubringen als Männern mit „alternativen" Wertvorstellungen. Männer in „Jesus-Sandalen" und mit zum Zopf gebundenen Haaren werden von Heranwachsenden kaum als Vorbilder wahrgenommen. Eindruck auf heranwachsende Männer machen Extrovertiertheit, die Fähigkeit sich durchzusetzen und hegemoniale, also bestimmende Männlichkeit.

Die heutige junge Generation steht auf traditionelle Werte und Rollenbilder. 2006 wurde im Bundesland Oberösterreich eine Jugendstudie vorgestellt, deren Ergebnis in der hiesigen Lokalpresse als „ernüchternd“ bezeichnet wurde. „Während die Burschen ihr Lebensglück überwiegend in Karriere und materiellem Wohlstand suchen, zählen für die Mädchen *nach wie vor* Familie und Kinder“, heißt es dort. Die Formulierung „nach wie vor“ drückt eine gewisse Ungeduld aus, wann denn endlich damit Schluss sei. Die Egalisierung der Geschlechtsrollen ist aber nicht das Ziel der Evolution und auch nicht das der Mehrheit der Bevölkerung. Sie wird vielleicht niemals stattfinden, wenigstens nicht in den nächsten 30.000 Jahren. Sollten etwa Burschen und Mädchen dieselben Ziele verfolgen? Haben die Journalisten etwa vergessen, dass Mädchen von Östrogenen und Buben durch Testosteron gesteuert werden? Das Ergebnis dieser Studie ist daher nicht als ernüchternd zu werten, sondern als *erwartbar.* Sollen etwa die Männer Kinder kriegen? Soziale Erwartungshaltungen können an biologischen Gegebenheiten nichts verändern. Sie vergiften aber das Klima in der Gesellschaft.

Die Reaktion der Männer auf die Veränderungen der gesellschaftlichen Werte ist sehr unterschiedlich. Manche schaffen den Spagat zwischen Mannsein und neuen Werten, andere nicht. Die von ihrem Elternhaus geförderten Jungen sind die Erfolgsmänner von morgen, sie sind gebildet und sozial kompetent, ohne den Mann in ihnen zu leugnen. Die anderen scheitern und wenden sich häufig Organisationen mit überholten Denkmustern zu, wie zum Beispiel dem Rechtsradikalismus. Dort leben sie – quasi in einer Art Parallelwelt – die von ihnen bevorzugte Art von Männlichkeit.

Trotz aller durch den Wandel der Wertvorstellungen provozierter psychosozialer Konflikte sollte der 17-jährige Mann am Zenit seiner Androgenizität stehen. „Sollte“ deswegen, weil die Androgenizität ganz wesentlich die sexuelle Identität prägt, die wiederum starken Einfluss auf das persönliche Glück eines jungen Mannes nimmt. Mitleid müsste man haben mit all den heranwachsenden Männern, die mit X-Beinen und einem Schwimmreifen auf die Jagd nach Mädchen gehen müssen. Mitleid deshalb, weil sie die Opfer der Erwachsenen sind, die immer noch glauben, der Schulbus wäre um jeden Preis ein Fortschritt. Ist er nicht! Neuerlich diese Diskrepanz zwischen Evolution und Zivilisation! Gute Eltern ermuntern ihre Kinder zu Sport und Bewegung, stecken sie möglichst schon im Vorschulalter in den Turnverein. Dort könnte man Sozialisation üben, Freunde gewinnen – das wäre eigentlich schon Grund genug –, der hauptsächliche Benefit besteht aber aus dem Training von Muskeln, Gelenken und Knochen. Davon profitieren Männer noch mit 50. Es gibt noch einen anderen Grund, warum ein junger Mann über eine möglichst hohe Androgenizität verfügen sollte: Kaum ist die Fortpflanzungsfähigkeit erreicht, bewegt sich der Testosteronspiegel bereits in einer flachen, linearen Kurve nach unten. Jawohl, von nun an geht's bergab. Das ist unumkehrbar, das hormonelle Altern beginnt eben nicht mit 40, sondern mit 17, anfangs sanft und leise, dann immer schneller.

Die Testosteronausschüttung eines 17-Jährigen wird sich in den allernächsten Jahren beruhigen, diese ersten ungestümen Jahre nach Erreichen der Geschlechtsreife werden bald vorüber sein, die Besonnenheit wird Einkehr halten. Das Testosteron hat ihn nun zum Jäger gemacht, sein Jagdinstinkt ist so ausgeprägt, wie er nie wieder sein wird, er ist permanent auf der Suche nach Neuem und nach dem besonderen Kick.

Das Testosteron verändert die Denkmuster und gibt dem Mann die für die Jagd erforderliche Aggression. „Aggression" bedeutet auf etwas zugehen, etwas entdecken wollen. Das hat mit Erfindergeist und Forscherdrang zu tun. Eine Neigung zu Gewalt ist damit nicht gemeint, Gewalt ist kein typisch männliches Attribut, sondern die Folge einer Störung der Persönlichkeitsstruktur. Gewalt ist krank, auch bei Männern! Das ihnen eigene Aggressionspotenzial gibt den Männern die Spontaneität und die Extravertiertheit, die sie für die Erfüllung ihrer geschlechtstypischen Rollen brauchen: die Vertretung der Sippe nach außen hin, die Verbreitung ihrer Gene und die Unterstützung bei der Aufzucht der Nachkommen durch die Sorge um Nahrung und den Schutz vor Feinden. In allen Kulturen, auch in matriarchalischen oder matriprivilegierten, nehmen die Männer diese ihnen von der Evolution zugedachte Rolle wahr. Es ist keine Kultur bekannt, in der die Männer bei den Kindern zu Hause blieben, während die Frauen in den Krieg zogen. Die Amazonen sind übrigens Fabelwesen, haben nicht real existiert.

Auch von der Biologie her hat das Testosteron ganze Arbeit geleistet. Alle, aber auch wirklich alle Veränderungen an einem jungen Männerkörper gehen in dieselbe Richtung: die Ausstattung zum Jäger.

Um schnell und ausdauernd laufen zu können, bekam der Mann die längeren Beine, die festeren Knochen und die besseren Muskeln. Um dem erhöhten Sauerstoffbedarf in der Muskelzelle gerecht zu werden, wurde die Lungenoberfläche vergrößert. Männer haben ein kräftigeres Herz, großkalibrigere Gefäße und mehr rote Blutkörperchen. (Die roten Blutkörperchen sind verantwortlich für die Sauerstofftransportkapazität). Männer haben den besseren Orientierungssinn und die schärferen Sinnesorgane. Das *British Journal of Psychology* berichtete im August 2009 von einem grundsätzlichen Unterschied im Sehvermögen zwischen Männern und Frauen. Bei Untersuchungen ergab sich eine größere Zielgenauigkeit für Männer bei größeren Distanzen, für Frauen bei kleineren Distanzen. Und warum wohl? Die Männer sind die Jäger, nicht die Frauen.

Spätestens jetzt ist klar: Testosteron prägt die Entwicklung zum Mann – schon von ganz klein auf – und auch das männliche Erscheinungsbild hin bis zum Tod. Männer haben keinen Zyklus, der Testosteronspiegel eines Mannes ist aber dennoch nicht stabil. Da gibt es einerseits die fallende Lebenskurve, die den Wechsel des Mannes bedingt und auch einige Probleme bereiten kann. Nicht erst mit achtzig, sondern eigentlich schon mit 35. Die zweite Schwankung des Testosteronspiegels entspricht einem 24-Stunden-Rhythmus. Er hat großen Einfluss auf die Befindlichkeit des Mannes, kaum jemand nimmt ihn aber wahr, wie alles Unsichtbare kaum wahrgenommen wird. Da wird gerätselt, woran es denn liegen könnte, dass auch Männer tagsüber über sehr unterschiedliche Energiereserven verfügen. Dabei ist die Erklärung ganz einfach: Männer aller Altersgruppen haben den höchsten Testosteronwert um 8 Uhr morgens mit fallender Tendenz bis 8 Uhr abends, danach geht's schön langsam wieder aufwärts. In der Männermedizin gilt „Morgenstund hat Gold im Mund". Auch dieses Sprichwort hat seine Wahrheit, ob das allerdings eine Anspielung auf den morgendlichen Testosteronpeak ist, muss bezweifelt werden. Doch es stimmt, um 8 Uhr morgens sorgt der Tagesspitzenwert an Testosteron für einen Energieschub. Da sind die Männer am besten drauf. Doch anstatt Sex zu haben, fahren sie in die Arbeit. Wie dem auch sei, das ändert nichts daran, dass der Mann von Natur aus am Morgen auf Sex gepolt ist, da ist die Libido am größten. Auch die sprichwörtliche „Morgenlatte" ist bedingt durch den Überfluss an Testosteron und nicht – wie man den Männern noch immer Glauben machen möchte – durch die volle Harnblase. Diese Behauptung lässt sich auch ganz einfach beweisen: Kein Mann bekommt tagsüber eine Erektion wegen einer vollen Harnblase, das wäre ja ein guter Lösungsansatz für Potenzprobleme. Sie wollen Sex machen? – Trinken Sie einen Liter Wasser und vermeiden Sie den Gang auf die Toilette. Oder wie sonst als mit dem alterungsbedingten Testosteronabfall ließe es sich erklären, dass die morgendlichen Erektionen zum Leidwesen der Männer mit zunehmendem Alter immer seltener werden? Die Blase des älteren Mannes leidet doch prostatabedingt eher an einer Überfüllung als an einer Leere, wo bleiben da die Erektionen? Also: Die Morgenlatte ist die Folge des morgendlichen Testosteronanstieges und nicht der vollen Blase. Zurück zur Testosterontageskurve: Am Abend, zwischen 20 und 24 Uhr haben Männer den niedrigsten Testosteronwert des Tages, zu dieser Zeit ist das Interesse an Sexualität am geringsten, obwohl um diese Zeit 90% der Pärchen sexuell aktiv werden. Einmal mehr verdreht die Zivilisation die Intentionen der Evolution.

Noch ein Wort zu den Östrogenen, den Weiblichkeitshormonen – sie verdienen besondere Beachtung. Sicherlich sind Östrogene auch für Männer keine schlechten Hormone, sie besitzen ein hohes gesundheitsförderndes Potenzial. Doch leider bewirken sie das Gegenteil von Androgenizität. Männer sollten sich hüten, zu viel Östrogen in ihren Adern fließen zu lassen, denn dadurch werden sie in Richtung weiblich transformiert. Man erkennt das an weichen Körperformen, am erhöhten Körperfettanteil bei gleichzeitigem Muskeldefizit und einer gewissen Gemütlichkeit. Die macht solche Männer wieder sehr beliebt. Jeder will von ihnen unterhalten werden, niemand möchte aber mit ihnen ins Bett gehen. Wenn Ihnen also Biertischgeselligkeit wichtiger ist als Sex, dann sollten Sie ihre Östrogene pflegen. Hierfür gibt es ein probates, millionenfach bewährtes Mittel: Trinken Sie Alkohol und werden Sie fett, nichts wird Sie schneller ans Ziel führen! Es gilt: Hoher Körperfettanteil ist gleich hoher Östrogenspiegel ist gleich weitere Gewichtszunahme. Neben vielen anderen durchaus positiven Effekten wirken Östrogene nämlich liponeogenetisch, das heißt sie fördern den Fettanbau. Bei jungen, schlanken Männern mit androgener Ausstrahlung sind die Östrogenserumspiegel so gering, dass sie nicht nachweisbar sind. „Unter der Nachweisgrenze" lautet der Befund, das bedeutet einen Spiegel von unter 10 Picogramm pro Milliliter. Dies wäre auch der Referenzwert für ein gesamtes Männerleben. Auf den gesundheitsfördernden Effekt der Östrogene braucht Mann aber dennoch nicht zu verzichten. Östrogene werden dort synthetisiert, wo sie gebraucht werden: in den Knochen, in den Zellen des Gehirns, an den Gefäßen und im Nebenhoden. Genau dorthin, aber eben *nur* dorthin gehören Östrogene bei den Männern.

Es gibt noch ein weiteres Gewebe, dessen Zellen in der

Lage sind, Östrogene zu produzieren: das Fettgewebe. Und weil die meisten Männer mit zunehmendem Alter immer fetter werden – das gilt ja fast schon als normal – gibt es eine immer größer werdende Anzahl von Zellen, die Östradiol bereitstellen. Je dicker also ein Mann, desto mehr Östrogene, desto geringer die Androgenizität. Dieser Teufelskreis beginnt bereits bei leidlich schlanken Männern, Sie sollten daher bei der Beurteilung Ihres eigenen Körpers nicht allzu großzügig sein. Früher dachte man, das Körperfett „saugt" das Testosteron auf, doch heute weiß man es besser: Es wird nicht „aufgesaugt", sondern in Östrogene umgewandelt. Wenn Testosteron mittels Aromatase zu Östradiol gemacht wird, bedeutet der Zugewinn an Östradiol gleichzeitig Testosteronverlust. Mit jedem neuen Östrogenmolekül geht ein Testosteronmolekül verloren. Und wenn Sie nun auch noch das berühmte „Glaserl" lieben, ist die Katastrophe für den Mann perfekt. Denn nichts aktiviert so sehr die Aromatase wie täglicher Alkohol. Um die Aromatase des gesamten Körpers zu aktivieren, bedarf es keiner großen Mengen an Alkohol, sondern lediglich eines Fingerhutes voll. Aus der Sicht des Mannes ist das tägliche Glaserl daher Gift. Man sollte den Männern raten, möglichst selten Alkohol zu trinken.

Weinlobbyisten hören nicht auf, Wein als gefäßschützend anzupreisen. Sie machen dafür das im Wein enthaltene Resveratrol verantwortlich, ein antiarteriosklerotisch wirkendes Antioxidans. Tatsächlich fanden Harvard-Wissenschafter heraus, dass Rotwein das Leben schlanker wie auch fetter Mäuse verlängern kann, diese Erkenntnis bedarf aber einer Erläuterung: Der positive Effekt auf die Gefäße ist zwar in Tierversuchen nachgewiesen, allerdings erst bei riesigen Mengen. Ein Mensch müsste täglich mehrere Liter Rotwein trinken, um in den Genuss der gewünschten Wirkung zu kommen. Davon muss aber aus guten Gründen abgeraten werden. Lassen Sie sich nicht für dumm verkaufen, Sie müssen nicht Wein trinken, unvergorener Traubensaft enthält dasselbe Resveratrol wie Wein, genauso wie andere Nahrungsmittel auch, zum Beispiel die dünne Haut der Erdnuss.

Der wahre Grund für den so reichen Genuss von Alkohol ist dessen berauschende und vor allem enthemmende Wirkung. Alkohol ist ein Psychopharmakon und das einzig legale Berauschungsmittel. Dies darf aber nicht nur als Nachteil gesehen werden, denn so betrachtet hat Alkohol eine soziale Funktion, die nicht unterschätzt werden darf. Viele Männer brauchen die richtige Dosis, um den Alltag meistern zu können, sie brauchen sie umso mehr für die Anbahnung sexueller Kontakte, salopp gesagt, sie trinken sich den Mut an, eine Frau überhaupt erst ansprechen zu können.

Auch die Tendenz junger Männer zu Alkoholexzessen muss als Folge der gesellschaftlichen Entwicklung gesehen werden. Die orientierungslosen Jungendlichen sind auf sich alleine gestellt, werden im Stich gelassen. Sie versuchen mithilfe von Alkohol ihre Männlichkeit zu beweisen und auf sich aufmerksam zu machen. Das Komasaufen ist nicht ein Zeichen für mangelnde Manieren, sondern ein Signal für Überforderung und Verunsicherung. Kümmern wir uns mehr um unsere Jugendlichen!

Die Androgenizität eines Mannes beschreibt dessen männertypisches Erscheinungsbild gegenüber Dritten. Sie ist hauptsächlich geprägt durch biologische Faktoren, lässt sich aber auch durch Lifestyle im großen Umfang beeinflussen. Die Androgenizität spielt eine große Rolle für die körperliche, aber auch die psychische Gesundheit eines Mannes. Alles spricht also dafür, sie zu pflegen. Ihre größten Feinde sind Krankheiten, die Vernachlässigung eines gesunden, männertypischen Lebensstils und der Alterungsprozess. Davon handeln die nächsten Kapitel.

3. Kapitel

Das Drama aller Männer: der Wechsel

Sexualmedizin handelt hauptsächlich vom Lebensglück. Als Sexualmediziner erlebt man es immer und immer wieder: Nichts ist so wichtig für das Lebensglück wie eine Beziehung und nichts ist so wichtig für eine Beziehung wie Sexualität. Ein Sexualmediziner zieht aus dem äußeren Erscheinungsbild, aus der Körpersprache, dem Gesichtsausdruck seine Schlüsse. Er fragt sich, wie weit ist jemand noch Teil dieses ewigen Spiels rund um Liebe und Begehren? Es ist das Salz in der Suppe des Lebens, der Motor für jedes Denken und Handeln. Glücklich sein ist nicht Faltenfreiheit, sondern die Offenbarung als begeisterbares, erotisches Wesen. Dabeizusein, wahrgenommen zu werden, Akzeptanz zu erfahren, das alles ist der Begriff von Lebensglück. Beobachtungen dieser Art haben keinen voyeuristischen Hintergrund, sondern dienen dem Interesse des Sexualmediziners. Dabei dürfen die Gebote des Anstandes nicht überschritten werden, denn schon bloßes „Beobachten“ kann ein Eingriff in die Intimsphäre eines Menschen sein. Das Interesse gilt dem Umgang dieser Menschen mit ihrem eigenen Eros, was sie daraus machen und wieweit die Missachtung dieser Bedürfnisse die Folge oder die Ursache von fehlendem Lebensglück sein kann. Die Bereitschaft eines Menschen sich zu attraktivieren ist der wohl deutlichste Indikator für Lebenslust. Attraktivieren heißt die sexuelle Anziehungskraft zu erhöhen und das gelingt am besten, indem man „sich schön macht“. Das kann auf ganz unterschiedliche Weise erfolgen, das ist eine Frage des Geschmackes und über den lässt sich bekanntermaßen nicht streiten, wichtig ist lediglich, dass es geschieht. Auf welche Weise auch immer. „Dass es Männern nach einer Operation wieder besser geht, merkt man daran, dass sie sich wieder rasieren!" Dies ist ein Zitat eines bekannten Chirurgen in Linz und damit hatte er natürlich recht. Sich zu rasieren ist eine Prozedur des „Sich-schön-Machens", es zeugt vom Wunsch, am Leben wieder teilzunehmen. Der Zeitschrift *Focus* zufolge verwendeten im Jahre 1984 19 Prozent der 70-jährigen Frauen regelmäßig Lippenstift, 2007 waren es schon 30 Prozent, Tendenz steigend. Was sagt uns das? Immer mehr ältere Frauen nehmen noch aktiv an der Gesellschaft teil, als erotische Wesen. Und das ist gut so. Wie erotisch können „ältere" Frauen sein! Früher war das alles ganz anders. Frauen über dreißig galten als nicht mehr begehrenswert und sexuell passé, doch das hat sich grundlegend geändert. *„In den 1980er-Jahren dann waren einige Frauen um die vierzig in den Kreis der Diskutablen gelassen, in den 1990ern gar einige Frauen um die 50. Und neuerdings sind sogar manche Frauen um die 60 als ‚scharf' im Gespräch"*, wird Alice Schwarzer im Spiegel zitiert. Dass manche dabei übers Ziel hinausschießen und versuchen die ewige Jugend festzuhalten, ist eine Art Übertreibung, dient aber denselben Zielen. Wie sagte schon Oscar Wilde? „Stark geschminkt und leicht bekleidet ist ein Akt purer Verzweiflung."

Zugegeben, Frauen haben die besseren Mittel sich zu attraktivieren. Den Männern bleibt Lippenstift, Schmuck oder allzu auffällige Kleidung verwehrt, der einzige Schmuck, den ein Mann trägt, ist eine schöne Uhr – und natürlich der Ehering. Ein Mann besticht durch Authentizität, er soll ganz einfach er selbst sein und bleiben. Das ist aber leichter gesagt als getan, denn gerade der Erhalt eines sportlich-männlichen Körpers ist nicht so einfach und bedarf mit zunehmendem Alter immer größerer Anstrengung. Nichts ist mit dem wohlverdienten Ruhestand, ganz im Gegenteil, je älter ein Mann wird, desto mehr muss er für sich tun!

Erschreckend ist, wie vielen Männern die Jungenhaftigkeit verloren gegangen ist, bei wie vielen Männern die Blicke lethargisch sind statt neugierig. Neugier, das heißt gierig zu sein nach Neuem, auch das ist ein Synonym für aktives Männerleben. Der Verlust der Neugier ist wie ein kleiner Tod. Erschreckend ist auch, bei wie vielen Männern die schlanke Taille einem Bauch Platz hat machen müssen, der einen bewegungshungrigen Körper in einen inaktiven Koloss verwandelt. Ein Mann sollte wenigstens „laufen" können, seine Beine in einer halbwegs raschen Abfolge hintereinandersetzen können, ohne dass der riesige, viel zu schwere Korpus einen Zusammenbruch verursacht. Wie viele der Männer können noch laufen im eigentlichen Sinne des Wortes? Bundesdeutsche neigen ja dazu, „Gehen" schon als „Laufen" zu bezeichnen. Das ist aber kein Ausweg aus der Krise der Männer, die im Wesentlichen darin besteht, dass Männer mit zunehmendem Alter gerade jene Eigenschaften einbüßen, die sie zu dem machen, was sie sein sollten: Jäger.

Benützen Sie Ihren nächsten Restaurantbesuch und beobachten Sie die bei Tisch sitzenden Pärchen. Ist es nicht erschreckend, wie viele Paare wohl am selben Tisch sitzen, sich aber nichts mehr zu sagen haben, sich gemeinsam langweilen und anöden? Anstatt die gemeinsame Zeit zu genießen, ist manchem Pärchen die Qual ins Gesicht geschrieben, die durch das Zusammensein verursacht wird. Solche Leute können einem leidtun. Diese Beobachtungen geben Aufschluss über die Beziehungsqualität. Beziehung definiert sich aus der Kommunikation und wer sich bei Tisch nichts mehr zu sagen hat, hat sich im Bett schon gar nichts mehr zu sagen. Das ist das eigentlich Deprimierende dabei. Solche Beziehungen sind eigentlich schon passé.

Erschreckend ist auch, wie viele Männer schon am Vormittag Bier trinken. Der Missbrauch von Alkohol als Psychopharmakon ist typisch für Männer, sie trinken nicht, weil es so gut schmeckt, sondern weil es ihrer Seele guttut. Man sollte nicht zu schnell verurteilen, besser wäre es, sich zu fragen, was einem solchen Mann wohl widerfahren sein mag, dass er morgens schon ein Bier braucht. 80% der 330.000 Alkoholiker in Österreich sind Männer, 90% der unter Alkoholeinfluss verursachten Verkehrsunfälle sind durch Männer verursacht. Nicht nur, dass Bier dick und inaktiv macht, es hat auch eine benebelnde Wirkung. In den allermeisten Fällen ist aber gerade das beabsichtigt, die Benebelung der Sinne macht das Schicksal ein wenig erträglicher. Kein Mann trinkt ohne Grund. Sagte nicht schon Wilhelm Busch: „Wer Sorgen hat, hat auch Likör." Männer, die ständig zum Alkohol greifen, sind krank und wollen ihr Schicksal vergessen machen, sind irgendwie gescheitert. Woran auch immer.

Der eigentliche Feind des Mannes ist der Alterungsprozess, ein durchaus normaler Vorgang, der aber dennoch gehörig Probleme bereiten kann. Die Bedeutung des Testosterons für die Androgenizität wurde bereits ausführlich beschrieben, der schleichende Verfall der Androgenizität ist das sichtbare Zeichen für den Alterungsprozess des Mannes. „Altern" an sich ist ein unausweichlicher Vorgang, man kann ihn beschleunigen oder *ent*schleunigen, man kann ihn aber nicht verhindern oder gar umkehren. Der Begriff „Anti-Aging" ist irreführend, da er eine Aufhebung des Alterungsprozesses impliziert, und das ist eben nicht möglich. Und es wird auch niemals möglich sein. Dieser Begriff wurde deswegen weitgehend verlassen. Besser als „Anti-Aging" liest sich „Better-Aging", das ist zwar eine vernünftigere Terminologie, doch nicht wirklich seriöser. Zu viele Scharlatane machen ihr Geschäft damit.

Das treffendste Wort, mit dem „Altern" im biologischen Sinne beschrieben werden kann, ist „Funktionsverlust". Altern ist Funktionsverlust. Jede Zelle verliert mit zunehmendem Alter, Jahr für Jahr einen Teil ihrer Funktion, einen kleinen zwar, der aber summiert sich mit der Geschwindigkeit einer Zinseszinsrechnung. Jahr für Jahr ergibt sich ein Minus vom vorher schon verminderten Wert. Der Alterungsprozess beschleunigt sich, je weiter er bereits fortgeschritten ist. Je älter man wird, desto schneller geht es. Mit 30 ist es noch egal, ob man ein Jährchen mehr oder weniger abgedient hat, mit 80 zählt schon jeder Monat. Der Grund dafür liegt in den Luxusfunktionen der Jugend: Der junge Mann hat noch Reserven, der Körper schöpft noch aus dem Vollen. Obwohl auch junge Männer abbauen, der eine schneller, der andere langsamer, ist immer noch mehr als genügend übrig. Irgendwann aber, früher oder später, kommt es – alterungsbedingt – zu Fehlleistungen oder Befindlichkeitsstörungen.

Den Zeitpunkt, zu dem ein Funktionsverlust merkbar wird, nennt man den Wechsel. Um diesen Begriff gibt es viele Missverständnisse. Gibt es beim Mann überhaupt einen Wechsel? Oder doch nicht? Um diesem Streit auf den Grund zu gehen, ist es am besten, die wörtliche Übersetzung dieses Wortes als Grundlage für die Diskussionen zu verwenden. Wechsel kommt vom lateinischen Wort „Climax". Laut Stowasser (dem populären Lateinwörterbuch) heißt das „Wende" oder „kritische Zeit". Der Wechsel beschreibt somit eine Zeit der Umstellung. Der seit Jugend unaufhaltsam fortschreitende Alterungsprozess führt irgendwann zu Fehlfunktionen und Befindlichkeitsstörungen, manchmal sogar zu Leidensdruck; die Phase der Umstellung auf diese neue Situation ist eben der Wechsel oder das Klimakterium. Früher sagte man dazu „Midlife-Crisis". Der „Wechsel" beschreibt die Umstellung von einer Zeit ausreichender zu einer Phase mangelhafter Organfunktion. Jedes Organ hat seinen Wechsel, nicht nur hormonaktive Organe. Männer haben also einen Wechsel, sie haben aber – in Analogie zur Menopause der Frau – keine Andropause. Es gibt kein Ende für die Sexualhormone der Männer und nichts anderes als dies hieße Andropause.

Das einfachste Beispiel zum Verständnis für diese Vorgänge ist die Altersweitsichtigkeit, die Presbyopie. Man kann sich noch so dagegen sträuben, irgendwann ist es soweit, man braucht eine Brille. Meist ist das zwischen dem

45. und dem 50. Lebensjahr, einmal früher, einmal später. Der Alterungsprozess lässt sich entschleunigen, aber nicht aufhalten. Auch an den Linsen des Auges beginnt der Alterungsprozess unmittelbar nach dem Erwachsenwerden. Er ist gekennzeichnet durch einen Gewebeumbau, dabei degenerieren elastische Fasern zu Bindegewebe. Als Folge wird es immer schwieriger, das Auge auf geringe Entfernungen einzustellen, das Nahsehen wird immer anstrengender. Irgendwann, meist mit 45, bemerkt man, dass das Lesen einer Zeitung nur mehr bei sehr gutem Licht möglich ist, oder wenn Sie die Zeitung immer weiter von Ihren Augen entfernt halten oder – zu guter Letzt – wenn Sie eine weitere Linse vor Ihr Auge halten, die viel gerühmte Lesebrille. Dieser ganze Vorgang ist ein normaler Alterungsprozess, also keine Krankheit. Der Zeitpunkt, an dem man ihn wahrnimmt, das ist der Wechsel (der Linse). Die Brille ist die Therapie. Sobald man sich an die Brille gewöhnt hat, ist der Wechsel zu Ende. Manche gewöhnen sich nie, auch so was gibt's. Deren Umstellungsphase dauert ewig, es gelingt ihnen nicht, sich mit den neuen Gegebenheiten zu arrangieren. Diese Leute haben dann auf Dauer Wechselbeschwerden. Obwohl Altern ein normaler Prozess ohne primären Krankheitswert ist, kann also eine Therapie durchaus sinnvoll sein. Auch dies beweist das Beispiel der Altersweitsichtigkeit. Die Presbyopie bedarf entweder einer Brille oder man hört auf, die Zeitung zu lesen, das aber ist nicht wirklich eine seriöse Alternative zur Brille!

Worin das Altern genau besteht, wissen wir nicht, wir wissen aber, dass es von der Evolution gewünscht ist. Genauso wie der Tod, die unausweichliche Folge des Alterns. Die Evolution lebt vom Wechsel der Generationen, denn nur darin kann sie sich entwickeln. Gäbe es das ewige Leben, käme sie zum Stillstand.

Der Mensch ist das einzige Lebewesen, das in der Erkenntnis des Todes lebt. Das ist natürlich tragisch. Deswegen hat jede Gesellschaft ihre Strategie entwickelt, dem Tod zu begegnen. Die Menschen machen sich Gedanken darüber, was „nachher“ ist. Mit Ungewissheiten kommt der Mensch an sich sehr schlecht zurecht, ganz besonders aber mit der Ungewissheit, was nach dem Tod sein könnte.

Manche Sekten versuchen dem Tode durch Klonen zu entrinnen. Diesem Lösungsansatz liegt der naive Gedanke zugrunde, es wäre möglich, durch seinen Klon weiterzuleben. Das kann aber niemals funktionieren, denn der Mensch ist mehr als die Summe seiner Gene. Der Klon ist eine eigenständige Kreatur, ein völlig anderes Wesen, das sich zwar mit seinem Kernspender die Genetik teilt, aber nicht den Erfahrungsschatz. Es gibt aber noch eine andere unüberwindliche Hürde: Wie Versuche beweisen, gelingt es mit dem Klonen nicht, den Alterungsprozess zu überlisten. Klone sind so alt wie ihre Kernspender. Das wissen wir spätestens seit Dolly, dem süßen Klonschafbaby. Es hatte trotz seiner Jugend von Anfang an mit Altersbeschwerden zu kämpfen.

Die ersten graue Haare, Karies und Bandscheibenvorfälle gibt es schon bei 20-Jährigen, all das sind degenerative Vorgänge, also alterungsbedingt. Der Alterungsprozess des Mannes ist im besonderen Sinne mit Testosteronverlust verbunden. Dieser Prozess beginnt mit 20 und zeigt mit 30 seine ersten Auswirkungen. Auch wenn der junge Mann sich noch sicher fühlt, die sexuelle Performance des 30-Jährigen hat sich gegenüber dem 20-Jährigen bereits verändert. Die überbordende Lust des Jugendlichen hat sich auf ein normales Ausmaß eingependelt und die Körperarchitektur ist bereits meistens saturierter. Weil das Testosteron bei den Männern immer weniger wird (und die Östrogene mehr), kommt es mit zunehmendem Alter zu einem schleichenden (partiellen) Verlust männlicher Eigenschaften, sowohl im biologischen, aber auch im psychosozialen Sinne. Unmittelbar nach der Pubertät ist die Geschlechterpolarisierung am größten. Niemals wieder ist der Unterschied zwischen Männern und Frauen größer als in jungen Jahren, auf der einen Seite geballte Männlichkeit, auf der anderen Seite sinnliche Weiblichkeit. Später werden die Männer ruhiger, bekommen weibliche Gesichtszüge und rundlichere Körperformen, es nähert sich also der Mann dem Weiblichen an, es kommt zu einer Anpassung der Geschlechtsrollen, de facto handelt es sich um eine Demaskulinisierung. Das ist auch der Grund, warum Männer im Alter so vernünftig werden und freiwillig Dinge tun, an die sie in der Jugend nicht einmal zu denken wagten. Zum Beispiel das Motorradfahren an den Nagel zu hängen, weil es zu gefährlich ist, oder bei Grün an der Kreuzung nur ganz sachte Gas zu geben. Zugegeben, die Weisheit des Alters – „Alter" beginnt hier übrigens spätestens mit 40 – beruht wahrscheinlich auch auf einer Portion Lebenserfahrung, den größten Teil trägt aber der schwindende Testosteronspiegel bei. Den Männern fehlt in Wirklichkeit die Energie für all den jugendlichen Schabernack. Und Energie ist gleichbedeutend mit Testosteron.

Testosteronverlust zeigt sich in typischen Symptomen. Weil diese aber schleichend auftreten, werden sie selbst von Insidern nicht immer erkannt. Auch gibt es kein absolutes Zeichen für den Beginn des Klimakteriums bei den Männern. Während für jede Frau das Ausbleiben der Regel der Startschuss für den Wechsel ist, sträuben sich die Männer, alterungsbedingte Veränderungen am eigenen Körper überhaupt erst wahrzunehmen, geschweige denn zuzugeben. Die Altersgruppe der 40-Jährigen, lebenshungrig und unternehmenslustig, merkt dann irgendwann, dass „es" nicht mehr so geht wie früher. „Es", das ist zunächst die Verminderung der Leistungsfähigkeit in Beruf und Sport, auch macht sich eine gewisse düstere Stimmung, Schlaflosigkeit und Zukunftsangst breit, das ganze Weltbild spiegelt sich verzerrt wider. Das alles kann sehr dramatisch empfunden werden, vor allem auch deshalb, weil sich Männer mit diesen Beschwerden alleine gelassen fühlen. Sie wissen nicht, an wen sie sich wenden sollen.

Sehr geehrter Herr Doktor, so beginnt eine für diese Problematik typische E-Mail, *ich bin 44 Jahre alt. Nach langem Suchen bin ich nun auf Ihre Homepage gelangt, auf der meine Probleme sehr gut angesprochen werden. Ich kenne mich mit mir selber nicht mehr aus, trotz intensiver Bemühungen gelingt es mir nicht, die in den letzten Monaten zugelegten Kilos wieder abzunehmen. Das Laufen, ehemals mein Lieblingssport, fällt mir ungeheuer schwer, ich kann mich kaum dazu aufraffen, komme leicht ins Schwitzen und Strecken, die ich noch vor zwei Jahren problemlos gelaufen bin, strengen mich ungemein an. Meiner Frau fällt auf, dass die allgemeine Lustlosigkeit auch unsere Beziehung betrifft, sie sagt, ich wäre aufbrausend, ungerecht und melancholisch. Wir beide kommen auch nicht mehr so gut klar wie früher, vielleicht weil auch im Bett kaum mehr etwas läuft. Was kann ich tun, ich habe Angst, dass alles aus dem Ruder läuft?*

Diese – reale – Anfrage spiegelt sehr gut die Ängste alternder Männer wider. Wohlgemerkt, das Altern beginnt hier spätestens mit 40. Sie merken, dass der Körper Veränderungen unterworfen ist, die sich eher verschlimmern, als dass sie sich von selber geben würden. Der Alterungsprozess kennt keine Selbstheilung, denn es ist nicht zu erwarten, dass sich degenerative Veränderungen mit zunehmendem Alter bessern. Das würde an ein Wunder grenzen, eine Überwindung des Alterungsprozesses ist derzeit medizinisch (noch) nicht möglich. Alterungsprozess im wissenschaftlichen Sinne spielt sich auf molekularer Ebene ab, er bedeutet Funktionsverlust an der Zelle und am Erbgut, der DNS. Daher können auch Schönheitsoperationen das Altern nicht verhindern, sie verändern lediglich das Äußere eines Menschen, nicht immer zu dessen Vorteil. Es muss bezweifelt werden, dass eine Überwindung des Alterns jemals möglich werden wird, denn das hieße gleichzeitig die Überwindung des Todes. Während Fachleute sich darüber den Kopf zerbrechen, ob es den „männlichen Wechsel“ überhaupt gibt, suchen Betroffene oft verzweifelt einen geeigneten Ansprechpartner. Um zu einem solchen zu werden, ist es erforderlich, sich mit der Thematik des Mannseins auseinanderzusetzen. Auch Männer haben ein Recht auf Gesundheit, und Gesundheit ist dreidimensional, nämlich bio-psycho-sozial. Das bedeutet, dass jeder Mann (wie natürlich auch jede Frau) zu jeder Zeit zu 100 Prozent ein biologisches Wesen ist, aber auch zu 100 Prozent ein psychologisches und auch zu 100 Prozent ein soziales. Dies ist ein wichtiger Denkansatz, denn die Trennung von Krankheitssymptomen in biologische und psychologische geht an der Realität vollkommen vorbei. Jeder Mann ist immer alles gleichzeitig! Das gilt auch für den Wechsel, auch seine Dynamik ist bio-psychosozial: Der Testosteronverlust führt zu körperlichen Defiziten, diese verursachen eine psychogene Verstimmung, die sich wiederum auf die Beziehung auswirkt: Eine reibungsfreie Beziehung ist aber der Inbegriff für Lebensglück. Somit ändern sich für viele Männer mit dem Eintritt in den Wechsel die Lebensumstände in dramatischer Weise. Leider auch für die Beziehungspartner, die hilflos und ohnmächtig danebenstehen. Es ist daher erforderlich, den Männern (und deren PartnerInnen) über diese Zusammenhänge wertfreie Informationen zukommen zu lassen. Die Herausforderung an die Therapeuten ist enorm: Ihre Kompetenz muss ebenso dreidimensional sein, wie es die Gesundheit ist und auch die Therapie sein muss, eben bio-psycho-sozial. Eine nicht einfache Aufgabe, sie erfordert eine spezielle Ausbildung in psychosomatischer Medizin.

Auch Ärzten ist es nicht möglich, das Altern zu verhindern. Sie können aber dem durch den Alterungsprozess in Bedrängnis gekommen Mann Hilfe anbieten und versuchen seine Lebensqualität zu verbessern. Dies gelingt durch eine Gesprächstherapie gemeinsam mit der Partnerin, in der Strategien entwickelt werden, die Probleme in den Griff zu bekommen. Manchmal gelingt es auch, für alterungsbedingte Defizite Verständnis zu vermitteln und somit ihre Brisanz zu schmälern. Alterung bedeutet Defizite, aber auch Zugewinn; vieles ist nur eine Frage der Betrachtungsweise und des Blickwinkels. In ganz konkreten Situationen kann der

Arzt auch Medikamente einsetzen oder mit Hormonen behandeln.

Alle Männer kommen in den Wechsel, doch nicht jeder verbindet damit negative Erfahrungen. Was sich für den einen als persönliche Katastrophe darstellt, ist für den anderen ganz einfach der Lauf der Dinge, c'est la vie. Die Reaktion auf die körperlichen Veränderungen ist tatsächlich sehr unterschiedlich. Es gibt sogar Männer, die direkt erleichtert wirken, dass „alles vorbei" ist.

Wissen Sie, so ein 54-jähriger Mann in der Sprechstunde, *das gesamte Leben gestaltet sich ruhiger, wenn einmal das Testosteron draußen ist. Mich bringt nichts mehr aus der Ruhe*. Dieser Mann kam übrigens auf Drängen der Gattin in die Praxis, die das Ende der Sexualität offenbar anders beurteilt als ihr Mann. Wie auch immer, das muss nun jeder selbst beurteilen, ob es gut oder schlecht ist, dass das Testosteron „draußen" ist. Für die Diagnostik von Wechselbeschwerden bedeutet dies, dass weniger der Labortest das ausschlaggebende Moment ist als vielmehr daraus resultierende Beschwerdebilder. Und damit noch immer nicht genug: Nicht die Beschwerdebilder machen den Wechsel zur Krankheit, sondern der durch sie ausgelöste Leidensdruck. Erst wenn die durch den Wechsel bedingten Defizite zu Befindlichkeitsstörungen führen, sollte – müsste – man therapieren.

Objektiv gesehen hat Testosteronmangel für sich schon einen Krankheitswert. Hypogonadale Männer (das sind Männer mit zu niedrigen Testosteronspiegeln) haben erwiesenermaßen eine geringere Lebenserwartung als ihre hormonstarken Geschlechtsgenossen. Dafür gibt es gute Gründe. Testosteronstarke Männer haben ein größeres Energiepotenzial. Sie machen mehr Sport, ihr Stoffwechsel ist aktiver, sie sind schlanker und haben durchschnittlich den besseren Blutdruck und das niedrigere Cholesterin gegenüber hypogonadalen Männern. Das alles hat zu tun mit Arteriosklerose, Herzinfarkt und Schlaganfall. Auch dies muss von einem Arzt gewusst und bei der Therapie berücksichtigt werden.

Man sollte sich hüten sich bei der Beurteilung des Testosteronspiegels zu sehr an Normalwerten zu orientieren, denn was für den einen Mann zu wenig ist, ist für den anderen mehr als ausreichend. Die Symptomatik ist das wesentliche Kriterium für den Beginn einer Hormonbehandlung, der Erfolg dieser Behandlung das andere. Wenn Beschwerden durch Testosteronmangel bedingt sind, müssen sie nach Zufuhr des fehlenden Hormons verschwinden. Ein Resümee über einen Therapieerfolg ist erst nach vier Monaten sinnvoll um einen Placeboeffekt auszuschließen, ein solcher hält maximal sechs Wochen an.

Nicht jeder Mann stellt dieselben Ansprüche ans Leben. Was dem einen wichtig ist, berührt den anderen kaum. Die individuellen Erwartungen ans Leben zu hinterfragen, ist Teil der Therapie, für die Diagnostik von Wechselbeschwerden eignet sich daher nur das Gespräch, am besten mit einem erfahrenen Arzt. Nur er kann entscheiden, ob eine Therapie sinnvoll, ist oder nicht, und er hat auch das beste Mittel an der Hand. Ganz legal und ohne Risken.

Die Therapie bei Testosteronmangel kann nur die Gabe von Testosteron sein. Vor allen anderen Wundermitteln muss gewarnt werden, vor allem vor rezeptfreier Beschaffung über das Internet. Generell ist das Internet als Bezugsquelle für Medikamente ebenso beliebt wie gefährlich. Der Grund für diese Vorgangsweise liegt bei den Männern selbst und an ihrer Angst, Defizite eingestehen zu müssen. Männer reden nicht gerne über ihre Schwächen, am wenigsten über die „im Bett". Diese Peinlichkeit wollen sich viele Männer ersparen. Selbst Alpha-Männer, oder vielleicht gerade die, müssen es erst lernen, über Sexualität zu reden; und das ist Teil der Therapie. Jeder Mann merkt die wechselbedingten Veränderungen an seinem eigenen Körper, kann sie aber sehr häufig nicht richtig deuten. Dann ist es Zeit, sich helfen zu lassen. Zugegeben, die alte These „Über Sex spricht man nicht, den macht man“ scheint immer noch hochaktuell zu sein, leider nicht nur bei den Männern selbst, sondern auch bei den Ärzten. Dies ist jedoch der falsche Zugang, denn Sexualität ist zu wichtig, als dass man sie verschweigen dürfte. Auch wenn ein Gespräch über Wechselbeschwerden sehr intim sein kann, den Vorteil von Sachkompetenz und Behandlungsqualität sollte man sich nicht entgehen lassen. So ein Gespräch kann sehr befreiend wirken, Stress abbauen und den Weg zu einer zufriedeneren Beziehung ebnen. Schließlich geht es darum, dass es einem gut geht.

Die Behandlung mit Hormonen und hormonähnlichen Substanzen ist dem Fachmann vorbehalten, also dem Arzt, der Handel und die rezeptpflichtige Weitergabe dem Apotheker. Das Nebennierenrindenhormon DHEA ist eine Besonderheit, da es in den Vereinigten Saaten als Nahrungsergänzung deklariert wurde. Dies führte dazu, dass (fast) ganz Amerika dieses „Wunderhormon“ einnimmt, weil man es rezeptfrei im Supermarkt kaufen kann. Einer jener fatalen Fehler, der geeignet ist, Hormonsubstitution zur Altersprävention in Misskredit zu bringen. Die Behandlung männlicher Wechselerscheinungen mit DHEA ist aber meist nicht erfolgreich, weil dieses Hormon im Körper verstoffwechselt wird und das Endprodukt nicht immer förderlich ist. Übergewichtige Männer machen daraus Östrogene, wodurch die Beschwerden nicht gelindert, sondern allenfalls verstärkt werden.

Man kann die Sache auf den Punkt bringen: Jeder Mann kommt in den Wechsel. Dabei handelt sich um einen normalen Vorgang, der aber sehr wohl zur Krankheit werden kann. Daher ist es in vielen Fällen erforderlich, ihn auch zu behandeln. Subjektive Befindlichkeitsstörungen und objektive Befunde sind die Grundlage für eine Therapie, die neben einer Verbesserung des Lebensstils aus der Substitution von Testosteron besteht. Fachleute schätzen, dass 50% der 50-jährigen Männer an einem behandlungsbedürftigen Testosteronmangel leiden. Die Scheu der Männer vor Arztbesuchen ist einer der Gründe, warum eine sinnvolle Therapie nicht zum Einsatz kommen kann. Für eine Therapie sprechen die realistischen Chancen, die Lebens- und die Beziehungsqualität zu verbessern.

Die Wechselbeschwerden der Männer betreffen auch deren Partnerinnen, denn sexuelle Zufriedenheit entscheidet über das Beziehungsglück und Beziehungsglück liegt im Interesse beider Partner. Es ist eine unheilvolle Strategie der Männer, sich angesichts von sexuellen Defiziten aus dem Beziehungsleben zurückzuziehen. „Wenn ‚es' nicht mehr geht, machen wir was anderes", so etwa sind die typisch männlichen Gedankengänge. Männer fallen dann in Melancholie und trinken Alkohol, stürzen sich in die Vereinsarbeit oder sie treten die Flucht nach vorne an und suchen sich eine neue Partnerin. In der Hoffnung, dass alles anders wird. Keine dieser Strategien wird glücklich machen, ganz im Gegenteil. Es ist daher sehr häufig und begrüßenswert, eigentlich sogar schlichtweg erforderlich, dass Frauen die Sache in die Hand nehmen und ihre Männer zum Arzt schicken (wollen). Doch Vorsicht! Diese Rechnung muss nicht aufgehen, denn Männer lassen sich nicht gerne nötigen. Erfahrungen lehren, dass Männer im Bezug auf sexuelle Defizite sehr sensibel sind, vor allem bei der eigenen Partnerin. Für sie waren sie ja einst der Held, der heiße Liebhaber, jetzt sollten sie plötzlich ein Sanierungsfall sein? Der Erfolg einer solchen Strategie entscheidet sich wahrscheinlich an der Art der Vorgangsweise. „Es wird mal Zeit, dass du was machst, oder soll das schon alles gewesen sein?!", ist weniger gut. „Ich möchte gerne haben, dass es dir gut geht", ist schon besser. Gleich einen Termin beim Arzt zu machen, ist nicht immer richtig, Männer fühlen sich dann überrumpelt und wollen lediglich beweisen, dass das auch nicht nützt. Sie benützen dann den Therapeuten zum Beweis ihrer Thesen, nämlich dass das alles keinen Sinn hat. „Warum sind Sie bei mir?", fragt der Arzt routinemäßig. Darauf der Patient: „Weil meine Frau mich hergeschickt hat!" So etwas ist sicherlich ein schlechter Einstieg für das Arztgespräch, auch wenn es durch geschicktes Argumentieren gelingen kann, das Gespräch noch fruchtbar zu gestalten.

„Du Schatz, wenn du mal Zeit hast, würde ich gerne mit dir reden“, wäre etwa der richtige Einstieg. Wichtig ist, so ein Gespräch nicht en passant zu führen. Das macht man besser beim „Dinner zu zweit“. Den Tisch hierfür hat sie vorsorglich schon längst reserviert. „Ich bin sehr glücklich mit dir und ich habe Angst, ich könnte dieses Glück verlieren!“ „Warum denn das?“, stellt sich der Mann dümmer, als er ist. Darauf sie: „Ich merke, dass es dir nicht gut geht, und ich habe gelesen, dass es sich dabei um die Auswirkungen des Wechsels handeln könnte. Ich würde dich gerne zu einem Sexualmediziner begleiten. Hast du Lust?“ Darauf er: „Warum nicht!?“ Und schon haben Sie gewonnen.

4. Kapitel

Ganz schön uncool! – Testosteronmangel bei jungen Männern

Dieter, 22, ist ein süßer Junge, sagen die Leute, wohlerzogen, adrett gekleidet, groß gewachsen, schlank, ein wenig kraftlos. Die Dinge, die er zu besprechen hatte, schienen ihm sehr wichtig zu sein, denn es war bei jeder seiner Konsultationen eine ziemlich weite Anreise vonnöten. „Was führt Sie hierher?“, wurde er gefragt, und dann erzählte er. Endlich durfte er erzählen, all diese Symptome, die ihn so belasteten, für die sich aber niemand zu interessieren schien. „Ist normal“, sagte der eine Arzt, „kein behandlungsbedürftiges Substrat“, meinte der andere. Jetzt aber konnte er reden und er ergriff die Gelegenheit. Dieter redete und redete, das war schon ein Teil der Therapie. Endlich hatte er jemanden gefunden, der ihm zuhörte. „Hier bei Ihnen fühle ich mich erstmals ernst genommen“, hatte er gesagt. Es mögen ja für den Außenstehenden keine dramatischen Probleme sein, an denen er litt, einfach eine Störung der Befindlichkeit. Er fühlte sich ganz einfach nicht wohl, war missmutig, launenhaft und häufig melancholisch. Das alles konnte den Leidensdruck schwer rechtfertigen, der ihn schließlich zwang, sich widerwillig in ärztliche Behandlung zu begeben. Um die wahren Hintergründe dieser Geschichte zu erkennen, muss man ein bisschen weiter denken, denn de facto ging es nicht bloß um eine „Befindlichkeitsstörung“, nein, nein, da ging es um etwas viel Wichtigeres. Dieser Mann merkte, dass „bei ihm etwas nicht stimmte“, letztlich hatte er Angst, seine Beziehung zu verlieren und alleine alt werden zu müssen. Es war die Angst vor sexuellem Scheitern und vor der Einsamkeit, die in ihm den Entschluss reifen ließ, sich an einen Arzt zu wenden. Und leicht war ihm das ja nicht gefallen. Jeder Mann sehnt sich nach Familie, Dieter fürchtete zu einer Beziehung gar nicht fähig zu sein. Insofern muss man solche Probleme auch sehr ernst nehmen, in diesem Fall sind vermeintlich unwichtige Dinge der Anlass für existenzielle Ängste. Wie war das Paradigma der Sexualmedizin? „Nichts ist so wichtig für das Lebensglück wie eine Beziehung und nichts ist so wichtig für eine Beziehung wie Sexualität." Genau daran fürchtete Dieter aber zu scheitern. Ganz beiläufig machte sich der Arzt ein paar Notizen. „Störung der sexuellen Identität", schrieb er in sein Befundformular, denn die kritische Haltung dieses Mannes sich selbst gegenüber war von Anfang an nicht zu überhören. Dabei könnte er doch ein glücklicher Mensch sein, hatte eine interessante Arbeit, eine verlässliche Familie, auch eine Freundin. Er schilderte sie als nur durchschnittlich hübsch, fand sie im sexuellen Sinne aber attraktiv, ohne sie besonders zu begehren. „Schwul bin ich jedenfalls nicht", versuchte er der Frage des Arztes nach seiner sexuellen Orientierung zuvorzukommen. Die Beziehung war wegen seiner schlechten Laune belastet, auch vielleicht wegen eines Mangels an Sex, der wiederum eine Folge der schlechten Erektion. Vor allem in den letzten Monaten ging so gut wie gar nichts mehr, die beiden hätten zwar immer wieder versucht, Sex zu machen, „er", der Penis, wollte aber nicht funktionieren. Mit „funktionieren" beschrieb Dieter seine Erektion, die schon längere Zeit nicht mehr richtig hart wurde, nicht nur beim Sex, auch bei der Selbstbefriedigung. Dabei konnte er sich mit ein wenig Geschick bis zum Orgasmus stimulieren, ein Geschlechtsverkehr war aber schlichtweg unmöglich. Dieter wurde mehrmals Blut abgenommen, um seinen Testosteronwert überprüfen zu lassen. Durchwegs waren seine Werte viel zu niedrig. Um einen Testosteronwert richtig zu beurteilen, bedarf es reichlicher Erfahrung. Sich bloß nach den Normalwerten zu richten, wäre zu einfach und nicht im Sinne des Patienten, denn was für den einen schon zu wenig, kann für den anderen noch genug sein. In diesem Fall lagen die gemessenen Parameter deutlich und anhaltend unter der Norm. Warum dieser Mann in seinen jungen Jahren und bei tadellosem Lifestyle an einem zu niedrigen Testosteronspiegel litt, konnte niemand sagen. Es gab keine plausible Erklärung dafür. Alle Tests wurden gemacht, sogar die Chromosomenanalyse brachte keine auffälligen Ergebnisse, Dieter war ein gesunder Mann, er besaß ein X- und ein Y-Chromosom. Auch seine beiden Hoden waren unauffällig, das Volumen jeweils 12 Milliliter. In den Hoden wird Testosteron synthetisiert, bei der Beurteilung einer Hormonstörung kommt ihnen daher besondere Bedeutung zu. Hodenentzündungen, Unfälle oder aber auch die Selbstbehandlung mit Anabolika könnten die Hoden beschädigt haben. In diesem speziellen Fall aber konnte eine Ursache nicht gefunden werden, als Arzt muss man eben damit leben lernen, nicht für alles und jedes eine Erklärung zu finden. Das wichtigste Ziel war, dem Patienten zu helfen. Dafür war er ja gekommen.

Diese Geschichte von Dieter ist ein Paradebeispiel für viele ähnlich gelagerte Fälle. Er ist nicht alleine mit seinem Problem, sondern einer von vielen jungen Männern, die an Testosteronmangel leiden, ohne dass eine äußere Ursache gefunden werden kann. Dies ändert aber nichts an der Notwendigkeit der Behandlung. Der Fall von Dieter macht die Symptome von Testosteronmangel bei jungen Männern deutlich. Er selbst hatte ja keine Erklärung für das, was ihm an sich selbst auffiel, er wusste nur, dass etwas nicht stimmte. Ganz besonders bemerkte er einen Unterschied zu seinen Altersgenossen, die in Anbetracht ihrer Jugend über mehr als genug Testosteron verfügten. Und er hatte recht – er bildete sich das alles nicht ein, wie seine Mutter das behauptete. Wenn man sich medizinisch mit ihm befasste, kam man auf den Hypogonadismus (Fachausdruck für Testosteronmangel) als Ursache seiner Beschwerden. Durch lange

Gespräche und gezielte Fragen wurde das Beschwerdebild konkretisiert. Die auffälligsten Symptome waren Energiedefizit, psychische Verstimmung in Richtung Melancholie und ein schwächlicher Körperbau. „Ich gehe nun schon jahrelang ins Training", brachte er die Sache auf den Punkt, „ich habe aber noch kein Gramm Muskeln aufgebaut". Der Arzt warf einen kritischen Blick auf seinen Körper. Und wirklich, seine Bemühungen Muskeln aufzubauen schienen an ihm spurlos vorübergegangen zu sein. Die schlimmste Auswirkung aber war die Unlust auf Sexualität, die seine Beziehung gefährdete. Das machte ihm Angst vor der Zukunft. Eine „sexuelle Appetenzstörung" mag in diesem Alter wohl meistens ein psychosozial bedingtes Symptom sein, bei Dieter war es aber anders. Nach Beginn der Behandlung veränderte sich sein sexuelles Verlangen grundlegend. Seine Freundin, die wie bei jeder Sexualtherapie beigezogen wurde, sagte, Dieters sexuelle Performance vor und nach Beginn der Behandlung könne man gar nicht vergleichen. Auch die Erektionsstörungen waren passé. Somit war nicht nur diesem Mann geholfen, sondern auch dessen Partnerin. Die Behandlung muss in solchen Fällen lebenslang weitergeführt werden, denn man kann nicht erwarten, dass sich so etwas mit zunehmendem Alter geben werde. Wird ein Testosteronmangel nicht behandelt, kann er zu gravierenden Langzeitschäden führen. Depression, Osteoporose, Übergewicht, Arteriosklerose, Herzinfarkt und Schlaganfall sind Erkrankungen, die bei hypogonadalen Männern häufiger auftreten als bei Männern mit normalen Testosteronwerten.

Auch Simon besuchte seinen Arzt nicht zum ersten Mal. Ganz im Gegenteil, er war ihm bestens bekannt, befand sich schon seit mehreren Jahren in seiner Obhut. Die beiden hatten ein Vertrauensverhältnis aufgebaut, die Gespräche gestalteten sich spannend und abwechslungsreich. Auf der einen Seite war der fordernde, mit seinem Leben unzufriedene junge Mann, der sich von der Medizin eine Lösung seiner Probleme erwartete, auf der anderen Seite der Arzt, durch dessen Augen sich die vorgetragenen Probleme relativierten. Denn manche von ihnen passten besser, manche aber gar nicht zum Beschwerdebild des Testosteronmangels. Simon ist einer jener jungen Männer, die ohne jede erkennbare Ursache an Testosteronmangel leiden. Auch Simon war groß und sehr schlank. Sein schmales Gesicht wirkte sympathisch, ein bisschen nachdenklich. „Normalerweise bin ich ziemlich schlecht drauf. Ich weiß nicht, warum das so ist, ich merke aber, dass ich mit vielen Leuten nicht zurechtkomme, auch in der Arbeit nicht“, erzählte er. Seine schlechte Laune hatte ihn bewogen, einen Arzt aufzusuchen. Das war der springende Punkt, nicht etwa eine Störung der Sexualfunktionen, die Krankheit bestand in der Unzufriedenheit mit sich selbst, einer Störung der sexuellen Identität. Simon hatte viel recherchiert, er wusste, dass Testosteron mehr ist als Erektion und Beischlaf, es ist der Inbegriff männlicher Lebenslust, das biologische Äquivalent für Neugier, Forscherdrang, Kreativität und Sex-Appeal. Simon könnte der Liebling der Frauen sein, vielleicht auch einiger Männer. Er schaffte es aber nicht, konnte trotz aller Bemühungen nicht aus seiner Haut heraus. Er spürte, dass etwas mit ihm nicht stimmte, und war sehr unglücklich darüber. Er rannte von Arzt zu Arzt, bekam auch schon mal ein Rezept für ein Antidepressivum, dachte jedoch nicht daran, dieses auch zu nehmen. Aus dem Internet wusste er, dass er mit Psychopharmaka vorsichtig sein sollte. Er war felsenfest davon überzeugt, dass sein Defizit testosteronmangelbedingt wäre und dass es sich nur durch Hormongaben beheben ließe. Wahrscheinlich lag er mit seiner Vermutung nicht so falsch. Tatsächlich führt Testosteronmangel zu Stimmungsschwankungen und in Folge zu Konflikten mit dem sozialen Umfeld. Er, der das Zeug zum Sunnyboy hätte, fühlte sich in die Rolle des eigenbrötlerischen Außenseiters gedrängt, dem es schwerfiel, Kontakte zu knüpfen. Auch seine Beziehungen scheiterten an seiner Missmutigkeit, vielleicht auch am sexuellen Desinteresse, einem weiteren Symptom von Testosteronmangel.

Nicht einmal seiner wunderhübschen Freundin gelang es, ihn zu verführen. Er war ganz einfach zu faul dafür, konnte sich nicht aufraffen. „Jaja, die Erektion würde schon funktionieren, nur die Lust fehlt eben“, vervollständigte er sein Beschwerdebild.

Simon ist ein weiteres Beispiel für einen jungen Mann mit einem Defizit an Testosteron ohne erkennbare Ursache. Er beklagte sich über fehlenden Muskelaufbau trotz intensiven Trainings, über Stimmungsschwankungen, Energiedefizit und mangelnde sexuelle Appetenz. Die Diagnose lautete: „Hypogonadismus unklarer Ursache“. Simon wurde einer Behandlung zugeführt, die im Wesentlichen aus einer Anhebung des Serumtestosterons in den Normalbereich der Kollektivgruppe, also der gleichaltrigen Männer, bestand. Dies kann auf verschiedene Weise erfolgen, die Entscheidung darüber, wie behandelt werden soll, fällt der Arzt gemeinsam mit dem Patienten. Es gibt Gels, Tabletten und auch Injektionen, demnächst wird es sogar einen Roll-on geben, der etwa so aussehen wird wie ein Deodorant. Die allererste Therapiemaßnahme, die immer noch vor der exogenen Zufuhr von Testosteron erfolgen sollte, wäre die geschlechtstypische Adaptierung des Lifestyles. Das war aber hier gar nicht möglich, denn Simons Lebensstil war bereits perfekt. Er war schlank, sportlich, er rauchte nicht, trank wenig Alkohol und bekam auch ausreichend Schlaf. Vier Monate nach Behandlungsbeginn war Simon zu einer Kontrolle in die Praxis bestellt worden, nicht alleine versteht sich. „Auf die Meinung deiner Freundin bin ich ganz besonders gespannt“, hatte ihn der Arzt wissen lassen. Es ging primär darum, ob die Behandlung fortgeführt werden soll. Eine Behandlung ist dann sinnvoll, wenn durch sie die angegebenen Beschwerden wenigstens gelindert werden. „Wir behandeln ja nicht Laborwerte, sondern kranke Menschen“, war die Devise seines Arztes. Auf die Blutabnahme konnte nicht verzichtet werden, viel wichtiger für die Beurteilung waren aber die Befindlichkeit des Mannes und das Klima innerhalb der

Beziehung. Beide Partner wurden befragt und zeichneten ein überaus positives Bild. Diesem Mann war wirklich geholfen worden, aber nicht nur ihm, auch seiner Freundin Kathrin und deren Beziehung zueinander. Sie brachte die Sache auf den Punkt, indem sie sich bedankte: „Herr Doktor, wahrscheinlich haben Sie unsere Beziehung gerettet und dafür bin ich Ihnen unendlich dankbar.“ Eine Träne kullerte über ihre Wange, wohl als Zeichen dafür, wie dramatisch sich Simons Defizit auf die Beziehung ausgewirkt hatte. Doch das war ja nun vorbei.

Ganz anders lag der Fall bei Kevin, einem sehr selbstbewussten, jungen Mann „Es macht Spaß, ein Mann zu sein“, dokumentierte er seine intakte sexuelle Identität. Er war am Zenit seiner Manneskraft, nicht bloß in jenem Sinne, wie dies üblicherweise verstanden wird, – das wohl auch – er war gut gebaut, hatte kaum Fett auf seinen Rippen und strotzte vor Lebensfreude. Er ist der Typus von Mann, der sich einfach nimmt, was er braucht. Mit 30 war er jugendlich frisch und doch schon so erwachsen, dass er wusste, was er wollte. Sein Leben verlief reibungslos und falls einmal ein bisschen Sand ins Getriebe zu kommen drohte, sorgte er dafür, dass daraus kein Drama wurde. Und dann das: Es war ein sonniger Tag im April. April, das war der Monat mit dem ersten Touch von Frühling, jener Monat, in dem er pünktlich zum Ersten die Nummerntafel auf sein Motorrad montierte und zum ersten Mal in dieser Saison eine Ausfahrt plante. Man musste sich ordentlich anziehen, die Kälte des Winters kroch noch aus allen Ritzen. Doch dieser Tag war wie geschaffen für eine Ausfahrt. Kevin schwang sich auf sein Bike und fuhr los. Er war ein geübter Motorradfahrer und machte dennoch einen folgenschweren Fehler. Das Handy läutete. „Wer kann das denn sein?“, dachte er, neugierig geworden. Er meinte, er, der geübte Motorradfahrer könne es sich leisten, bei 80 Stundenkilometern die Jacke zu öffnen, um einen kurzen Blick auf das Display zu riskieren. Kevin war nur kurz unkonzentriert, er übersah, dass vor ihm ein

Auto von einer Nebenstraße einbog. Diese paar Sekunden Unachtsamkeit waren genug, um auf das Auto zu knallen. Die Wucht hatte gereicht, um ihn über das Motorrad auf das Dach des Pkw zu schleudern, wo er benommen liegen blieb. Wie durch ein Wunder blieb Kevin bei Bewusstsein, seine Augen starrten in das Gesicht des schockierten Autolenkers, er wollte wieder aufstehen und verspürte dann diesen grässlichen Schmerz in seiner Körpermitte.

Kevin verlor bei diesem Unfall beide Hoden. Wie das genau passiert war, konnte man nicht sagen, doch – so sagten die Ärzte – so selten ist das nicht. Die männlichen Geschlechtsorgane sind anatomisch schlecht positioniert, hängen ungeschützt am Unterleib. Vielleicht hätte die Lederkluft das Schlimmste verhindern können, doch diesmal war Kevin in einer lässigen Jean unterwegs gewesen. Und die bot wenig Schutz für seine Kronjuwelen. Wie auch immer, der Penis war noch dran, nahezu unverletzt, die Hoden waren weg. Damit musste er nun leben. Ab sofort musste Kevin das fehlende Testosteron substituieren, und zwar lebenslang. Das war die einzige Chance, die gefährlichen Auswirkungen von Testosteronmangel auf seinen Männerkörper zu verhindern.

Andreas, ein anderer junger Mann, teilte Kevins Schicksal, was den Verlust der beiden Hoden betraf. Auch Andreas hatte Pech, wenn auch in einer völlig anderen Weise. Einer seiner Hoden drehte sich im Hodensack um seine eigene Achse. Eigentlich sollte das gar nicht passieren, denn üblicherweise sind die Hoden von Natur aus im Hodensack fixiert. Bei der Drehung kommt es zum Strangulieren der Versorgungsleitung, was zum Abklemmen der Blut- und Sauerstoffzufuhr führt. Lange hält ein Mann das nicht aus, schon der heftigen Schmerzen wegen sollte keine Zeit verloren werden. Der Arzt kann den Hoden retten, wenn er nur rechtzeitig Gelegenheit dazu bekommt. Jeder Hodenschmerz gehört zum Arzt, der plötzliche und heftige ganz besonders schnell, da gilt es, keine Zeit zu verlieren. Sofort, längstens jedoch binnen einer halben Stunde muss gehandelt werden. Leider kam bei Andreas jede Hilfe zu spät. Die Kunst der Ärzte musste sich darauf beschränken, den Hoden zu entfernen. Das war noch nicht die große Katastrophe, obwohl der Verlust eines der beiden Hoden sehr wohl auch Auswirkungen auf die Gesundheit eines jungen Mannes haben kann. Was nun in weiterer Folge passierte, ist schwer nachvollziehbar, eine Kette unglücklicher Umstände, jedenfalls hätte es wirklich nicht passieren dürfen. Andreas wurde aus dem Krankenhaus entlassen – mit nur mehr einem Hoden. Es vergingen keine drei Wochen und Andreas verspürte genau denselben Schmerz wie damals. Geistesgegenwärtig rief er ein Taxi und fuhr in das gleiche Krankenhaus. „Die Schmerzen in der Körpermitte waren höllisch, ich konnte kaum gehen, schleppte mich hinaus auf die Straße und hatte große Mühe, die Fahrt ins Krankenhaus zu überstehen", sagte er.

Auch diesmal kam jede Hilfe zu spät, der Hoden war derartig zerstört, dass an eine Genesung nicht mehr zu denken war. Erneut wurde Andreas operiert und stand zum Schluss ohne Hoden da, der Hodensack war eine leere Hautfalte. Damit sollte sich sein Leben ändern, das Ausmaß dieser Katastrophe war Andreas aber noch lange nicht bewusst. Die Wunde verheilte sehr schnell und so kam es, dass er nach ein paar Tagen wiederum zu Hause war.

Andreas arbeitete bei einer Versicherung. Er war ein gewissenhafter Mann, gut gekleidet, eine sympathische Erscheinung. Pflichtbewusst ging er seiner Arbeit nach und saß zehn Tage nach dem zweiten Eingriff bereits wieder an seinem Arbeitsplatz. Business as usual? Mitnichten!

Wochen und Monate vergingen und Andreas wollte sich nicht so richtig von seinen Operationen erholen. Gott sei Dank war da noch der Hausarzt, der Andreas schon seit Kindheit kannte. Er war betroffen vom Schicksal dieses jungen Mannes und versuchte seinen verstörten Patienten zu trösten. Er kenne Männer, die es noch viel schlimmer erwischt hätte, die wahrscheinlich froh wären, Andreas' Schicksal zu teilen. Diese Gespräche taten gut, endlich gab es einen Arzt, der sich auch Zeit nahm für Andreas. Leider verhinderte auch er nicht den psychischen und körperlichen Niedergang dieses jungen Mannes, obwohl das, die richtigen Maßnahmen vorausgesetzt, gar nicht schwierig gewesen wäre. Auch seine Freundin war schlichtweg überfordert. Sie konnte es nicht mehr verkraften zuzusehen, wie aus ihrem lebenslustigen Freund ein Häufchen Elend wurde, ein geschlechtsloses Etwas, kein Mann, keine Frau. Sie trennte sich von ihm, als ihr die Aussichtslosigkeit der Situation bewusst wurde. Niemals würde sie Kinder haben können von diesem Mann, eine schlimme Vorstellung für die junge Frau. Auch seine Erektion wurde immer schlechter.

Im Laufe der folgenden zwei Jahre zeigte Andreas die äußeren Anzeichen von Testosteronmangel, er war fett geworden, hatte seine jungenhaften Gesichtszüge verloren und war permanent in einer traurigen Grundstimmung. Zuletzt begann er noch, sich aus dem Freundeskreis zurückzuziehen. Zu seiner Großmutter hatte er ein besonders inniges Verhältnis, sie war es auch, die sich überwand, die Barriere zu durchbrechen und mit ihm über sein Schicksal zu sprechen. Tiefe Sorge machte es ihr möglich, über das zu reden, worüber man eigentlich nicht spricht, über die Sexualität des Buben. „Was soll aus dir nur werden?“, hatte sie gefragt, „Du musst dein Leben in die Hand nehmen, was passiert ist, ist passiert, doch es ist noch nicht das Ende aller Tage.“ Andreas war dankbar über diese Worte, es tat gut zu reden und da war noch etwas ganz Besonderes. Die Großmutter wollte ihm eine Freude bereiten, einen Jugendwunsch erfüllen. Niemand kannte ihn so gut wie sie und daher wusste sie auch über seine Kindheitsträume Bescheid. Sie bot ihm an, ihm den Pilotenschein zu finanzieren. Ja! Das war eine Königsidee. Andreas träumte schon seit Kindheit davon, ein Flugzeug pilotieren zu dürfen, hatte auch fix vor, sich eines Tages diesen Herzenswunsch zu erfüllen, wenn da nicht immer andere Bedürfnisse viel „wichtiger“ gewesen wären. Zuletzt hatte er darüber nachgedacht, ein Haus zu bauen und eine Familie zu gründen, so wie sich das halt gehört für einen jungen Mann vom Land. Doch jetzt war er Single, eine Familie in weiter Ferne. Wie sollte er denn auch eine Familie gründen, mit seinen Defiziten, das Mädchen, das für ihn auf Kinder und auf Sex verzichten würde, gibt es nicht und wird es auch niemals geben. Davon war er überzeugt.

Warum also nicht auf andere Gedanken kommen? Der Pilotenschein würde ihn ablenken, ihm Freude bereiten und ihm jenen Mut zurückgeben, der in so weite Ferne gerückt war. Andreas lebte auf. Plötzlich gab es eine Perspektive. Musste man nicht lernen, das zu machen, was möglich ist, anstatt dem nachzuweinen, was nicht möglich ist? Glücklich ist, wer vergisst, was nicht mehr zu ändern ist. Der erste Schritt zum Pilotenschein war allerdings nicht der Besuch der Fliegerschule, nicht das Erlernen der Aerodynamik, nicht das Zitieren von Vorschriften und Bestimmungen, sondern der Besuch bei einem Arzt, dem Fliegerarzt. Nur er ist befugt, die Flugtauglichkeit eines Piloten festzustellen und ein entsprechendes Zeugnis auszustellen. Andreas begann zu zweifeln, ob er mit seinen gesundheitlichen Problemen dort bestehen würde. Wieder war es seine Großmutter, die ihn ermutigte und den Termin beim Fliegerarzt fixierte.

Andreas war gespannt, was hier auf ihn wartete; der Termin sah eine ganze Stunde vor. 60 Minuten? Was wollte der Arzt denn alles mit ihm machen? Schon der Fragebogen sollte keine Unklarheiten hinterlassen. Es gab kaum eine Frage, die hier nicht gestellt wurde. „Haben Sie schon Operationen gehabt?" „Ja", sagte Andreas, „als Kind wurden mir die Mandeln operiert." Er hatte sich entschlossen, den Verlust seiner Hoden zu verschweigen. Wie groß war die Wahrscheinlichkeit, dass das hier aufkommen würde? Es handelte sich schließlich um eine Fliegeruntersuchung, nicht um einen urologischen Check. Andreas erwartete die Überprüfung seines Sehvermögens, der Ohren, vielleicht auch einen Test auf die Leistungsfähigkeit des Herzens, nicht aber eine Untersuchung seines Testosteronspiegels. Gleich zu Beginn war dem Arzt aufgefallen, dass dieser Mann ein Problem hatte. Dieser fahle Schimmer der Haut, die weiblich anmutenden, für einen Mann dieses Alters viel zu weichen Gesichtszüge, der schwammige Körperbau, das alles passte nicht zusammen. In diesem Alter schauten Männer anders aus, hatten eine andere Ausstrahlung. „Hatten Sie einmal Probleme mit den Hormonen? Vielleicht mit der Schilddrüse?“ „Nicht dass ich wüsste“, blockte Andreas ab. Der Arzt wendete sich ab, setzte seine Brille auf, denn der nächste Punkt war eine Blutabnahme. Und da konnte Andreas keinen Einfluss mehr nehmen, der Doktor wusste, welche Werte er bestimmen würde, die ganz normalen Routineparameter, aber auch ein paar ganz spezielle. Die Auswahl war nicht zufällig, sondern ganz gezielt. Die Frage nach den hormonellen Störungen wurde von Andreas zwar negiert, das wurde wortlos auch zur Kenntnis genommen, es war aber kein Hindernis, das alles über das Labor nochmals überprüfen zu lassen. Also schrieb der Arzt auf den Anforderungsschein: Testosteron, LH, TSH, Prolactin. Das war nicht viel, doch es war genug. Für den geübten Arzt war Testosteronmangel eine Blickdiagnose, auch diesmal war er sich sicher: Dieser Mann hatte ein Problem, noch konnte er nur raten, was es war: Hypogonadismus!? Zu wenig Testosteron?

Andreas wusste nicht, was er davon halten sollte. War das jetzt das Ende seines Traums vom Pilotenschein? Dieser Gedanke durchfuhr ihn wie ein Blitz. Oder war es etwa gar nicht schlecht, dass diese Werte überprüft wurden? Warum eigentlich hatte sich noch niemand für sein Testosteron interessiert, weder die Ärzte im Krankenhaus noch der Hausarzt? Genau diese Fragen sollte er bald wieder hören, nämlich bei der Nachbesprechung der Befunde. „Mein Herr“, begann der Fliegerarzt, „sagen Sie einmal, was ist mit Ihrem Testosteron passiert? Das ist ein nicht akzeptabler Zustand, Ihre Hoden arbeiten so gut wie gar nicht, das Testosteron ist fast auf null!“ Andreas musste nun Farbe bekennen. „Ich habe gar keine Hoden mehr“, stammelte er, wohl wissend, dass er das verschwiegen hatte. Eigentlich hatte er sich eine Standpauke erwartet, doch es gab keine. Ganz im Gegenteil. „Ich bin hier als Fliegerarzt nicht nur der Behörde verpflichtet, sondern vor allem auch Ihnen und Ihrer Gesundheit. Wenn ein Mann beide Hoden verliert, durch welchen Umstand auch immer, muss man das fehlende Testosteron substituieren. Und zwar lebenslang." Dies wäre kein gut gemeinter Vorschlag, der zur Diskussion stünde, sondern ein Muss, eine unausweichliche Konsequenz. Das Fehlen beider Hoden wäre kein Grund, einem Mann die Flugtauglichkeit zu verweigern. Andreas hörte dies mit Freude, war sichtlich erleichtert, würde er also den Pilotenschein bekommen? „Wohl aber der Hypogonadismus, das fehlende Testosteron", ergänzte der Arzt. „Dieser Zustand führt bei Männern zu biologischen und psychologischen Veränderungen, die die Befindlichkeit ganz massiv stören können, abgesehen von den vielen schwerwiegenden Langzeitveränderungen wie Osteoporose und sexuellen Störungen." Diese hätten dann wieder eine Auswirkung auf die Beziehungsfähigkeit, ein echter Teufelskreis, ein Circulus vitiosus, wie der Lateiner sagt. Selbst wenn ein Mann „nur" einen Hoden verloren hat und noch einen eigenen besitzt, muss das Testosteron überprüft werden, denn es ist nicht immer richtig, dass in solchen Fällen eine ausreichende Versorgung mit Testosteron gewährleistet ist. Andreas erzählte seine ganze Geschichte, wie er zuerst den einen, dann den anderen Hoden verlor, wie er in Agonie verfiel, seine Sexualität versagte, ihn schließlich seine Freundin verließ. Und nun dieser Versuch, mithilfe des Pilotenscheines zu einem normalen Leben zurückzufinden. „Nicht der Pilotenschein wird dies ermöglichen", fuhr der Fliegerarzt fort, „sondern das Ihnen verabreichte Testosteron." Tatsächlich bekam Andreas noch an diesem Tag seine erste Dosis, sogar „auf Krankenkasse". Beidseitiger Hodenverlust ist eine jener Indikationen, in denen die Krankenkasse die lebenslange Testosteronsubstitution bezahlt. Und wirklich: Andreas ging es sehr schnell besser. Binnen weniger Wochen kehrte seine Lebenslust zurück, er veränderte sein Äußeres, hatte wieder Spaß am Sport und – das war die eigentliche Sensation – seine Erektionsfähigkeit kam wieder zurück. Endlich fühlte er sich wieder wie ein ganzer Kerl. Und was gibt es Schöneres für einen Mann als die wiedererwachende Sexualität, die er bereits abgeschrieben hatte? Es dauerte nicht lange und Andreas fand eine neue Freundin, die zwar akzeptieren musste, dass sie von ihm keine Kinder bekommen würde, mit der er aber ein normales Sexualleben führen konnte. Inzwischen ist Andreas dennoch stolzer Familienvater, zwei Kinder hatten das Glück, von diesem jungen Pärchen adoptiert zu werden. Zu guter Letzt ließ sich Andreas zwei Hodenprothesen implantieren, denn die Eitelkeit der Männer hört nicht beim Bauchnabel auf. Ein gesunder Mann möchte auch nackt ein gutes Bild machen, das ist zwar ein Tabu, aber dennoch nicht minder wichtig.

Gott sei Dank sind solche Fälle nicht allzu häufig, wenn auch keineswegs selten. Der Hodenkrebs ist die häufigste Krebserkrankung bei jungen Männern. Die Krankheit selbst und die darauf folgende Behandlung führt meist zum Verlust oder zur Beschädigung des Hodens, dies lässt sich leider nicht verhindern. Im Hoden werden Sperma und Testosteron produziert, die verminderte Spermaqualität kann Folgen für die Fruchtbarkeit des Mannes haben, der verminderte Testosteronspiegel beeinträchtigt seine Androgenizität und führt zu ernsten Krankheiten.

Diese beiden jungen Männer gehören zur Gruppe jener Patienten, die durch Unfälle oder Erkrankungen der Hoden an einem Testosterondefizit leiden. Sie bedürfen einer lebenslangen Testosteronsubstitution, deren Bedeutung für die Lebensqualität eines Mannes nicht hoch genug eingeschätzt werden kann. Leider wird nicht jeder Mann adäquat behandelt, möglicherweise liegt das daran, dass es sich beim Testosteron nicht um ein lebensnotwendiges Hormon handelt. Ein Mann stirbt nicht am fehlenden Testosteron, hier geht es aber um Lebensqualität, deren Erhalt enorm wichtig ist. Für das Erfordernis der Therapie ist es natürlich unbedeutend, auf welche Weise die Hoden abhandenkamen oder in ihrer Funktion beeinträchtigt wurden. Jeder zu niedrige Testosteronspiegel ist behandlungsbedürftig, erst recht der vollkommene Mangel. Die Verweigerung einer solchen Behandlung würde schwerwiegende gesundheitliche Schäden nach sich ziehen. Auch das Fehlen nur eines einzelnen Hodens kann ein Testosterondefizit zur Folge haben. Die Erfahrung lehrt, dass diesem Umstand nicht immer Rechnung getragen wird. Ganz im Gegenteil, der nachlässige Umgang mit einem möglichen Testosteronmangel gibt immer wieder Anlass zur Sorge. Er wird gehandhabt, als wäre das alles nicht so wichtig. Es ist Sache jedes einzelnen möglicherweise betroffenen Mannes, sich um die Kontrolle des Testosteronspiegels zu kümmern. Und spätestens ab 50 ist *jeder* Mann „möglicherweise" betroffen; ohne dass dies bedeuten würde, dass jeder Mann auch behandlungsbedürftig wäre.

Männer, die ihre Sache in die Hand nehmen, machen das etwa so: *Lieber Herr Doktor,* schreibt S. G. aus O., *bei meinen Recherchen bin ich auf Ihre Web-Seiten gestoßen. Dabei hat sich mein Verdacht verstärkt, dass mit meinen Hormonen etwas nicht stimmen kann. Früher, noch vor ein paar Jahren, war ich in allen Belangen, die für Männer wichtig sind, sehr gut drauf, das hat sich aber nun sehr deutlich verändert. Natürlich fällt das auch mir auf, ich würde aber sicher noch ein wenig zugewartet haben, wenn da nicht meine Frau wäre; sie ist die treibende Kraft für diese E-Mail. Sie sagt: „Du musst was tun. Wir leben schon zusammen wie Bruder und Schwester." Wenn man keine Lust hat, geht einem bekanntlich auch nichts ab, das ist dabei das eigentliche Problem, doch merke ich, dass meine Inaktivität in zunehmendem Ausmaß meine Beziehung belastet. Was kann ich tun?*

Ganz abgesehen von schicksalhaften Ereignissen wie Krankheiten oder Unfällen kann Testosteronmangel bei jungen Männern noch andere Ursachen haben. *Die Art zu leben spielt hier eine ganz besondere Rolle.* Heute nennt man das Lifestyle.

Eine große Anzahl von Männern verfügt nicht über das Testosteron, das ihnen altersgemäß zustehen würde. Das hat mit Alterung gar nichts zu tun, der Alterungsprozess ist hier schon eingerechnet, er kann in diesem Zusammenhang als Ursache nicht herangezogen werden. Es muss also andere Gründe geben, warum die einen sehr gute Testosteronspiegel haben, die anderen aber nicht. Abgesehen von gewissen anlagebedingten Abweichungen und jenen Fällen, in denen eine Ursache für das Testosterondefizit nicht eruierbar ist, liegt die Erklärung sehr häufig in der Lebensführung der Männer, der Sozialisation. Ein Mann muss sprichwörtlich „artgerecht" gehalten werden.

Wie gesagt, Testosteron macht den Mann zum Jäger, sowohl im Bezug auf seinen Körperbau aber auch in seinem Verhalten; die Jagd macht umgekehrt das Testosteron. Testosteronstarke Männer besitzen eine sportliche Figur und eine gewisse Spontaneität. Sollten Sie diesen Vorgaben entsprechen, haben Sie gute Chancen, in der Öffentlichkeit als Mann positiv beurteilt zu werden. Wenn sich ein Mann dann auch wie ein Jäger verhalten darf, pflegt er ganz unbewusst sein Testosteron. Unter „artgerechter Haltung" versteht man in der Männermedizin einen für Männer verträglichen Lifestyle. *Die Bedürfnisse der Männer sind anders als die der Frauen!* Meine Herren: Sie können gar nicht anders, als den Jäger in Ihnen zu pflegen. Diejenigen, die das bisher versäumt haben, sollten ihn schleunigst zu Leben erwecken. Es ist nämlich nie zu spät! Das Maß aller Dinge bleibt die Jagd, wenn auch heutzutage im übertragenen Sinne. Die Jagd nach Wild entspricht in unserer Zeit dem Sport, die Jagd nach Sexualpartnerinnen dem regen Sexualleben innerhalb einer Beziehung. Dies nennt man *zivilisatorische Transformation bioevolutionärer Ressourcen,* zu Deutsch das Umlegen evolutionärer Vorgaben auf moderne Bedürfnisse und auf die Regeln der Zivilisation. Das Genom des Menschen ist 30.000 Jahre alt. Es beinhaltet die Jahrmillionen alten Prinzipien des Lebens und verfolgt den Willen der Evolution. Das Negieren männlicher Verhaltensmuster führt zur Verminderung der Androgenizität, deren Pflege umgekehrt zu einer Aufrechterhaltung der Männlichkeit. Daher Vorsicht, Männer: Man muss die Manneskraft schon pflegen, um sie zu erhalten! Stürzt euch nicht wie die Lemminge in das eigene Verderben, besinnt euch der Wurzeln eures Seins. Mit „Manneskraft" ist übrigens nicht bloß die Funktion des Schwellkörpers gemeint, Manneskraft umfasst alle männertypischen Eigenschaften, die Sorge um die Familie, die für Männer typische Geschicklichkeit und die Lust an der Bewegung, inklusive der Sexualität.

So wie jeder Sport der Wegbereiter für einen gesunden Bewegungsapparat ist, so ist jede Erektion der Wegbereiter zu nächsten Erektion. Umgekehrt gilt dieser Schluss genauso: Nicht durchgeführter Sport verhindert den nächsten, macht träge und unbeweglich, nicht wahrgenommener Sex ebenso. „Use it or lose it" ist der akzeptierte Wahlspruch für den Mann. Mannsein muss gelebt werden, sonst geht es verloren!

Die Erfahrung lehrt, dass gerade die beruflich tüchtigen Männer sehr häufig im Bett nicht so tüchtig sind, wie man das glauben könnte. Die „Young And Burning Men" arbeiten schon in jungen Jahren mit Erfolg an der Vermehrung ihres Wohlstandes, leider sind sie sehr häufig hormonell in der Defensive. In der Defensive zu sein heißt an einem Testosteronmangel zu leiden, höchstwahrscheinlich inklusive Cortisol- und Östradiolüberschuss. Cortisol ist das Stresshormon, es befähigt den Körper zu außerordentlichen Leistungen. Leider funktioniert das nur, wenn der Körper gleichzeitig an Luxusfunktionen spart, woher sonst sollte er die zusätzliche Energie denn nehmen? Eine dieser Luxusfunktionen, an denen eingespart wird, ist die Sexualität, deshalb haben gestresste Leute keine Lust auf Sex. Stress und Hektik sind das Gegenteil von Erotik, beides kann ein Mann nicht haben. Hier gilt: *Entweder – oder.* Solche Männer vergessen, dass nicht alles im Leben „machbar“ ist. Am wenigsten das Wohlbefinden. Das vorrangige Ziel ist, mit 30 schon alles zu besitzen. Ein schönes Auto, ein eigenes Haus und eine glückliche Familie. Dabei müssen sie sehr schnell erkennen, dass das Erreichen materieller Ziele der leichtere Part von allem ist. Weder eine glückliche Beziehung noch Gesundheit sind kaufbare Güter, die muss man sich erarbeiten und auch pflegen.

Der BMW ist nagelneu, schwarz und frisch geputzt. Ihm entsteigt ein 28-jähriger Mann, braungebrannt, sportlich und perfekt gestylt im dunklen Anzug mit rosa Krawatte. Ralph wirkt nervös, irgendwie getrieben und ein wenig ausgepumpt, er hatte einen langen und erfolgreichen Arbeitstag hinter sich. Sein Problem bezeichnete er als peinlich, ihm, dem Erfolgsmenschen, dürfe so etwas nicht passieren. Dabei war alles immer so perfekt, er hatte Frauen konsumiert wie andere Schokolade. Er war eben ein tüchtiger Mann. Doch nun, gerade jetzt, nachdem er seine Liebe kennengelernt hatte und er an die Gründung einer Familie zu denken begann, dieses Dilemma. Es geht einfach nicht. Der „Kerl“ – Männer neigen generell dazu, ihren Penis zu personifizieren – will und will einfach nicht gehorchen. Doch ist es nicht das Drama vieler Männer, dass der Penis sein Eigenleben hat und wie ein Fremder tut, was er will? Keine Rede von „gehorchen“. Er ist der Index für eine vernünftige Lebensführung, das sichtbare Zeichen für die Vitalität eines Mannes. Ralph war ein typischer Vertreter der „Man-nehme-sich-was-man-wolle-Generation“. Um sein Problem in den Griff zu bekommen, wird er lernen müssen, dass Glück und Gesundheit nicht „genommen“ werden können. Man muss sie sich verdienen. Ralph wird lernen müssen kürzer zu treten und er wird seine Wertepyramide verändern müssen. Ihm wichtig erscheinende Dinge werden abgewertet, selbstverständlich anmutende werden aufgewertet werden müssen. Das Lebensglück lässt sich nicht kaufen, auch nicht erarbeiten. Andernfalls würde er einer jener Männer werden, die mit 50 alles besitzen außer einer Familie. Wie sagt man so treffend? In der ersten Lebenshälfte verdienen Männer das Geld, das sie zur Wiedererlangung ihrer Gesundheit in der zweiten Lebenshälfte brauchen. Dies gilt es zu verhindern.

5. Kapitel

Mann werden, Mann sein, Mann bleiben!

Es bedarf einer artgerechten Haltung des Mannes, um ihn Mann sein zu lassen und – vor allem – sein Mannsein zu festigen. „Artgerecht“ bedeutet männertypisch. Doch ist das nicht ein heißes Eisen? Gibt es in unserer Gesellschaft ein Bedürfnis, Männer in ihrem Geschlecht zu festigen? Oder gar zu fördern? Aus moralischen Gesichtspunkten sollte es eines geben. Denn „eine Gesellschaft ist dann anständig, wenn sie ihre Bürger nicht demütigt“, sagt der Moralphilosoph Avishai Margalit. Die Politik dagegen sieht generell die Mädchen im Nachteil, auch wenn das in vielen Belangen objektiv nicht stimmt. Das Paradigma von der benachteiligten Frau ist die Grundlage der modernen Genderpolitik. Nicht umsonst gibt es ein Frauenministerium und kein Männerministerium. Die beste Lösung wäre übrigens ein *Ministerium für Genderfragen*, das den Ausgleich zwischen den Geschlechtern regelt und nicht in den Verdacht geraten kann, eines der beiden Geschlechter bevorzugen zu wollen.

Die deutsche Erziehungswissenschafterin Heike Diefenbach beschäftigt sich mit der Benachteiligung von Buben im Bildungssystem. „Schon die Frage nach einer möglichen Benachteilung von Jungen rüttle am gesellschaftlichen Konsens, der die Mädchen im Nachteil sehen möchte.“ Allein der Gedanke, Männer fördern zu wollen, würde wahrscheinlich auf heftige Kritik stoßen. Auch viele an Frauenpolitik völlig desinteressierte Männer tönen in das Horn der benachteiligten Frauen. Solche Avancen entpuppen sich bei näherer Betrachtung meist als opportunistische Anbiederung gegenüber den Frauen, in der Hoffnung, als „Frauenversteher" bei der Umsetzung ihrer Ziele bessere Karten zu haben. Möglicherweise ist dies die moderne Form der traditionalistischen Männerrolle als Beschützer des „schwachen Geschlechtes". Jedenfalls scheint das Interesse an der Förderung der Männer nicht besonders groß zu sein, dafür gibt es viele Zeugnisse. Zum Beispiel: Wie kann man es sich im Zeitalter der geforderten Gleichberechtigung erklären, dass junge Männer ihrer Wehrpflicht nachkommen müssen, Mädchen aber keinen entsprechenden Dienst leisten müssen? Und das, obwohl die durchschnittliche Lebenserwartung der Männer deutlich kürzer ist als die der Frauen? Dieses Problem wird in Österreich aktuell heiß diskutiert. Sollte die Wehrpflicht gesellschaftlich nicht mehr erwünscht sein und aufgehoben werden, sollte ein Zivildienst für Burschen plus Mädchen diskutiert werden. Geschlechtergerechtigkeit sollte im Vordergrund stehen, nicht Bevorzugung eines der beiden Geschlechter gegenüber dem anderen. Und am Benefit eines Sozialjahres kann es keinen Zweifel geben, für die Gesellschaft, für Burschen und für Mädchen. Die Besonderheit eines solchen Dienstes an der Allgemeinheit sollte allerdings ehrenamtlich sein, maximal gegen Spesenersatz, sonst ist der Erziehungswert verspielt. Für die Politik endet die Geschlechtergerechtigkeit bei den Männern, sie ist eine Art Einbahnstraße und zeigt in die Richtung der Frauen. Oder, um auf die Thematik dieses Buches zurückzukommen, wie ließe es sich erklären, dass dem Sport in den Schulen so geringer Raum eingeräumt wird? Männer, ganz besonders die jungen, brauchen wesentlich mehr Bewegung als die Mädchen, sie sind auf Sport gepolt, dafür gebaut, der ganze Körper funktioniert nicht ohne! Die Vernachlässigung der körperlichen Ertüchtigung in den Schulen ist eine Vernachlässigung vor allem der männlichen Bedürfnisse. Wenn dies schon nicht mit Absicht passiert, dann spiegelt es doch mangelndes Verständnis für die Bedürfnisse der Männer wider! Und warum – andererseits – sollen Buben und Burschen weibliche Fertigkeiten erlernen müssen, wie Häkeln oder Stricken? Obwohl sie das nicht die Bohne interessiert!? All diese Ideen sind sicherlich kein Zufall, sondern Kalkül. Permanent und schleichend wird versucht, die männliche Dominanz in der Gesellschaft durch eine weibliche zu ersetzen. Diese Gesellschaft bedarf aber nicht der Dominanz eines bestimmten Geschlechtes, sondern eines vernünftigen Ausgleichs ohne Bevorzugung oder Gleichmacherei. Und zu wessen Lasten sollte das denn gehen, wenn nicht zulasten der heranwachsenden Generation an Jungen? Diese Feststellung muss erlaubt sein, sie ist das Ergebnis sorgfältiger Recherchen. Basierend auf der Idee, das Geschlecht wäre sozialisationsbedingt, sollen Jungs mit weiblichen Fertigkeiten vertraut gemacht werden, in der Hoffnung, sie würden dann ihre feminine Seite hervorkehren. Doch wie Sie als aufmerksamer Leser oder aufmerksame Leserin schon wissen, kann dieses Kalkül nicht aufgehen, ihm liegt ein fehlerhafter Gedankengang zugrunde. Denn die Geschlechtsidentität ist genauso wie die Geschlechtsorgane von der Geburt weg nicht veränderbar, dies ist ein nicht diskutierbares Faktum, das durch das Phänomen der Transsexualität eindrucksvoll bewiesen wird. Jeder Versuch, sie dennoch ändern oder unterdrücken zu wollen, führt zu psychischen Störungen wie etwa Neurosen oder Depressionen und ist daher ein unverzeihlicher Übergriff. Die Geschlechtsidentität wiederum ist die Grundlage für sexuelle Identität, Geschlechtsrolle und männertypische Verhaltensmuster. Jawohl! – Es gibt sehr wohl männertypische Verhaltensmuster. Dieser Nachsatz kommt nicht von ungefähr, denn manch einer schreckt nicht davor zurück, dies zu leugnen.

Was glauben Sie, wird passieren, wenn ein Entenei von einer Henne ausgebrütet wird? Wie wird das Entlein sich verhalten? Wird es wie seine vermeintlichen „Geschwister“, die Hühnerküken, den Hof nach Essbarem absuchen oder wird es sich verhalten, wie es einem Entlein zusteht Zum Erstaunen der meisten Befragten ignoriert das frisch geschlüpfte Entchen die Henne, die sie ausgebrütet hat, sucht den nächsten Weiher, watschelt zielstrebig dorthin, beginnt zu schwimmen und das Wasser nach Essbarem abzuseihen, ganz ohne jede Gelegenheit, dieses Verhalten jemals von seinen Eltern gelernt zu haben. Nicht anders verhält es sich bei den kleinen Meeresschildkröten, die sich unmittelbar nach dem Schlüpfen hastig in Richtung Wasser begeben. Auch sie hatten keine Zeit, sich dieses Verhalten bei ihren Eltern abzuschauen, denn diese werden sie niemals kennen lernen. Dies alles sind Beispiele für genetisiertes Verhalten, es ist nicht die Folge von Erfahrungswerten, kann also nicht erlernt werden, es wird vererbt. Dafür gibt es im Tierreich viele Beispiele, es ist daher erwartbar, dass es auch beim Menschen genetisierte Verhaltensmuster gibt.

Um den wissenschaftlichen Beweis zu erbringen, dass ein Verhalten angeboren und nicht erlernt ist, müssen mehrere Kriterien erfüllt sein. Es muss in allen sozialen Schichten (Sozialisationskonstante) und in allen Kulturen im selben Ausmaß vorkommen (transkulturelle Konstante), ebenso bei den nächsten Verwandten der Menschen, den Primaten (Interspezieskonstante) und es muss eine Ausnahme von der Regel geben, für die es eine biologisch begründete Erklärung gibt, die biologisch beschreibbare Intraspeziesvarianz. Es versteht sich von selbst, dass sich solche Untersuchungen sehr aufwändig gestalten, es sind daher bisher nur wenige Verhaltensmuster den wissenschaftlichen Ansprüchen entsprechend überprüft worden. Den Kriterien standgehalten hat die Behauptung, dass Männer ein höheres Aggressionspotenzial haben. Die Gefängnisse sind voll mit Männern, Kriminalität an sich ist typisch männlich, und zwar überall, in allen Kulturen und in allen Gesellschaftsschichten. Dies gilt allerdings nur für unprovoziert aggressives Verhalten, was so viel heißt, dass Männer öfter als Frauen ohne ersichtlichen Grund zuschlagen. Auch Frauen können sehr aggressiv sein, sie sind es aber nicht ohne Provokation. Als bewiesen gilt auch das geringere prosoziale Verhalten der Männer im Vergleich zu den Frauen. „Prosoziales“ Verhalten möchte ohne jeden Opportunismus anderen helfen. Es ist unbestritten, dass in dieser Frage die Frauen die Nase vorne haben, das müssen die Männer den Frauen neidlos zugestehen. Wie Forschungen ergaben, wird das weibliche Gehirn durch die weiblichen Sexualhormone und vor allem das Prolactin ganz besonders auf soziale Aufgaben geprägt. Es kommt zum Ende einer Schwangerschaft zu einem messbaren Volumszuwachs des weiblichen Gehirns. Auch hierbei handelt es sich um neueste Forschungsergebnisse. Bis vor wenigen Jahren galt das Gehirn als nicht regenerationsfähig, bis man entdeckte, dass es einen eigenen „privaten“ Stammzellenpool besitzt, der durch einen Hormoncocktail aktiviert werden kann. Führend dabei ist das Prolactin. Das funktioniert übrigens auch im Reagenzglas mit embryonalen Stammzellen. Man nehme embryonale Stammzellen, gebe ein bisschen Prolactin dazu und schon beginnt deren Differenzierung in Richtung Nervenzelle (vorausgesetzt man besitzt das gewisse Knowhow). Dass eine Frau just am Ende einer Schwangerschaft mit besonderen sozialen Kompetenzen ausgestattet wird, kommt nicht von ungefähr, denn Prolactin ist das Stillhormon, es prägt das weibliche Gehirn in Richtung „prosozial“ zu einem idealen Zeitpunkt, nämlich zur Geburt eines Kindes. Das prosoziale Verhalten ist also bei Frauen nicht zufällig größer; es wird mit der Schwangerschaft noch verstärkt und unterstützt die evolutionsbiologisch wichtigste Aufgabe der Frauen, die Aufzucht der Kinder. Diese Vorgänge implizieren aber auch, dass sich die Gefühlswelt einer kinderlosen Frau von der einer Mutter ganz wesentlich unterscheidet. „Mutter“ sein heißt also nicht bloß geboren zu haben, sondern auch mit besonderen Ressourcen ausgestattet zu sein. Frauen, die ihre Kinder von Leihmüttern gebären lassen, kommen nicht in den Genuss dieser phänomenalen Vorgänge rund um die prosoziale Prägung des Gehirns. Das in den Vereinigten Staaten boomende Geschäft mit der Leihmutterschaft wird daher zu Recht und nicht nur deshalb in Österreich hinterfragt. Derzeit ist es (noch) verboten. Die Qualität des prosozialen Verhaltens ist also geschlechtstypisch und nicht erlernt, sondern biologisch bedingt. Abgesehen davon, dass sich auch bei den Menschenaffen die Mütter um die Nachkommen kümmern, zeigen Versuche, dass weibliche Affen mit ihnen angebotenem Spielzeug wie etwa Puppen oder auch nur Holzstöcken anders umgehen als Affenbuben, sie spielen damit „Mutter und Kind", die Buben aber spielen Krieg. Womit auch die Interspezieskonstante gegeben wäre.

Unbestritten männertypisch ist auch das größere Interesse an okkasionellen Sexualkontakten. Männer haben ein größeres Interesse an Sexualität, vor allem an Gelegenheitssexualität, gehen die größeren Risken dafür ein, geben mehr Geld dafür aus und masturbieren auch häufiger. Der allergrößte Unterschied zwischen den Geschlechtern besteht in der sexuellen Orientierung, auch sie beschreibt ein Verhaltensmuster. 90% der Männer stehen auf Frauen, aber nur 10% der Frauen (stehen auf Frauen). Dies lässt sich auch umgekehrt behaupten: 90% der Frauen stehen auf Männer, aber nur 10% der Männer. In keinem anderen Verhaltensmuster unterscheiden sich Männer und Frauen deutlicher voneinander. Die Effektstärke ist 6,0. (Die Effektstärke eines Unterschiedes entspricht der Differenz der Mittelwerte dividiert durch die Standardabweichungen.)

Nicht bewiesen werden konnte die so oft vermutete größere Eloquenz (verbal fluency) der Frauen. Man hört ja immer wieder, dass Frauen in Ausdrucksweise und Wortschatz den Männern überlegen sind. Dies hält einer Überprüfung nicht stand. Männer und Frauen sind in ihrer Redegewandtheit etwa gleich begabt. Der Unterschied besteht lediglich in einem männer- und frauentypischen Vokabular, Männer können Werkzeuge und Autobestandteile besser benennen, Frauen Küchengeräte. Dies ist kein Witz, auch keine Polemik, sondern das Ergebnis wissenschaftlicher Untersuchungen. Dass diese Art von geschlechtstypischen Eigenschaften anerzogen und nicht angeboren sind, kann mit

Sicherheit angenommen werden. Für die Beurteilung der geschlechtstypischen Ausgestaltung der *verbal fluency* gibt es auch keine Interspezieskonstante, denn Affen reden nicht. Somit fällt dieser Punkt aus.

Wie schon erwähnt, wird die Existenz angeborener geschlechtstypischer Verhaltensmuster beim Menschen mit dem Argument, Verhalten wäre grundsätzlich anerzogen, weithin geleugnet. Indessen erreicht die Zwangsbeglückung neue Dimensionen. In Berlin gibt es bereits egalitäre (geschlechtsneutrale) Kindergärten. Dort wird den Buben eingehämmert, ihr Penis wäre gar kein Penis, sondern eine Scheide. Solche Auswüchse dienen der Misandrie, einer unreflektiert gegen die Männer gerichteten Politik. Die Frau dürfe so bleiben, wie sie ist, sie wird als der gelungenere Teil der Schöpfung dargestellt. Erst kürzlich wurde die Chefin einer kleinen grünen Partei im Radio zitiert, als sie verkündete, dass Gott, als er den Mann erschuf, noch „geübt" hätte. Wahrscheinlich war das nur als Scherz gemeint, als Zitat einer führenden Politikerin ist es aber nicht akzeptabel. Der Mann, der angeblich weniger gelungene Teil der Genesis, müsse sich dem Weiblichen angleichen oder noch besser unterwerfen. Die Durchgängigkeit in der Verfolgung solcher Strategien beruht darauf, dass die verantwortlichen Ministerien, Frauen- und Unterrichtsministerien, überwiegend von Frauen geführt werden – in Österreich genauso wie in Deutschland. Frauen versuchen, Jungs zu Männern mit weiblichem Gedankengut zu erziehen, also zu jenen Männern zu machen, die sie sich als Lebensgefährten wünschen würden, wahrscheinlich aber nicht als Sexualpartner. Dieses Verhängnis zu erkennen, ist manchen Frauen scheinbar nicht gegeben. Das ist nicht weiter verwunderlich, mit den ihnen zur Erziehung anvertrauten Männern gehen Frauen ja üblicherweise nicht ins Bett; sie müssen die Früchte ihrer Arbeit daher nicht „ernten". Das ist auch gut so, denn zu ernten gibt es wenig. Würden Frauen erkennen, was hier passiert, würden sie ihre Erziehungsarbeit anders anlegen. Jetzt beschränken sie sich darauf, das Scheitern der Söhne an ihrer Männlichkeit deren Partnerinnen anzulasten. Sie vergessen dabei aber, dass es nicht die Aufgabe der Sexualpartnerinnen ist, ihre Männer zu Männern zu erziehen. Das wäre die Pflicht der Eltern und der Lehrer gewesen. Die aber hatten kein Interesse daran. Wie schon gesagt, im Vordergrund der Erziehung von Männern steht deren Domestizierung, schon in den Schulen wird die Betragensnote häufig in die Leistungsbeurteilung eingerechnet. Diese pädagogische Unkorrektheit ist einer der Gründe, warum Jungs die schlechteren Noten haben. Dass Männer ihren Partnerinnen später einmal bei der Hausarbeit helfen und ihren Säuglingen die Windeln wechseln, ist selbstverständlich, dass die aber von ihnen gereichte Babyflasche der Mutterbrust ebenbürtig sein soll, ist nicht nachvollziehbar. Männer und Frauen ergänzen sich, werden aber niemals dieselben Aufgaben erfüllen können. Alle Kulturen, auch die Naturvölker des 21. Jahrhunderts, praktizieren eine sich an der Biologie orientierende Arbeitsteilung. Beide Geschlechter tragen jenen Teil zum Gemeinwohl bei, zu dem sie besser geeignet sind. Wenn also Mütter ihren Säuglingen die Mutterbrust verweigern und ihre in Karenz geschickten Väter ihnen stattdessen Milchfertigprodukte aus dem Supermarkt geben, bedeutet dies einen Nachteil für das Kind und hier müssen Grenzen gezogen werden. Der von der Politik geforderte Ausgleich zwischen den Geschlechtern kann nicht zulasten Dritter gehen, nämlich zulasten der Kinder. Sehr häufig hat die Stillmüdigkeit gar keine politischen Ziele, sondern ganz banale, nämlich um den Busen für die Zeit nach der Schwangerschaft zu schonen. Die Brust wird dabei von den Frauen selbst zum Sexsymbol degradiert, dies lässt sich mithilfe der boomenden plastischen Brustoperationen sehr gut beweisen. Den Kindern, denen die Muttermilch vorenthalten wird, wurde vorher schon nicht selten der Geburtsvorgang verweigert. Obwohl die Daten über die wundersame Begründung einer vertrauensvollen Mutter-Kind-Beziehung durch den Geburtsvorgang wissenschaftlich fundiert und auch belegt sind. Das privilegierte Verhältnis zwischen Mutter und Kind wird durch den Geburtsvorgang begründet und durch das Stillen gefestigt. Der Mediator hierfür ist das Hormon Oxytoxin, über das es in den letzten Jahren bahnbrechende Forschungsergebnisse gab. Neben den längst bekannten Wirkungen auf die glatte Muskulatur der Gebärmutter und der Brustdrüse besitzt Oxytocin die Fähigkeit, die Psyche von Mutter und Kind zu verändern, indem es Angst nimmt und Vertrauen aufbaut. Nicht in irgendjemanden, sondern in die beiden am Geburtsvorgang und am Stillen beteiligten Personen, nämlich Mutter und Kind. Nie wieder wird es so eine Chance geben, dem Mutter-Kind-Verhältnis einen derart privilegierten Status zu verleihen. Interessanterweise sind diese gesundheitsfördernden Effekte des Oxytocin über die Zeit des Stillens hinaus wirksam, seine positiven Auswirkungen auf Stresstoleranz und seelische Ausgeglichenheit halten ein Leben lang. Kinder, die gestillt wurden, haben auf Dauer die besseren Ressourcen. Dies lässt das Vorenthalten der Oxytocinwirkung durch Kaiserschnitt und Stillverweigerung umso schwerer wiegen.

In (fahrlässiger?) Unwissenheit dieser Vorgänge mutiert die Schwangerschaft – einst als privilegierter Zustand wahrgenommen – immer mehr zu einer unzumutbaren Belastung für Mutter und Gesellschaft. Die meisten Mütter sind allerdings – berufsbedingt – nicht in der Situation, zu ihren Kindern ein besonderes Vertrauensverhältnis aufzubauen. Die möglichst frühzeitige Rückkehr an den Arbeitsplatz, das Ergattern eines Platzes in der Säuglingskrippe, dann im Kindergarten, dann in der Ganztagsschule scheint eines der vorrangigen Ziele der modernen österreichischen Familie zu sein. „Karriere ist das Gegenteil von Beziehung", heißt es in der Sexualmedizin, ausbaden müssen das die Kinder. Es gibt keinen Zweifel daran, dass Schwangerschaft und Karenz die Karriere einer Frau negativ beeinflussen können. Wenn man aber den Ergebnissen von Studien glauben kann (z.B.

OÖ Jugendstudie 2006), sehen die meisten jungen Frauen ihr Glück in Ehe und Familie und nicht in einer beruflichen Karriere. Auch dieser Umstand ist zu würdigen. Besondere Beachtung verdienen jene Kinder, die die Opfer einer solchen Karriere sind. Jedenfalls steht fest, dass eine noch so engagierte Kindergartentante die Liebe einer Mutter nicht ersetzen kann, denn die Mutter genießt das Vertrauen dieses Kindes, nicht die Tante, sie hat es neun Monate in ihrem Bauch herumgetragen, sie hat es geboren und gestillt. Dazu kommt noch, dass Mütter durch das Stillhormon Prolactin besonders auf ihre Aufgaben vorbereitet werden. Unter dem Einfluss dieses Hormons wachsen genau jene Gehirnareale einer Frau messbar, die für prosoziales Verhalten und Mutterliebe verantwortlich sind. Durch diesen Vorgang werden die Mütter mit jener Geduld ausgestattet, die die Fürsorge für kleine Kinder einfordert. Der Vater kommt weder in den Genuss des Oxytoxcin noch des Prolactin, denn der beste Vater hat sein Kind weder geboren, noch hat er es gestillt. Wegen der fehlenden Oxytocinbereitstellung ist eine Plastikflasche nicht geeignet, die Mutterbrust gleichwertig zu ersetzen. Unter dem Aspekt der Unfähigkeit zum Stillen und der daraus resultierenden Defizite an Oxytocin und Prolactin kann die Väterkarenz gegenüber der Karenz der Mutter wenigstens im Säuglingsalter eines Kindes nicht als gleichwertig beurteilt werden. Die dafür gemachte Propaganda richtet sich gegen die Bedürfnisse des Kindes und ist politisch motiviert. Die Kenntnis der biologischen Vorgänge beweist, dass ein Kind im Säuglingsalter meist bei der Mutter besser aufgehoben ist. An dieser Stelle mag es von Interesse sein, dass Naturvölker ihre Kinder drei Jahre lang stillen.

Bei der Erziehung der Söhne oder Schüler wird die – männliche – Sexualität vergessen und wenn „Sexualerziehung“ überhaupt stattfindet, ist sie realitätsfern. Immer noch wird die Lust dämonisiert, als eines Menschen nicht würdig deklassiert, so als dürfe ein Mensch keine Lust empfinden. Ein schwieriges Unterfangen, in Anbetracht der riesigen

Mengen an Testosteron, von denen junge Männer dominiert werden. Das aus der Antike stammende, dem platonisch-aristotelenischen Prinzip entsprechende Paradigma der „verbotenen Lust“ sollte endlich verlassen werden. Männliche Sexualität ist lustbezogen, die Verteufelung der Lust geht daher besonders zulasten der Männer. Das weithin bestehende sexualpädagogische Vakuum wird indessen durch das Internet ersetzt. Aus der Jugendarbeit weiß man, dass vor allem Burschen ihr Wissen über Sexualität aus dem Internet beziehen. Untersuchungsergebnisse belegen, dass täglich etwa sieben Prozent aller Jungen im Pubertätsalter (12–18) im Internet Pornos ansehen, aber nur 0,1 Prozent der Mädchen, obwohl man davon ausgehen kann, dass beide Geschlechter die selben Kenntnisse in EDV besitzen und auch über die gleichen Möglichkeiten verfügen, diese auch zu nutzen. Diese Daten stehen durchaus im Kontext mit bekannten Fakten, dass nämlich männliche Sexualität eher visualisiert ist als weibliche. „Mein (16-jähriger) Sohn musste von mir nicht aufgeklärt werden, von dem könnte selbst ich noch lernen! Der hat sich sein Wissen über das Internet besorgt“, sagte eine Mutter in der Sprechstunde des Arztes nicht ohne Stolz. Aufgesucht hatte sie ihn wegen abnormer sexueller Verhaltensmuster eben dieses Sohnes. „Er denkt sich nichts dabei, in Gegenwart anderer Personen zu masturbieren. Probleme gab es, weil er dies auch in der Schule und im Sportverein machte.“ Dieser Junge scheint manches nicht begriffen zu haben und der Verdacht, dass derart inakzeptables Verhalten durch die Konsumation von Pornos im Internet gefördert wurde, ist nicht abwegig. „Häufig Gesehenes verwischt die Grenze des Erlaubten“, erklärte der Arzt, „bei Ihrem Sohn ist eine Barriere verloren gegangen, die man wieder aufbauen muss.“

Das Internet ist Realität und es wird wohl kaum eine reale Chance geben, gewisse Seiten daraus zu verbannen, obwohl solche Forderungen immer wieder laut werden. Die teuerste Domaine der Welt ist www.sex.com, www.youporn.com

verzeichnet 60 Millionen Klicks pro Tag. Diese immense Bedeutung des www für die Sexualerziehung ist jedoch weniger die Folge dessen, dass es existiert, als vielmehr dass dem enormen Wissensdurst über Sexualität von der Gesellschaft aus Scham, Tabus und Ratlosigkeit nicht entsprochen wird. Erfahrungen mit Jugendlichen der jüngsten Generation fördern nicht nur Wissenslücken ans Tageslicht, obwohl Interesse bestehen würde, sondern – so entsteht wenigstens der Eindruck – ein Wissen, das wenigstens teilweise aus bewusst verbreiteten Unwahrheiten besteht. Erst unlängst bemühte sich ein Vorzugsschüler der letzten Schulstufe in die sexualmedizinische Sprechstunde, um „gewisse Unklarheiten" zu beseitigen. So behauptete er, eine Schulärztin hätte die 18-jährigen Jungs vor der Gefährlichkeit der Masturbation gewarnt. So geschehen im Jahre zweitausendundelf.

Das Internet indessen hat – so wie alles – positive und negative Auswirkungen auf die Sexualität. Eine generelle Verteufelung ist genau so wenig angebracht wie grundsätzliches Lob. Wie immer gilt: „Die Klugen werden klüger, die Dummen werden dümmer." Die Chancen des Internet bestehen primär aus dem Abbau von Barrieren, der Ermöglichung sozialer Kontakte für Personen mit sozialen Defiziten und der Förderung von stigmatisierten Minderheiten. Das beste Beispiel hierfür sind diverse Homosexuellenplattformen, die für die riesige Gruppe der gleichgeschlechtlich Orientierten eine wesentliche Erleichterung im Umgang gebracht haben. Das Internet ist anonym (keiner weiß, wer man ist), heimlich (keiner weiß, was man tut), grenzenlos (sowohl bezüglich der Geografie, aber auch in der Art der Wünsche), beinahe kostenlos und das volle 24 Stunden am Tage.

Den Vorteilen stehen leider nicht wenige Gefahren gegenüber. Die Schlimmste ist der Verlust der realen Kontaktfähigkeit mit Einsamkeit und Isolation als Folge. Virtuelle Freunde à la Facebook sind – wie jeder weiß – nicht Freunde im klassischen Sinne, die Virtualität macht nicht glücklich, denn der Mensch braucht Intimität und Berührung. Die biologische Erklärung mag einmal mehr Oxytocin sein, virtuelle Kontakte sind nicht in der Lage, Oxytocin bereitzustellen, zum Nachteil der Betroffenen. Der reale Sex innerhalb der Beziehung wird belastet, das Internet führt wegen seiner unbegrenzten Möglichkeiten und der damit verbundenen Promiskuität zu Unzufriedenheit mit der Real-Life-Sexualität. Es führt außerdem zur Normalisierung des Ungewöhnlichen, denn das, was häufig gesehen wird, wird für normal gehalten. Es kann dadurch auch zu einer Steigerung devianter Impulse führen, schlummernde Vorlieben werden zu Leben erweckt. Sehr häufig werden auch sexuelle Handlungen gesehen, die man eigentlich gar nicht sehen wollte. Gewaltpornos etwa werden zu 13% gesehen, aber nur 5,7% hätten sie sehen wollen.

Wie bereits erwähnt, darf das Internet nicht generell verurteilt werden, es beherbergt Chancen und Risken so wie alles im Leben, vorausgesetzt man hat gelernt, damit kritisch umzugehen. Die Sexualerziehung hat daher bereits einzusetzen, bevor Jugendliche den Genuss eines unbegrenzten Zuganges zum Internet erlangen, spätestens also mit dem Einsetzen der Pubertät. Keinesfalls sollte das Internet die intrafamiliäre Sexualerziehung ersetzen. Sie besteht hauptsächlich aus der positiv gelebten Elternbeziehung und aus klärenden Worten, die rechtzeitig und ohne Peinlichkeit und Scheu transportiert werden müssen. Es muss jedem bewusst sein, dass die Wertigkeit der Sexualität im großen Ausmaß weltanschaulich besetzt ist, es wäre aber die Pflicht des Erziehenden, sich an Fakten zu halten (die es gibt!) und seine persönliche Meinung hintanzustellen. Denn die Sexualität hat nicht gewissen Vorstellungen zu entsprechen, sondern der ganz persönlichen sexuellen Vorliebe des Einzelnen. Niemand kann einem anderen erklären, wie man Sex richtig macht.

Darf ein Mensch Lust empfinden, darf er lüstern sein? *Lebens*lust ist hier gemeint, das Salz in der Suppe des Lebens. Wie lustvoll kann ein Spaziergang in der freien Natur sein oder der Genuss eines Musikstückes oder etwa der Augenblick, in dem Schokolade auf der Zunge zergeht? Lust ist ein anderes Wort für Sinnlichkeit, der Fähigkeit zum Genießen mithilfe der eigenen Sinnesorgane. Wir leben in einer übersexualisierten Welt, die Erotik aber ging verloren. Sehen, Hören, Schmecken, Spüren will gelernt sein, all diese Sinne sind Bestandteil guter Sexualität. Zur Rettung unserer Sexualität müsste man die Lust wieder gesellschaftsfähig machen. Dies wäre die Aufgabe der Sexualerziehung. Die wenigsten Westeuropäer sehen den Sinn ihres Lebens in der Vorbereitung auf das Jenseits, sondern im lustvollen Genuss des Diesseits. In unserer hektischen Welt haben wir aber das Genießen verlernt. In der Sexualmedizin gilt Hektik als das Gegenteil von Genießen, auch das Gegenteil von Erotik. Bei der Aufklärung sollte es nicht bloß um die technische Abwicklung von Blümchensex und Fortpflanzung gehen, sondern um die Erziehung des Menschen zu einem begeisterbaren, lustvollen, erotischen Wesen. „Darf ich so sein, wie ich bin, und ist es gut, dass ich so bin, wie ich bin?", ist die zentrale Frage, deren Beantwortung über jenen Selbstwert entscheidet, der in Zukunft das Leben bestimmen wird. Und schon wieder geht es um die sexuelle Identität. Sie beschreibt die Zufriedenheit im eigenen Geschlecht und entscheidet nicht unwesentlich über das Lebensglück. Männer und Frauen müssen genderaffirmativ, also geschlechterbejahend erzogen werden, um später einmal die ihnen zugedachte Rolle im eigenen Geschlecht lustvoll und selbstlos erfüllen zu können. Das Bestreben, die Existenz verschiedener Geschlechter überhaupt zu leugnen, verletzt die sexuelle Identität von Männern und Frauen. Im Bezug auf die beiden Geschlechter kann Egalitarismus nur Geschlechter*gerechtigkeit* bedeuten, im Sinne der Gleichwertigkeit beider Geschlechter und ihrer Fähigkeiten. Für den Alltag bedeutet dies eine politische und ökonomische Gleichstellung beider Geschlechter bei gleichzeitiger Akzeptanz evolutionsbiologisch bedingter Unterschiede. Das „bessere" Geschlecht gibt es nicht, das „schlechtere" auch nicht.

Die Erziehung der nächsten Generation von Männern liegt fest in der Hand von Frauen, weil Väter häufig nicht zur Verfügung stehen und die Quote an männlichen Pflichtschullehrern immer geringer wird. Alleinerziehende Mütter, Kindergartenpädagoginnen und Lehrerinnen sind für die Erziehung der heranwachsenden Männer verantwortlich. Sie aber vermitteln weibliche Werte, die in der testosterongeschwängerten Zeit der männlichen Pubertät auf wenig Glaubwürdigkeit stoßen. Erziehungswissenschafter kritisieren den Anteil an männlichen Lehrern als zu gering und verweisen dabei auf die bessere Durchsetzungskraft männlicher Lehrer bei männlichen Halbwüchsigen. Andreas Gößling, Politikwissenschafter in Coburg, schreibt: „Der Fehler liegt offenbar im System. Jungen im Grundschulalter orientieren sich offenbar bereitwilliger an männlichen Bezugspersonen als an weiblichen Leitfiguren – und bei den Mädchen verhält es sich umgekehrt." Weil man den entnervten Lehrerinnen jede Möglichkeit zu strafen genommen hat, wissen sie sich nicht mehr anders zu helfen, als die Betragensnote in die Leistungsbenotung mit einfließen zu lassen. Mädchen werden also für ihr angepasstes Verhalten belohnt, Buben bestraft.

Ganz konkret sollte man überlegen, wie man wieder mehr Männer für den Lehrberuf begeistern könnte, doch ein einfaches Unterfangen wird dies nicht, Männer interessieren sich nun mal im geringeren Umfang für prosoziale Berufe als Frauen. Und das hat nicht mit der Bezahlung zu tun, wie immer wieder gerne behauptet wird. Es ist die Folge eines männertypischen, testosteron- und hormongesteuerten Verhaltensmusters. Wenigstens der Unterricht gewisser Fächer sollte männlichen Lehrern überlassen werden, jedenfalls aber der Sexualunterricht. Ob der Religionslehrer dafür geeignet ist, muss in vielen Fällen bezweifelt werden. Die verkorkste Sexualkultur mancher Kirchen lässt ein ausreichendes Verständnis für diese Themen vermissen. Dies hat sich leider mehr als deutlich bewiesen. Hat nicht im August 2010 ein hoher katholischer Würdenträger die 21 Toten der Love-Parade in Duisburg neuerlich als Strafe Gottes bezeichnet? Sexualunterricht sollte interdisziplinär sein, sie gehört in die Hand von Profis, zum Beispiel in die von Sexualmedizinern. Einen Sexualmediziner aus seinem Nähkästchen plaudern zu lassen, ist erfahrungsgemäß sehr erfolgreich. Er hat Erfahrung mit den verschiedensten Problemstellungen im Umgang mit Sexualität.

Würde es ein aufrichtiges Bestreben geben, Jungs zu lebenstüchtigen Männern zu erziehen, dürfte man die Benachteiligung von Männern in manchen Belangen der Gesellschaft nicht mehr leugnen. Schwache Signale in diese Richtung gibt es aus Deutschland, wo die Benachteiligung lediger Väter rund um das Sorgerecht ihrer Kinder aufgehoben wurde. Das schlechte Abschneiden von Jungs in höheren Schulen sollte auch für die Politik Anlass genug sein, männliche Schüler besonders zu fördern. Es kann nicht der Wunsch der Gesellschaft sein, Männer bildungsmäßig zu Staatbürgern zweiter Klasse werden zu lassen. Erziehungswissenschafter fordern, in gewissen Fächern die Koedukation (gemeinsamen Unterricht von Mädchen und Jungen) auszusetzen. Wie schon weiter vorne beschrieben, hat es sich nämlich gezeigt, dass in gemischten Klassen die Jungs allzu leicht ins Hintertreffen geraten.

Selbstverständlich gibt es nach wie vor auch Benachteiligungen von Frauen in der Gesellschaft. Diese werden aber von der Politik wahrgenommen und auf hochkarätige Weise honoriert, zum Beispiel durch die Einrichtung eines eigenen Frauenministeriums. Während also die Frauen in ihren Anliegen akzeptiert werden, fehlt für die der Männer jedes Verständnis. Nicht nur das, es wird schlichtweg geleugnet, dass es solche überhaupt gibt. Dabei sollten – guten Willen vorausgesetzt – die Zusammenhänge nicht so schwer zu begreifen sein. Es wird beklagt, dass Frauen für dieselbe Arbeit schlechter entlohnt werden. Wenn dem wirklich so ist, sollte man es schleunigst beheben, denn das ist ein unhaltbarer

Zustand. Wie kann es aber passieren, dass jenes Geschlecht, dessen durchschnittliche Lebenserwartung um fünf Jahre und fünf Monate geringer ist als die des anderen, um fünf Jahre länger arbeiten muss, um das gesetzliche Pensionsalter zu erreichen? Männer zahlen aber nicht nur fünf Jahre länger in das Pensionsversicherungssystem ein, sie zahlen auch die höheren Beiträge, um dann schließlich rechnerisch um durchschnittlich zehn (!) Jahre weniger lang in den Genuss der Versicherungsleistung zu kommen. Die Argumentation, Frauen würden sich durch Schwangerschaft und Aufzucht der Kinder um den Fortbestand der Gesellschaft kümmern und bedürften daher einer besonderen Rücksichtnahme durch die Gesellschaft, ist inhaltlich natürlich richtig, trifft aber heute nicht immer zu, denn viele Frauen bekommen keine Kinder oder sie neigen dazu, sie tagsüber in öffentlichen Einrichtungen abzugeben. Europaweit liegt die Geburtenrate bei durchschnittlich 1,5 Kindern pro Frau, nur die Raten der Franzosen und Iren liegen höher. Es ist im Interesse der Gesellschaft, Frauen, die Kinder geboren haben, besonders entgegenzukommen, wie aber kann man es rechtfertigen, dass dieses Entgegenkommen auch für kinderlose Frauen gilt? Wenigstens deren Pensionsalter müsste an das der Männer angeglichen werden. Im Jahre 2009 meldete eine große österreichische Tagezeitung, dass Wien ein besonders schwieriges Pflaster für Männer wäre. So etwa hatten alleinerziehende Männer keinen Anspruch auf verbilligtes Wohnen, es gab also keine „Männerwohnung" als Pendant zur existierenden „Frauenwohnung". Während Frauen bereits ab dem 60. Lebensjahr verbilligte Tarife bei öffentlichen Verkehrsmitteln gewährt wurden, standen diese den Männern erst ab 65 zu. Der Antrag einer der politischen Parteien auf Angleichung wurde im März 2009 im Stadtparlament abgelehnt. Dies ist nicht nachvollziehbar, da die Fakten auf dem Tisch lagen. Wie nicht anders zu erwarten war, verkündete am 21. Januar 2011 der Präsident des Verfassungsgerichtshofes, dass diese Regelung dem Gleichbehandlungsgesetz widerspräche. Zu klären bliebe, warum es in einer so einfach zu beurteilenden Frage überhaupt des Verfassungsgerichtshofes bedurfte. Dies kann nur als Folge eines fehlenden politischen Willens gedeutet werden.

„Der typische Arbeitslose ist männlich und jung." Dieses Statement stammt aus derselben Zeitung und eröffnet eine geschlechtstypische Benachteiligung am Arbeitsplatz. Weil Männer sehr viel häufiger in der produzierenden Industrie und am Bau arbeiten, sind ihre Arbeitsplätze offenbar besonders krisenanfällig. Das wird sich wohl kaum ändern lassen, dennoch ist dieser Umstand erwähnenswert, wenn es um die Diskussion um geschlechtstypische Nachteile im öffentlichen Leben geht. Männertypische Berufe besitzen offenbar auch ein wesentlich größeres Unfallrisiko. Laut Statistik Austria ist die Anzahl der Arbeitsunfälle pro 100.000 Einwohner bei Männern um ein Vielfaches höher als bei den Frauen. Wer klettert denn als Dachdecker auf Dächern herum und wer besteigt Kräne und Gerüste am Bau und wer erklimmt Strommasten, um die Versorgung der Haushalte mit elektrischer Energie zu gewährleisten? Die Männer! Ist es nicht schön für Frauen zu wissen, dass die gefährlichen Arbeiten vom starken Geschlecht übernommen werden? Obwohl das Prostatacarcinom volkswirtschaftlich dieselbe Rolle spielt wie der Brustkrebs der Frauen, wird für die Erforschung des Brustkrebses etwa zehnmal mehr Geld ausgegeben als für die Erforschung des Prostatakrebses. Über die Benachteiligung von Buben im Bildungssystem könnte man ein eigenes Buch schreiben. Feststeht, dass Buben in Österreich im wesentlich geringeren Umfang einen höheren Schulabschluss erreichen und dass dies nicht ausschließlich durch sie selbst verursacht ist. Das Verhältnis der Maturanten beträgt derzeit 57% zu 43% zu ungunsten der Männer. Dies schon seit vielen Jahren und ohne Chance auf Veränderung in den nächsten 20 Jahren. Im Übrigen wird darüber nicht einmal diskutiert, es wird aber diskutiert, wenn ein (!) Prozent weniger Mädchen als Burschen den Aufnahmetest auf die Medizinuni schafft.

Da wird sofort lautstark nach einer Quotenregelung gerufen. Verstehen Sie, was hier gemeint ist? Es geht um nichts anderes als um die Ungleichbehandlung von Männern und Frauen im Bezug auf Geschlechtergerechtigkeit. Dass Männer und Frauen auf Grund ihrer unterschiedlichen Ressourcen verschiedene Aufgaben unterschiedlich gut bewältigen werden, ist ein nicht diskutierbares Faktum. Wie aber geht diese Gesellschaft damit um?

Die durch die Fehlleistung der Politik verunsicherten jungen Männer wissen schließlich nicht mehr ein und aus. Allzu lange hat man ihnen falsche Wertvorstellungen vermittelt. Aus extrovertierten lebenslustigen Burschen hat man Stubenhocker und Einzelgänger gemacht, die ihre Sozialisation nicht selten über ihren Computer betreiben. Am Pranger steht eine verfehlte Politik, die die Idee zum Inhalt hat, Geschlecht wäre bloß anerzogen und „Mannsein" könne man sich abgewöhnen. Auf den Computern junger Männer aber wird Krieg gespielt. Das ist die ungeschönte Wahrheit. Viele der beliebtesten Computerspiele haben jene Inhalte, die die Gesellschaft als überholt klassifiziert. Sie handeln von Gewalt und Eroberung in hierarchisch organisierten Systemen. Auch wird „im Raster" eine neue Spezies von Menschen gezüchtet, die verächtlich als „Programme" bezeichnet werden. Sie sind willenlose Befehlsempfänger – und erinnern bedrohlich an Soldaten vergangener Diktaturen.

Soeben meldete eine Zeitung, dass sich ein Junge 14 Stunden angestellt hat, um als Erster in den Besitz eines iPhone zu gelangen. Zugegeben, das mögen nette Tools sein und es steckt so viel – männliche – Kreativität dahinter, doch zum Lebensinhalt taugt es nicht. Ein Mann ist gepolt auf Beziehung und Bewegung, beides sind unverzichtbare Voraussetzungen für das Lebensglück. Das immer noch gültige Prinzip aus der Antike scheint aber zu sein, dass „der Geist den Körper beherrschen und über die Triebe die Überlegenheit erlangen müsse". Dieses Denkmuster muss scheitern, denn Geist und Körper sind nicht Gegensätze, sondern aufeinander angewiesen. Jeder Mensch ist zu jeder Zeit zu 100% ein biologisches, zu 100% ein psychologisches und zu 100% ein soziales Wesen. In ihrer Männlichkeit verunsicherte Männer zeigen oft sonderbare Verhaltensmuster. Die E-Natives, so bezeichnet man jene Generation, deren erste Bezugs„person“ von klein auf der Computer war, leben ihre Sexualität nicht selten vor der Cam. Bei allem Verständnis für Cyber-Sex, glücklich wird man damit nicht. Nach dem „Kommen“ ist man alleine, kein Kuscheln, kein gemeinsames Einschlafen, keine Sinnlichkeit. Sexualität definiert sich als „intime Berührung“. Sinnesreize wie Berühren, Riechen, Schmecken sind unverzichtbare Bestandteile der Liebe. Liebe und Beziehung sind unverzichtbar für das Lebensglück. Wer – was meinen Sie? – hat die besseren Chancen im Leben: der übergewichtige junge Mann, der seine Befriedigung im Cybersex sucht, oder der sportlich-schlanke Junge, der seine Sozialkompetenz im Mannschaftssport erprobt? Für viele „Ältere“ mutet die Generation der E-Natives fremd und exotisch an, weil sie über Fertigkeiten verfügt, die sie selbst nicht beherrschen. Doch auch wenn alles so anders scheint, auch die E-Generation besitzt dieselben Gene und funktioniert nach denselben Grundprinzipien des Lebens wie die vorhergehende. Die Jugendgeneration von heute hat exakt dieselben Bedürfnisse wie die Vorgängergenerationen. Die Erfüllung der psychosozialen Grundbedürfnisse ist und bleibt der einzig mögliche Schlüssel zu Lebensglück, nicht das Handy! Diese ganze Entwicklung rund um die Jugend von heute kann niemandem egal sein, hier bahnt sich eine Katastrophe gesamtgesellschaftlichen Ausmaßes an.

Eine „artgerechte Haltung“ für Männer läuft in zwei Phasen ab. Die erste ist die, in der der Mann auf eine verlässliche Bezugsperson angewiesen ist, am besten auf eine weibliche und eine männliche. Die weibliche Bezugsperson vermittelt weibliche Werte, die männliche eben männliche. Die beiden haben in den verschiedenen Phasen der körperlichen und geistigen Entwicklung unterschiedliche Bedeutung. Im Säuglings-

und Kleinkindesalter ist auch der kleine Bub bei seiner Mutter besser aufgehoben, der Vater spielt mit dem Älterwerden eine immer größere Rolle. Sie endet meist mit dem Erwachsenwerden. Die Erfahrung lehrt, dass viele junge Männer, trotz aller Lebenstüchtigkeit, ihren Mentor brauchen, der lenkend eingreift, rügt und schnell wieder verzeiht, der aber vor allem fördert! Wir wissen, dass eine verlässliche Bezugsperson im Jugendalter eine ganz wesentliche Voraussetzung für das Lebensglück eines Jünglings darstellt. Die ausgewählte Bezugsperson muss aber gewisse Qualitäten aufweisen, er muss zur Identifikationsfigur taugen. Konkret bedeutet dies, dass ein Vorbild eher als solches akzeptiert wird, wenn es dem Bild des Jägers möglichst ähnlich ist, natürlich in einer gesellschaftsverträglichen Form. Viele der sich anbietenden Bezugspersonen besitzen diese Qualitäten nicht.

Die zweite Phase ist die Erwachsenenphase, in der ein Mann seine eigenen Bedürfnisse wahrnimmt. Und er wird genau jene Bedürfnisse wahrnehmen, die man ihn als essenziell gelehrt hat.

Wie also kann die Förderung eines heranwachsenden Mannes konkret aussehen, die die Chance birgt, aus ihm ein gelungenes Exemplar seiner Spezies zu machen?

Wie schon mehrfach erläutert gibt es deutliche Beweise, dass schon Säuglinge ein geschlechtstypisches Verhalten aufweisen, schließlich werden sie männlich oder weiblich geboren und keinesfalls als „sexual nobodies“, wie dies früher einmal behauptet wurde. Nicht nur ihre Geschlechtsorgane sind unverwechselbar, auch das Gehirn ist bereits androgenisiert, also mit einer männlichen Funktionalität ausgestattet. Die geschlechtstypische Ausgestaltung des Gehirns ist zwar nicht so einfach sichtbar wie die der Genitalien, sie ist aber bestimmend für das weitere Leben als Mann – oder Frau. Der neugeborene Bub ist bereits ein Bub, auch wenn er es selbst noch gar nicht weiß. Die Erkenntnis, dem männlichen Geschlecht anzugehören, kommt erst etwas später, lässt aber nicht lange auf sich warten.

Ein Bub muss in seiner Entwicklung zum Buben gefördert werden, er ist auf die Förderung durch seine Eltern angewiesen. Die Eltern wiederum müssen, um aus einem Buben einen Mann zu machen, einen Mann aus ihm machen *wollen*. Sie lachen? So selbstverständlich ist das nicht!

Wir schreiben das Jahr 1966. Am 27. April sollen die beiden eineiigen Zwillinge Bruce und Brian Reimer an der Vorhaut operiert werden. Damals waren sie 8 Monate alt. Auch in Kanada, dem Schauplatz dieses Dramas, gibt es den unsinnigen Brauch, alle jungen Männer zu verstümmeln, indem man sie der Vorhaut beraubt. Nicht etwa, weil sie an einer Vorhautverengung litten, das ließe sich in diesem zarten Alter noch gar nicht feststellen, die Vorhaut ist ja in den ersten Lebensjahren häufig mit der Eichel verklebt und man sollte sich hüten, sie gewaltsam zu lösen. Was man wirklich mit dieser Beschneidung erreichen wollte, ist nicht ganz klar. In der Tora kann man lesen, dass damit das jahrhundertealte Opfer des erstgeborenen Sohnes aufgegeben wurde und in eine Beschneidung umgewandelt wurde. Damit hätte dieses Ritual sogar seinen Sinn. Es ist allemal besser, statt eines ganzen Jungen nur dessen Vorhaut zu opfern.

Manche Ärzte scheinen der Meinung zu sein, es handle sich bei der Vorhaut um etwas Verzichtbares, eine Art Accessoire de luxe. Manche gehen noch viel weiter, sie sind sogar der Meinung, die Vorhaut wäre ein Irrtum der Schöpfung, also sogar schädlich. Man müsse die Vorhaut entfernen, um die Männer gegenüber sexuell übertragbaren Erkrankungen widerstandsfähiger zu machen und diese somit als Infektionsquelle zu eliminieren. So ungefähr lauten die verqueren Gedankengänge beschneidungswütiger Mediziner. Doch kann es so etwas überhaupt geben, kann der Schöpfung wirklich ein Fehler unterlaufen sein? Die Realität sieht natürlich anders aus. Wie alles, hat auch die Vorhaut ihre Bedeutung. Wie ein Futteral schützt sie das sehr empfindliche Lustorgan des Mannes. Ihre Entfernung beeinträchtigt dessen Sensibilität, was zu Empfindungsstörungen und als Folge zu Störungen der Orgasmusfähigkeit führen kann. Dies wurde lange Zeit geleugnet, die Universität Gent kam aber zu eben diesem Ergebnis: „The study confirms the role of the foreskin for penile sensitivity and overall sexual satisfaction and functioning."

Wie auch immer, zurück zum Fall der Brüder Reimer. Man schneidet die Vorhaut angeblich der Reinlichkeit wegen weg, so als ob das ganz normale Waschen nicht reichen würde. So sollten also auch die beiden Buben operiert werden. Bruce, der zwölf Minuten ältere Zwilling, war das erste Opfer. Der Arzt Jean-Marie Huot beschloss, diesen kleinen Eingriff mit einem Kauter durchzuführen. Ein Kauter ist so etwas wie ein Lötkolben, er beginnt an seiner Spitze zu glühen, damit kann man tatsächlich sehr gut überflüssige Haut entfernen und es hat sogar den Vorteil, dass man sich als Arzt mit der Blutstillung nicht allzu lange aufhalten muss. Und schön muss das Ganze ja nicht werden, ist ja nur ein Mann, mag sich der Doktor wohl gedacht haben.

Leider war der Kauter defekt. In den Untersuchungsberichten wurde ein Kurzschluss beschrieben, jedenfalls stieg plötzlich Rauch auf und der Penis von Bruce Reimer war ein verkohltes Stümmelchen, das nach ein paar Tagen abfiel. Auf die Beschneidung des Zwillingsbruders Brian wurde im Zuge der Ereignisse verzichtet. Der Penis und die Vorhaut dieses Jungen entwickelten sich völlig normal, was den Unsinn dieses Eingriffs beweist. Eine medizinische Indikation wie etwa eine Vorhautverengung war jedenfalls nicht gegeben. Eine Vorhautverengung ist eine der wenigen seriösen Begründungen für eine Beschneidung, aber auch hier werden Männer oft mehr verstümmelt, als dies erforderlich wäre. Im Jahre 1952 erhielt der renommierte Psychologe John Money eine Berufung an die *John Hopkins Medical School*, eine der wichtigsten Forschungsstätten für Medizin in den USA. Er hatte sich durch die Erforschung der Intersexualität (das ist laienhaft gesagt das Erscheinungsbild des Zwitterwesens) einen Namen gemacht, zog aber leider daraus die falschen Schlüsse. Diese sollten nun Bruce Reimer zum Verhängnis werden. John Money war es, der behauptete, dass Neugeborene geschlechtlose Wesen seien, sie wären sexuell noch nicht geprägt, wären „Sexual Nobodies", deren geschlechtliche Realität erst durch das soziale Leben geprägt wird. Die Fachwelt reagierte darauf wie gelähmt, mit Ausnahme eines Biologen aus Hawaii. Milton Diamond hatte bereits 1958 bei Versuchen an Ratten herausgefunden, dass für die Ausgestaltung von Geschlechtsidentität und Geschlechtsrolle nicht das chromosomale Geschlecht, sondern der Testosteronspiegel rund um die 9. Schwangerschaftswoche verantwortlich sei. (Diese Ansicht gilt inzwischen als bewiesen und ist auch beim Menschen etabliert.)

Die Eltern des verstümmelten Jungen waren geschockt. In ihrer Verzweiflung wandten sie sich an John Money, wer sonst sollte ihnen helfen können? Ron und Janet Reimer, beide waren noch sehr jung, gerade einmal 20 und 21 Jahre alt, saßen im März 1967 in der Privatordination dieses berühmten Psychologen. Der hatte auf einen solchen Fall gewartet, endlich konnte er seine Thesen beweisen, dass eben ein Bub nicht als Bub geboren wurde, sondern die Erziehung ihn erst dazu macht. Doch die Zeit drängte, die ersten beiden Lebensjahre waren entscheidend und so klein war Bruce nun auch nicht mehr. Da waren sie nun, die Eltern mit ihrem Söhnchen ohne Penis. Die beiden konnten gar nicht anders, als sich dem Professor anzuvertrauen, ihm zu glauben, was er vorschlug: Die einzig sinnvolle Maßnahme wäre, diesen Buben als Mädchen aufzuziehen. Denn erstens: Was sollte ein Mann ohne Penis? Und zweitens war doch aus einem Jungen viel leichter ein Mädchen zu machen als umgekehrt. Und drittens wird er, der Professor, in seiner unsäglichen Arroganz wahrscheinlich wirklich von der Richtigkeit seiner Thesen überzeugt gewesen sein: Das Geschlecht werde anerzogen und sei nicht angeboren! Mit dieser These war John Money übrigens der Held des damals aufkeimenden Feminismus: Simone de Beauvoir prägte den ebenso bekannten, aber dennoch falschen Ausspruch: „On ne nait pas femme, on le devient.“ – Man wird nicht als Frau geboren, man wird dazu gemacht! Trotz aller Gegenbeweise hat sich dieser Spruch bis heute erhalten, er prägt noch immer das Denken vieler sogenannter Wissenschafter.

Gesagt getan: Aus Bruce sollte Brenda werden. Am 3. Juli 1967 wurde Bruce im Alter von 22 Monaten kastriert und somit letztgültig sein Schicksal besiegelt. Er sollte kein Mann werden dürfen. Wohlgemerkt, das wichtigste Attribut für einen Mann wäre ja unversehrt geblieben, seine beiden Hoden. Nun aber war Bruce, der ab sofort Brenda hieß, gar nichts mehr, weder Mädchen noch Junge. Vor dem Hintergrund moderner Erkenntnisse ist diese Behauptung natürlich nicht richtig, der Bub war doch schon 22 Monate seinem eigenen Testosteron ausgesetzt gewesen. Die Androgenisierung seines Gehirns hatte wie bei allen anderen Männern schon im Mutterleib stattgefunden und diesen wichtigen Entwicklungsschritt hatte er im vollen Umfang mitgemacht. Das Gehirn war bereits männlich typisiert! Nur sein Penis fehlte, nicht aber die Hoden. Er war bereits als Mann geboren worden, sein Therapeut wollte dies aber nicht glauben. Was man damals wie heute nicht zur Kenntnis nehmen will, hätte man sehr wohl schon wissen können, wäre man nicht so selbstherrlich vorgegangen und hätte der Psychologe Money ein wenig Ahnung von der Biologie gehabt. Was aber brauchte der Psychologe John Money den Biologen Milton Diamond? Er, Money, war doch der Herr über die Psyche, das Gehirn, den Willen und die Gefühle des Menschen und schickte sich an sie nach eigenem Gutdünken zu formen und zu verändern. So etwa musste sich dieser vermessene Mann gefühlt haben, als er beschloss, dem penislosen Buben die Hoden zu nehmen. Ein Desaster!

Bruce wurde ab sofort als Brenda aufgezogen, in Mädchenkleider gesteckt und mit Mädchenaccessoires ausgestattet, während Bruder Brian ein Bub sein durfte. Brenda war ein ganz süßes „Mädchen“ in ihren Kleidern, viele veröffentlichte Bilder belegen dies. Doch ganz so reibungslos, wie dies John Money gerne gesehen hätte, funktionierte der Plan nicht. Wie das Tagebuch der Eltern belegt, begann Brenda mit zwei Jahren Mädchenkleidung wegzureißen und spielte mit vier Jahren „Rasieren". Als „Schülerin" träumte Brenda davon, Müllmann zu werden, und: Brenda war nicht davon abzuhalten, trotz fehlendem Penis im Stehen zu pinkeln. In den 1970er-Jahren begann sich die BBC für den Fall zu interessieren. Statt eines artigen Mädchens fanden die Journalisten einen kreuzunglücklichen Teenager vor, der sich nicht für Haarbänder interessierte, sondern durch eine hölzerne Gestik und einen rüden Umgangston auffiel. Brenda begann zunehmend zu revoltieren, wollte kein Mädchen sein und wurde – nach Androhung von Selbstmord – 1981 nochmals operiert. Man staune, wozu Mediziner fähig sind: Aus Brenda wurde David!

Das Experiment war gescheitert, der Bub hatte keine Hoden mehr, man steckte ihn in Mädchenkleider, zwang ihn mit Puppen zu spielen und doch war seine Geschlechtsidentität männlich. Leider wollte niemand die richtigen Lehren daraus ziehen. Wie ging es dann weiter mit David? David heiratete eine Frau, die mehrere Kinder in die Ehe mitbrachte. Dies war seine Familie, er war der Familienvater. Seine Rolle als Mann definierte er als Erhalter und Beschützer der ihm anvertrauten Kinder, selbst konnte er ja keine haben. Die weitere Entwicklung war dramatisch. David wurde nicht mehr glücklich, angefangen mit der unnotwendigen Beschneidung hatten ehrgeizige, von falschen Thesen besessene Wissenschafter sein Leben ruiniert. Bemerkenswert sind noch ein fehlgeschlagener Mordversuch an seinem Arzt Huot und schließlich sein Selbstmord am 4. Mai 2003.

Die Eltern dieses kleinen Buben trifft keine Schuld, sie waren Opfer einer fehlgeleiteten Medizin, die aus rituellen Motiven eine Beschneidung durchführte, sie waren aber ganz besonders das Opfer eines Psychologen. Bruce Reimer war von Anfang an ein ganz normaler Junge, der tragische Verlust seines Penis machte ihn *nicht* zur Frau, auch nicht die auf die Entwicklung zum Mädchen angelegte Erziehung. Zweifelsohne ist dies ein dramatisches Beispiel. Nichts könnte aber deutlicher dokumentieren, wie wichtig für die Entwicklung zum Mann die Förderung durch die Eltern ist. Die Botschaft an die Eltern muss lauten: Ein als Junge geborener Säugling hat das Recht, in der Entwicklung seiner ihm eigenen Geschlechtsidentität gefördert zu werden. Das ist nicht weiter schwierig, es ist lediglich erforderlich, die von selbst aufkeimende Männlichkeit zu unterstützen, anstatt unterdrücken zu wollen. Die erzieherische Einflussnahme in Richtung des Gegengeschlechtes, indem man ihn etwa in Mädchenkleider steckt und als Mädchen aufzieht, wie dies bei Bruce Reimer passierte, ist ein Fehler und verursacht Störungen.

Janine war bereits Mutter dreier Söhne, als Maximilian zur Welt kam. Wieder nicht das ersehnte Mädchen, mochte sie wohl gedacht haben, wieder ein Sohn, von denen sie doch schon drei hatte. Janine war untröstlich, hatte sie sich auf die Qual einer neuerlichen Schwangerschaft doch nur in der Hoffnung auf ein Mädchen eingelassen. Und der Arzt hatte ihr doch versprochen, es würde mit großer Wahrscheinlichkeit ein Mädchen werden. Janine war sich dessen derart sicher, dass bereits das Kinderzimmer in Rosa adaptiert wurde, ganz abgesehen von der bereits besorgten rosaroten Babyausstattung. Sogar die Windeln waren rosa, phänomenal, was die Industrie heute so alles möglich macht.

Und jetzt wieder ein Junge! Für die Mutter brach eine Welt zusammen. Der kleine Sohn wurde auf den Namen Maximilian getauft, nach dem Urgroßvater väterlicherseits. Die ganze Geschichte spielt übrigens in Bayern, hier ist Maximilian ein weit verbreiteter Name. Janine aber wollte keinen Maximilian, sondern eine Maximiliane. Gesagt, getan. Maximilian wurde als Mädchen aufgezogen. Es handelt sich hier um einen weiteren Versuch, einen Buben durch die Erziehung in ein Mädchen zu verwandeln. Und auch dieser Versuch schlug fehl, hinterließ aber neurotische Störungen bei diesem in Entwicklung zum Mann befindlichen Jungen. Sie können sich den Ausgang dieses Dramas bereits vorstellen. Die Erziehung zum Mädchen machte natürlich kein Mädchen aus Maximilian, sondern einen Jungen mit erheblichen psychischen Defiziten. Diese waren nun tatsächlich durch die Erziehung bedingt, durch das langjährige Negieren des Geburtsgeschlechtes vonseiten der wichtigsten Bezugsperson, der Mutter. Der Bub fühlte sich als Junge, wurde aber wie ein Mädchen behandelt. Es ist wohl für den blutigsten Laien nachvollziehbar, was dabei herauskommt. Je älter Maximilian wurde, desto größer wurde sein Widerstand gegen die zwanghafte Erziehung. Zunehmend lehnte er sich gegen sie auf. Leider hat er diese psychologische Vergewaltigung nicht unbeschadet überstanden, er ist selbst nun langjähriger Patient eines Arztes für Psychosomatik. Sein Geschlecht stand für Max niemals zur Disposition; er war ein Mann und wollte ein Mann sein, auch gegen den Willen seiner Mutter. Die Mutter hasste er, kaum hatte er die erforderliche Statur, setze Maximilian sich auch brachial zur Wehr. Die Folge war ein dramatisches Mutter-Sohn-Verhältnis mit gegenseitiger physischer und psychischer Verletzung. Der Ausgang dieses Dramas ist für die daraus zu ziehenden Lehren unerheblich, es ist lediglich ein weiteres Beispiel, dass das angeborene Geschlecht unveränderbar ist. (Das Phänomen der Transsexualität bedarf einer eigenen Erörterung, aber auch dort gilt die Unveränderbarkeit des Geburtsgeschlechtes durch die Erziehung. Der für manche schwer nachvollziehbare Gedankengang, dass das Geburtsgeschlecht im Gehirn geprägt und nicht an den Genitalien ersichtlich ist, beweist sich am Phänomen der Transsexualität.)

Gewisse Bereiche des Lebens sollte man nicht dem Mainstream unterwerfen, man hat sogar die Pflicht, sie davor zu bewahren. Mainstream ist Mode und Mode ist veränderlich. Sie ist nicht geeignet dauerhafte Wertvorstellungen zu vermitteln, umgekehrt haben die Nachkommen ein Recht auf die Vermittlung langfristig gültiger Lebensinhalte. Die Frage ist, was ist denn nun wirklich wichtig für das Lebensglück? „Man muss mit den vermittelten Werten alt werden können und sie dürfen nicht mit den psychosozialen Grundbedürfnissen eines Menschen im Widerspruch stehen“, so etwa würde die Antwort eines Sexualmediziners auf eine solche Frage lauten. Lebensinhalte müssen von Dauer sein, sollen „Trends“ überleben und ihre Gültigkeit ein Leben lang behalten. Die Kriegsgeneration des Zweiten Weltkrieges war in einer unvorstellbaren Weise mit einem Wertewandel konfrontiert, weil sie mit den künstlich konstruierten Werten eines totalitären Regimes aufgewachsen ist. Man wollte den reinrassigen Deutschen erschaffen, hünenhaft, blond und blauäugig. Wohin das führte, ist hinlänglich bekannt. Auch das stalinistische Russland ist ein Beispiel für die Willkür der herrschenden Klasse. Auch Stalin wollte einen besonderen Typ von Menschen züchten, den Sowjetmenschen. Er verfolgte seine Ziele mit aller Vehemenz und schreckte vor keiner Ungeheuerlichkeit zurück. Er schickte all jene, die das Konzept stören konnten, in sibirische Sondersiedlungen oder gar in den Tod. Zigmillionen Menschen wurden diesem Experiment geopfert. Dies ist ein weiteres Beispiel, mit welcher Brutalität versucht wurde, einen neuen Menschentyp zu schaffen, in diesem Fall den Sowjetmenschen. Nicht leicht hatten es auch jene Menschen, die im Jahre 1989 aus dem Kommunismus in die westliche Marktwirtschaft entlassen wurden. Sie mussten plötzlich in einer Marktwirtschaft zu bestehen lernen. Die dadurch verursachten Probleme haben das Ausmaß eines Dramas, wie die nach der Wiedervereinigung Deutschlands aufgerissene Kluft zwischen den „alten“ und den „neuen“ Bundesländern beweist. Ein letztes Beispiel ist das Scheitern des Experimentes Kibbuz. Im neu gegründeten Israel wurden landwirtschaftliche Kommunen geschaffen, mit einer revolutionär anmutenden Gesellschaftsstruktur. Es war ein groß angelegter Versuch der egalitären – geschlechtsneutralen – Gesellschaft. Männer und Frauen wurden gezwungen, dieselbe Kleidung zu tragen und dieselbe Arbeit zu verrichten, Paarbeziehungen waren verboten, Kinder wurden ihren Eltern geraubt und im Kollektiv erzogen. Auch dieses Experiment musste scheitern, es richtete sich gegen die Jahrmillionen alten Bedürfnisse des Menschen nach Beziehung und Familie. Alle zitierten Beispiele sind Versuche, einen auf geänderte Bedürfnisse abgestimmten Menschen zu „schaffen". Die „Bedürfnisse" waren in jedem dieser Fälle von der Politik diktiert. Selbstverständlich sind die Methoden eines Nazideutschland oder eines stalinistischen Russland Extrembeispiele. Sie können und sollen nicht mit dem verglichen werden, was heute passiert. Lediglich die daraus zu ziehenden Lehren, dass nämlich die Zucht oder die Erschaffung eines „neuen" Menschen wider die Prinzipien der Evolution nicht möglich ist, kann auf heutige Gegebenheiten umgelegt werden.

Vermittelte Werte sollten von Dauer sein, die Orientierung an den Vorgaben der Evolution kann nicht falsch sein. Nur die Evolution ist so alt wie das Leben, sie ist das Leben selbst und kann nicht hinterfragt werden. Die Aufteilung der Spezies Homo sapiens in zwei verschiedene Geschlechter ist zweifelsfrei der Wille der Evolution. Diesen zu hinterfragen ist weder zweckmäßig, noch führt es zu praktikablen Ergebnissen. Die Aufgabe der Eltern kann daher nur die Förderung der Kinder in deren sexueller Identität sein, sie zu untergraben ist ein ebenso fruchtloses wie furchtbares Verbrechen an der Psyche eines Menschen. Einem Buben zu erklären, er wäre eigentlich ein Mädchen und sein Penis wäre eine Scheide, führt zu einer Verunsicherung im eigenen Geschlecht. Es untergräbt die sexuelle Identität und stellt das Lebensglück infrage. Wertevermittlung kann sich nicht erfolgreich gegen die Evolution richten, sie ist ein höheres Ziel, das sich vom Mainstream des 21. Jahrhunderts nicht gängeln lassen wird, genauso so wenig, wie sie sich auf Dauer von anderen Zivilisationen gängeln ließ. Man kann gegen den Willen der Evolution nicht agieren, er ist im genetischen Erbe des Menschen niedergeschrieben.

Der Wille der Evolution steckt in uns allen. Ihn zu erkennen ist die erste, sie zu fördern die zweite Hürde einer erfolgreichen Erziehung. In welchen Zusammenhang stehen die Worte „fördern“ und „fordern“? Förderung ist die Bestärkung in den eigenen Forderungen! „Fördern“ heißt jedenfalls nicht, von außen, zum Beispiel durch den Feminismus, vorgegebene Denkmuster in experimenteller Weise umzusetzen. Das nennt man Bevormundung. Geben Sie – in qualitativer, nicht quantitativer Weise – Ihrem Sohn das, was er sich wünscht. Zum Beispiel die elektrische Eisenbahn dem, der sie sich wünscht, die Puppe ebenso.

Alle Buben müssen gefördert werden, auch solche, die „anders“ sind. Man sollte die einen nicht in die eine, die anderen nicht in die andere Richtung erziehen, jeder Mensch hat das Recht auf Förderung seiner ihm eigenen Persönlichkeit. Jede Mutter kennt ihren Sohn und dessen Bedürfnisse und Fähigkeiten. Sie zu optimieren und fehlende Talente zu kompensieren ist die Aufgabe des Förderers. Nicht die Umsetzung gesellschaftlicher Vorgaben. Die Gesellschaft bedarf weder der Renaissance des abrahamitischen, traditionalistischen Vaterbildes noch der Einführung von feministischer Misandrie (Misandrie bedeutet grundsätzliches, unreflektiertes Schlechtmachen von Männern).

Einen nicht enden wollenden Streit gibt es um die Thematik rund um das Beschenken von Kindern mit Spielzeug. Beschenkt man Mädchen und Buben mit geschlechtsunüblichem Spielzeug, provoziert man amüsante Reaktionen, deren Beobachtung vieles über die Geschlechtsidentität eines Kindes aussagt. Tante Emma ist Kindergärtnerin. Sie wurde im Rahmen ihrer Berufsausbildung über die Bedeutung von Spielsachen für die Geschlechtsrolle aufgeklärt. Sie ist der Meinung, man müsse auch Buben mit Puppen beschenken, denn das bereite sie auf die spätere Vaterrolle vor. Ganz abgesehen davon, dass das nicht wahr ist – das Schenken von

Musikinstrumenten macht aus dem Beschenkten auch noch keinen Musiker –, schaffen es manche Jungs sogar, sich über ein ungeliebtes Geschenk zu freuen. Wird der mit einer Puppe beschenkte Junge sich fürsorglich um die Puppe kümmern, ihr die Flasche reichen und sie zu Bett bringen? Wird er wohl kaum. Zunächst rümpfte er die Nase: Ihm, dem Jungen, wird eine Puppe geschenkt, sollte das vielleicht ein Irrtum oder gar eine Anspielung sein? Mädchen und Buben sind auch manchmal bereit, aus der Not eine Tugend zu machen, die Frage ist nur wie!? Forscher haben beobachtet, wie Mädchen einen Hammer zu Bett brachten und ihm ihre Brust anboten, desgleichen spielen auch Buben mit Puppen, aber sie spielen Krieg. Jawohl, Buben spielen mit Puppen Krieg, drücken ihr eine Pistole in die Hand und schon wird aus der Puppe ein Soldat. Solche Erkenntnisse sind dokumentiert. Sie relativieren das Gebot, geschlechtsneutrales – oder gar gegengeschlechtliches – Spielzeug zu verschenken. Es kommt eben nicht darauf an, was man schenkt, sondern darauf, was damit gemacht wird. Das ist ja naheliegend, man hätte es nicht anders erwartet. Und außerdem: Beschenken soll ja auch Freude bereiten, man muss sein Kind nicht permanent erziehen. Geschenke sind Dinge, die man nicht benötigt, sie sollen Freude bereiten.

Selbstverständlich brauchen die ganz kleinen Buben zunächst einmal ihre Mutter. Sie ist die allerbeste Auswahl unter allen Bezugspersonen, solange der Bengel noch so klein ist. Niemand, ganz bewusst auch nicht der Vater, wird jemals zu jener innigen Beziehung fähig sein wie die leibliche Mutter. Wer behauptet, im Säuglingsalter könne ein Vater eine Mutter gleichwertig ersetzen, verwechselt ganz wesentliche Dinge. Und verfügt wahrscheinlich über eklatante, nicht akzeptable Wissensdefizite. Die Väterkarenz ist – wenigstens bei Säuglingen – ganz einfach Unsinn, ein fehlerhafter Denkansatz, der zulasten des Kindes geht. Verständlich wird Väterkarenz in seiner politischen Dimension, sie soll zu mehr Chancengleichheit am Arbeitsmarkt beitragen, so steht es in manchen Zeitungen. Dies wäre – so schreiben eben diese Zeitungen – der gesellschaftspolitische Ansatz der Idee. Niemals sollte man aber vergessen, dass es hier nicht um die Verwirklichung gesellschaftspolitischer Ziele geht, sondern um das Lebensglück eines Kindes.

Einer Meldung einer großen Tageszeitung vom Februar 2011 zufolge wird die Väterkarenz überwiegend von Selbstständigen, Bauern und Studenten in Anspruch genommen. Angesichts solcher Fakten drängt sich natürlich die Frage auf, ob hier der eigentliche Zweck einer Karenz nicht verfehlt wird und die zur Verfügung gestellten finanziellen Mittel nicht im Vordergrund der Entscheidung stehen? Hier opfern nicht Männer ihre Karriere, um den Frauen den Vortritt zu lassen, wie ja der gesellschaftspolitische Ansatz der Väterkarenz definiert wäre, hier melden sich jene Männer als Karenzgeldbezieher, die sowieso zu Hause sind oder ihre Arbeit problemlos von zu Hause erledigen können. Ob dies im Interesse der Politik ist, sollen Politiker entscheiden, ganz sicher ist es aber nicht im Interesse des Steuerzahlers, dessen Geld von der Politik verantwortungsvoll eingesetzt werden sollte.

Der Begriff „Säugling“ kommt von Saugen und hier ist nicht das Daumenlutschen gemeint. Woran sollte ein solcher Säugling denn nun bei seinem Vater saugen? Wie bereits ausgeführt, ist Oxytocin das biologische Äquivalent für „Vertrauen“. Es ist jenes Hormon, das der Beziehung eines Kindes zu seiner Mutter jene bekannte, besonders innige Dimension verleiht. Die Voraussetzung hierfür ist, dem Oxytocin seine Chance zu geben. Dies bedeutet, eine normale Geburt „zuzulassen“, das Stillen zu ermöglichen und den Hautkontakt zu pflegen. Dies alles sind jene Momente, bei denen Oxytocin in besonders großer Menge freigesetzt wird, bei Mutter *und* Kind. Nun, ein Mann kann nicht gebären, er kann auch nicht stillen, somit sind ihm ganz wesentliche oxytocinmodulierte Bestandteile der Mutter-Kind-Beziehung verwehrt. Für das Verständnis der Zusammenhänge ist es wichtig zu wissen, dass das Vertrauensverhältnis zwischen Mutter und Kind biologisch gesteuert ist und dass der Vater nicht über dieselben Mechanismen verfügt. Dies sollte aber kein Grund für Traurigkeit sein. Die Rolle der Väter ist nicht minder wichtig für das Kind, sie ist aber anders als die der Frau. Daher können Väter Mütter nicht ersetzen und umgekehrt gelingt das auch nicht. Der Vater ist eben der Vater, die Mutter bleibt die Mutter.

Über die wundersame Wirkung von Oxytocin wurde bereits ausführlich berichtet. Um dem Oxytocin eine Chance zu geben, muss es aktiviert werden. Es stammt aus der Hypophyse und wartet nur darauf, zum Einsatz zu kommen. Von selbst funktioniert aber zunächst gar nichts. Wie genial Mutter Natur auch hier wieder das Angenehme mit dem Nützlichen verbunden hat. Zunächst einmal löst Oxytocin die Wehen aus und wird damit zum Motor der Geburt, gleichzeitig schafft es Vertrauen und Zuneigung zwischen den darin beteiligten Hauptdarstellern. Der natürliche Geburtsvorgang ist seit Millionen von Jahren die Eintrittspforte in das Leben. Durch die weiche Enge des Geburtskanals nähert sich der Winzling dem gedämpften Licht der Morgendämmerung, er riecht, schmeckt und fühlt die Mutter während dieses so dramatischen Ereignisses. Das gesamte Universum der Sinne ist auf die Mutter gerichtet, die Geburt ist der Beginn einer schicksalhaften Zweisamkeit, eben der zwischen Mutter und Kind. Schade um all diejenigen, die darauf verzichten müssen. Der Kaiserschnitt reduziert dieses wichtige Ereignis auf eine technische Prozedur. Man beraubt das Kind und seine Mutter um die oxytocingesteuerte Vertrauensbildung. Die Indikation zum Kaiserschnitt sollte daher kritisch gestellt werden, im Bewusstsein der bedeutungsvollen Vorgänge rund um das sich entwickelnde Vertrauensverhältnis zwischen Kind und Mutter. Gott sei Dank gibt es noch eine zweite Chance, um in den Genuss von Oxytocin zu kommen, denn es leitet nicht nur den Geburtsvorgang ein, es unterstützt auch die Bemühungen des Kindes, an der Brust zu saugen. In der Mutterbrust gibt es winzige Muskelfasern, die die Milchfreisetzung aus der Brutdrüse erst möglich machen. Auch hier besitzt Oxytocin eine zweifache Wirkung, die biologische beim Saugen an der Mutterbrust und die psychologisch-emotionale der Vertrauensbildung. Was bei der Geburt unter dem Einfluss dieses wundersamen Hormons begonnen wurde, wird nun beim Stillen fortgesetzt. Der Stillvorgang führt zu jener Festigung der Mutter-Kind-Beziehung, deren Grundstein bei der Geburt gelegt wurde. Kennen Sie den glückseligen Gesichtsausdruck einer stillenden Mutter? Und kennen Sie diese sinnliche Hingabe, mit der ein Kind an der Brust seiner Mutter saugt? Übrigens: Naturvölker stillen ihre Säuglinge durch drei volle Jahre, dies bedeutet zugleich drei Jahre lange Vertrauensbildung zwischen Mutter und Kind. In der Westzivilisation ersetzt die Flasche in zunehmendem Maße die Mutterbrust, niemand sollte aber glauben, dass dies überhaupt möglich ist. An der Flasche nuckeln muss für einen Säugling genauso ernüchternd sein, als würde man eine Puppe küssen. Es ist leicht verständlich, dass die Mutterbrust für einen Säugling der Inbegriff des Glücks sein muss und nicht die Plastikflasche. Die Verabreichung von Nahrung ist die technische Seite des Stillens, die Vertrauensbildung zur Mutter die andere, die unersetzbare. Viele Frauen „verzichten" auf das Stillen aus sexuell-erotischen Gründen, sie fürchten um irreversible Deformationen ihrer Brüste, die den sexuellen Marktwert vermindern. Sie verweigern ihre Brust lieber ihrem Säugling, als dass sie dem Sexualpartner eine Brust zumuten würden, die bereits gestillt hat. Wieder einmal bleibt das Kind auf der Strecke, denn Kinder haben keine Lobby, weder in der Politik noch in der Familie. Es ist eben nicht egal, ob sie ihm die Brust reicht oder ob es mit der Flasche gefüttert wird. Jeder noch so liebevolle Vater kann nur ein schwacher Ersatz für eine stillende Mutter sein. Weder hat der Vater eine zum Stillen fähige Brust, noch hat er das Kind 9 Monate in seinem Bauch herumgetragen und er hat es auch nicht geboren. Der Vater ist ein wichtiger Mann für seine Kinder, möglicherweise und hoffentlich der wichtigste überhaupt, die Mutter aber wurde mit Tools ausgestattet, über die ein Mann nicht verfügt und trotz aller Versuche, die Vaterrolle neu zu definieren, auch nicht verfügen wird. Die Ausstattung zum gebär- und stillfähigen Körper ist ein Privileg der Frauen. Die US-amerikanische Feministin Betty Friedan hat schon vor langer Zeit dafür plädiert, Kinder und Familie als feministische Ziele zu definieren. Ihrer Meinung nach wäre der wirkliche Feind der Frauen die Erniedrigung durch sie selbst. Wie recht sie doch hat – angesichts dieser Fakten.

Die Wirkung von Oxytocin ist bereits hinlänglich erforscht. Es deaktiviert die Stresszentren des Gehirns und wirkt daher angstlösend und entspannend. Die Hemmung des Kritikzentrums im Frontalhirn entspricht dem biologischen Äquivalent der „rosaroten Brille der Liebenden". Im Falle der stillenden Mutter induziert es „mütterliches" Verhalten, in Zusammenhang mit Sexualhormonen provoziert es sexuelles Verhalten. Versuche an Ratten zeigen, dass sie unter Oxytocin weniger ängstlich, ruhiger und sozial aktiver sind. Es entstresst, „beruhigt", macht konsensbereit und kooperativ, die Schmerzschwelle erhöht sich, die Lernfähigkeit verbessert sich. Neugeborene Ratten, die nach der Geburt mit Oxytocin behandelt wurden, hatten eine größere Stresstoleranz, und zwar ein ganzes Leben lang. Sie sind als erwachsene Tiere größer, haben einen niedrigeren Blutdruck und einen geringeren Cortisolspiegel (Cortisol ist ein Stresshormon). Es weist alles darauf hin, dass Oxytocin auch beim Menschen die Anfälligkeit für psychosomatische Erkrankungen vermindert, umgekehrt Oxytocinmangel ein Risiko dafür darstellt.

In Kenntnis dieser Fakten ist auch das Prinzip der Leihmutter zu hinterfragen. Eine bekannte Schauspielerin ist eben zum zweiten Mal „Mutter" geworden, indem ihr eine Leihmutter das „eigene" Kind zur Welt gebracht hat. In einer

Presseaussendung wurde eilig darauf hingewiesen, dass die Schauspielerin und ihr Mann die Spender von Ei- und Samenzelle sind, das Kind wäre also deren leiblicher Nachkomme. Ist Mutterwerden wirklich nur ein technischer Akt, indem einer Frau eine Eizelle entnommen wird und nach der Befruchtung einer anderen Frau implantiert wird? Vor dem Hintergrund der Kenntnisse rund um Oxytocin und Prolactin ist die Definition der Mutterschaft als bloße Eispenderin zu hinterfragen, denn Muttersein ist sehr viel mehr. Das Empfangen eines Kindes beim Liebesakt ist nicht allen Pärchen vergönnt, dennoch bleibt es die glücklichste Art, ein Kind zu zeugen. Ist es nicht ein beruhigendes Gefühl für jeden von uns, aus einem Akt der Liebe entstanden zu sein? Die Schwangerschaft, die Geburt, das Stillen, das alles ist für die künftige Mutter-Kind-Beziehung in dramatischer Weise bedeutsam, man kann es daher nicht auslagern. Das Kind wird später zur Überzeugung kommen, dass es für seine Mutter nicht wertvoll genug war, ihm ihren Körper zur Verfügung zu stellen. Das häufigste Motiv für Leihmutterschaft ist sexuell-kommerziell, gegen diese Ausbeutung muss man sich zu Wehr setzen, denn die Bedeutung von Geburt und Schwangerschaft kann nicht zu einer finanziellen Größe degradiert werden. Die Kosten für eine Leihmutterschaft belaufen sich derzeit angeblich auf 20.000 US-Dollar.

Zurück zu den Männern.

„Vater werden ist nicht schwer, Vater sein dagegen sehr." Nichts könnte die Schwierigkeiten der Väter in der Ausübung ihrer Rolle besser beschreiben als dieses Sprichwort. Die Neuinterpretation der Vaterrolle ist die eigentliche Herausforderung für den Mann, nicht die Väterkarenz. Für eine „moderne" Förderrolle muss der Vater ein „neuer" Vater sein. Er darf nicht herkömmlichen traditionalistischen Zielen nacheifern, er muss bereit sein, seinen Sohn unter weitgehendem Verzicht auf Einflussnahme zu fördern. Leider gibt es diese Spezies von Vätern noch sehr selten. Die meisten Väter versuchen immer noch die Durchsetzung traditionalistischer Werte, einige versuchen die „besseren Frauen“ zu sein, indem sie die weibliche Seite in sich entdecken. Die einen träumen von der Vermehrung der Sippe und der Übernahme des elterlichen Betriebes durch den Stammhalter, die anderen taugen nicht als Integrationsfigur, weil sie von den Heranwachsenden als Männer gar nicht wahrgenommen werden. Die – überholten – traditionalistischen Wertvorstellungen zwingen den heranwachsenden Jüngling unter Umständen in eine ungeliebte Rolle unter Verzicht auf ausbaufähige Talente. Diese Verpflichtungen eines Sohnes stammen aus der Zeit des Alten Testamentes. Das abrahamitische Vaterbild verlangt von einem Sohn vor allem die Vermehrung der Sippe. Die römisch-katholische Kirche hält eisern daran fest, indem sie Sexualität lediglich in ihrer reproduktiven Dimension gestattet. Dies alles ist heute überholt, unser Globus bedarf nicht einer Vermehrung der Menschenkinder. Die Wurzeln des Alten Testamentes gehen ein paar Tausend Jahre zurück. Dies verlangt einen gewissen Respekt vor diesem Schriftwerk ab, obwohl das Alter eines Buches nichts über dessen Wahrheitsgehalt aussagt. „Ein paar Tausend“ Jahre sind eine lange Zeit, doch den Menschen gibt es nicht erst ein paar Tausend Jahre, sondern bereits seit zwei Millionen Jahren. Auch wenn es schwierig sein mag, in solch langfristigen Dimensionen zu denken, darf man nicht vergessen, dass es auch lange vor dem Alten Testament bereits menschliches Leben gegeben hat. Würde man die gesamte Menschheitsgeschichte in 24 Stunden darstellen, wäre Jesus Christus erst um 23 Uhr 58 Minuten und 34 Sekunden auf die Bühne des Menschen getreten. Man stelle sich vor: 23 Stunden, 58 Minuten und 34 Sekunden Menschheitsgeschichte ohne katholische Kirche versus 86 Sekunden christliche Zivilisation. Verstehen Sie, was das heißen soll? Die Bedeutung der christlichen Heilslehre für die Menschheitsentwicklung ist nahezu null, sie ist aber riesig groß für unsere Zivilisation. Zivilisation ist aber veränderbar. Die türkische Halbinsel huldigte zunächst den römischen Göttern, dann Jesus

Christus, nun Mohammed. Eine der imposantesten Kirchen von Istanbul, dem früheren Konstantinopel, ist die Hagia Sofia. Sie wurde als christliche Kirche erbaut und erst später zur Moschee erklärt. So einfach geht das mit den Religionen. Um die Zusammenhänge zu verstehen, ist es erforderlich zu begreifen, dass Zivilisationen von Menschenhand gemacht und daher beliebig veränderbar sind. Religionen sind ein Bestandteil der Zivilisation, sie unterliegen der Willkür der herrschenden Klasse. Kaiser Konstantin hat als heidnischer Kaiser das Christentum aus rein politischem Kalkül zur Staatsreligion gemacht. Er wollte einen drohenden Bürgerkrieg verhindern. Nur die Naturkraft der Evolution ist der wahre Motor des Lebens. Sich nach ihrem Willen zu richten, wäre wesentlich zielführender, als sich dem Willen eines erfundenen Gottes zu beugen. Die Evolution ist Gottes Wille, wenn nicht Gott selbst. Eine Zivilisation aber unterliegt dem Willen der Machthaber. Sie ist daher vergänglich, so wie die Machthaber selbst vergänglich sind.

Von den alttestamentarischen Verpflichtungen sollte sich jeder Vater möglichst schnell frei machen, einerseits um seinen Sohn nicht zu präjudizieren und andererseits um sich selbst Enttäuschungen zu ersparen, die das Vater-Sohn-Verhältnis vergiften könnten. Die weit verbreiteten Spannungen zwischen Vätern und Söhnen sind meistens durch zu rigide Vorgaben bei der „Er"-ziehung bedingt. Die Enttäuschung des Vaters über die Nichterfüllung von Erwartungen und die Angst des Sohnes vor zu großer Einflussnahme vonseiten des Vaters beeinträchtigen das Verhältnis zueinander. Dabei ist jede Enttäuschung lediglich die Folge zu großer oder einfach falscher Erwartungen. Der „neue" Vater (im positiven Sinn) beobachtet neugierig, in welche Richtung sich sein Sohn entwickeln wird, und fördert ihn nach bestem Wissen und Gewissen. Er steht mit Rat und Tat zur Seite, ohne zu bevormunden. Er bietet an, verlangt aber nichts. Er ist der Fels in der Brandung, auf den ein Sohn zurückkommt, wenn er strandet. Er sollte da sein, wenn er gebraucht wird, sich zurücknehmen, wenn er nicht gebraucht wird.

Der „neue“ Vater wird sich hüten, seinen Sohn zu bevormunden. Er wird nicht schon vor dem Sohn wissen, welchen Beruf er einmal erlernen wird. Er wird die Interessen des Buben fördern, so gut es geht, und ihn in seiner sexuellen Identität als Mann bestärken. Dafür muss er mit gutem Vorbild vorausgehen. Der Vater, der etwa am Alkohol hängt, kann nicht die Rolle des ersehnten Vorbildes abgeben. Das ist einfach nicht möglich, ganz im Gegenteil.

Roland, ein 16-jähriger Gymnasiast, hat noch wenige Vorstellungen von seiner Zukunft, so sein wie sein Vater möchte er jedenfalls nicht. Der Vater als Negativvorbild ist leider sehr häufig Realität, er spielt eine beklagenswerte Rolle. Der Junge weiß dann zwar, wie er nicht sein will, er hat aber keine Ahnung, in welche Richtung er sich entwickeln soll. Ein junger Mann braucht ein männliches Vorbild, dem er nacheifern kann. Es fördert nicht nur, sondern fordert auch, spornt an, an sich selbst zu arbeiten. Söhne brauchen ihren Vater manchmal auch für sich alleine, gerade in der schwierigen Zeit der Pubertät. „Neue“ Väter sind sich ihrer wichtigen Rolle bewusst, sie machen sich Gedanken, wie sie ihr am besten gerecht werden können. Vater-und-Sohn-Tage, vielleicht auch gelegentlich ganze Vater-und-Sohn-Urlaube wären ein geeignetes Instrumentarium. „Ich habe meinen Vater ein ganzes Leben lang nicht einen einzigen Tag für mich alleine gehabt. Mein Vater hat sich wohl mit mir gelangweilt, meine Schwester hatte es da schon besser“, so etwa schildern enttäuschte Söhne ihre Erfahrungen mit ihren Vätern. Der Zugang zueinander ist ganz anders, wenn Männer unter sich sind, das trifft nicht bloß auf die Vater-Sohn-Beziehung zu, sondern auch auf jede andere Beziehung zwischen Männern. Frauen fühlen sich manchmal ausgegrenzt und übergangen. Dies ist aber nicht gemeint damit. Die Rolle des Mannes unter Männern unterscheidet sich ganz gewaltig von der unter Frauen. Beides muss geübt werden. In dieser Zeit verändert sich die Wertigkeit des Vaters, er wird vom Erzieher zum Berater. Niemals lässt er sich mit seinem Vornamen anreden, denn er ist und bleibt der Vater und der gebührende Respekt ist eine Grundvoraussetzung für die Erfüllung seiner Pflichten. Merken Sie sich, der Vater spielt eine andere Rolle als der Schulfreund.

Franz, ein 43-jähriger Mann, zeigte sich im Laufe eines Therapiegespräches mächtig stolz auf das „wunderbare" Verhältnis zu seinem 17-jährigen Sohn. „Da gibt es keine Geheimnisse", schwärmte er, wenn es sich ergibt, könne es vorkommen, dass Julian in seiner Gegenwart seinen Bedürfnissen freien Lauf lasse. Auf die Frage des Therapeuten, wie das zu verstehen sei: „Naja", ergänzte der stolze Vater, „Sie wissen ja, so junge Burschen sind ja in gewissen Belangen ziemlich gut drauf und da kommt es eben vor, dass Julian in meiner Gegenwart ganz ungeniert Selbstbefriedigung betreibt." Schweigen. Franz war unsicher geworden. Er musste erkennen, dass die Bewunderung für diese Art von Vertrauen ausblieb, ganz im Gegenteil. „So etwas", erklärte der Therapeut, „ist nicht der Ausdruck von Vertrauen, sondern von Respektlosigkeit." Tatsächlich scheint hier einiges schiefgelaufen zu sein. Masturbation ist eine sexuelle Handlung und hat in einem Vater-Sohn-Verhältnis nichts zu suchen. Selbstverständlich wird ein Junge von seinem Vater aufgeklärt, das aber spätestens beim Einsetzen der Pubertät. Am besten bevor das Wissen über Sexualität durch andere Institutionen vermittelt wurde. Die Aufklärung sollte sachlich, aber mit direkter Ansprache der relevanten Themen erfolgen. Danach wird ein Vater zur Beantwortung aller Fragen bereit sein, er wird sich aber aus der Sexualität des Jungen heraushalten, so wie sich Kinder nicht für die Sexualität der Eltern interessieren, sie sich jene gar nicht als sexuelle Wesen vorstellen können.

Im Alter von rund zehn Jahren beginnt bei Buben die Pubertät, es ist der Zeitpunkt, in dem sie ihr eigenes Reich brauchen. Niemals wird ein Bub, aus welchen Gründen auch immer, sein Zimmer mit dem Vater oder gar der Schwester teilen wollen. Selbst in kinderreichen Familien hat jeder Bursch wenigstens sein eigenes Bett. Es klingt zwar absonderlich, doch berichten viele Männer aus kinderreichen Familien, dass sie in der Jugend das Bett mit einem der kleineren Brüder teilen mussten. Die Erwähnung derartiger Details in Arztgesprächen kommt nicht von ungefähr. Meistens spielen sie eine Rolle vor dem Hintergrund des inzestuösen Missbrauchs, aus dem die Jüngeren meist traumatisiert hervorgehen. Der Ältere – der Täter – hat wahrscheinlich gar nicht begriffen, worum es hier ging. Mit dem Einsetzen der Pubertät entwickeln junge Männer binnen weniger Monate ein beachtliches sexuelles Potenzial und beginnen heftig zu masturbieren, auch mehrmals täglich. Keinesfalls ist das schädlich, die große sexuelle Energie ist Ausdruck des explodierenden Testosteronspiegels. Eltern wissen darüber Bescheid und sollten sich freuen, dass sich der Bub normal entwickelt. Sie nehmen aber nicht Bezug darauf, vermeiden kompromittierende Bemerkungen und unterlassen Verbote. Der Vater sollte die besorgte Mutter mit den Worten beruhigen: „Das machen alle Jungs.“ Und basta.

Reinhard ist ein 33-jähriger Mann. Seine sexuelle Orientierung ist gynäphil, er steht also auf Frauen, seine Geschlechtsidentität ist männlich und seine Geschlechtsrolle auch. So gesehen ist er ein unauffälliger, normaler Mann. Die Problematik, die ihn in die Sexualberatung führte, waren „Probleme beim Kommen“, wie er sich ausdrückte. Unter dem „Kommen“ verstehen Männer den Zeitpunkt des Orgasmus, konkret eigentlich den Samenerguss. Der Samenerguss spielt sich am Penis ab, der Orgasmus im Kopf, das ist der Unterschied zwischen diesen beiden Begriffen. Zum Samenerguss war Reinhard nicht fähig. Er hatte sehr gute, harte Erektionen und konnte seine Partnerin auch endlos lang befriedigen – es gibt ja wirklich nichts, was nicht auch seinen Vorteil hätte. Er konnte aber nicht kommen, wenigstens nicht beim Verkehr. Irgendwie hatte er sich damit schon abgefunden, auch für seine Freundin war das kein Problem, man musste „danach“ eben händisch weitermachen. Solche Störungen sind nicht so selten und wenn man Reinhard glauben möchte, hatte er auf diese Weise auch die besten Orgasmen. Jetzt aber hatten sich die Gegebenheiten geändert. Seine Ejakulationsstörung wurde zum Problem, es sollte nämlich demnächst ein Kind gezeugt werden. Und dafür wäre es nicht schlecht, würde der Samenerguss in der Scheide der Partnerin erfolgen. Der Kinderwunsch machte also aus der „Besonderheit“ eine „Störung“ und Reinhard musste etwas dagegen tun. Der Sexualtherapeut nahm seine Sache ernst und wollte der Sache auf den Grund gehen. „Das ist eine situative Störung des Samenergusses“, erklärte er dem Patienten, „und die kann nur psychosomatisch bedingt sein“. „Es“ funktionierte ja nur beim Geschlechtsverkehr nicht, bei der manuellen oder oralen Stimulation konnte Reinhard ganz normal „kommen“. Für die Therapie wäre es hilfreich, wenn man wüsste, wie es zu dieser Störung kam. Es folgten mehrere Gespräche. Reinhard war sehr kooperativ, eigentlich hatte er ganz konkrete Vorstellungen, auf welche Weise er sich dieses Problem zugezogen hatte. Oder besser gesagt, man ihm dieses Problem anerzogen hatte. Er erzählte: „In meiner Jugend wohnte ich als Einzelkind in sehr beengten räumlichen Verhältnissen. Ich musste, um in mein kleines Zimmer zu gelangen, die Schlafstätte meiner Eltern durchqueren, die im Wohnzimmer auf einem Ausziehbett die Nacht verbrachten.“ Die Raumaufteilung dieser Wohnung beinhaltete noch eine andere Kuriosität. Die Toilette erreichte man direkt vom Wohnzimmer, jenem Raum, in dem die Eltern schliefen und sich tagsüber aufhielten. Der Vater war nicht oft zu Hause, er war lange in der Arbeit, scheinbar hatte er geringe Bedürfnisse, mit seiner Familie Zeit zu verbringen. Die Mutter wiederum war unglücklich und von ihrem Mann enttäuscht. Sie fühlte sich im Stich gelassen. Sie war Hausfrau und ihre Aufgabe bestand aus der Erziehung des einzigen Sohnes Reinhard. Reinhard war ihre

Liebe und ihr Blitzableiter zugleich, sie benötigte ihn als Lebensinhalt, sah in ihm auch ein Ebenbild des ungeliebten Ehegatten. Immer wenn ein Elternteil ein Kind zur eigenen Stabilisierung verwendet, entspricht dies einem zwar nicht körperlichen, aber psychosozialen Missbrauch. Dies nennt man eine reproversive Handlung, sie ist gegen das Kind gerichtet, weil es dadurch in seiner Entwicklung behindert wird. Reproversives Verhalten vonseiten der Mutter fügt dem Kind seelischen Schaden zu. Das Kind wird in eine Rolle gezwängt, der es nicht gewachsen ist, es wird geliebt und gehasst zugleich. Was aber hat das alles mit Reinhards sexueller Störung zu tun, der Unfähigkeit, beim Sexualverkehr zum Orgasmus zu kommen? Dafür hatte dieser junge Mann eine ganz konkrete Theorie: „So mit 12 oder 14 Jahren erwachten bei mir wie bei allen anderen Jungs auch starke sexuelle Bedürfnisse, die auch meiner Mutter nicht verborgen blieben. Überhaupt hatte ich den Eindruck, sie beobachtete meine Entwicklung zum Mann mit großem Interesse, die Aufmerksamkeit meiner Person gegenüber nahm außergewöhnliche Dimensionen an. Um ungestört zu sein, begann ich mein Zimmer abzusperren, doch eines Tages fehlte der Schlüssel zu meiner Zimmertüre, meine Mutter hatte ihn abgezogen. Sie wolle mich vor dummen Sachen bewahren, meinte sie. Anfangs begriff ich gar nicht, worum es hier ging, doch dann fiel mir auf, dass sie immer wieder ganz plötzlich mein Zimmer betrat, die Türe zu meinem Zimmer förmlich aufriss, offenbar um mich zu überraschen. Eines Tages, da war ich so um die 13 oder 14 Jahre alt, passierte es. Sie erwischte mich in einer peinlichen Situation, als ich nämlich splitternackt am Bett lag und masturbierte. Das war eine mittlere Katastrophe. Sie schrie mich an, ich solle sofort damit aufhören. Dann war da noch was von wegen ‚alle Männer sind doch gleich‘ und sie hätte sich das eigentlich denken können. Ich verstand die Welt nicht mehr. Welches Motiv konnte eine Mutter haben, ihrem Sohn das lustvolle Experimentieren am eigenen Körper zu verbieten?

Dieser Wutausbruch hatte jedenfalls nicht den gewünschten Erfolg, er bewirkte das Gegenteil. Der alleinige Effekt lag darin, dass ich die Stätte meines Tuns wechselte. Ich zog mich in das einzige Zimmer in der Wohnung zurück, das man absperren konnte: die Toilette. Wie schon erwähnt, war man auch dort nicht ganz ungestört: Die Türe zur Toilette war nicht besonders schalldicht und führte nicht von einem Vorraum auf das ‚Örtchen', sondern direkt vom Wohnzimmer. Und hier hielt sich üblicherweise meine Mutter auf, saß im Lehnstuhl und las ein Buch oder machte ihre Hausarbeit. Ich wusste zwar, dass sie offenbar ein Problem mit meiner Selbstbefriedigung hatte, sah darin aber keinen Grund, damit aufzuhören. Das war ja gar nicht möglich, der Drang, mich zu erleichtern, war zu groß. So kam es immer wieder zu jener pikanten Situation, die ich für mein späteres sexuelles Versagen verantwortlich mache: Um möglichst leise zu sein, musste ich besonders langsam und vorsichtig masturbieren, möglichst ohne irgendeinen Laut von mir zu geben, selbst stöhnen durfte ich nicht. Und das dauerte oft bis zu einer halben Stunde. Wenn ich danach durch die Türe mit zu Boden gesenktem Blick ins Wohnzimmer trat, war das eine unerträglich peinliche Situation, noch peinlicher waren aber die dann folgenden Bemerkungen. ‚Ich weiß genau, was du da drin machst!' Irgendwie ahnte ich schon damals, dass diese Anteilnahme an meinem Sexualleben, auch wenn es sich bloß um Masturbation handelte, eine Zumutung war. Ich realisierte trotz meines jugendlichen Alters die Übergriffigkeit solcher Bemerkungen, begann meine Mutter dafür zu hassen und sah erst recht keinen Grund, ihrem Wunsch nach Beendigung meiner Selbstbefriedigung nachzukommen. Ich war mir sicher, es war nichts Schlechtes, war nicht verboten, sondern sie war es, die sich daneben benahm. Dabei fiel mir ein, dass sie schon früher, als ich noch keine zehn Jahre war, ihre Grenzen als Mutter überschritten hatte. Sie hatte die Angewohnheit, unter dem Vorwand der Reinlichkeitskontrolle, mir beim Waschen meiner Genitalien behilflich zu sein. Dass ich dabei manchmal eine Erektion bekam, schien sie nicht zu stören. Ich konnte mich sogar des Gefühls nicht erwehren, dass sie sich daran delektierte, sie provozierte förmlich diese für mich erniedrigende Situation. Doch nun war ich fast schon erwachsen. Ich beanspruchte meinen Körper für mich und sah keine Veranlassung, den für mich unverständlichen Reglementierungen durch meine Mutter nachzukommen. Die Situation war dennoch schwierig und irgendwie hatte dieses jahrelange verbotene Tun unter den missbilligenden Augen meiner Mutter offenbar seine Spuren hinterlassen, mich in meiner Sexualität massiv erschüttert. Die Folge davon war eben diese Ejakulationsstörung, eine Antwort auf die inakzeptable Situation innerhalb der Familie. Mein Vater hatte sich übrigens niemals zu solchen Dingen geäußert, er hatte auch niemals ein Gespräch unter Männern für erforderlich gehalten, so sehr ich insgeheim darauf gewartet hatte. Wie hätte er diese Situation kommentiert, dass meine Mutter in übergriffiger Weise meine Sexualität zu kontrollieren versuchte? Ich werde es niemals erfahren, wahrscheinlich würde er gar keine Meinung dazu haben."

Der Eintritt in die Pubertät signalisiert den Eltern das Ende der unmittelbaren Kindheit. Spätestens jetzt vollzieht sich die Übersiedelung des Jungen vom „Frauenhaus" in das „Männerhaus", was nichts anderes bedeutet, als dass die Rolle des Vaters an Bedeutung gewinnt. Die nun beginnende Erziehungsarbeit besteht ganz einfach darin, auf Distanz zu gehen. Dem erwachenden Sexualleben muss jener Freiraum eingeräumt werden, den es für seine Entwicklung benötigt. Um in einer späteren Partnerschaft die von einem Mann erwartbare Rolle spielen zu können, muss der Sexus lustvoll erlebt werden dürfen, ohne seinen intimen Charakter zu verlieren. Eltern werden auf Fragen rund um die Sexualität in einer Weise antworten, wie dies unter Erwachsenen üblich ist, die Dinge sachlich und ohne Scheu beim Namen nennen, ansonsten werden sie die Intimsphäre des Buben akzeptieren. Sie werden sich angesichts der Spermaflecken in der Bettwäsche jede Bemerkung ersparen. Über so etwas verliert man keine Worte. Hier ist Schweigen Gold und Reden Silber. Das Bett wird neu bezogen, die Bettwäsche gewaschen.

Apropos übergriffiges Verhalten: Die heute übliche Order an die Männer eines Haushaltes, sitzend zu pinkeln, stellt ebenso einen Übergriff dar. Sie ist ein treffendes Zeichen für den Umgang der modernen Gesellschaft mit den Männern. Frauen setzen sich auf der Toilette nieder, also müssen das auch die Männer tun. Doch Männer pinkeln nun mal im Stehen und das ist nicht Willkür, sondern ein genetisiertes Verhaltensmuster. Anderes zu verlangen wäre so, als würde man einer Ente das Schwimmen verweigern oder einen Löwen vegetarisch ernähren. Dabei geht es eigentlich nicht so sehr um die Sache selbst, sondern um den Tatbestand des übergriffigen Verhaltens. Die Einschränkung der persönlichen Autonomie des Partners hinterlässt seine Spuren im Beziehungsklima. Ein Mann möchte als solcher akzeptiert und behandelt werden und das beginnt bereits bei derart – vermeintlich – unwichtigen Themen. Er wird die von ihm gewünschte Rolle als Mann erst dann zur Zufriedenheit der meisten Frauen spielen, wenn er erkennt, dass dies in wohlwollender Zustimmung geschieht. Während die Ehemänner des lieben Friedens willen den Wünschen ihrer Frauen entsprechen, widersetzen sich ihnen die Söhne meistens. Wie brachte dies Robin, ein 16-jähriger Bengel, unlängst auf den Punkt: „Mein Vater soll machen, was er will, ich aber bin kein Mädchen!"

Der Vater spielt in der Zeit der 10- bis 16-Jährigen eine ganz besondere Rolle. Er sollte Vorbild sein und sich nicht mit der Rolle des Negativvorbildes zufrieden geben. Vorbild zu sein, ist keine einfache Aufgabe. Die wahre Belohnung für einen bemühten Vater ist das ehrliche „Ich möchte mal so sein wie du" des Sohnes. Es entschädigt für jeden Aufwand. Der Vorbildvater spielt seine Rolle authentisch, er ist Respektperson und nicht Kumpel. Er akzeptiert die jugendlichen Interessen seines Sprösslings, ohne sich dafür in gekünstelter Weise zu interessieren.

Das einschießende Testosteron sorgt nicht nur für das eruptionsartige Erwachen der Sexualität, sondern auch für einen Wachstumsschub mit erheblichem Muskelzuwachs. Jetzt besteht die Chance, dem Jungen jene Freude an der Bewegung zu vermitteln, die Zeit seines Lebens eine unverzichtbare Grundlage für Gesundheit und Lebenslust bleiben kann. Der Vater sollte mit seinem Sohn Sport betreiben. Sport sollte Spaß machen, jeder Zwang führt zu Trotzreaktionen und verfehlten Erziehungszielen. Leistungssport ist in keiner Phase des Lebens gesund, auch nicht in der Jugend. Das Sportgerät ist nur dann das ideale Geschenk, solange es dem Wunsch des Beschenkten entspricht.

Nach Erreichen des 16. Lebensjahres sind die meisten Jungs flügge und sollten dafür von ihren Eltern bestens vorbereitet sein. Das Elternhaus bleibt bei diesen ersten Gehversuchen auf dem glitschigen Parkett der Gesellschaft der wohlwollende Background, eine Art Zufluchtsort. Junge Männer, die ein intaktes Elternhaus in ihrem Rücken wissen, verfügen über mehr Selbstvertrauen und entwickeln sich zielstrebiger als solche, die auf sich alleine gestellt sind. Das Wissen um ein Auffangnetz lässt höhere Sprünge zu, das ist so bei Drahtseilakrobaten, im übertragenen Sinne auch bei Jugendlichen. Von ihren Eltern geförderte Jungen scheinen den Spagat zwischen Mannsein und der heute geforderten prosozialen Kompetenz eher zu meistern. Der Vater wieder ist auch für Heranwachsende der Inbegriff des Felsen in der Brandung. Genau diese Rolle wird von ihm verlangt. Weigern Sie sich nicht, sie zu spielen!

Der erwachsene Mann ist für die Erhaltung seiner Androgenizität selbst verantwortlich. Der Grad seiner männlichen Ausstrahlungskraft wird nur zu ein paar Prozent von den Genen, zu einem Gutteil von der Förderung durch das Elternhaus, zum Hauptteil aber von seinem Lifestyle bestimmt. Die Art zu leben entscheidet maßgeblich, wie schnell ein Mann sich selbst dem eigenen Verfall preisgibt. Den meisten Männern scheint dies vollkommen egal zu sein. Sie arbeiten mit Volldampf an der Verminderung ihres körpereigenen Testosterons und der Erhöhung ihres Östrogenspiegels. Sie treiben viel zu wenig Sport, trinken viel (!) zu viel Alkohol, sie rauchen häufig und tun viel zu wenig für das seelische Gleichgewicht. Ganz abgesehen davon vernachlässigen sie das Spiel der Liebe und gefährden somit ihre Partnerschaft.

Zugegeben, das Mannsein zu pflegen bedarf mehrerer Voraussetzungen: einmal der Kenntnis der Zusammenhänge, andererseits der Fähigkeit zum Selbstmanagement. Dieses Wort birgt schon Zündstoff in sich und gibt Anlass zu Erläuterungen. Männer „managen" alles Mögliche, ihre eigenen Bedürfnisse scheinen sie aber nicht zu kennen. Wie sonst könnte es passieren, dass die Mehrheit der Männer schon in jungen Jahren meilenweit von der Vorstellung eines vitalen Mannes entfernt ist? Ganz im Gegenteil, sie ist ein trauriges Abbild ihrer selbst.

Eine *Strategie* umfasst ein Paket an Maßnahmen, die für die Umsetzung gesteckter Ziele erforderlich sind. Um als Mann positiv in Erscheinung zu treten, bedarf es einer solchen Strategie. Sie besteht aus insgesamt sechs Punkten: Ausdauertraining, Krafttraining, Wissenstraining, Ernährung, Sexualität und Zeitmanagement. Das Resultat: ein schlanker Body, ein passabler Trainingszustand und die Gelassenheit des Helden. Der moderne Held besitzt eine gehörige Portion „authentische Maskulinität". Das hat nichts mit dem Mythos des alten Kriegers zu tun, gemeint sind Kreativität, Bestimmtheit, Autorität und Stärke. Diese Werte werden demnächst wieder hoch im Kurs stehen, meint der Zukunftsforscher Matthias Horx. Der moderne Held ist keine Memme, aber auch kein Draufgänger. Er ist sich seiner Männlichkeit bewusst und scheut sich nicht, auch soziale Kompetenz zu seinen Stärken zu zählen. Helden stehen hoch im Kurs, ganz besonders bei den Frauen. Sie sind erfolgreich im Sport, im Beruf und zu Hause in der Familie. Es lohnt sich also, daran zu arbeiten, wenigstens ein kleiner Held zu sein.

Eine wichtige Voraussetzung für einen Helden ist ein ansehnlicher Körperbau. Jedes Fett ist unnötiger Ballast. Der Torso des Mannes sitzt auf einem gut trainierten Hinterteil und auf schönen Beinen. Das erreicht man nur durch konsequentes Training, einer Kombination von Muskel- und Ausdauertraining. Wenn es sogar Schwierigkeiten bereitet, die Schnürsenkel zu binden, ist man meilenweit davon entfernt, ein Held zu sein. Ganz abgesehen davon, dass Übergewicht ein erhebliches Krankheitspotenzial in sich birgt. Die Relation zwischen Bauchumfang und der Häufigkeit an Herzinfarkt ist direkt proportional, je größer der Bauchumfang, desto größer ist die Wahrscheinlichkeit, einen Herzinfarkt zu erleiden. Auch Testosteron, das männliche Sexualhormon, scheint sich am Bauchumfang zu „orientieren“: Bauchumfang und Testosteronspiegel verhalten sich aber leider verkehrt proportional; je größer der Bauchumfang, desto niedriger das Testosteron. Auch ohne Fachmann zu sein, kann man also leicht erkennen, wie wichtig ein schlanker Körper für einen Mann ist. Niemals, im gesamten Leben, sollte Ihr Bauch dicker sein als 94 cm, waagrecht gemessen in Bauchnabelhöhe. Das ist aber schon die Obergrenze. Es zeigt sich, dass Männer bei der Definition von „schlank“ allzu großzügig sind, wenigstens wenn sie sich selbst beurteilen. Leider ist hier Großzügigkeit nicht angebracht, die Risikobeurteilung für Zivilisationskrankheiten kennt keinen Pardon, da lässt sich nicht verhandeln. Merken Sie sich, ein Wohlstandsbäuchlein steht Ihnen einfach nicht zu. Weder aus der Sicht des Präventionsmediziners noch aus der Sicht des Sexuologen. Auch für Ihre Partnerin lohnt es sich, wenn Sie „knackig“ bleiben, das belebt die Sexualität und sichert den Fortbestand Ihrer Beziehung. Frauen stehen nun mal auf breite Schultern und einen knackigen Po. Ehrenwort.

Wissenschafter behaupten, die sexuelle Anziehungskraft

auf Frauen bestünde eher aus Macht und Geld als in einem schönen Körperbau. Das ist aber nur teilweise richtig, denn das weibliche Sexualverhalten ist von Hormonen geprägt, die sehr unterschiedliche Tendenzen vorgeben. Die ersten zehn Tage eines Zyklus sind östrogendominiert. Östrogene bereiten die Frauen auf den Eisprung vor und erzeugen Lust auf Sex. In dieser Zeit haben Frauen Lust auf Männer, die rein äußerlich versprechen über gute Gene zu verfügen, solche mit schmalen Hüften und breiten Schultern. Die Frau sucht den Erzeuger ihrer Kinder. Ganz anders in der gestagenen Phase, in der die Frau den Erhalter ihrer Kinder sucht. Der sollte über so viel Geld verfügen, dass er sich seine Familie überhaupt leisten kann. Man kann es den Frauen nicht anlasten, dass Geld bei der Auswahl ihrer Partner eine gewisse Rolle spielt oder sogar spielen sollte; dies nennt man Verantwortungsbewusstsein gegenüber der nächsten Generation. Der ideale Mann ist zweifelsohne der, der beides in sich vereint: das sexy Äußere und eine adäquate Ausstattung mit Geld und Macht. Für die Frau ist es ein Glücksgriff, einen solchen Mann zu finden, für ihn selbst ist es der Schlüssel zum Erfolg. Wer könnte diesen Typ von Mann besser darstellen als Barack Obama – er ist sexy und mächtig!

Allzu lange ist Muskeltraining belächelt worden. Ein gut trainierter Körper wurde mit Jugend und vor allem mit Dummheit assoziiert, so als würden Muskeln zu einem scharfen Verstand nicht passen. Dass dem nicht so ist, sieht man am ehemaligen Gouverneur von Kalifornien. Auch die alten Griechen wussten, dass ein gesunder Geist nur in einem gesunden Körper stecken kann. Antike Skulpturen unterscheiden sich ganz wesentlich vom Körperbau eines modernen Durchschnittsmannes; sie haben alle breite Schultern und eine schmale Taille. Schön langsam besinnt sich auch die moderne Medizin dieser alten Weisheit. Muskeltraining entpuppt sich als Jungbrunnen nicht nur für Männer. Der heute übliche Bewegungsmangel zwingt uns, die Muskulatur gezielt zu trainieren.

Muskelstarke Männer haben eine höhere Lebenserwartung. Diese Behauptung stützt sich auf viele Publikationen, zuletzt auf eine Langzeitstudie des deutschen Berufsverbandes der Internisten. Über einen Zeitraum von fast 19 Jahren wurde die Muskelkraft von 8.800 Männern zwischen 20 und 80 Jahren analysiert. Dabei zeigte sich, dass muskulöse Männer nicht nur besser, sondern vor allem auch länger leben als Männer mit weniger Muskeln. Krafttraining verbessert den Körperbau, unterstützt den passiven Bewegungsapparat und hält vor allem die Hormone der Männer in Schwung. Die Steigerung des körpereigenen Testosteronspiegels ist ein wichtiger Effekt. Testosteron verbessert nicht nur die Lebensqualität, sondern auch die Lebensdauer der Männer, vorausgesetzt das Testosteron kommt aus den eigenen Hoden.

Man sollte den gesunden Kraftsport aber sehr deutlich vom Bodybuilding abgrenzen. Kraftsport ist Gesundheitssport, Bodybuilding ist Leistungssport. Bodybuilding ist geprägt durch eine neurotische Komponente und ist durch die weit verbreitete Verwendung anaboler Substanzen in Misskredit geraten. Man sollte mit Maß und Ziel trainieren und Sport und Spaß in den Vordergrund stellen. Es geht also nicht darum, sich Muskelberge anzutrainieren, sondern die eigenen Muskeln nicht völlig verkümmern zu lassen. Dazu ist es erforderlich, konsequent, aber in einem vernünftigen Rahmen zu trainieren.

Die positiven Auswirkungen von Muskelmasse auf den Stoffwechsel sind seit Langem bekannt. Muskulatur ist – im Gegensatz zu Fett – aktives Gewebe. Sie zu bewegen verbraucht Energie. Muskelstarke Männer haben daher einen höheren Grundumsatz, der gemeinsam mit dem vermehrt ausgeschütteten Testosteron wirkungsvoll vor Stoffwechselerkrankungen schützt. Kraftsport senkt den Blutzuckerspiegel und den Cholesterinwert bei gleichzeitiger Erhöhung des „guten" HDL-Cholesterins. Diabetes und zu hohe Cholesterinspiegel sind Hauptrisikofaktoren für die Entstehung von

Arteriosklerose, die wiederum zu Herzinfarkt und Schlaganfall führen kann. Muskelstarke Männer haben weniger Probleme mit ihrem Bewegungsapparat, denn die Muskulatur entlastet Knochen und Gelenke. Dabei kommt es zwar nicht zu einer Verminderung der degenerativen Veränderungen, erstaunlicherweise aber zu einer Linderung der dadurch verursachten Schmerzen. Das lässt sich leicht erklären, denn die Muskulatur entlastet die Gelenke, außerdem führt Muskeltraining zur Ausschüttung von Endorphinen, den körpereigenen Substanzen gegen Schmerzen. Muskeldefizite sind bei Männern der häufigste Grund für Invalidität im Alter. Diesen Männern fehlt – vereinfacht gesagt – sehr häufig die Kraft, ihr eigenes Gewicht zu tragen.

Nicht nur die biologische Gesundheit profitiert von einer angemessenen Muskelmasse, auch das Körpergefühl steigt. Muskelstarke Männer fühlen sich meist männlich und sexy. Sie werden vom anderen Geschlecht besser wahrgenommen, haben bei den Frauen den besseren „Riss“. Die sexuelle Identität wird gestärkt, man fühlt sich wohl in seiner Haut. Muskelstarke, gut gebaute Männer haben auch tatsächlich mehr Sex und das ist für Männer bekanntermaßen ein wichtiger Bestandteil ihres Lebensglücks.

Die Vernachlässigung körperlicher Aktivitäten in weiten Teilen der Bevölkerung lässt sich nicht leugnen. Sowohl bei der Ausdauer als auch bei der Kraft werden die Defizite immer bedrohlicher. Die Menschen haben keine Muskeln mehr. Und auch keinen langen Atem. Der durchschnittliche Mann bewegt sich mit den eigenen Füßen nur mehr 900 Meter, noch im Jahre 1900 waren es 9 Kilometer. Am Tag. Diese massive Verminderung der Mobilität führt zu einer Zunahme vieler Zivilisationskrankheiten, denn der Körper eines Mannes braucht Bewegung.

Jeder Mann sollte mit seinem Training möglichst bald beginnen, spätestens mit der Pubertät. Dies unterstreicht natürlich die Rolle des Vaters als Förderer, er nimmt seinen Sohn einfach zum Training mit. Sollten Sie den Jäger in sich erst später wecken wollen, wäre der erste Schritt die Kontaktaufnahme mit dem Arzt. Entsprechend dem Trainingszustand, dem Alter und dem Trainingsziel sollte man einen Trainingsplan erstellen lassen. Wie schon erwähnt, eine Kombination von Ausdauer- und Kraftsport. Im Grunde reichen ein Paar Laufschuhe (guter Qualität), eine Matte und ein paar Hanteln für Zuhause. Die Erfahrung lehrt aber, dass das Fitnesscenter seine Vorzüge hat. Die besseren Geräte, kompetente Trainer und die Möglichkeit, beim Training Kontakte zu knüpfen, erhöhen die Erfolgsaussichten. Das Trainieren in der Gruppe weckt auch den Ehrgeiz.

Das ideale Fitnesstraining beinhaltet also sowohl Ausdauer- als auch Krafttraining. Die Empfehlung des Männerarztes: drei bis vier Mal pro Woche moderates Ausdauertraining. Eine Einheit sollte zwischen 30 und 60 Minuten betragen. Zudem sollte man zwei Mal wöchentlich Krafttraining betreiben, jeweils eine Stunde lang. Das klingt in manchen Ohren vielleicht viel, ist es aber nicht. Es sind nämlich maximal sechs Sunden Training in der Woche, eine Woche hat aber 168 Stunden. Bleiben 162 Stunden zu Ihrer freien Verfügung. Manche Sportarten vereinen das Training von Ausdauer und Kraft. So etwa das Rudern. Auch beim Radfahren oder Nordic Walken trainiert man Ausdauer und Muskeln. Wer lieber in den eigenen vier Wänden trainiert, dem sei ein „Crosstrainer“ („Ellipsentrainer“) empfohlen. Dieses Trainingsgerät ist dem Nordic Walking in der freien Natur ähnlich. Man beansprucht dabei sowohl den Kreislauf als auch die wichtigsten Muskelgruppen an Beinen, Po, Rumpf und Armen.

Ausdauertraining ist übrigens die einzige von der WHO (World Health Organisation) anerkannte Form des Anti-Agings. Ausdauertraining im Sinne der Männermedizin ist jede sportliche Tätigkeit, die ein Mann wenigstens 2–3 Mal pro Woche ohne Unterbrechung durch 30–60 Minuten in einer dem Alter und dem Trainingszustand entsprechenden Trainingsherzfrequenz ausübt. Aus dieser Definition heraus ist es nicht schwierig, die geeigneten Ausdauersportarten für sich zu finden. Für das Training des Herzens, die Pflege der Gefäße, die Stärkung der Knochen, das Gleichgewicht der Hormone und viele andere Effekte mehr sollten die eben genannten Kriterien erfüllt sein. Golfen erfüllt sie jedenfalls nicht. Am besten entspricht das Joggen diesen Anforderungen, vorausgesetzt ein Mann hat gesunde Beingelenke und ist nicht zu schwer dafür. Der Laufsport kostet nichts, kann überall ausgeübt werden und bringt eine sehr gute Trainingsausbeute. Radfahren, Inline-Skaten, Schwimmen, Skilanglauf und viele andere Sportarten mehr kommen hier genauso gut infrage oder können – noch besser – kombiniert werden. Nehmen Sie Ihr Fahrrad, fahren Sie damit zum nächsten Baggersee, schwimmen Sie einmal quer durch, laufen Sie einmal rundherum und fahren Sie wieder nach Hause. So etwa sieht ein perfektes Training aus, bei dem Sie Ihren ganzen Körper beanspruchen, ohne ihn zu überfordern. Die Empfehlungen, in der Arbeit doch die Treppen zu Fuß zu steigen und nicht den Lift zu nehmen, haben natürlich ihre Richtigkeit. Doch sollten Sie sich nichts vormachen. Das ist eine Art Zusatzbonus, er ersetzt nicht das gezielte Training, genauso wenig wie der Spaziergang mit dem Hund. Außer es handelt sich um einen Husky, mit dem Sie täglich Ihre 10 km zurücklegen müssen. Wahrscheinlich muss jeder Mann „seinen“ Sport finden, der ihm Spaß macht und für den er geeignet ist. Neueinsteiger sollten sich vor der Aufnahme eines Trainings ärztlich checken lassen.

Zum Training gehört neben dem körperlichen freilich noch das Training des Gehirns, denn ein „richtiger“ Mann weiß, dass seine sexuelle Ausstrahlung auch von der Fähigkeit zu denken abhängt. „Auch Intelligenz ist eine erotische Dimension“ ist ein vielgehörtes Statement in der Männermedizin. Der Mann hat – um als solcher positiv wahrgenommen zu werden – die Verpflichtung, sein Wissen und seine Denkfähigkeit in Schuss zu halten. Und wie ginge dies anders als durch den Erwerb neuer Fertigkeiten? Männer lesen, um sich selbst zu bilden, arbeiten an der Verbesserung ihrer Fremdsprachenkenntnisse und beschäftigen sich mit Neuerungen aller Art, um den Anschluss an das Jetzt nicht zu verlieren. Nichts ist entwürdigender als das Eingeständnis, nicht „up to date" zu sein. Ein Mann ist ganz einfach am letzten Stand der Dinge, nicht in allen Bereichen des Lebens, aber in den wichtigsten. Was für ihn und seine Partnerin „wichtig" ist, muss er selbst entscheiden, ein Mann weiß ja, aus welchen Motiven er geliebt wird. Nur „Nichtstun" fällt als Strategie vollkommen aus, „Nichtstun" etwa ist nach Hause zu kommen, die Beine auf den Tisch zu legen und den Fernseher aufzudrehen.

Um ans gewünschte Ziel zu kommen, reicht es leider nicht, konsequent zu trainieren. Tatsächlich gibt es sehr gut trainierte Übergewichtige, da kommt man manchmal aus dem Staunen nicht heraus. Zur Verminderung des Krankheitsrisikos ist es aber erforderlich, den Körperfettanteil möglichst gering zu halten. Der Körperfettanteil eines Mannes sollte deutlich unter 20% liegen. Um dieses Ziel zu erreichen, ist es erforderlich, sich „artgerecht" zu ernähren. Jawohl, es gibt auch typisch männliche Ernährungsgewohnheiten. Männer essen geschlechtstypisch, sowohl in Qualität als auch in Quantität, und manchmal hat man das Gefühl, das Essen wäre die letzte Domaine der Männer, die sie in dieser Zivilisation noch für sich beanspruchen. Während die Frau lustlos im Salat stochert und an ihrem – stillen – Mineral nippt, beißt der Mann herzhaft in sein Steak und nimmt einen kräftigen Zug von seinem Bier. So ungefähr könnte man den Unterschied zwischen Männern und Frauen in puncto Ernährungsgewohnheiten auf den Punkt bringen. In der Tat essen Männer mehr Fleisch, sie essen es auch blutiger und sie essen es schneller. „Schlinge nicht so", sagt die Mutter zu ihrem halbwüchsigen Sohn, ohne zu wissen, dass die Art zu essen ein geschlechtstypisches Merkmal ist. Schlingen bleibt aber trotzdem ungesund.

Zunächst einmal ist „artgerechte" Ernährung für Männer sicher nicht vegetarisch. Männer brauchen eine ganze Menge Energie, vor allem, wenn sie auch noch Sport betreiben und sexuell aktiv sind. Und das wollen wir doch hoffen. Fleisch ist umso wertvoller, je röter es ist. Ein 400-Gramm-Steak deckt den Bedarf an Zink und anderen Spurenelementen gleich für ein paar Tage. Weitere wertvolle Energiebringer für Männer sind Milchprodukte, Obst, Nüsse und Cerealien (Getreide wie Müsli etc.). Kurz und gut: Bei einer ausgewogenen Mischkost mit dem „Touch des Mittelmeeres“ kann nichts schiefgehen.

Was den „Touch des Mittelmeeres“ betrifft, gibt es eine ganz wesentliche Ausnahme, den Alkohol. Mit Alkohol sollten Sie sparsam sein. Alkohol macht fett und erhöht den Östrogenspiegel der Männer, ganz abgesehen davon, dass er Ihre Festplatte, das Gehirn, in seiner Funktion beeinträchtigt. Eigentlich gibt es gar kein Genussmittel, das weniger für Männer geeignet ist als Alkohol. Sollte es wirklich so sein, dass Sie alkoholische Getränke als wohlschmeckend empfinden, muss man sich eine kleine Menge nicht versagen. Für das tägliche Bier oder das tägliche Viertel gibt es aber keine Argumente, außer die Verzweiflung an sich. Eine praktikable Lösung wäre es, an zwei Tagen in der Woche eine möglichst kleine Menge Alkohol zu trinken und den Rest der Woche ohne Alkohol auszukommen. Das kann man getrost als unbedenklich einstufen.

Mit dem Sex verhält es sich ganz anders: Hier dürfen Sie maßlos sein und sich verausgaben! Das ist gut für Sie, Ihre Partnerin und daher für die Beziehung. Nichts kann eine Beziehung so sehr festigen wie regelmäßiger Sex. Dass Liebe durch den Magen geht, stimmt nur bedingt. Das ist schon eine Art Notlösung – die Verlagerung des Sexualtriebes auf den Fresstrieb. Wie schön ist es, begehrt zu werden, und wie schön ist es auch, das eigene Begehren erwidert zu sehen! Sexualität hat in diesem Sinne ein breit gefächertes Repertoire, sie beginnt bei der intimen Berührung und endet beim Ausleben außergewöhnlicher Vorlieben. Alles ist erlaubt, vorausgesetzt, das sexuelle Selbstbestimmungsrecht wird nicht verletzt und es kommt niemand dabei zu Schaden. Neben dieser psychosozialen Dimension der Sexualität gibt es noch die biologische: Für die männliche Sexualität gilt: „Wer rastet, der rostet", oder auf Neudeutsch: „Use it or lose it." Dies betrifft die Funktionstüchtigkeit des Schwellkörpers genauso wie auch die Pflege des Testosterons. Männerärzte empfehlen lebenslang mindestens zwei bis drei Ejakulationen pro Woche. Dafür müssen Sie nicht zwanghaft eine Partnerin „rekrutieren", es genügt die Masturbation. Es kommt hier auf die Ejakulation an, nicht auf die Penetration. Um den biologischen Bedürfnissen der Männer zu entsprechen, ist Masturbation dem „richtigen" Sex ebenbürtig, im psychosozialen Sinne freilich nicht.

Das Zeitmanagement ist ein weiteres Kapitel, das einer Erörterung bedarf. Es ist erforderlich, Männer darauf hinzuweisen, dass ein Tag 24 Stunden hat und es sich hierbei um eine unveränderbare Größe handelt. Es ist auch nicht möglich, die gesamten 24 Stunden für die Vermehrung des Wohlstandes zu verwenden. Der Erhalt der Leistungsfähigkeit bedarf eines maßvollen Umganges mit den vorhandenen Ressourcen. Auch diesbezüglich entfernt sich die Zivilisation immer mehr von den Vorgaben der Evolution. Und das rächt sich. Der Mensch wurde nach dem Sündenfall zu einem Broterwerb „im Schweiße seines Angesichtes" verdammt, doch so wörtlich, wie das heute praktiziert wird, hat es der liebe Gott sicher nicht gemeint. Feststeht, dass sich Stress zu einem immer größer werdenden Problem unserer Gesellschaft entwickelt. Die Ursache dafür liegt in der hemmungslosen Hinwendung zu materiellen Werten.

Man unterscheidet zwei Arten von Stress: den guten Eustress, den man am besten mit „Ansporn" ins Deutsche übersetzen kann, und den schlechten Distress, der mit „Überforderung" übersetzt wird. Längerfristiger Distress macht krank. Die WHO sieht Stress als eine der gefährlichsten Gesundheitsbedrohungen in der modernen Welt. Angeblich sind 50 bis 60% der Krankenstände stressbedingt. Zur Stressbewältigung schüttet der Körper die Stresshormone Adrenalin und Cortisol aus. Diese beiden Hormone versetzen den Körper in die Lage, eine Überforderung überhaupt bewältigen zu können. Längerfristig besitzen sie aber auch ein krankmachendes Potenzial. Die stressbedingte Desorganisation des Gehirns führt zu einem „Burn-out-Syndrom", einem Zustand der längerfristigen Motivationslosigkeit, begleitet vom Gefühl der Ohnmacht und der Sinnlosigkeit. Für Männer birgt Stress weitere Gefahren. Beide Hormone haben eine antigonadotrope Wirkung, das heißt, sie reduzieren das körpereigene Testosteron. Daher ist der gestresste Mann in seiner Androgenizität beeinträchtigt, noch lange bevor sich ein „Burn-out" entwickelt. Für seine hohe Arbeitsleistung büßt er im Privatleben, im Sport, beim Sex und in seiner sexuellen Identität. Der Teufelskreis beginnt mit Erektionsstörungen und führt über eine Destabilisierung des Selbstwertes schließlich zu Beziehungsverlust. Die cortisolmodulierte Energiebereitstellung erfolgt aus Eiweiß, Stress baut daher nicht die Fettpölsterchen ab, sondern die Muskulatur. Das Worst-Case-Szenario des gestressten Mannes ist gekennzeichnet durch ein vereinsamtes Leben, Ärger in der Arbeit, Psychodramen mit dem Partner und nicht selten finanzielle Probleme.

Das Zeitmanagement ist ein sehr wichtiges Kapitel in der Männermedizin. Nicht immer gestaltet es sich einfach, einem Mann klarzumachen, dass es „so" nicht weitergehen kann. Der Mann in seiner traditionellen Rolle als der Ernährer der Familie fühlt sich häufig verpflichtet, einen möglichst hohen Wohlstand zu gewährleisten, er vergisst aber dabei, dass vitale Männlichkeit die sexuelle Attraktion eher steigert als das Drittauto. Ausreichende Eigenzeit ist eine unbedingte Voraussetzung für körperliche und psychische Gesundheit. Da gibt es einmal die tägliche Eigenzeit, das ist jene Zeit, die ein Mann tagtäglich für sich selbst einplant. Dabei sollte er sich regenerieren, in dieser Zeit sollten Probleme im Beruf oder in der Familie ausgeklammert bleiben. Am besten verbringt ein Mann seine Eigenzeit beim Sport, gesünder können Sie sie gar nicht verbringen! Dann gibt es aber noch jene Eigenzeit, die sich über einen längeren Zeitraum erstreckt: Man bezeichnet sie als Urlaub. Je härter Sie arbeiten, desto mehr Urlaub brauchen Sie. Und bitte: nicht bloß eine Woche, es sollten jedenfalls zwei bis drei Wochen sein. Andernfalls ist der Erholungswert nicht gewährleistet. Ein sinnvoller Urlaub dauert mindestens drei Wochen, das Diensthandy bleibt weitgehend abgeschaltet und das Checken der beruflichen E-Mails sollte zeitlich begrenzt werden. Nochmals ganz konkret: Freizeit und Urlaub sind für Sie, den tüchtigen Mann, von fundamentaler Bedeutung, sie ist die beste Investition in Ihre Leistungsfähigkeit.

Um den Erholungswert zu optimieren, wird es meistens besser sein, den Urlaub nicht zu Hause zu verbringen. Der Wechsel der Umgebung führt meist sehr viel schneller zur Urlaubsstimmung. Wenn Sie einen Führungsposten bekleiden, sorgen Sie dafür, dass auch Ihre Mitarbeiter ihre Eigenzeit wahrnehmen. Sie werde es Ihnen durch besondere Arbeitsleistung und Loyalität danken.

Nur die konsequente Befolgung dieser Punkte für ein gesundes Männerleben führt zu jenem Erfolg, den Sie sich erwarten. Konsequent heißt hier ganz einfach lebenslang! Und noch etwas: Je älter Sie werden, desto mehr Zeit werden Sie benötigen, um Ihren Körper in Schuss zu halten.

Der daraus resultierende Benefit kommt übrigens nicht nur Ihnen, sondern auch Ihren Nachkommen zugute. Es gibt eine ganze Reihe von bemerkenswerten Zusammenhängen, die beweisen, dass die Auswirkungen von positivem wie auch negativem Lifestyle vererbt werden können. Zum Beispiel hatte man festgestellt, dass männliche Diabetiker in einem überraschend hohen Ausmaß übergewichtige Großväter hatten. „Wir sind (auch), was unsere Großväter aßen!“ Unter diesem Titel könnte man die neuesten Forschungsergebnisse zusammenfassen, die durchaus im Sinne Lamarcks sind. Lamarck hatte die Vererbung von Eigenschaften postuliert, die im Laufe des Lebens erworben werden. Den neuesten Forschungsergebnissen entsprechend hatte er nicht ganz unrecht, es werden dabei aber nicht die Gene verändert, sondern nur deren Aktivität. Diese neue Wissenschaft nennt sich Epigenetik. Sie beweist, dass *Ihr* Lifestyle auch auf die Ressourcen Ihrer Kinder und Kindeskinder Einfluss hat, leider – oder Gott sei Dank? – nicht auf ewig, sondern nur für die nächsten drei bis vier Generationen.

6. Kapitel

Sexualität ist Lebensglück

Es war ein Tag, wie man ihn im November erwarten musste. Der Regen prasselte an das Schlafzimmerfenster, es war schon fast sieben und noch stockdunkel, es dämmerte noch nicht einmal richtig. Nebelschwaden zogen durch den Garten. Herbert hasste dieses Wetter, es zehrte an seinen Nerven. Vielleicht würde er das alles viel gelassener genommen haben, würde er geahnt haben, wie unerfreulich dieser Tag für ihn noch enden sollte. Im Radio wurde ein Stau gemeldet, genau auf jener Strecke, die Herbert gleich nehmen musste, um möglichst schnell in die Arbeit zu kommen. Er sollte heute halbwegs pünktlich sein, der Chef erwartete ihn zu einer Morgenbesprechung. Herbert hatte es eilig, sprang aus dem Bett, stürzte ins Bad und fand nicht einmal mehr Zeit, sich zu rasieren. Macht nichts, dachte er sich, Dreitagebärte sind heutzutage ja salonfähig. Bevor er die Wohnungstüre hinter sich zuschlug, rief er seiner Frau noch ein kurzes „Hallo" zu. Margit war schon seit fünf Jahren seine Frau, gekannt hatten sich die beiden schon viel länger, eigentlich seit ihrer Jugend. Man konnte nicht behaupten, dass sie eine schlechte Ehe führten, Streit gab es jedenfalls so gut wie gar nicht. Das Leben ging so seinen Trott, Herbert war beruflich sehr eingespannt und froh, dass er seine Ruhe hatte, wenn er abends müde nach Hause kam. Hobbies hatte er nicht, jedenfalls keine, die er mit Enthusiasmus verfolgte. „Ich bin Aushilfstrainer in der Jugendgruppe meines Fußballvereins", würde er später seinem Therapeuten sagen, „doch das füllt mich nicht wirklich aus." Zu diesem Zeitpunkt konnte sich Herbert noch nicht einmal vorstellen, dass er jemals einen Therapeuten brauchen würde, ihm selbst ging nichts ab, ja, eigentlich war er mit seinem Leben zufrieden. Dabei schien es ihm überhaupt nicht aufzufallen, dass seine „bessere Hälfte“ schon längst ganz anderer Meinung war. Jawohl, Margit hatte sich verändert, doch wer verändert sich nicht mit dem Älterwerden? Fünf Jahre waren eine lange Zeit. Aus dem unternehmungslustigen Mädchen wurde eine in sich gekehrte, introvertierte Frau, der man an den Augen ablesen konnte, dass etwas nicht stimmte. Herbert freilich fiel das alles nicht auf. Dafür aber seiner Mutter. „Was ist eigentlich mit Margit los“, fragte sie, „ist bei euch beiden auch alles in Ordnung?“ „Ach, geh“, konterte Herbert, „du brauchst dir keine Sorgen machen, es könnte nicht besser sein.“ Irgendwie eigenartig fand er es doch, dass seine sonst so zurückhaltende Mutter ihm diese Frage stellte. Jedenfalls wurde er nachdenklich.

Dieser Tag war ein anstrengender Tag. Telefonate, Besprechungen, Meetings, Herbert hetzte von Termin zu Termin. Man hatte das Gefühl, als wollten manche Betriebe in den paar Wochen bis Weihnachten noch wettmachen, was sie im Laufe des Jahres versäumt zu haben glaubten. Einmal mehr wurde es halb neun am Abend, als Herbert die Türe zur ehelichen Wohnung aufsperrte. Doch da war niemand, es war finster und still. Margit schien einfach nicht zu Hause zu sein. Simon, der kleine Kater, das jüngste Familienmitglied, kam herbeigestürmt und strich laut schnurrend um Herberts Beine, wahrscheinlich in der Hoffnung auf Futter. Aber da war keine Margit, kein laufender Fernseher und vor allem kein Essen. Was war passiert? Herbert merkte, wie in ihm das Adrenalin aufstieg, ihm wurde heiß, das Herz begann zu rasen. Halb besorgt und halb erbost wählte er Margits Nummer, um herauszufinden, was denn los sei. So etwas hat es noch nie gegeben, normalerweise konnte er sich darauf verlassen, dass abends Essen auf dem Tisch stand. Während er Margits Nummer wählte, fiel ihm ein, dass er den ganzen Tag kein Sterbenswörtchen von ihr gehört hatte, es gab keinen Anruf, keine Nachricht, nichts .... „Da ist doch etwas passiert“, dachte er und wurde immer panischer. Tausend Gedanken durchfuhren ihn wie ein Blitz, was war vorgefallen? Noch bevor Margit ihr Handy abnehmen konnte, hatte er die richtige Vorahnung: „Shit, unser Hochzeitstag!“ Die Erinnerung an das Drama des letzten Hochzeitstages holte ihn ein. „Ja, das ist genau so abgelaufen, ich habe ihn vergessen, ich mache mir eben nichts daraus“, erklärte er später seinem Therapeuten. „Sollten Sie aber“, entgegnete der. Dieser vergessene Hochzeitstag war nur eines der vielen Anzeichen für mangelnde Liebe in dieser Beziehung. Liebe ist, sich gegenseitig die nötige Aufmerksamkeit entgegenzubringen. Genau das traf aber nicht zu. Während Margit versuchte zu retten, was zu retten war, täglich kochte, begnügte sich Herbert damit, seine ganz persönlichen Bedürfnisse zu pflegen. Für seine Frau war dies leider zu wenig. Trotz Therapie wurde diese Ehe schließlich getrennt. Das Ende einer Beziehung ist immer auch eine mögliche Therapieoption. Wenn ein Pärchen keinen gemeinsamen Nenner findet, kann es schon passieren, dass die Trennung der einzige Ausweg bleibt. Beziehungsunzufriedenheit ist jedenfalls der häufigste Grund für das Ende von Beziehungen. Sie war es auch in diesem Fall.

Ein richtiger Mann vergisst niemals auf die Festtage seiner Beziehung. Da gibt es diverse Geburtstage, den der Partnerin, später auch die der Kinder und schließlich natürlich den Hochzeitstag, bei Unverheirateten der Kennenlerntag. Der Festtag dient dem Zelebrieren der Beziehung und besitzt eine unverzichtbare Symbolik. Auf solche Festtage bereitet ein Mann sich vor, er vergisst sie nicht nur nicht, er denkt schon vorher darüber nach, was denn diesen Tag zu einem besonderen Tag werden lässt. Das ist edle Männerpflicht. Ein Mann, der den Hochzeitstag vergisst, hat einiges in seinem Leben nicht im Griff.

Thomas und Kerstin haben heute ihren zehnten Hochzeitstag. An diesem Tag steht *er* als Erster auf, huscht – während sie sich noch einmal „umdreht" – im Pyjama in den Keller und holt jene zehn langstieligen roten Rosen, die er nun seiner dösenden Frau mit einem Kuss überreicht. Er sagt dabei: „Danke für diese zehn schönsten Jahre meines Lebens."

Das ist Sexualität. Eines ihrer vielen Gesichter. Sexualität ist all das, was nur der Partnerin gebührt und was man mit der Nachbarin niemals machen würde oder dürfte ... Und rote Rosen im Schlafzimmer wird es für die Nachbarin wohl nicht so schnell geben. Sexualität definiert sich auch aus der Exklusivität der Handlung mit nur einer Partnerin, gewisse Dinge sind eben nur einem einzigen Menschen vorbehalten. Sollte nun wirklich alles so gelaufen sein, wird dieser Tag ein guter Tag für „sie", aber auch für „ihn". Für „sie" deswegen, weil sie die Akzeptanz erfahren hat, die einer Frau zusteht, für „ihn" deshalb, weil er weiß, dass er seiner Männerrolle gerecht geworden ist. Dafür wird er auch geliebt. Das Rollenbild eines Mannes handelt von Verlässlichkeit, Experimentieren und Organisieren, es ist dem Zeitgeist gegenüber resistent. Hier geht es um die Ehre der Männer. Mit solchen Gesten macht *er* vieles wieder gut, die schlechte Laune der letzen Wochen, die geringe Zeit, die er zu Hause verbracht hat. Die morgendlichen Rosen sind natürlich noch nicht alles, sie sind lediglich Vorboten für das, was noch kommt. Der Hochzeitstag ist ein fixer Eintrag im Terminplan, ab 14 Uhr steht dort: *Hochzeitstag.* Und nichts sonst. Sich an diesem Tag bis abends zu verplanen, hieße so viel wie: Mein Job ist mir wichtiger als unsere Beziehung. Bei Thomas und Kerstin trifft das aber – im Gegensatz zum vorhin geschilderten Fall – nicht zu. „Du Schatz", sagt er, „wann kannst du denn heute zu Hause sein? Ich habe ab 14 Uhr frei." Mit diesen Worten und einem kleinen Kuss verabschiedet er sich, um in die Arbeit zu fahren. Am Nachmittag trifft man sich – nicht zufällig – in den eigenen vier Wänden, das ist persönlicher als irgendein Lokal. Sie macht Kaffee, er deckt den

Tisch besonders festlich, um die Bedeutung dieses Tages zu würdigen. Man hat sich viel zu erzählen ... und es muss ja nicht beim „Erzählen“ bleiben. Es gibt ja noch andere Formen der Kommunikation, Sexualität ist die wohl intimste Form zu kommunizieren, deutlicher kann man Liebe und Begehren nicht zeigen. Ein Mann, der eine solche Gelegenheit verstreichen lässt, hat keine Ahnung, welche Chance er hier vergibt. Auch der Abend ist bereits verplant. Es ist schon ein paar Wochen her, dass er in ihrem Lieblingsrestaurant einen Tisch für zwei reservieren ließ. Für acht Uhr war dieser Tisch geplant und um Punkt acht Uhr waren sie auch da, beide dem Anlass entsprechend fein herausgeputzt. Man(n) kleidet sich auch für den Partner. Kleidung, das hat etwas zu tun mit Selbstachtung und auch mit Respekt gegenüber seiner Begleitung. Man sagt damit: „Ich möchte dir gefallen, weil du mir wichtig bist.“ Die Ehe dieses Paares ist auch nach zehn Jahren noch explosiv. Explosiv im erotischen Sinne. Sicherlich, es sind zehn Jahre vergangen, doch dem Begehren scheint das nicht geschadet zu haben. Liebe vergeht oder sie wächst, wenn man daran – ehrlich – arbeitet. Sie haben die Wahl. So sehr Kerstin damals den unverbrauchten, noch etwas naiven jungen Mann lieben lernte, der es eben nicht faustdick hinter den Ohren hatte, so sehr liebt sie heute den weltgewandten Macher, dem, an Erfahrungen reicher, kaum jemand das Wasser reichen kann. Ist es nicht schön, einen gereiften Mann zum Liebhaber zu haben, der nicht bloß eine Gelegenheit ergreift, sondern die Freiheit hat, aus vielen Gelegenheiten zu wählen? Ihm steht die Welt offen und doch kommt er immer wieder auf dem kürzesten Wege nach Hause, zu seiner Liebe, seiner Familie. Jeden Tag aufs Neue zu entscheiden, auch eben diesen Tag gemeinsam verbringen zu wollen, das ist Liebe.

Die Speisekarte wird gereicht. So wie Kleider Leute machen, so macht die Speisekarte das Restaurant. Sie ist so erlesen wie die Speisen, die man sich erwarten darf. Ähnlich wie Sexualität ist Essen eine ebenso intime wie kommunikative Handlung, der Tisch ist auch das Zentrum des Familienlebens. Aus England kommt ein neuer Trend. Da gibt es keinen Essplatz mehr, man, das sind Mutter, Vater und Kind, trifft sich am Kühlschrank, en passant und im Stehen. Angeblich für eine Dauer von nicht mehr als acht Minuten am Tag. Durchschnittlich versteht sich. Mehr ließe die Zeit eines modernen Menschen gar nicht zu. „Coffee to go", „Breakfast to go", „Dinner to go", das sei der neue Trend aus London. Resultiert daraus auch der „Orgasm to go", wird der Quicky zum neuen Standard der Sexualität, weil die Zeit für die Liebe fehlt? Schade um all das, was dabei verloren geht. Im Deutschen sagt man zum Angetrauten auch „Gemahl"; das ist der Mann, mit dem man zusammen bei Tisch sitzt. Die Bedeutung des Essens für die Beziehung ist enorm, gemeinsames Essen sollte daher ritualisiert werden. Das Küssen, eine hocherotische Handlung, leitet sich vom Füttern der Kinder ab. Der der Lippenmuskulatur zugeordnete Hirnbereich ist übrigens auch Bestandteil der Sexualzentren des Menschen. Essen ist Lust, gemeinsames Essen doppelte Lust, in größeren Gesellschaften zu essen der Inbegriff des sozialen Lebens. Der Appetit auf Essen ist nicht anders als die Lust auf Sex. Beides – Essen und Sexualität – hatte ursprünglich einen ganz anderen Sinn, die Sexualität diente der Fortpflanzung, das Essen der Energiezufuhr. Aber Hand aufs Herz, wer isst schon aus dem Wunsch heraus, seinen Körper mit Energie zu versorgen? Daran haben die meisten kaum Bedarf. Der Appetit hat eine Lustdimension, das ist eine weitere Parallele zur Sexualität und man wählt die Speisenfolge aus einem gewissen Geschmacksrepertoire. Das, „was man mag", entspricht beim Sex der sexuellen Präferenz. Jeder weiß genau, was ihm schmeckt, und es muss nicht immer Kaviar sein. Und auch nicht immer die gesamte Speisenfolge mit Vor-, Haupt- und Nachspeise. Es ist selbstverständlich, dass man sich frei entscheidet, was man denn heute gerne haben möchte. Nahrung und Essen können exzellent herangezogen werden, um das Wesen der Sexualität zu erklären. Essen ist übrigens der stärkste Trieb des Menschen, noch vor der Sexualität. Wie immer hat sich Mutter Natur etwas dabei gedacht, den Hunger noch wichtiger zu nehmen als die Fortpflanzung. Nur ein gesunder, wohlgenährter Mensch kann an Nachwuchs denken, denn wie sollte er denn seine Kinder ernähren, solange er selbst Hunger leidet? Essen ist ein lustvolles Erlebnis, das Schöne daran ist, dass es sich hier um akzeptierte Lust handelt, Essen ist gesellschaftsfähig. Man braucht sich nicht dafür zu schämen, ganz im Gegenteil. Lange Zeit galten Fett und Übergewicht als Schönheitsideale. Nicht einmal die Kirche sieht da ein Problem; während sie die Lust generell dämonisiert, beschränkt sie sich beim Essen auf ein paar Wochen Fastenzeit, die zu Ostern mit einem Festmahl endet. Als Belohnung für vier Wochen Enthaltsamkeit winkt ein kulinarischer Orgasmus. Das lässt sich schon aushalten, doch wie schändlich wird im Gegenzug der sexuelle Orgasmus behandelt, er wird denunziert und diskreditiert, und das ein Leben lang. Wie dem auch sei: Auch die Erfüllung der Lust am Essen ist an einen gewissen persönlichen Geschmack gebunden. Schon Kinder wissen, was sie „mögen" und was nicht. „Worauf hast du denn Lust?" klingt hier nicht anders als „Was möchtest du denn essen?" Ebenso wie die sexuelle Vorliebe ist auch der Appetit auf Essen teils ererbt und teils erlernt.

Nochmals zur Speisekarte. Die Speisekarte wird „studiert", dieses Wort ist schon sehr aufschlussreich. Männer wissen meist schneller, worauf sie Lust haben, Frauen brauchen etwas länger, um sich zu entscheiden. Schon wieder eine Parallele zur Sexualität? Man sieht, was es gibt, und der momentanen Stimmung, dem Gusto entsprechend bestellt man, was man gerne hätte. Was beim Essen selbstverständlich ist – das Gustieren, das Probieren, das Auswählen, das Genießen, das Experimentieren, das Stehenlassen –, sollte auch beim Sex selbstverständlich sein. Die Menükarte der Sexualität gibt es leider allenfalls in den Gedanken, kaum jemand ist bereit, über seine sexuellen Wünsche so offen zu reden wie über das Essen.

Genauso wie seine Sexualität hat der Mensch auch das Essen kultiviert, ihm einen anderen Sinn verliehen als den ursprünglichen. Der evolutionsbiologische Sinn der Energiezufuhr wurde verändert, bekam eine andere Bedeutung, die der Sozialisation und der Kommunikation. Hält nicht „Essen und Trinken die Leut' zusammen"? Wenn man zusammen essen geht, heißt das, dass man sich etwas zu sagen hat. Und das trifft sicher nicht auf jeden Menschen zu. Das ist die *kommunikative Dimension* des Essens. Der Alkohol spielt dabei eine ganz besondere Rolle, gemeinsam zu trinken ist noch viel intimer als gemeinsam zu essen. Durch die alkoholbedingte Enthemmung werden die Leute noch viel zugänglicher, daher kommt es unter Alkohol so häufig zu Verbrüderungen und Geschäftsabschlüssen. Essen hat auch eine *Lustdimension,* weil es ganz einfach schmeckt. Wie schon erwähnt, diese Art von Lust ist auch gesellschaftsfähig. Die dritte Dimension des Essens ist die der *Alimentation,* dies entspricht der evolutionsbiologischen Bedeutung des Essens, der Energiezufuhr. Ihr entspricht bei der Sexualität die *reproduktive Dimension,* der ursprüngliche Sinn von Sexualität. Die wenigsten Menschen in unseren Breiten essen, weil sie sonst verhungern würden. Nicht anders verhält sich das beim Sex. Von der Evolution zur Zeugung von Kindern erfunden spielt er heute eine ganz andere Rolle. Nur ein paar wenige Prozent der sexuellen Kontakte haben die Zeugung von Nachkommen zum Ziel. Die reproduktive Dimension der Sexualität ist in den Hintergrund geraten, dafür ist die Lustdimension in den Vordergrund getreten. Zugegeben, diese Lust ist stigmatisiert, man möchte kaum darüber reden, doch sie ist die wichtigste Triebfeder für Sexualität. Lust bedeutet mehr als nur Orgasmus, sie beginnt bei der intimen Berührung, der Stimulation der erogenen Zonen durch Streicheln, Knabbern oder Massieren. All das ist Lust im sexuellen Sinne. Ebenso bedeutsam wie die Lust ist die kommunikative Dimension der Sexualität. Ein Mann schläft mit seiner Partnerin, um ihr jene Akzeptanz zuteilwerden zu lassen, die sie sich als seine Partnerin verdient. Es gibt keine intimere und leidenschaftlichere Form der Kommunikation als die durch Sexualität. Man sagt damit: „Ich liebe *und* begehre dich!" Man sagt auch: „Du bist für mich die schönste Frau, die ich mir vorstellen kann, ich finde dich scharf, du turnst mich an." Nichts fördert so stark die sexuelle Identität einer Frau wie Sexualität, sie findet sich wieder in der geistigen und körperlichen Mitte ihrer Weiblichkeit. Einer Frau geht es beim Sex sehr häufig weniger um den Orgasmus als viel mehr um das Gefühl, begehrt zu werden. „Ganz Frau zu sein" erfüllt sich am besten im Begehren eines geliebten Mannes. Immer wieder dreht sich menschliches Begehren um Akzeptanz. Sie wird am besten durch Sexualität vermittelt.

Franz und seine Frau Maria sind schon über 40 Jahre zusammen. Die beiden haben fünf Kinder – drei Söhne und zwei Töchter –, der Älteste ist eben 34 geworden. „Wissen Sie", sagte die Frau, ohne danach gefragt zu werden, „das können Sie nachrechnen, selbst unser ältester Sohn ist erst nach der Hochzeit gezeugt worden. Vorehelicher Sex, so etwas gab es bei uns nicht. Bei uns am Land, da gehen die Uhren anders." Dieses Ehepaar bewirtschaftet gemeinsam einen Gutsbetrieb. Die Arbeit wird genau getrennt im Sinne geschlechtstypischer Arbeitsteilung. Sie sorgt sich um den weiblichen Part der anfallenden Arbeit, er um den, der den Männern zusteht. Das funktionierte schon seit vielen Jahren sehr gut und da alle drei Söhne im elterlichen Betrieb mitarbeiteten und davon gut leben konnten, kam es in den letzten Jahren zu einer willkommenen Erleichterung der Arbeitssituation.

Dennoch hat sich das Klima innerhalb der Beziehung in letzter Zeit verschlechtert. Eine Kluft hat sich zwischen den Eheleuten aufgetan, die man auch als Außenstehender deutlich spüren konnte. Am Beginn der Therapiestunde bietet der Arzt zwei Sessel an. Das ist schon die erste Nagelprobe, denn die Art, wie sich ein Pärchen positioniert, sagt mehr als tausend Worte. Diese beiden saßen da wie zwei Fremde. Anstatt die Blicke aufeinanderzurichten, wurden die Sitzplätze so eingenommen, dass man voneinander abgewandt war. Es redet sich leichter, wenn man demjenigen, um den es geht, nicht in die Augen sehen muss. Der Mann saß da, als ob er sich langweilen würde. Noch ehe überhaupt ein Wort gesagt war, war eines klargestellt: Er hielt diese Therapie für einen vermeidbaren Zirkus, war nur seiner Frau zuliebe mitgekommen, hatte sozusagen ein Opfer gebracht. Die Frau wiederum signalisierte das Gegenteil. Sie war angespannt, saß ein wenig verkrampft in ihrem Stuhl, die Hände artig auf den Knien, etwa so wie Queen Elisabeth bei der Thronrede. Die Frau war nervös, ihre Blicke schweiften im Raum umher, bis sie dann zu reden begann. Dann richtete sie ihre Augen auf den Boden oder auch auf den Arzt, so als säße sie auf der Anklagebank. Man konnte ihr anmerken, dass ihr dieses Gespräch wichtig war, da ging es um viel, vielleicht sogar um ihr Beziehungsglück. Und das war doch wichtig, oder? Obwohl es den beiden auf Grund der Unterstützung durch die Söhne eigentlich besser gehen sollte, gab es einen Streitpunkt, der Anlass zu heftigen Auseinandersetzungen war. „Wenn's dem Esel zu gut geht, geht er auf's Glatteis", sagte die Frau und meinte damit die wiedererwachenden sexuellen Avancen ihres Gatten. „Wissen Sie, noch vor ein paar Jahren hatten wir kaum Zeit dazu, aber jetzt, wo unsere Buben den Gutteil der Arbeit machen, kommt der Franz auf dumme Gedanken." „Dumme Gedanken? Was meinen Sie damit?", fragte der Therapeut. „Na ja, Sie wissen doch, warum wir da sind. Ich bin schon viel zu alt dafür, die Zeit des Kinderkriegens ist doch längst vorbei", stammelte die Frau. Der Mann schwieg, er schien abwarten zu wollen, was sich hier nun anbahnte. War er im Recht oder etwa doch die Frau? Um das zu klären, hatten sich die Ehepartner entschlossen, professionellen Rat zu suchen.

Im evolutionsbiologischen Sinne dient Sexualität tatsächlich der Fortpflanzung, dies entspricht ihrer reproduktiven Dimension. Die sexuelle Vereinigung dient dem Austausch der Gene zweier an sich fremder Menschen. Um einen Anreiz zu schaffen, dem biblischen Auftrag „Liebet und mehret Euch!" auch wirklich nachzukommen, wurden die Menschen mit dem Geschlechtstrieb und einem einzigartigen multidimensionalen Erlebnis, dem Orgasmus, ausgestattet. Er ist die Belohnung für die mit der Fortpflanzung verbundenen Strapazen. Der Orgasmus spielt sich im Kopf ab, er ist gekennzeichnet durch ein berauschendes Glücksgefühl, das schließlich in den Zustand von Entspannung und Zufriedenheit übergeht. Dies entspricht der Lustdimension der Sexualität. An den Geschlechtsorganen schaukelt sich die Lust auf bis zu einem explosiven Zustand, der von rhythmischen Kontraktionen der Becken- und Genitalmuskulatur begleitet wird. Sie dienen der Beschleunigung des Samens und einer möglichst weiten Ejakulation, denn dadurch erhöht sich die Wahrscheinlichkeit auf Befruchtung. Das Lustorgan des Mannes ist die Eichel. Ihre sensiblen Nervenkörperchen sind durch die Vorhaut geschützt. Sie liefern eine Unzahl elektrischer Impulse, die mit der Kommandozentrale des Körpers, dem Gehirn, in enger Verbindung stehen. Die Sexualzentren des Gehirns erhalten aber nicht nur Informationen vonseiten des Genitales, sie werden auch durch die anderen Sinnesorgane mit mannigfaltigen Impulsen gespeist. Die Augen, die Ohren, die Tastkörperchen der Hände und die erogenen Zonen stehen in engem Kontakt mit der Festplatte des Menschen. So kommt es, dass sich beim Sex die Biologie der Geschlechtsorgane mit der des Gehirns vermengt. Das alles ist außerdem gebunden an ein partnerschaftliches Erlebnis. Sexualität besitzt daher drei Grundlagen: Sie ist ein bio-psycho-soziales Phänomen.

Die soziologische Grundlage beschreibt die Partnerschaftlichkeit der Sexualität, die psychologische Grundlage das seelische Empfinden und die Biologie die körperlichen

Reaktionen an den Genitalien und dem restlichen Körper. Im Falle der Masturbation entfällt die soziologische Grundlage. Selbstbefriedigung hat daher nicht denselben glücklich machenden Effekt wie Sex mit einem geliebten Menschen, sie ist aber dennoch legitim und kann höchst lustvoll sein.

Für dieses Ehepaar war der Anlass zur Konsultation eines Sexualmediziners ein schon länger anhaltender Streit, der zuletzt zu eskalieren drohte. Die Frau kam aus sehr konservativen Verhältnissen. Sie war der festen Ansicht, dass Sexualität der Fortpflanzung dienen müsse, eine Meinung, die von ihrem langjährigen Partner, ihrem Ehemann, nicht geteilt wurde. „Ich habe das Gefühl, etwas Verbotenes zu tun", argumentierte sie, „und kann mich daher auch gar nicht entspannen." Schuldgefühle sind natürlich eine schlechte Voraussetzung für guten Sex. Um ihn genießen zu können, muss man entspannt sein und wie sollte das in diesem Fall gelingen? Sie fühlte sich schuldig und wenn es dann doch einmal passierte, verging sie fast vor Scham und Reue. Sie konnte nicht aufhören zu Gott zu beten, er möge ihr verzeihen. Dieses Gefühl, Verbotenes zu tun, wurde mit zunehmendem Alter immer schlimmer. Früher konnte sie es verdrängen, sich zwingen, einfach nicht mehr daran zu denken, doch jetzt kam es immer und immer wieder, es ließ sie gar nicht mehr los. Sie war sich sicher, sie fordere damit Gott heraus, indem sie sich gegen seine Wünsche richtete. „Ich möchte dem lieben Gott gefallen", sagte sie immer wieder und das könne sie nicht, wenn sie sündige.

Die sexualtherapeutische Exploration solcher Fälle ist nicht einfach, sie erfordert eine geschickte Gesprächsgestaltung und braucht vor allem Zeit. Die Idee, Sexualität habe ausschließlich der Fortpflanzung zu dienen, ist natürlich sozialisationsbedingt, also anerzogen. Und je weiter die Vermittlung dieser Gedankengänge zurückliegt, je jünger ein Kind war, als es mit dieser angeblichen Wahrheit konfrontiert wurde, desto unauslöschlicher prägt sie sich ein. Diese Frau war tatsächlich der Meinung, dass Sexualität der Fortpflanzung zu dienen habe, andernfalls müsse man enthaltsam leben; ein aus der Sexuallehre der römisch-katholischen Kirche stammendes Edikt. Auch heute noch ist die Kirche nicht bereit, auch nur einen Zentimeter davon abzurücken, verbietet selbst das Kondom, und das angesichts so dramatischer Seuchen wie des HI-Virus.

Kirchen haben das Recht, Reglements zu erstellen, das ist ihre ganz private Sache. Es ist aber auch eine ganz private Sache jedes Einzelnen, ihnen folgen zu wollen. Aus der Forderung nach der bedingungslosen Verknüpfung von Sexualität und Fortpflanzung ergeben sich schwerwiegende Konsequenzen, die erheblich in die Persönlichkeit eines Einzelnen eingreifen. Die Frage ist zum Beispiel, ob gleichgeschlechtliche Paare Sex haben dürfen? „Nein", sagt die Kirche, „weil sich gleichgeschlechtliche Paare nicht vermehren können, muss ihnen der Segen Gottes verwehrt werden." Dieser Gedankengang ist zwar sachlich falsch, aus der Sicht der Kirche aber nachvollziehbar. Darf aber – beispielsweise – ein Mann Sex haben, obwohl er zeugungsunfähig ist, oder gar ein Pärchen jenseits der Menopause der Frau? Die können doch auch keine Kinder mehr zeugen. Müssen sie nun auf Sex verzichten?

Die Beantwortung dieser Fragen rund um das Gedankengut der Kirche sollte die Kirche selbst beantworten. Der Zweck dieses Buches ist die Vermittlung der Sexualmedizin und die hat in dieser Frage einen ganz anderen, lustbejahenden Ansatz. In der Sexualmedizin gibt es drei Dimensionen, die reproduktive, die lustvolle und die soziale oder kommunikative Dimension. Die Erfüllung auch nur einer einzigen dieser drei Dimensionen rechtfertigt das Recht auf Sexualität. Ein Beispiel: Homosexuelle Paare können keine Kinder zeugen, die reproduktive Dimension bleibt ihnen daher verwehrt. Sehr wohl aber sind sie in der Lage, die Lustdimension und natürlich die kommunikative Dimension mithilfe ihrer Sexualität zu erfüllen. Daher dürfen sie und sollen sie auch Sex haben. So einfach ist das.

Im Sinne der Sexualmedizin definiert sich sexuelle Gesundheit nicht aus der Fähigkeit zur Fortpflanzung, sondern aus der Fähigkeit zu Liebe und Partnerschaft. Die Liebes- und Paarfähigkeit ist der Fortpflanzungsfähigkeit gleichbedeutend, wenn nicht sogar überlegen.

Neben drei Dimensionen und drei Grundlagen besitzt die menschliche Sexualität auch *drei Achsen*. Sie beschreiben das Wesen der sexuellen Vorlieben, also all das, worauf man „steht". Wohlgemerkt: Hier geht es nicht um die sexuelle Praktik, nicht darum, was einer im Bett tut, sondern darum, was einer gerne tun würde. Die sexuelle Präferenz äußerst sich in sexuellen Fantasien oder Tagträumen, sie sind der Stoff für jene anturnenden Gedanken, die beim Mann zu Erektion und Ejakulation führen, bei der Frau zur Lubrifikation (Befeuchtung) der Scheide und der inneren Bereitschaft, penetriert zu werden. Um die sexuelle Präferenz eines Menschen in Erfahrung zu bringen, muss er bereit sein, über seine Fantasien auch zu reden. Am besten eignen sich hierfür die Masturbationsfantasien.

Die *sexuelle Ausrichtung* beschreibt das bevorzugte Alter eines Sexualpartners. Die Gesellschaft hat hierfür ganz feste Normen, die sich einmal mehr von evolutionsbiologischen Bedürfnissen abzuleiten scheinen. Als „normal" gilt, dass ein Mann eine um ein paar Jahre jüngere Frau begehren solle. Sehr häufig mag dies auch der Fall sein, leider ändert sich die sexuelle Ausrichtung nicht mit dem eigenen Älterwerden. Ein 30-jähriger Mann, der eine 25-jährige Frau sexuell anziehend empfindet, ist nicht weiter auffällig, bewegt er sich doch innerhalb der „Norm". Wenn derselbe Mann aber seinen 60. Geburtstag an der Seite einer 25-jährigen Frau feiert, sieht die Sache schon ganz anders aus. Er wird zum Angriffsziel missgünstiger Zeitgenossen. Sich über eine gesellschaftliche Norm hinwegzusetzen erfordert Mut und einen breiten Rücken. Dies gilt nicht nur für die Missachtung von Altersnormen, sondern ganz besonders für die Frage des bevorzugten Geschlechtes eines Partners, der *sexuellen Orientierung*.

Mann oder Frau, das ist hier die Frage. Und wieder geht es nicht um die gelebte Sexualität, sondern um das fantasievolle Begehren. Homosexuell zu sein definiert sich nicht aus der sexuellen Praktik, sondern aus den auf das gleiche Geschlecht gerichteten sexuellen Erregungsmustern. Nicht das, was ein Mann tut, entscheidet über die sexuelle Orientierung, sondern das, woran er denkt! Es ist sehr wichtig, diese Gedankengänge zu begreifen und auch publik zu machen, denn sie führen den Versuch, Homosexualität durch Leugnung heilen zu wollen, ad absurdum. Selbst gebildete Leute scheinen diese Gedankengänge nur schwer zu begreifen, denn auch von manchen Ärzten wird ein Mann nur dann als homosexuell bezeichnet, wenn er auch tatsächlich mit Männern Sex hat. Dies ist aber keine Voraussetzung dafür und es ist fachlich falsch. Definitionsgemäß äußert sich Homosexualität in Tagträumen und sexuellen Fantasien, die allerdings sehr häufig verborgen bleiben. Dafür gibt es gute Gründe, denn homosexuelle Männer sind und bleiben weiterhin stigmatisiert. Die Gesellschaft ist bereit, eine auf das gleiche Geschlecht gerichtete sexuelle Orientierung unter dem Druck des Zeitgeistes zu tolerieren, nicht aber zu akzeptieren.

Neben Ausrichtung und Orientierung unterscheidet man noch die *sexuelle Neigung*. Sie beschreibt alle jene Nuancen sexuellen Begehrens, die nicht an das Geschlecht oder das Alter eines potenziellen Partners gebunden sind. Hier geht es um das detaillierte Aussehen eines Partners und um die Qualität und Quantität der sexuellen Handlung. Steht ein Mann auf Groß, Dick, Dünn, große oder kleine Brüste? Auf Blümchensex oder härtere Bandagen? Auf Sex in Lack und Leder oder gar auf Schuhe? Die sexuelle Neigung ist ein Gemisch aus den verschiedensten Erregungsmustern, sie ist für jeden Menschen einzigartig und so wie Orientierung und Ausrichtung unveränderbar. Jeder Mensch hat das Recht, seine Sexualität gemäß seiner drei Achsen zu gestalten, vorausgesetzt, es wird dabei das sexuelle Selbstbestimmungsrecht nicht verletzt und es kommt auch niemand zu Schaden.

Das Kunststück ist, den richtigen Partner dafür zu finden. Darin entscheidet sich nicht selten das Scheitern oder auch der Erfolg einer Beziehung.

Jochen ist ein 41-jähriger Mann. Seine sexuelle Identität ist intakt, er beschreibt sich selbst als sehr erfolgreich bei den Frauen. „Daran krankt es nicht“, kam er einer Frage gleich zuvor, „Mädchen kann ich haben wie Sand am Meer.“ Das Problem war einmal mehr eine Erektionsstörung, einmal mehr war sie aus heiterem Himmel auf ihn herabgestürzt, brachte sein gesamtes Leben in Unruhe. Sein gesamtes Leben? Ja! Denn eine Beziehung war bereits daran zerbrochen und das war nun wirklich ein Trauma für diesen sexuell aktiven Mann. Selbstverständlich kann eine Erektionsstörung das gesamte Leben eines Mannes durcheinanderbringen. Sexualität, ganz konkret die Erektion, ist von größter Bedeutung für das Selbstverständnis eines Mannes und somit maßgeblich bedeutsam für den Verlauf einer Beziehung und das Lebensglück des Betroffenen. Und schließlich, einmal mehr, hat ein konsultierter Arzt Viagra verschrieben, das habe die Situation zwar verbessert, das Problem aber nicht gelöst. „Wissen Sie“, fuhr Jochen fort, „das eigentliche Dilemma ist, dass ich noch niemanden gefunden habe, der sich für mein Problem wirklich interessiert. Das Rezept für das Viagra hielt ich schon in der Hand, als ich noch gar nicht angefangen habe, zu erzählen.“ „Na dann erzählen Sie mal!“ Jochen lehnte sich zurück, er war froh, endlich einen Zuhörer gefunden zu haben. „Wie lange haben wir noch?“ fragte er und drehte sich in Richtung Uhr. „Fast eine Stunde. Das ist gut.“ Sexualmedizin eignet sich nicht für eine 5-Minuten-Ordination. Da braucht man Zeit. Der erfolgreiche Sexualmediziner braucht eine Ausbildung für dieses Fach, ein offenes Ohr für Probleme und die Bereitschaft, seinen Patienten jene Zeit zu schenken, die sie benötigen.

Denise war Jochens langjährige Freundin, doch ihre Partnerschaft zerbrach. Langjährig hieß in diesem Falle fünf Jahre lang. „Sie war eine tolle Frau und wir hatten auch jede

Menge Sex. Denise war gut im Bett, sie war auch ein bisschen fordernd, nicht was das Repertoire anbelangte, da genügte auch die Missionarsstellung, sondern was die Quantität betraf. Sie brauchte es regelmäßig, wenn möglich mehrfach täglich." Jochen erzählte, als ob er über das Wetter reden würde, es machte ihm nichts aus, mit einem wildfremden Mann über seinen Sex mit Denise zu sprechen, ganz im Gegenteil, er war ja froh, endlich jemanden gefunden zu haben, der sich seiner Sache annahm. „Wissen Sie", sagte er und mit diesen Worten änderte sich auch sein Vortragsstil, offenbar wurde Jochen ein wenig unsicher, „ich habe schon seit meiner Jugend so gewisse Fantasien." Eine Zeit lang lassen sich Fantasien durchaus unterdrücken, doch mit zunehmendem Alter werden sie immer aufdringlicher, am Schluss geht gar nichts mehr, ohne sie wenigstens in Gedanken zu bedienen. Im vierten Jahr der Beziehung stellte sich die Erektionsproblematik ein, weswegen Jochen eigentlich in die Sprechstunde gekommen war. Denise reagierte zuerst gelassen, das könne doch immer einmal passieren, doch es passierte nicht nur einmal, sondern immer wieder. Regelmäßig wurde sein Penis entweder überhaupt nicht hart oder er schlaffte ab, nachdem er sich zu einer mäßig prachtvollen Erektion entwickelt hatte. Dabei hatte er tagtäglich seine „Morgenlatte", was Denise auch zur Kenntnis nahm, und bei der Masturbation war auch alles im Lot, wie Jochen sich ausdrückte. Das Erektionsdefizit begann eine veritable Beziehungskrise heraufzubeschwören, Denise wollte wissen, was da los sei, und begann sich Gedanken zu machen. Sie war sich sicher, dass es da noch jemanden Dritten geben musste, und diese Außenbeziehung war ganz bestimmt der Grund für das Scheitern der bisher immer so erfolgreichen Sexualität. Doch es gab niemanden Dritten, Jochen war nicht von dieser Sorte. „Auf solche Troubles kann ich verzichten", sagte er mit glaubwürdiger Bestimmtheit, doch nun war er im Argumentationsnotstand. Was war der wahre Grund für seine Probleme, die mehr und mehr begannen, seine Beziehung zu belasten? Am veränderten Tonfall konnte man erkennen, dass der wesentliche Teil des Gespräches begann. Jochen schluckte verlegen, dann rückte er mit der Wahrheit heraus. „Ich hatte schon immer eine devote Ader in mir. Devot", so führte er aus, „heißt in diesem Zusammenhang, dass ich mich sehr gerne beherrschen lasse. Die Frau sollte der dominante Part beim Sex sein, nicht im täglichen Leben, das ist ganz wichtig." Das war aber noch nicht alles, als besonderer Ausdruck für seine Unterwürfigkeit wollte er auch penetriert werden. Eine Frau konnte das ja nicht (womit auch?), daher stellt er sich das in seinen Fantasien mit einem Dildo vor, einem Kunststoffpenis, der zudem sehr voluminös sein musste. Schwul war er aber nicht, beeilte er sich zu betonen, denn das „Rummachen am Hintern" schreibt man ja sonst üblicherweise den Schwulen zu. Er war sich seiner Gynäphilie (sexuelle Orientierung auf Frauen) sicher, da gab es keinen Zweifel, mit einem Mann hatte er es schon einmal probiert, aber es war nicht „seines". Jochen war also heterosexuell, die Geschlechtsidentität war männlich, die sexuelle Orientierung zweifelsfrei auf Frauen gerichtet, die sexuelle Neigung aber devot. Sigmund Freud hatte eine Erklärung für diese Form der Sexualität. Devotismus sei die Ursache mangelnder Liebe durch den Vater. Der auf diese Weise geschmähte Sohn versucht sich die Liebe durch Unterwürfigkeit zu erzwingen, was aber nicht gelingt. In der Pubertät wird dieses Verhaltensmuster sexualisiert, einmal mehr muss die Partnerin das „ausbaden", was ein Elternteil, hier der Vater, verbrochen hat. Devot zu sein im sexuellen Sinn bedeutet, dass die Erregungsmuster darauf abzielen, von der Partnerin herablassend behandelt, meistens auch misshandelt zu werden. Devote Männer wollen sich leiden sehen, geschlagen, genötigt, vielleicht sogar spielerisch vergewaltigt, sie liefern sich ihrer Partnerin in Unterwürfigkeit aus. Sie, die Frau, nimmt dabei die unübliche Rolle der dominanten, das heißt der bestimmenden Partnerin ein. Devote Männer wollen auch gerne anal penetriert werden, in der Not auch gerne mithilfe eines Dildos, eben eines Kunststoffpenis. Wie schon erwähnt, hat das nichts mit Homosexualität zu tun, devote Männer können auf das eine oder das andere Geschlecht orientiert sein. Homosexuelle Männer haben allerdings den Vorteil, in der Erfüllung ihrer Wünsche leichter ans Ziel zu kommen. Denn einen „aktiven“ Mann zu finden, der die ihm zugedachte Rolle mit Freude spielen wird, ist nicht schwierig. Schwierig ist es aber, eine dominante Frau zu finden, obwohl es einen großen Bedarf geben dürfte. Die meisten Dominas sind in der ihnen eigenen Sexualität nicht wirklich dominant, sie spielen diese Rolle in entsprechenden Clubs, sind also Schauspielerinnen. Zweifelsfrei ist dies ein wichtiger Dienst an der Gesellschaft. Jochen wollte nicht in einen Club gehen, er würde seine Sexualität sehr gerne zu Hause ausleben, mit seiner Partnerin. Das aber war das Problem, an dem seine Beziehung scheiterte. Eine Zeit lang versuchte Denise aus Liebe seinen Wünschen zu entsprechen, sie hatte dabei weniger ein Problem, dominant zu sein, sie scheiterte an ihrem devoten Partner. Der Mann, den sie begehrte, durfte nicht unterwürfig sein, er sollte ein dominanter Mann sein, so wie das eben bei verschiedengeschlechtlichen Paaren meistens der Fall ist. „Ich stehe auf Machos und für mich ist das nicht einmal ein Schimpfwort. Ein Macho ist ein akkurater Mann, der seine Rolle als Mann auch wahrnimmt und mich, seine Partnerin, auf Händen trägt. Das ist der Mann, der mich anturnt“, präzisierte sie ihre eigenen Erregungsmuster. Nun, Jochen ist auf den ersten Blick genau so ein Mann. Er hat einen gut gebauten muskulösen Körper, ein kantiges Gesicht, kurz geschorene Haare und einen spitzbübischen Blick. Dass er im Bett solche Wünsche hatte, war für Denise nicht nachvollziehbar. Doch die Sexualität hat drei Grundlagen. Die Biologie entscheidet über den Körperbau, die Psychologie und die Sozialisation über die Erregungsmuster. Auch hier entpuppt sich die Erwartung, dass ein großer, starker Mann auch dominant sein müsse, als Klischee. Die Biologie und die Psychologie gehören zwar zusammen, der Kombinationsfähigkeit sind aber keine Grenzen gesetzt. Die Lehre aus dieser Geschichte ist, dass ein Mann für seine sexuelle Erlebniswelt die geeignete Partnerin suchen und finden muss. Jochen ist devot und er ist daran gescheitert. Gleich mehrere Male, denn seine Partnerinnen hatten in ihn andere Erwartungen gesetzt, als es dann der Realität entsprach. Erst seine momentane Beziehungspartnerin macht das alles mit, was er von ihr möchte. Er hatte Glück, landete einen Lottosechser, denn eine dominante Frau für einen devoten Mann zu finden ist ein Lottosechser, wenn auch das Internet die Partnersuche für paraphil veranlagte Männer erleichtert hat.

Der Beschreibung der sexuellen Präferenz sind also die drei Achsen der Sexualität gewidmet. Konkret handelt es sich bei diesen drei Achsen um die vorhin beschriebene sexuelle Ausrichtung, die sexuelle Orientierung und die sexuelle Neigung. Mit dem Erleben der sexuellen Präferenzen beschäftigen sich nun die drei Ebenen der Sexualität. Sie beschreiben, *wie* ein Mann mit seinen sexuellen Vorlieben umgeht, ob er sie akzeptieren wird oder leugnen oder eine andere Strategie zur Bewältigung verfolgen wird.

Die erste Ebene handelt vom *sexuellen Selbstbild.* Dieses Wort sagt sehr viel aus. Die Existenz eines Selbstbildes impliziert schon die Existenz dessen Spiegelbildes, also eines Fremdbildes. Beide sind meistens nicht ident, ganz im Gegenteil.

Hasan ist ein 24-jähriger Türke. Er lebt in Wien, ist dort schon geboren worden. Seine Sozialisation ist islamisch, er ist wie die meisten seiner Freunde ein überzeugter Moslem und der Umstand, dass er in einer christlichen Umgebung lebt, hat sein religiöses Bekenntnis eher noch gefestigt. Für den Islam ginge er auch auf die Barrikaden. Dummerweise steht er aber auf Jungs und so kommt es, dass er seit seiner Pubertät ausschließlich mit jungen Österreichern Sex hat. Er betont, dass es nur „Österreicher“ sind, mit denen er ins Bett geht, denn Moslems machen so etwas nicht. Das ist ein häufiges Phänomen, ein nicht bekennender (dystoner) homosexueller Mann sieht seine Sexualpartner, weil die sich ja zu ihrer sexuellen Orientierung bekennen, als Menschen zweiter Klasse. Und jetzt kommt die eigentliche Besonderheit: Er, der seit Jahren ausschließlich mit Männern schläft und noch niemals eine Frau penetrierte, bezeichnet sich, ohne mit der Wimper zu zucken, ganz non-chalant als heterosexuell. „Wissen Sie", sagte er, „wenn einmal die richtige Frau kommt, werde ich sicher heiraten und eine Familie gründen, so wie sich das gehört. Doch jetzt, sozusagen interimistisch, macht es eben mehr Spaß, sich mit Männern zu vergnügen." Dabei war er streng aktiv, penetrieren würde er sich niemals lassen, das wäre doch nur was für Schwuchteln. Soweit der Sachverhalt dieser Geschichte. Ihr Ausgang ist nicht schwer zu erraten: Hasans sexuelle Orientierung ist natürlich androphil, also auf Männer orientiert, das ist so und das wird sich niemals ändern. Er wird unter dem Druck seiner Familie und der gesellschaftlichen Zwänge eine Frau heiraten und irgendwie ein paar Kinder zeugen. Schwule Männer können auch mit Frauen schlafen, nötigenfalls denken sie dabei an Männer. Nebenbei wird Hasan weiterhin seiner sexuellen Präferenz nachkommen, er wird seine „Jungs" lieben, die er, genauso wie seine Frau, auch weiterhin schlecht behandeln wird. Seine Frau deshalb, weil er sie unter gesellschaftlichem oder familiärem Zwang geheiratet hat, seine „Jungs" deswegen, weil er sich für seine eigene Homosexualität schämt. Er wird kaum glücklich werden in diesem seinen Leben, er wird auch kaum Glück verbreiten. Man muss übrigens nicht Moslem sein, um von diesem Schicksal ereilt zu werden. Genau dasselbe Drama spielt sich in vielen durchschnittlichen „österreichisch-christlichen" Familien ab.

Hasan praktizierte ausnahmslos gleichgeschlechtliche Sexualität, hatte noch niemals das Bedürfnis, mit einer Frau zu verkehren, und bezeichnete sich selbst als „straight", also als heterosexuell. Dies ist sein Selbstbild; es muss weder der Wahrheit entsprechen noch mit der geübten sexuellen Praktik übereinstimmen. Das sexuelle Selbstbild eignet sich daher nicht, Erkenntnisse über die Sexualität eines Menschen zu sammeln. Jede Art von Befragung für die Gewinnung wissenschaftlicher Erkenntnisse ist obsolet, die daraus gewonnenen Daten können kaum verwertet werden. Warum? Weil das Selbstbild mit der Realität absolut nichts zu tun haben muss und äußerst selten der Wahrheit entspricht.

Mit dem *sexuellen Verhalten* ist es nicht viel anders. Auch das Verhalten muss nicht und wird auch häufig nicht mit der tatsächlichen sexuellen Präferenz übereinstimmen. Der real begehrte Partner steht sehr häufig nicht zur Verfügung und die praktizierte Sexualität ist in den meisten Fällen ein Kompromiss zwischen dem, was ein Mann begehrt, und dem, was er tatsächlich bekommt. Sollte die sexuelle Präferenz gar ein wenig ausgefallen sein, wie zum Beispiel bei dem vorhin geschilderten Fall eines devoten Mannes, wird die Diskrepanz besonders deutlich. Es lässt sich daher von der sexuellen Praktik nicht immer auf die sexuelle Präferenz schließen.

Walter steht eigentlich auf große, schlanke, blonde Frauen, hatte aber letzte Nacht Sex mit einer kleinen, pummeligen Schwarzhaarigen. Die kleine, schwarzhaarige, pummelige Frau war wohl eine Art Notlösung, weil die große, schlanke Blonde nicht zur Verfügung stand. Nur sie beschreibt aber das reale Erregungsmuster. Die Lehre aus dieser Geschichte ist: Schließe niemals von der geübten Praktik auf die sexuelle Präferenz. Ein schwuler Mann kann mit noch so vielen Frauen schlafen, er bleibt dennoch schwul. Und vice versa.

Der Weisheit letzter Schluss (über die reale sexuelle Präferenz eines Menschen) bleibt die *sexuelle Fantasie*. Das was ein Mann beim Sex, noch besser bei der Masturbation, denkt, entspricht letztlich der Wahrheit. Die sexuelle Präferenz manifestiert sich in Tagträumen und Masturbationsfantasien, sie hat wenig zu tun mit dem Selbstbild oder der geübten sexuellen Praktik. Wie viele Männer (und Frauen!)

denken beim Sex an jemanden anderen als den Partner, mit dem sie gerade schlafen? Zugegeben, das ist eine provokante These, nicht wenige Männer kommen aber gerade deshalb in die Praxis. „Herr Doktor“, so hört sich das dann an, „ich komme wegen eines sehr peinlichen Problems zu Ihnen, ich habe beim Sex immer so eigenartige Bilder vor meinen Augen.“ „Aha“, würde der Arzt in einem solchen Fall wohl geantwortet haben, „was für Bilder sind das denn?“

Oskar ist ein mittelgroßer Mann um die dreißig. Er ist Vater zweier Kinder und Gatte einer „wunderbaren Frau“. „Wissen Sie, das ist auch der Grund, warum ich überhaupt hierhergekommen bin, ich liebe meine Frau und bin der glücklichste Mann auf Erden, doch“, er schluckte (das ist ein Zeichen von Verlegenheit), „beim Sex bin ich in Gedanken immer weiß Gott wo.“ Es folgten einige Minuten Schweigen, dann fuhr Oskar fort: „Ich habe eine geheime Fantasie, über die ich noch mit niemandem gesprochen habe. Das Schlimme daran ist, dass ich mich dafür schäme und beginne, meiner Frau aus dem Weg zu gehen. Kurz und gut: Unsere Sexualität beginnt darunter zu leiden.“ Der Arzt signalisierte Gelassenheit, obwohl ihn sehr interessierte, was nun kam. Da war ein gestandener Mann, der sich ob seiner sexuellen Fantasien derartige Gewissensbisse machte, dass er begann, sich seiner Frau zu verweigern. So etwas ist nicht selten und es ist ein gefährliches Unterfangen. Wenn die Sexualität darunter leidet, ist es nicht mehr weit, dass auch die Beziehung Schaden nimmt. „Also, erzählen Sie mal!“ „Nun gut“, Oskar gab sich einen Schubs, „von Jugend an stehe ich auf schwarze Frauen, obwohl ich noch nie eine ‚hatte‘. Schon bei der Masturbation kreisten meine Gedanken immer um solche Geschichten, mal war ich auf Expedition ins Afrika, verirrte mich und kam in eines dieser Dörfer, wie man das im Fernsehen halt so sieht. Dort spielen sich dann ungeheuer erotische Szenen ab ...“ „Ist das alles? Worin besteht das Problem?“ „Na ja, Herr Doktor, diese Gedanken lassen mich nun nicht mehr los, ich habe eine Europäerin zur

Frau, die ich als sehr attraktiv empfinde, aber wenn ich mit ihr schlafe, bin ich mit meinen Gedanken meist auf Expedition."

Der Arzt hörte geduldig zu und erörterte mit Oskar die Lage. „Haben Sie mit Ihrer Frau bereits darüber gesprochen?", fragte er. „Um Gottes Willen! Nein!", antwortete Oskar und das war gut so. Es ist normal, dass Männer (und Frauen) beim Sex ihre Gedanken „auf Expedition gehen" lassen. Gedanken sind frei, sagt man nicht umsonst, sie drängen sich ja förmlich auf, sind sehr häufig gar nicht selbst gewollt. Sie folgen der sexuellen Präferenz, die sich in Fantasien widerspiegelt und nicht verändert werden kann. „So gesehen werden Ihre Fantasien Sie ein Leben lang begleiten. Sie werden sich kaum verändern und an Intensität eher zunehmen. Warum aber haben Sie dabei ein schlechtes Gewissen?", wollte der Arzt wissen, obwohl er die Antwort auf diese Frage natürlich im Vorhinein wusste. Viele Männer fühlen sich von ihren eigenen Fantasien überrumpelt, sie entwickeln Schuldgefühle, glauben ihre Partnerinnen zu verraten, weil jene in diesen Fantasien keinen Platz haben. „Ich habe das Gefühl, meine Frau zu betrügen", brachte Oskar die Sache auf den Punkt. Von Betrügen kann aber keine Rede sein, denn erstens sind solche Fantasien nicht selbst herbeigeführt und zweitens sind Gedanken nun einmal frei. Die Schlüsse, die daraus gezogen werden können, sind ganz einfach: Oskar steht auf schwarze Frauen! Und das muss er seiner Partnerin wirklich nicht auf die Nase binden, das wäre kontraproduktiv. Sie ist ja Europäerin.

Die Exploration sexueller Fantasien ist für die Diagnose und Therapie einer sexuellen Störung von größter Bedeutung. Dummerweise ist es nicht so einfach, sie in Erfahrung zu bringen. Ganz besonders das Instrument der Befragung wird sich hier nicht eignen. Wenn Männer über ihre Sexualität befragt werden, lügen sie wie gedruckt, ihr permanentes Bestreben wird sein, sich als perfekte Liebhaber darzustellen. Positiv besetzte Eigenschaften werden über-, negativ besetzte untertrieben. Zur Erlangung von Daten bedient sich die moderne Wissenschaft heute sehr komplizierter Apparaturen, mit denen es möglich ist, die Erregung der Sexualzentren sichtbar zu machen. Die daraus gezogenen Schlüsse liefern wesentlich verlässlichere Daten, als es die durch Befragung ermittelten jemals sein können, stehen aber nur großen Wissenschaftszentren zur Verfügung.

Zur Vervollständigung dieses *„5 × 3 der Sexualität“* bleiben noch die drei Formen der Sexualität: die Autoerotik, die extragenitale sexuelle Interaktion und die genitale Stimulation.

Unter *Autoerotik* versteht man jede Form der masturbatorischen Betätigung. Das Wort Masturbation heißt etwa „mit der Hand reiben“, trifft also nicht in jedem Fall die volle Wahrheit. Dieser Begriff ist aber zum Inbegriff jeder autoerotischen Handlung geworden. Das deutsche Wort „Selbstbefriedigung“ bringt die Sache besser auf den Punkt.

Masturbation ist so wie alleine essen gehen. Besser ließe sich Selbstbefriedigung nicht beschreiben. Alleine essen zu gehen bedient den Selbstzweck der Lustbefriedigung und der Energiezufuhr, die soziale Komponente bleibt dabei freilich auf der Strecke. Ganz ähnlich ist das mit der Masturbation. Sie ist ... eben wie alleine essen gehen. Die Lust ist da, doch leider kein Partner. Oder der Partner ist da und hat keine Lust oder man möchte sich selbst etwas Gutes tun. Wie auch immer, Männer und Frauen masturbieren, selbst in glücklichen Beziehungen. Das weiß doch jeder, wahrscheinlich aus eigener Erfahrung. Es zu leugnen verändert nicht die Wahrheit.

Grundsätzlich kann man davon ausgehen, dass beide Geschlechter masturbieren, und zwar schon in sehr jungen Jahren, selbst vor der Pubertät. Doch Männer sind hier wesentlich fleißiger, das ist „typisch“ für sie. Die Grundlage dafür ist das evolutionsbiologisch bedingte größere Interesse der Männer an okkasionellen Sexualkontakten. Die Lust führt zur Gelegenheit, dies ist insofern erwähnenswert, als es bei den Frauen umgekehrt ist. Bei den Frauen kommt die Lust aus der Gelegenheit. Dies gilt als erwiesen. Männer masturbieren hemmungslos, solange keine Partnerin vorhanden ist und man ihnen keine Neurosen anerzogen hat; in jungen Jahren auch mehrmals täglich.

Männer masturbieren wesentlich häufiger als Frauen, obwohl die Frequenz mit zunehmendem Alter deutlich abnimmt. Hier unterscheiden sich die Männer wieder von den Frauen, die, je älter sie werden, umso häufiger masturbieren. Die Frequenz der Männer werden sie niemals erreichen. Frauen haben einen noch stärker tabuisierten Bezug zur ganzen Thematik, sie masturbieren und wollen sich gar nicht bewusst sein, was sie da machen. Beckenbodengymnastik oder Entspannungsübungen nennen sie das dann manchmal, wahrscheinlich als Legitimation für vermeintlich verbotenes Treiben.

Masturbation ist nicht schädlich, solange die Sexualität mit dem Partner nicht darunter leidet. Wenn dem so sein sollte, muss mittels Sexualtherapie der Grund dafür gefunden werden, denn für die Beziehung ist die Verweigerung der Sexualität ein bedrohlicher Zustand. Derartige Probleme sind nicht selten Anlass zu Konsultationen eines Sexualmediziners. Die Frau fühlt sich vernachlässigt, umso mehr weil sie ja weiß, dass ihr Mann seine sexuellen Energien durch Selbstbefriedigung vergeudet. Doch darum geht es gar nicht. Die eigentliche Frage ist, *warum* er lieber masturbiert, als mit seiner Frau zu schlafen. Dies zu erforschen ist eine wichtige Aufgabe im Sinne des Erhaltes einer Beziehung. Das Verbot der Masturbation ist eine – fragwürdige – Errungenschaft mancher Religionen, Religionen sind aber von Menschen gemacht. Unter dem Vorwand, dem Körper zu schaden, wurde Masturbation verboten. Religionen mögen ihre Argumente haben, aus der Sicht der Wissenschaft sind solche Verbote nicht haltbar.

Es gibt zahlreiche Abhandlungen, die zu erklären versuchen, warum es zu unterlassen sei, sich selbst zu befriedigen. Die einfachste Erklärung ist dabei, es handle sich um Energieverschwendung und die dabei verschwendete Energie könne nützlicher eingesetzt werden. Der Irrglaube, der Samen käme direkt aus dem Rückenmark und zu häufige Ejakulationen führten zur Verblödung, oder aber auch, es stehe nur eine begrenzte Menge an Samen zur Verfügung und man müsse haushalten, sind andere Gründe für die geforderte Enthaltsamkeit, die fern jeder Wahrheit sind. Kurz und gut: Masturbation ist nicht schädlich, das kann getrost so behauptet werden. Die einzige Ausnahme ist die generelle Bevorzugung der Masturbation gegenüber der Sexualität mit einem Partner, aber so etwas hat seinen Grund, der meist innerhalb der Beziehung zu finden ist.

„Ist häufiges Masturbieren schädlich?“, wollen viele junge Männer wissen. Auch hier die klare Antwort: Nein! Junge Männer masturbieren je nach individueller Lust auch mehrmals täglich, das ist normal und zeugt von deren ungeheurer sexueller Energie. Schädlich ist es dann, wenn Körper oder Psyche überfordert werden, sich also ein Zustand einstellt, den man als Sexsucht beschreiben könnte. Sexsucht ist ein Zustand, bei dem Gedanken an Sex oder das Tun ein Ausmaß erreichen, das andere Lebensbereiche zu kurz kommen lässt. Wie sehr die ausgeprägte masturbatorische Betätigung junger Männer vor allem bei Frauen nicht selten Befremden und Unverständnis auslöst, beweist diese E-Mail zum Thema Masturbation. Valerie ist Mitglied eines Vereins, der sich die Durchsetzung feministischer Wertvorstellungen zum Ziel gesetzt hat.

Valerie schreibt:
(...) Die Beschneidung der Männer ist zweifelsohne ein häufig diskutiertes Thema, weil sie meistens ohne eine biologische Notwendigkeit durchgeführt wird. Früher sah ich darin eine Verstümmelung der Männer durch profitgierige Ärzte, heute bin ich eine strikte Befürworterin. Eine meiner Freundinnen, selbst Ärztin, erzählte mir, sie wolle ihren

knapp 15-jährigen Sohn beschneiden lassen. Weniger aus hygienischen, sondern aus anderen verständlichen Gründen. In unserer Welt sind Buben allerlei sexuellen Reizen ausgesetzt, vor allem die Pornografie des Internets muss hier besonders erwähnt werden. Gerade von der heranwachsenden Jugend kann man nicht erwarten, dass sie sich in Zurückhaltung übt, und so ist Onanieren, auch exzessives, eine unausbleibliche Folge. Es ist mir bewusst, dass Masturbation keine schädliche Auswirkung auf den Körper haben wird, doch sie beeinflusst ganz wesentlich die lustbetonte Sexualität der Männer und den Umgang mit dem weiblichen Geschlecht. Ganz abgesehen davon wirkt sie sich auf die Beziehungsfähigkeit schädlich aus. Die Beschneidung wäre daher ein geeignetes Instrumentarium, einen heranwachsenden Jungen wenigstens vorübergehend an der Masturbation zu hindern, vorausgesetzt, sie wird sehr straff mit vollständiger Frenulektomie (Entfernung des Vorhautbändchens) *durchgeführt. Der junge Mann kann diese Zeit nützen, um aus seinem Lustschloss auf den Boden der Realität herunterzukommen. (...)* [Auszug aus einem längeren E-Mail-Verkehr]

Liebe Valerie!
Der Inhalt Ihrer E-Mail ist nicht nur fachlich falsch, sondern bewegt sich auch ethisch auf sehr wackeligem Boden. Einen 15-jährigen Knaben beschneiden lassen zu wollen, um ihm die Lust an der Selbstbefriedigung zu nehmen, ist eine krankhafte Vorgangsweise. Die Mutter greift hier in nicht zulässiger Weise in die Sexualität ihres Sohnes ein und versucht sie zu zerstören. Die Ärztin, Ihren Ausführungen zufolge handelt es sich beim operierenden Arzt um eine Frau, [ergibt sich aus dem vollständigen E-Mail] *muss sich der unethischen Vorgangsweise bezichtigen lassen, denn die beabsichtigte Verringerung der Masturbationsfrequenz ist keine Indikation zu einem chirurgischen Eingriff. Ganz abgesehen davon, dass man Masturbation durch eine Circumcision, das ist der Fachausdruck für die Beschneidung der*

Vorhaut bei Männern, nicht vermindern kann, so wie man damit auch die Lust nicht schmälern kann. Wenn man Millionen von beschnittenen US-Amerikanern glauben darf, ist ein beschnittener Mann wesentlich länger und intensiver masturbationsfähig, die fehlende Vorhaut kann in lustvoller Weise durch ein Gleitmittel ersetzt werden. Ich erkenne in Ihrer E-Mail einmal mehr fehlgeleitetes feministisch-indoktriniertes Gedankengut. Sie sollten sich hüten, solche Vorgangsweisen weiterhin als vorbildhaft darzustellen. MfG, Dr G.P. (...) [gekürzter Auszug aus einem längeren E-Mail-Verkehr]

Solche Positionen sind leider nicht so selten. Frauen deuten masturbatorische Aktivitäten ihrer Männer häufig als mangelnde Liebe und als Verrat an ihnen selbst. Diese Angst ist allerdings unbegründet, jedenfalls dann, wenn die partnerschaftlichen Bedürfnisse nicht vernachlässigt werden. Jeder Mann und jede Frau bleibt auch in einer Beziehung ein autonomes Wesen; dies bedeutet, dass eine Rechenschaft über autoerotische Aktivitäten genauso wenig erforderlich ist wie die Offenbarung sexueller Fantasien. In vielen Beziehungen ist so etwas kein Thema, sollte es aber zu einem werden, muss professionelle Hilfe in Anspruch genommen werden. Darüber zu streiten, ist jedenfalls nicht zielführend. Es schafft Missverständnisse und verhärtet die Fronten. Und noch etwas: Kleine Geheimnisse darf es auch in funktionierenden Beziehungen geben.

Die Zivilisationsgeschichte der Masturbation in Europa begann offenherzig. Die alten Ägypter, aber auch die Griechen und die Römer scheinen einen völlig unbedarften Zugang zur Selbstbefriedigung gehabt zu haben. Darstellungen auf griechischen Tonkrügen oder römische Statuen zeigen Männer bei ihrer lustvollen Tätigkeit und kein Mensch der Antike schien sich dabei etwas Schlechtes gedacht zu haben. Interessanterweise findet sich auch in der Bibel, weder im Alten noch im Neuen Testament, ein Wort über Selbstbefriedigung. Das könnte man so verstehen, dass es die natürlichste Sache der Welt ist und keiner Erörterung bedarf. Erst das spätere Christentum begann sich mit diesem Thema abwertend auseinanderzusetzen. Warum die Masturbation dabei derart dämonisiert wurde, ist bis heute nicht ganz klar. Religionen haben offenbar überhaupt größtes Interesse daran, die Sexualität an sich zu reglementieren. Das beginnt mit der strengen Monogamie und endet bei der angeordneten Keuschheit der Mönche, welche auch die Masturbation umfasste. Der Abt Cassianus (360–430 n. Chr.) verbot seinen Ordensbrüdern nicht nur die Onanie, sondern sogar die „angenehmen Gedanken", die dabei aufkämen. Selbst der unwillkürliche nächtliche Samenerguss, über den Männer gar nicht selbst entscheiden können, war für Cassianus der Ausdruck eines tiefen seelischen Problems.

Nichts ist so schön wie ein reges Sexualleben innerhalb einer von Liebe geleiteten Beziehung. Wir alle wissen aber, dass das Glück einer liebevollen Partnerschaft nicht jedem beschieden ist und dass innerhalb von Beziehungen das Sexualleben aus den verschiedensten Gründen nicht „rege" sein muss. Die Häufigkeit sexueller Aktivitäten zweier Partner entspricht dem größten gemeinsamen Nenner ihrer Bedürfnisse, denn eine eheliche Pflicht gibt es nicht. Da innerhalb einer Partnerschaft die sexuellen Bedürfnisse selten gleich groß sind, muss es einen Kompromiss geben. Er besteht meistens darin, dass sich die größeren Bedürfnisse auf die geringeren einstellen müssen. Mithilfe von Masturbation können überschüssige Energien auf legitime Weise abgebaut werden, ohne den Anspruch auf Monogamie zu verletzen.

Es ist auch eine Weisheit der Sexualmedizin, dass Beziehungslosigkeit eher krank macht als Orgasmuslosigkeit. Die Grundlage für diese Behauptung ist das Paradigma des Menschen als soziales Wesen. Jeder gesunde Mensch sehnt sich nach Beziehung, auch wenn es manchmal nicht so einfach ist, dies einzugestehen. Auf längere Sicht führt Einsamkeit zu Störungen des Selbstwertes, zu Neurosen und Depression. Für die männlichen Geschlechtsorgane gilt dennoch: „Wer rastet, der rostet!“ Wir wissen heute, dass es regelmäßiger Ejakulationen bedarf, um Männer gesund zu erhalten. Dabei kommt es nicht auf den Beischlaf an, sondern auf die Ejakulation, was nichts anderes heißt, als dass vom biologischen Standpunkt aus Masturbation genauso gesund ist wie „richtiger Sex“, wenn wir von der emotionalen Komponente absehen. Regelmäßige Ejakulationen halten aber nicht nur den Geschlechtsapparat in Schuss, sondern führen über die reaktive Ausschüttung verschiedener Hormone zu mannigfaltigen Auswirkungen auf den Gesamtorganismus. Es kommt zur vermehrten Ausschüttung von Testosteron, Wachstumshormon, Melatonin, Prolactin, Oxytozin, Vasopressin und anderen endogenen Botenstoffen, die Glücksgefühl und Wohlbefinden aktivieren.

Masturbationsfantasien sind der „Film“ im Kopf, ohne den nichts geht. Jeder Mann hat „seine“ eigenen Masturbationsfantasien. Sie haben ganz konkrete Inhalte, immer dieselben, ohne die das Erreichen des Höhenpunktes nicht möglich wäre. Man kann davon ausgehen, dass der Inhalt dieser Bilder dem individuellen Erregungsmuster eines Mannes folgt, das im Erwachsenenalter als unveränderbar gilt. Diese Fantasien beschreiben die wahre sexuelle Präferenz, deren Erforschung in der Sexualmedizin eine wichtige Rolle spielt. Verständlicherweise werden Masturbationsfantasien nicht so einfach preisgegeben, vor allem dann nicht, wenn sie paraphilen (abnormen) Inhaltes sind. Für einen Therapeuten wären sie aber genau dann von Interesse. Die Gedanken an Verbotenes sind ein gut gehütetes Geheimnis, weil deren Preisgabe die wahre sexuelle Präferenz entlarven würde. Umso wichtiger ist es für einen Therapeuten, sie in Erfahrung zu bringen. Manchmal bedeutet es viele Stunden harte Arbeit, um die Wahrheit ans Tageslicht zu bringen. Sollten Sie jemals einen Sexualmediziner aufsuchen wollen, rechnen Sie also damit, danach gefragt zu werden. Dabei müssen Sie sich nicht schämen, denn der Sexualmediziner weiß, dass alle sexuellen Präferenzen schuldlos akquiriert sind. Dies heißt aber nicht, dass sie auch alle in die Tat umgesetzt werden dürfen. Das Erforschen auch der abnormsten sexuellen Fantasien ist Bestandteil der Therapie. Nur wenn dies gelingt, ist eine Therapie erfolgversprechend.

Die zweite „Form" der Sexualität nach der Autoerotik ist die *extragenitale sexuelle Interaktion*. Darunter versteht man Sex unter Aussparung der Geschlechtsorgane. „Ja, geht denn das überhaupt?", höre ich schon jene Männer fragen, für die Sexualität bei der Penetration beginnt, also beim Eindringen in die Scheide. Es ist Bestandteil jeder Sexualtherapie, Sexualität zu definieren, festzulegen, wo denn Sex überhaupt beginnt.

Claudia, eine 31-jährige Frau aus der nördlichen Steiermark, schrieb folgende E-Mail:

Sehr geehrter Doktor!
Ich bin durch Zufall auf Ihre Homepage gestoßen, doch eigentlich, so ganz zufällig war das nicht, denn ich suche verzweifelt Hilfe. Ich bin seit 3 Jahren mit einem gleichaltrigen Mann in einer Beziehung und seit fast 6 Monaten haben wir nun überhaupt keinen Sex mehr. Ich habe das Gefühl, je mehr ich Robert, so heißt mein Partner, dazu dränge, desto weiter entfernt er sich von mir. Irgendwie entsteht der Eindruck, er macht das absichtlich. Ich gebe ja zu, dass mir unser Sex von Anfang an zu wenig war, von Anfang an musste ich mich darum bemühen, dass was „läuft". Wie gesagt, ich bin am Verzweifeln, ich merke, dass dieser ewige Streit rund um den Sex unsere Beziehung immer mehr belastet. Bitte helfen Sie uns!

Liebe Claudia!
Die einzige Hilfe, die ich Ihnen anbieten kann und die auch Erfolg versprechend ist, wäre eine Sexualtherapie. Selbstverständlich macht es keinen Sinn, wenn Sie alleine in die Therapie gehen. So eine Therapie funktioniert nur im 3er-

Setting, es ist eine Gesprächstherapie mit Ihnen beiden und natürlich dem Therapeuten. Sagen Sie Ihrem Partner, dass Sie sich Sorgen um Ihre Beziehung machen und dass Sie ihn bitten würden, mit Ihnen gemeinsam in die Sprechstunde zu kommen.

Gesagt, getan, es dauerte keine zwei Tage und ein Termin wurde fixiert. Die Bereitschaft zur Therapie ist ein gutes Zeichen für das ernsthafte Interesse, die Beziehung zu retten. Wie immer ist sexuelle Unzufriedenheit der Grund für Beziehungsunzufriedenheit und diese muss über kurz oder lang zum Scheitern eben dieser Beziehung führen. Hier haben sich zwei junge Menschen entschlossen, einen Teil ihres Lebens gemeinsam zu gehen, beide haben ihre sexuellen Bedürfnisse und es läuft nichts. So etwas ist immer die Folge eines Kommunikationsproblems. Man muss darüber reden, doch um darüber zu reden, bedarf es meistens eines Therapeuten. Die Ohnmacht, sexuelle Themen emotionslos zu besprechen, liegt nach 2000 Jahren katholischer Sozialisation schon fast in den Genen gläubiger Christen. „Über Sex spricht man nicht, den macht man" ist ein häufiges Argument. Leider ist das einfach falsch. Das stupide Wiederholen eines Satzes verändert nicht dessen Wahrheitsgehalt.

Claudia und Robert kamen gemeinsam in die Praxis. Die beiden mochten sich, das konnte man gleich erkennen. „Robert, Ihre Freundin hat den Kontakt zu mir geknüpft", begann der Therapeut, „sagen Sie, warum sind Sie denn hier?" „Weil nichts mehr läuft bei uns", brachte Robert die Sache auf den Punkt. „Und warum nicht?" „Weil ich ihr sowieso nichts recht machen kann." „Und deswegen verweigern Sie sich?" „Das könnte man so sagen", rechtfertigte sich Robert, „obwohl, wir machen ja fast alles, wir kuscheln jeden Tag, streicheln, küssen. Ist das nichts?" Der Therapeut wendete sich an Claudia: „Claudia, ist das nichts?" Das weitere Gespräch drehte sich um Sexualität ganz allgemein. In dieser Beziehung wurde gekuschelt, geküsst und eng umschlungen eingeschlafen. Tagtäglich. Solche Art von Zärtlichkeit ist selbstverständlich Sexualität, sie kann intimer sein als jeder Geschlechtsverkehr. Jede bewusste intime Berührung ist Sex und somit konnte man nicht behaupten, in dieser Beziehung „laufe nichts mehr". Ganz im Gegenteil, das war eine hocherotische Beziehung. Beide, der Mann und die Frau, hatten ihre Bedürfnisse, deren zufriedenstellende Umsetzung nur zum Teil geglückt war. Um dies zu beheben, waren sie nun in der Sexualtherapie gelandet. Das Prinzip einer Sexualtherapie ist nicht, Normwerte vorzugeben. Es gibt zwar statistische Daten über die Quantität und Qualität sexueller Interaktionen, die spielen aber für das individuelle Paar überhaupt keine Rolle. Das Ziel einer Sexualtherapie kann nicht sein, die Sexualität eines Pärchens an den Durchschnittswert anderer anzugleichen, sondern *sexuelle Zufriedenheit* in eben dieser Beziehung herzustellen. Sie ist der Garant für eine dauerhafte und glückliche Beziehung.

Aus der Sicht der Sexualmedizin ist jede extragenitale sexuelle Interaktion vollwertiger Sex. Der Einbezug der Genitalien ist keinesfalls erforderlich, um den „Tatbestand" der Sexualität zu erfüllen. Der Austausch von Zärtlichkeiten außerhalb der Genitalzonen wird sehr häufig als „Vorspiel" bezeichnet. Das mag es auch meistens sein, das Wort „Vorspiel" impliziert aber, da müsse noch etwas anderes kommen, etwas Höherwertiges vielleicht. Es ist Teil einer Therapie, zu vermitteln, dass das „Vorspiel" auch vollwertiger Sex sein kann, der befriedigt und auch glücklich macht. Wie war das mit der Speisekarte? Muss ein gutes Essen immer aus Vor-, Haupt- und Nachspeise bestehen? Oder kann nicht auch einmal die Vorspeise und der nachfolgende Kaffee ausreichend sein, ohne dass das Gefühl vermittelt wird, es wäre kein „richtiges Essen" gewesen?

Keinen Sex zu haben ist für eine Beziehung ein desaströser Zustand. Doch solange Zärtlichkeiten und Berührungen stattfinden, ist nichts verloren, es zeugt von Liebe und Zuneigung und der Rest ist dann eine Frage der Kommunikation. In diesem Fall, bei Robert und Claudia, fühlte sich der Mann unter Druck gesetzt und wie sollte ein Mann, der glaubt, er wäre ein schlechter Liebhaber, denn sonst reagieren als mit Rückzug? „Von Anfang an war mir alles zu wenig“, hatte sie ja freimütig eingeräumt. Er, der ihr „nichts recht machen konnte“, verweigerte den Geschlechtsverkehr, hörte aber nicht auf, sie zu lieben. Um aus dieser Krise herauszufinden, bedarf es meistens einer professionellen Intervention. Ein Therapeut besitzt jene Distanz, die ein fruchtbares Gespräch erst möglich macht.

Die dritte Form der Sexualität ist die *genitale Stimulation*. In der christlichen Welt gilt sie wegen eines anerzogenen neurotischen Schamgefühls als die intimste Form der Sexualität. Die Genitalien wurden von der Kirche tabuisiert, umso mehr muss deren Einbeziehung in die Sexualität als besonders „intim“ gelten, fast schon als „so sehr intim“, dass Sexualität zum Problem wird. Zur Rettung der Kirchen darf nicht verschwiegen werden, dass die moderne „postchristliche“ Gesellschaft diesbezüglich päpstlicher als der Papst zu sein scheint. Anstatt zu einer Befreiung der Sexualität kommt es zu einer neuen Tabuisierung. Noch nie – so hat man das Gefühl – war Nacktheit so sehr verpönt wie heute, das sieht man am besten an der Badekleidung junger Männer. Das Schamgefühl jedenfalls ist eine Erfindung der Gesellschaft. Es gibt auch heute noch Kulturkreise, in den die Genitalien deutlich weniger dämonisert werden, in Asien zum Beispiel, ganz abgesehen von Naturvölkern. Unsere großen humanistischen Vorbilder, die alten Griechen, hatten einen wesentlich unbedarfteren Umgang mit ihren Genitalien, selbst die alten griechischen Götter waren angeblich ganz schön frivol. Davon zeugen Unmengen von Vasen und Amphoren, wo Frauen und Männer inklusive ihrer Genitalien dargestellt sind, die Männer sogar mit erigiertem Penis. Auch nach dem Studium der Gepflogenheiten von Naturvölkern ist die Existenz eines natürlichen Schamgefühls schlichtweg unwahrscheinlich. Auch im Paradies waren Adam und Eva nackt und „sie schämten sich nicht“. So steht es in der Bibel explizit geschrieben. Somit ist das Schamgefühl ein Teil der Bestrafung der Menschen nach dem Sündenfall, eine wahrhaft folgenschwere Strafe. Warum auch soll ein ganz bestimmter Körperteil den Blicken anderer Menschen entzogen werden? Wie sehr der Kulturkreis hier eine Rolle spielt, sieht man anhand der muslimischen Burka. Die Burka ist ein Ganzkörperschleier, er wird von jenen Frauen getragen, die selbst ihr Gesicht verbergen müssen oder möchten.

Die krankhafte Tabuisierung der Geschlechtsorgane führt zu einer Überbewertung der genitalen Sexualität. Und weil die Genitalien die Lustorgane sind, auch zu einer Überbewertung der Lustdimension. In Wirklichkeit sind die Genitalien überhaupt nicht „intim“, sondern ganz normale Körperteile, deren Abbildung nicht so große Probleme machen sollte. Eine besondere Leistung der römisch-katholischen Kirche ist die Zerstörung von Dutzenden antiker Skulpturen und deren Ausstattung mit einem Feigenblatt. Im vatikanischen Museum gibt es zahlreiche Zeugen für fehlgeleitete göttliche Eingebung, schließlich war ein Papst der Urheber dieses Verbrechens an der überlieferten Kultur vergangener Jahrtausende. Was ist das für eine Kirche, die die Schöpfung Gottes diskreditiert?

Es sind nicht die Genitalien, es sind die sexuellen Handlungen an ihnen, die vor der Öffentlichkeit verborgen bleiben müssen, um dem Anspruch an Intimität gerecht zu werden. Nacktheit kann kein inkriminierter Zustand sein, öffentlich zur Schau gestellte Sexualität sehr wohl.

In den Augen vieler beginnt Sexualität erst bei der Penetration, eine Anschauung, gegen die die Sexualmedizin vehement auftritt. Definiert man Sexualität in der größtmöglichen Breite, bekommt sie einen wesentlich emotionaleren Charakter, die Bedeutung der kommunikativen Dimension würde dann größer werden. Der Schluss, Sexualität wäre generell gleichbedeutend mit genitaler Sexualität, stellt eine traurige und nicht akzeptable Verkürzung der Sexualität dar.

Er ist auch die Grundlage für viele sexuelle Störungen. Dennoch bleibt die genitale Stimulation mithilfe welcher Tools auch immer ein vor allem lustvoller Bestandteil menschlicher Sexualität. Dagegen ist natürlich nichts einzuwenden. Ach ja, für die reproduktive Dimension sind die Genitalien auch von eminenter Bedeutung, das sollte man auch nicht vergessen. Reproduktion sollte nicht auf einen technischen Vorgang reduziert werden, sondern das Ergebnis liebevoller und lustbetonter Sexualität bleiben. Die Entwicklung geht allerdings in eine andere Richtung.

7. Kapitel

Worauf Mann steht – sexuelle Vorlieben

Unter der sexuellen Präferenz versteht man die sexuelle Vorliebe eines Menschen, umgangssprachlich „das, worauf einer steht". Jeder Mann und jede Frau besitzt eine ganz persönliche sexuelle Präferenz, die manchmal etwas mehr, manchmal etwas weniger Spielraum in der Auswahl der Sexualpartner oder der sexuellen Praktik erlaubt. Sie bestimmt den Inhalt der Erregungsmuster, die bedient werden müssen, um Sexualfunktionen wie Erektion oder Orgasmus überhaupt erst möglich zu machen. Es ist daher kaum möglich, sich ihr zu entziehen, sie fordert ihren Respekt, mit zunehmendem Alter immer eindringlicher. Nicht jeder Mann kann ob seiner sexuellen Präferenz glücklich sein, denn manchmal beinhaltet sie gesellschaftlich geächtete oder gar verbotene Gedanken. Wie bereits ausführlich beschrieben, lassen sich sexuelle Vorlieben in eine Orientierung auf eines der beiden Geschlechter, in eine Ausrichtung auf ein gewisses Alter des Sexualpartners und eine Neigung auf alle anderen sexuellen Vorlieben unterteilen. Die Prägung auf eine bestimmte sexuelle Vorliebe ist teilweise biologisch bedingt, zu einem Gutteil aber auf Erfahrung und Erziehung zurückzuführen, niemals aber ist eine sexuelle Vorliebe vorsätzlich erworben, immer ist sie Schicksal und nicht Wahl. Ein Mann muss sich für seine Erregungsmuster nicht entschuldigen, Frauen natürlich genauso wenig, ihre bloße Existenz kann nicht als Schuld gewertet werden. Dennoch gibt es Fantasien, die nicht gelebt werden dürfen, weil deren Umsetzung in sexuelles Verhalten dem potenziellen Partner schaden könnte. Dies ist der Grund, warum sich Therapeuten, Sexualmediziner und Psychoanalytiker mit diesem Thema intensiv beschäftigen (müssen). Man versucht herauszufinden, warum der eine auf dieses und der andere auf jenes steht, um dissexuelle (kriminelle) Sexualität behandeln oder gar verhindern zu können. Auch für den praktizierenden Sexualmediziner spielt die Ursachenforschung eine große Rolle, vor allem auch deshalb, weil sexuelle Präferenzen nach der Pubertät in ihren Grundzügen als unveränderbar gelten.

Wohlgemerkt: Die Fantasie, das Erregungsmuster gilt als unveränderbar, nicht aber, was ein Mann draus macht!

Solange das Ausleben einer sexuellen Präferenz das sexuelle Selbstbestimmungsrecht nicht verletzt und niemand dabei zu Schaden kommt, besteht kein Handlungsbedarf, selbst dann nicht, wenn die Vorliebe in der Gesellschaft auf Unverständnis stoßen sollte. Behandlungsbedarf gibt es allenfalls dann, wenn Gesetze oder Menschen verletzt werden, wie zum Beispiel bei der Pädophilie. Sexuelle Störungen bei Männern und Frauen sind nicht selten darauf zurückzuführen, dass vom Partner ein ganz bestimmtes Erregungsmuster nicht mitgetragen werden kann oder aus Scham überhaupt verheimlicht wird. Nicht selten holen sich die Unzufriedenen dann das, was sie innerhalb der Beziehung nicht bekommen, woanders, zum Beispiel in Außenbeziehungen oder im Bordell. Diese Vorgangsweise ist weit verbreitet, sie beinhaltet eine Art von Bestrafung für den unwilligen Partner. Die Botschaft ist: „Weil du mir nicht gibst, was ich brauche, musste ich nun untreu werden und du bist schuld!“ Keinesfalls kann Derartiges zur Nachahmung empfohlen oder akzeptiert werden, denn es handelt sich um einen Vertrauensbruch, der die Beziehung belasten wird. In jeder Beziehung muss daran gearbeitet werden, einen möglichst großen gemeinsamen Nenner für die Sexualität zu finden. Was nicht möglich ist, ist eben nicht möglich. So einfach ist das!

Buenos Aires, Argentinien. Mit dieser Stadt verbindet man südamerikanisches Flair, Eleganz und schöne Menschen. Nicht umsonst wurde ihr von der UNESCO der Titel „Stadt des Designs“ verliehen. Man kann sich schon wohlfühlen in Buenos Aires. Daniel, ein 29-jähriger Österreicher, ist offenbar derselben Meinung. Er hat erst jüngst beschlossen, seinen Aufenthalt dort zu verlängern. Zuerst sollte er die argentinische Repräsentanz eines deutschen Unternehmens zwei Jahre lang bereichern, nun sind schon vier Jahre daraus geworden und das ist scheinbar noch immer nicht genug. „Bereichern“ ist in diesem Fall nicht übertrieben, denn Daniel sieht sehr gut aus, ist wohlerzogen und hat Charme. Von seiner Sachkompetenz ganz abgesehen. Trotz seiner Jugend versteht er sein Geschäft, die Umsätze der von ihm geleiteten Außenhandelsstelle gehen steil nach oben. Man sieht ihn und ist vom ihm begeistert, wird von ihm eingenommen. Daniel tut sich leicht, Kontakte zu knüpfen. Nicht umsonst ist es ihm gelungen, ein nicht minder hübsches Mädchen für sich zu interessieren; die beiden sind seit zwei Jahren glücklich verheiratet, ein Traumpaar. Daniel präsentiert mit Stolz das kleine Bildchen von seiner „Maus“ – so nennt er Simone. Die beiden fallen auf, wo immer sie gemeinsam erscheinen. Kinder sind noch nicht geplant, das kommt später, dazu fühlen sich die beiden derzeit zu jung. Oder eigentlich, *er* fühlt sich noch zu jung, Simone hätte lieber heute als morgen ein Baby von ihm, so ein kleiner süßer Daniel wäre die Abrundung des perfekten Glücks. Alle sechs Monate wird Daniel nach Deutschland zurückgerufen, um der Konzernmutter zu berichten. Da geht es um Umsätze, Zukunftsvisionen und den Ausbau der Geschäftsbeziehungen. Das hört sich an wie Urlaub, ist aber das glatte Gegenteil. Termin jagt Termin und es bleibt kaum Zeit, die Eltern in Österreich zu besuchen. Auch diesmal ist der Besuch in seiner Heimatstadt nur ein kurzer Abstecher, doch schaffen möchte er das unbedingt. Ein braver Sohn enttäuscht seine Eltern nicht und welcher Sohn möchte nicht ein braver sein? Dieser Pflichtbesuch in Österreich gilt hauptsächlich seinen Eltern, doch so ganz die volle Wahrheit ist das nicht. Schon lange im Vorhinein, von seinem Büro in Argentinien aus, hatte er schon Kontakt aufgenommen mit einem Arzt, einem ganz speziellen Arzt. Er wolle sich durchchecken lassen und weil dieser Termin am Samstag sein muss, will er geplant sein. „Ordinieren Sie auch am Wochenende?“, fragte er ganz unverblümt, „ich bin nämlich nur auf der Durchreise.“ Einmal mehr fand Daniel die richtigen Worte, nach kurzer Überzeugungsarbeit war der Arzt bereit, ihn am Samstag zu empfangen. Daniel kennt seinen Vertrauensarzt erst seit ein paar Monaten, er hat seine Adresse im Internet gefunden. Die Firma in Argentinien hat zwar einen Gesellschaftsarzt unter Vertrag genommen, um die bestmögliche medizinische Behandlung für die Mitarbeiter zu gewährleisten. Die beiden Wahlargentinier sind auch sehr zufrieden mit ihm, doch mit diesem Arzt konnte Daniel seine Probleme nicht besprechen. Sie sind zu heikel und vor allem: Seine Frau sollte davon nichts erfahren.

Noch bevor Daniel von seinen Eltern zum Mittagessen empfangen wird, sucht er also diesen Arzt auf. Der liebt zwar sein Wochenende und Samstagtermine sind daher äußerst selten, doch für Daniel macht er eine Ausnahme. Für sein Sachgebiet kommen Patienten oftmals zu den unmöglichsten Zeiten und auch nicht selten von weit her. Diese Arbeit macht ein Arzt für sich alleine, ganz persönlich. Vertrauen und Vertrauenswürdigkeit sind die Grundvoraussetzung für diesen Job, denn die Themen, die hier besprochen werden, sind nicht selten äußerst heikel. „So etwas“ bespricht man nur mit „seinem“ Arzt. Mit sonst niemandem. Daniel hatte den ersten Termin im November 2009. Er hatte ein paar Fragen und wollte sich untersuchen lassen. Nicht sein Herz – das letzte EKG war erst drei Wochen her – oder seine Leber, nein, nein, was sollte denn da schon sein? Daniel lebt äußerst gesundheitsbewusst, macht regelmäßig Sport, trinkt nur selten Alkohol und Nikotin war für ihn noch nie ein Thema. Hier geht es um ganz andere Dinge und der junge, selbstbewusste Mann macht bei diesem ersten Termin einen sehr unsicheren Eindruck. „Wie kann ich

Ihnen helfen?", wurde er gefragt, eine Floskel der Unverbindlichkeit. Daniel hoffte, dass ihm überhaupt geholfen werden konnte, das „Wie" war nicht sein Problem, dafür gab es ja Fachleute. Noch immer war sich Daniel nicht sicher. Sollte er jetzt Farbe bekennen oder eine Ausflucht suchen? Herzstechen oder Magenschmerzen vortäuschen und sich so aus der peinlichen Affäre ziehen? „Ich habe da ein paar spezielle Fragen", drückte er herum, bis ihm der Doktor erklärte, die meisten seiner Patienten hätten „spezielle" Fragen. „Mit wem sprechen Sie denn eigentlich über das, was ich Ihnen hier erzähle?", hakte Daniel nach. Der Arzt hat offenbar mit diesen Fragen gerechnet, ein kurzes Lächeln huschte andeutungsweise über sein Gesicht, dann argumentierte er professionell. „Ohne Vertrauen", sagte er, „ist die Arbeit eines Arztes gar nicht machbar, die des Sexualmediziners schon gar nicht. Sie wollen also über Ihren Sexus mit mir sprechen und das benötigt Vertrauen von beiden Seiten. Wir können ja ganz einfach mal beginnen und wann auch immer es Ihnen zu viel wird, liegt es an Ihnen, die Notbremse zu ziehen." Daniel zögerte und begann dann seine Situation zu schildern. Er erzählte sein gesamtes Leben, das ja noch recht kurz war, über Simone, seine über alles geliebte Ehefrau, ohne die er sich ein Leben gar nicht mehr vorstellen könne, und kam dann zögerlich zur Sache. Eigentlich wäre er ganz glücklich, sagte er, doch da gebe es noch etwas, das ihn beunruhige, zu Zweifel an sich selbst führe, eine Fantasie, die ihn tagsüber nicht behellige, aber nachts ... Er stockte. Der Arzt beschränkte sich darauf zu schweigen und zuzuhören. Manchmal nickte er, auch dann, als Daniel langsam auf das Eigentliche zu sprechen kam, das, was ihn bedrückte. Daniel beobachtete mit Akribie das Mienenspiel seines Arztes, suchte vergeblich den Ausdruck von Verachtung oder Missbilligung. Er würde es sich verdienen, denn er selbst erinnerte sich, über Sex unter Männern bisher nur verächtlich und abfällig gesprochen zu haben. Doch der Arzt verzog keine Miene, sondern vermittelte das Gefühl der Normalität, business as usual. So war Daniel bereit immer weiterzusprechen, fast wie ein Getriebener, der all das loswerden wollte, was ihn bedrückte und sein Lebensglück schmälerte. Schon seit jeher, solange er sich als sexuelles Wesen wahrgenommen habe, käme immer wieder diese Fantasie, Sex mit einem Mann zu haben. Anfangs wären das Bilder vom Austausch von Zärtlichkeiten, Berührungen, auch intimer Art, gewesen, jetzt aber würden diese Gedanken immer fordernder. Er liebe seine Frau, doch – und das fände er besonders verwerflich – diese Bilder von den Männern kämen jetzt auch schon während er mit Simone schliefe. Daniel hörte nicht auf zu betonen, wie sehr er sich schuldig fühle und dafür schäme, mit seiner Frau zu schlafen und an einen Mann zu denken. Er hätte deswegen schlaflose Nächte und wüsste nicht mehr, wie das weitergehen solle. Er halte dies für Verrat an seiner Liebe, er wolle das nicht mehr und deshalb wäre er hier.

„Hmm", sagte der Arzt und hütete sich, ein wertendes Urteil abzugeben. „Woran denken Sie denn bei der Masturbation?", war die nächste, für Daniel überraschende Frage. Damit hatte er nicht gerechnet. Dass so etwas wie Masturbation hier angesprochen werden würde, hatte er nicht erwartet, noch dazu da er ja verheiratet ist. Daniel zögerte, beschloss sich naiv zu stellen, doch noch bevor er zur Gegenfrage ausholen konnte, wurde er belehrt. „Ich nehme an, Sie sind ein ganz normaler Mann und alle Männer masturbieren, selbst in funktionierenden Beziehungen. Masturbation ist eine Art Notlösung, ist wie alleine essen gehen, obwohl es auch zu zweit viel besser schmeckt. Sie dient in der monogamen Beziehung dem Abbau überschüssiger Energien, von denen Sie sicher mehr als genug haben werden. Übrigens: Auch Frauen masturbieren, mit zunehmendem Alter immer häufiger." Die Art, wie das gesagt wurde, überzeugte Daniel. Ja, er war ein ganz normaler Mann und er machte „es" öfter, als ihm lieb war, manchmal auch täglich. „Masturbation wird dann zum Problem, wenn sie zur Vernachlässigung der Partnerin führt, doch das ist bei Ihnen ja nicht der Fall", schloss der Arzt.

Also, wie war das mit der Masturbation? Daniel musste nicht lange nachdenken. Genau dieses Thema war es ja, was ihm Sorgen bereitete, doch wagte er nicht einmal daran zu denken, es hier anzusprechen. „Diese Gedanken an Männer kommen auch bei der Selbstbefriedigung", stammelte er, „in letzter Zeit mit besonderer Vehemenz und da ist noch etwas anderes ..." Daniel schluckte und fuhr fort. Zuletzt konnte er gar nicht anders, als sich nackte Männer dabei anzusehen. Und da war sie, diese Frage, vor der sich Daniel besonders fürchtete: „Sexuelle Erfahrungen haben Sie noch nicht?", fragte der Arzt beiläufig. „Der redet über so was, wie andere übers Wetter reden", dachte Daniel und zimmerte im Gedanken an einer Antwort, die ihm angemessen erschien: „Nicht direkt." Der Arzt gab sich nicht zufrieden. „Nicht direkt?", wiederholte der Arzt. Er hatte nichts anderes erwartet, denn genau diese Antwort hörte er so oft auf eben diese Frage. „Nicht direkt heißt also schon?", stocherte er nach und übergab das Wort an Daniel. Schweigen. Eine Minute. Zwei Minuten. Drei Minuten. Vier Minuten. „Muss ich jetzt darüber reden?", fragte Daniel schließlich. „Nein, das müssen Sie ganz und gar nicht. Sie können auch nächste Woche wiederkommen, wenn Sie sich dann bereit fühlen." Doch das konnte er nicht. Daniel würde übermorgen schon wieder im Flieger nach Argentinien sitzen. Neuerlich Schweigen.

Da war ein junger Mann in seiner Firma, ein 24-jähriger US-Amerikaner, dessen unwiderstehliches jungenhaftes Lächeln ihm vorauseilte. Zudem hatte er blonde Haare, blaue Augen und eine sportliche Figur, das war Daniel sofort aufgefallen. Wie aus einem inneren Drang heraus ergriff er die erstbeste Gelegenheit, zusammen mit ihm Kaffee zu trinken und sich zu verabreden. Zunächst einmal ganz unverbindlich zum gemeinsamen Sport. „Unverbindlich?", dachte Daniel. Hatte gemeinsamer Sport nicht eine gewisse, subtile Intimität an sich? Verstanden hatten sich die beiden auf Anhieb. Es gab gemeinsames Joggen, Inlineskaten, Besuche im Klettergarten, dann als Höhepunkt des Sportevents gemeinsames Duschen, gegenseitige Hilfe beim Abtrocknen und schließlich gegenseitiges Massieren. Im Club gab es dafür eigens eine Massageliege, das war also ganz normal – unter Sportlern. Wie schön lassen sich homophile Neigungen unter dem Vorwand des Teamgeistes verbergen. Daniel beneidete insgeheim die Fußballspieler, die sich umarmen, küssen und herzen durften, ohne unter den geringsten Verdacht zu geraten. Daniel zögerte, überlegte, der Arzt schwieg und wartete, so als wüsste er, dass das noch nicht alles sein konnte. Noch war alles ja durchaus korrekt, eigentlich nicht erwähnenswert, da musste doch noch etwas kommen. „Aus der Massage wurde mehr, aus der Entspannungsmassage wurde eine erotische Massage und am Schluss – alles in allem – war das schon richtiger Sex."

Jetzt, wo alles gesagt war, fühlte sich Daniel erleichtert. Er erzählte und erzählte und versuchte sich zuletzt noch zu rechtfertigen. Das wäre jetzt wirklich alles gewesen, nach diesem Ereignis im Club hätte er keinen Mann mehr angeschaut. Justin – so hieß der Junge – stellte sich im Nachhinein als „richtiger Schwuler" heraus. Wenn er das vorher gewusst hätte, hätte er sich nicht eingelassen, denn eigentlich verabscheue er homosexuelle Männer. „Und Sie sind nicht homosexuell?", fragte der Arzt. Da musste Daniel nicht lange überlegen: „Nein," das sei er nicht. Er hatte ja bereits erwähnt, dass er verheiratet sei und seine Frau liebe.

Daniel irrte. Er war zwar verheiratet, doch das ist ein schwaches Indiz für eine sexuelle Orientierung auf Frauen. In Österreich schätzt man, dass die Mehrheit der homosexuellen Männer verheiratet ist, das erweckt zwar den Anschein, als wären sie auf Frauen orientiert, bei näherer Betrachtung stellt sich jedoch heraus, dass dieser Schein trügt.

Die sexuelle Vorliebe definiert sich nämlich nicht aus dem, was einer macht, sondern aus dem, was einer denkt.

Sie spielt sich im Kopf in Form von Tagträumen und sexuellen Fantasien ab. Sehr häufig stimmt die sexuelle Praktik mit der sexuellen Vorliebe nicht überein. Die Menschen denken anders, als sie handeln. Bei Daniel ist das genauso. Er schläft mit seiner Frau und denkt dabei an Männer. Er braucht das, kann gar nicht anders, weil sich sonst seine Erektion nicht einstellen würde, noch weniger würde es ihm gelingen, zum Orgasmus zu kommen. Hierfür müssen seine wahren Erregungsmuster bedient werden, anders ginge das gar nicht. Auch wenn sich Daniel dagegen wehrt, während des Sex mit Simone an Männer zu denken, er könnte gar nicht anders, ohne sich der Gefahr auszusetzen zu versagen. Nicht bediente sexuelle Fantasien sind ein häufiger Grund für sexuelle Störungen. Ein kleiner Ausweg aus dem Dilemma war, sich selbst als „bisexuell" zu bezeichnen, und gelogen war das nicht. Daniel hatte Sex mit Justin und gleichzeitig mit seiner Frau, also war er bisexuell und das klang allemal besser als „schwul". Der Arzt lächelte. „Sie haben recht, so gesehen sind Sie bisexuell, allerdings nur in Ihrer sexuellen Praktik, nicht in der sexuellen Präferenz. Bisexualität beschreibt ein Verhaltensmuster, nicht eine sexuelle Orientierung." Wie war das? Die sexuelle Vorliebe definiert sich nicht aus dem, was einer macht, sondern aus dem, was einer denkt. Und dass Sie beim Sex mit Simone an Männer denken, haben Sie ja selbst erwähnt. Ganz selten mag es vielleicht vorkommen, dass ein Mann bei beiden Geschlechtern dieselbe Lust entwickelt. Kinsey, einer der führenden US-Sexualmediziner, nannte dieses Erregungsmuster ‚Ambisexualität', wohl um es von der ‚Bisexualität' zu unterscheiden, die in Wirklichkeit gar keine ist."

Daniel wurde mit den Erklärungen seines Arztes immer ruhiger, machte schließlich einen betroffenen Eindruck. Das Gespräch dauerte länger als geplant, aus dem Gespräch wurde eine Therapie, mit dem Ziel, diesem jungen Mann die Wahrheit über seine Sexualität zu eröffnen. Eine sexuelle Vorliebe für Männer wird, wie jede sexuelle Vorliebe, mit zunehmendem Alter immer stärker. Was man als Jugendlicher nur ganz entfernt erahnt, wird in späteren Jahren die Sexualität so sehr dominieren, dass man anders gar nicht mehr aktiv sein kann. Daniel wurde ermuntert, sich gegen seine Fantasien nicht zur Wehr zu setzen, denn das führe zu psychischen Krankheiten und sexuellen Störungen. Ganz im Gegenteil, er solle versuchen, sich selbst gegenüber ehrlich zu sein, seine Gedanken nicht zu fesseln, sondern ihnen freien Lauf zu lassen. „Und Simone? Was wird aus ihr?", versuchte er erschrocken dem Gespräch eine Wende zu geben. „Ein Mann, der auf Männer steht, kann auch Frauen lieben. Wie Sie aber Simone gegenüber mit Ihren sexuellen Fantasien umgehen, ob Sie sie verheimlichen oder eingestehen, können nur Sie selbst bestimmen. Sie werden Simone zwar weiterhin lieben, Ihre Androphilie (sexuelle Orientierung auf Männer) wird an der Beziehung aber nicht spurlos vorübergehen. Jede glückliche Beziehung bedarf einer glücklichen Sexualität. Wie ein Pärchen seine Sexualität gestaltet, kann und darf von außen nicht vorgegeben werden, weder von der Gesellschaft noch von einem Therapeuten."

Sechs Monate später. Daniel war wieder einmal zu Besuch in Europa und er verabsäumte es nicht, seinen Arzt aufzusuchen. Diesmal verlief das Gespräch ganz anders. Er hatte vieles zu berichten: „Sie hatten recht mit Ihrer Annahme, dass sich meine Orientierung auf Männer sehr schnell als Hauptströmung meiner sexuellen Fantasien etablieren würde. Anfangs, als ich damals von Ihnen wegging, dachte ich, ich werde das alles nicht schaffen. Irgendwie hasste ich Sie dafür, mir auf diese direkte Weise meine Augen geöffnet zu haben, ich wollte nicht schwul sein und hoffte, es einfach wegdenken zu können. Weil nicht sein kann, was nicht sein darf. Ich begann Männern, vor allem solchen, von denen ich mich angezogen fühlte, aus dem Weg zu gehen. Justin, jenem Mann, der mich verführt hatte – so redete ich mir das ein –, kündigte ich unter einem Vorwand meine Freundschaft. Ich achtete darauf, ganz regelmäßig mit Simone Sex zu machen, und versuchte krampfhaft, dabei nur an sie zu denken, oder auch an andere Frauen, jedenfalls nicht an Männer. Ich wollte ein ganz normaler Mann sein und normale Männer stehen nun mal auf Frauen. Das ging ein paar Wochen gut, bis wieder dieses Begehren kam, und plötzlich fand ich mich wieder gefangen in meinen Fantasien rund um Männer. Und es wollte und wollte nicht gelingen, diese Gedanken zu unterdrücken. Gegen meinen Willen nahm alles seinen Lauf. Ich wusste, wohin das führen würde, und doch ließ ich es zu. Ich war bereit, diesen Weg zu gehen, trotz aller Hürden und Steine, die sich mir in den Weg legen würden. Ich erkannte, dass Selbstverleugnung kein Weg sein kann, glücklich zu werden. Heute führe ich eine fixe sexuelle Beziehung mit Justin, jenem süßen Mann von damals. Er sagte, es sei zwar schwer für ihn gewesen, dieses Hin und Her, das Hoffen und dann wieder das Abgewiesenwerden, doch im Inneren habe er gewusst, ich würde wiederkommen. Er wusste es, denn bei ihm war es nicht anders gewesen. Mit Simone habe ich mich arrangiert. Wie Sie damals richtig sagten, lieben wir uns und können auch nicht voneinander lassen. Die Ehe funktioniert in den meisten Bereichen sehr gut, nur eben nicht beim Sex. Aber eigentlich ist auch Kuscheln eine Art von Sex und all die anderen Zärtlichkeiten, zu denen es immer wieder kommt. Wie lange dieses Nebeneinander funktionieren wird, kann ich noch nicht absehen, ich merke aber, dass der Wunsch, mit meinem Freund eine richtige Beziehung zu führen, auch zusammenzuleben, immer größer wird. Ist es nicht normal, dass ein Mann seine Liebe bei sich haben möchte? Derzeit hat Simone meine Außenbeziehung zu Justin akzeptiert. Anfangs suchte sie bei anderen Männern den fehlenden Sex, doch nun führt auch sie eine Zweitbeziehung zu einer Frau. Wie das Leben so spielt."

Jeder Mensch ist auf seine Weise ein sexuelles, erotisches Wesen. Die Art und Weise, wie dieser zweitstärkste Trieb des Menschen gelebt wird, ist aber höchst individuell. Er wird gesteuert von sexuellen Fantasien, die ihren Ursprung in der Biologie, der Psychologie und der Sozialisation haben. Die sexuelle Präferenz beschreibt die sexuelle Vorliebe eines Menschen, das, worauf einer „steht". Inwieweit ein Mann seine sexuelle Präferenz auch tatsächlich leben möchte, muss er selbst entscheiden, ob er sie überhaupt leben darf, ist eine ganz besondere Frage. Bleiben wir beim Beispiel des homosexuellen Mannes. Er spürt seine Orientierung auf Männer, was noch lange nicht heißen muss, dass er auch in einer gleichgeschlechtlichen Beziehung leben will. Da müssen viele Argumente abgewogen werden, gesellschaftliche Zwänge, der Wunsch nach Kindern und Familie und vieles mehr. Niemals darf man aber vergessen, dass Männer, die ihre Sexualität nicht verleugnen (müssen), die größeren Chancen auf Lebensglück haben, zumal die Verleugnung mit zunehmendem Alter immer schwieriger wird. Diese größere Chance auf Lebensglück ist auch das zündende Argument, für das Ausleben und nicht für das Verleugnen einer sexuellen Vorliebe zu plädieren. Jeder Mensch hat das Recht auf Verwirklichung seiner Persönlichkeit, solange niemandem dabei geschadet wird. In manchen Fällen *muss* allerdings auf das Ausleben der sexuellen Vorliebe verzichtet werden, wenn sie nämlich den gesetzlichen Bestimmungen widerspricht. Dies ist dann freilich eine besondere Herausforderung für den Patienten und den Therapeuten.

Apropos: „Auf etwas stehen" ist sicher eine Anspielung auf die Erektion der Männer, woher sollte das sonst kommen? Sie ist beim Mann der Gradmesser für sexuelle Erregung und stellt sich nur ein, wenn die „richtigen" Erregungsmuster bedient werden. Während beim Mann die Erektion die biologische Reaktion auf sexuelle Reize darstellt, dachte man bei den Frauen, man könnte an der Befeuchtung der Scheide den Grad der Erregung ablesen. Untersuchungen haben dies aber widerlegt. Die Lubrifikation der Scheide ist kein zwingender Indikator für die sexuelle Erregung einer Frau. Sie „funktioniert" offenbar auch rein mechanisch, ohne Aktivierung der weiblichen Sexualzentren. Wahrscheinlich ist das eine Art Schutzmechanismus, um Genitalverletzungen zu vermeiden, weil doch durch Jahrmillionen die Männer den Zeitpunkt der Penetration bestimmten. Und Frauen mussten willig sein, wann immer die Männer auch wollten. Dies entspricht der Forderung nach der Erfüllung einer „ehelichen Pflicht", die es natürlich gar nicht gibt. Niemals kann Sexualität Pflicht sein, sie beruht auf der freiwilligen Zueinanderwendung zweier Menschen.

Die sexuelle Vorliebe ist das Produkt von Anlage (Biologie), Erziehung (Psychologie) und Erfahrung (Sozialisation). Dies impliziert eine ungeahnte Anzahl von Kombinationen an Erregungsmustern. Die Gesellschaft indessen ist bemüht diese Vielfalt zu reduzieren. Sie unterscheidet zwischen erlaubt und verboten. Der Umgang mit den Spielarten der sexuellen Orientierung, die Verteufelung der Masturbation und der Lust schlechthin, das alles ist aus Sicht der Sexualmedizin nicht nachvollziehbar. Dies bringt Probleme für die Menschen, anstatt sie glücklich zu machen. Ganz abgesehen davon, dass Verbote sehr häufig der Ausübung von Macht dienen. „Ich mache dich zum Sünder, weil du lüstern bist!" So einfach ist das. Die dem Menschen ureigene Lust, die ja angeboren und – wenn man so will – gottgegeben ist, wird ihm zum Verhängnis gemacht, macht ihn schuldig. Schuldig?

Schuldig kommt von Schuld. Da schuldet jemand jemandem etwas? Lässt sich Schuld nicht vortrefflich mit Geld begleichen? Ist Geld nicht gleichzusetzen mit Macht? Dient also die Tabuisierung der Sexualität der Machtausübung? Und wer sonst könnte der Motor sein für diese Vorgänge als die Kirche, die in den letzten 1000 Jahren so unermesslich große Schätze angehäuft hat, dass man sich fragen muss, wie so etwas überhaupt möglich ist. Wie auch immer, die Instrumentalisierung der Sexualität zur Machtausübung über den Menschen sollte ein Ende finden. Dieses Ziel scheint allerdings in weite Ferne gerückt zu sein.

Überall, auch in der westlichen Welt, gibt es feste Normen für Sexualität, zum Teil sind sie sogar in staatlichen Gesetzen festgeschrieben. In den USA gibt es Bundesstaaten, die die Missionarsstellung als einzig erlaubte Stellung für den Geschlechtsverkehr vorschreiben. Kein Witz! Man stelle sich vor: Wer sich nicht daran hält, macht sich strafbar. Zugegeben, so ein Gesetz ist wohl schlecht exekutierbar, doch es wirft die Frage auf, wer denn so vermessen sein kann, solche Gesetze zu erlassen? So etwas gibt es in Europa nicht, doch wird auch hier sehr schnell geurteilt, welcher Sex normal und welcher „pervers" ist. Wieder einmal eignen sich die Spielarten rund um die sexuelle Orientierung als bestes Beispiel. Die überwiegende Mehrheit der Bevölkerung beurteilt Sex mit einem gegengeschlechtlichen Partner als normal, mit einem gleichgeschlechtlichen Partner als abnormal. Dies ist objektiv aber nicht nach vollziehbar, denn Homosexualität gibt es in allen Kulturen und allen Gesellschaftsschichten, selbst bei unseren nächsten Verwandten, den Menschenaffen. Sie ist daher als normal zu beurteilen, wenn sie auch nur eine Minderheit betrifft. Alleine der Umstand, dass (nur) eine Minderheit betroffen ist, reicht nicht aus, eine Abnormität zu beweisen. Oder würden Sie blonde Frauen als abnormal bezeichnen, nur weil die Mehrheit der Frauen dunkelhaarig ist? Nur weil etwas seltener ist, ist es nicht abnormal.

Wie bereits weiter vorne ausführlich beschrieben (siehe Seite 172), wird das Wesen der sexuellen Präferenz in drei Achsen gegliedert. Die *sexuelle Orientierung* beschreibt, ob sich ein Mann von einer Frau oder einem Mann sexuell angezogen fühlt. Um die negativ besetzten Begriffe homo- und heterosexuell nicht mehr strapazieren zu müssen, wurden die Begriffe *„androphil"* und *„gynäphil"* eingeführt. *Gynäphilie* beschreibt die sexuelle Orientierung auf Frauen, *Androphilie* die auf Männer. Es ist völlig normal „androphil" oder „gynäphil" zu sein, schließlich sind ja 90% der Männer gynäphil und 90% der Frauen androphil.

Die *sexuelle Ausrichtung* beschreibt die Fixierung der

sexuellen Lust auf ein gewisses Alter eines Sexualpartners. „Auf welches Alter stehen Sie denn?“, fragt der Therapeut dann. Die Antwort kommt meist schnell und sehr konkret. Jeder Mensch hat seine sexuelle Ausrichtung, die manchmal sehr eng und manchmal sehr weit gefasst sein kann. Auch diese Achse der sexuellen Präferenz ist unveränderbar, das eigene Älterwerden ändert eben nicht den Inhalt der sexuellen Anziehung. Wahrscheinlich ist auch dies der Grund, warum so viele Männer mit 50 ihre Frauen verlassen und nochmals von vorne anfangen. Meine Herren: Diese Aktion ist zwar verständlich, aber keineswegs erfolgversprechend. Eine Beziehung ist ein Gesamtkunstwerk und lässt sich nicht auf eine Achse reduzieren.

Die sexuelle Ausrichtung von Frauen und Männern ist sehr unterschiedlich, durchschnittlich stehen Männer eher auf jüngere Frauen, Frauen eher auf ältere Männer. Manche wollen uns weismachen, dies wäre erziehungsbedingt, doch dies ist nicht sehr wahrscheinlich und hält einer Überprüfung nicht stand. Genauso wie die sexuelle Orientierung folgt die sexuelle Ausrichtung evolutionsbiologischen Gegebenheiten. Entscheidungskriterien sind die chancenreichere Fruchtbarkeit jüngerer Frauen und die größere soziale Reife älterer Männer! Diese beiden Punkte sind die wahren Gründe für die traditionelle Ausrichtung auf ältere Männer und jüngere Frauen. Zeitungen melden, dass der Trend aber in die andere Richtung geht. Haben nicht Madonna und andere Powerfrauen ihre Loverboys? Solche Argumente werden von der feministischen Szene als weiteres Indiz für die sexuelle Befreiung der Frauen gefeiert. Die Realität sieht aber ganz anders aus. Die meisten (heterosexuellen) Frauen sehen ihr Lebensglück in Ehe und Familie, dafür gibt es viele Studien. Es handelt sich aber um Affären, um zeitlich begrenzte Sexfreundschaften, nicht um tragfähige Beziehungen. Nur solche sind aber imstande, Lebensglück zu vermitteln. Die alternde Frau schmückt sich mit einem jungen, knackigen Mann, so wie das auch Männer mit jungen Frauen machen, doch glücklich werden sie beide nicht. Sie wechseln ihre Lover wie die Hemden, immer auf der Suche nach Selbstbestätigung. Mitleid ist dennoch fehl am Platze, Loverboys wissen um ihr Schicksal und nehmen es für finanzielle Anreize in Kauf. Die Geschichte lehrt, dass es so etwas schon immer gegeben hat. Das wohl beste Beispiel sind die Liebhaber der Zarin Katharina der Großen. Ihrer sexuellen Ausrichtung entsprechend hatte sie ausschließlich Männer in der dritten Lebensdekade im Bett. Sie konnte gar nicht anders und sie konnte es sich leisten, bezahlte mit barer Münze, mit Privilegien und ihrem guten Ruf. Die adeligen Familien rissen sich förmlich darum, einen ihrer Söhne der Zarin zu „überlassen", denn eine solche Liaison war der Beginn einer steilen Karriere und brachte Macht und Ansehen. Das Wort „Be-ziehung" ist übrigens vortrefflich gewählt, es beschreibt einen Bezug zweier Menschen zueinander, Loverboys dienen dem öffentlichen Ansehen, vielleicht auch dem Orgasmus, nicht aber der Beziehung. Auch Katharina hatte neben ihren jungendlichen Männern noch eine Beziehung zu einem reifen Mann (mit dem sie angeblich auch verheiratet war): zum großen Fürsten Potemkin, einer beeindruckenden Persönlichkeit. Ihn liebte sie wirklich, denn sein Tod war auch der ihre.

Die Gesellschaft fordert etwa gleichaltrige Partner, doch so einfach ist das nicht, denn auch die sexuelle Ausrichtung ist eine fixierte Größe, wenn auch mit variablem Spielraum. Besonderheiten der sexuellen Ausrichtung sind die Lust auf Greise, die Gerontophilie, die Lust auf sehr junge Mädchen, Parthenophilie, die Lust auf sehr junge Männer, Ephebophilie und die Lust auf kindliche Körper, die Pädophilie. Wie auch die anderen sexuellen Präferenzen sind auch alle Spielarten der sexuellen Ausrichtung nicht vorsätzlich angeeignet.

Die Pädophilie ist wahrscheinlich das sensibelste Thema, über das man in der Sexualmedizin schreiben kann. Die große Anteilnahme der Gesellschaft an dieser Paraphilie (Störung der sexuellen Vorliebe) ist bedingt durch die Beteiligung von

Kindern. Diese hilflosesten Geschöpfe der menschlichen Gesellschaft genießen ihren besonderen Schutz. Jeder Übergriff, erst recht ein sexueller, führt verständlicherweise zu besonderer Ablehnung und Bestürzung. Primär beschreibt die Pädophilie ein sexuelles Erregungsmuster auf kindliche Körper, sexuelle Erregungsmuster spielen sich aber zunächst in Fantasien und Tagträumen ab und die sind natürlich weder verboten, noch kann man sie bestrafen, zumal sie schuldlos erworben sind (Schicksal und nicht Wahl) und man von ihnen auch keine Kenntnis erlangt. Selbstverständlich dürfen solche Fantasien niemals in die Tat umgesetzt werden, denn deren Umsetzung tötet Kinderseelen. Dies macht den schmalen Grat zwischen der (noch) erlaubten Fantasiewelt und der kriminellen Welt der sexuellen Handlung deutlich.

Wohlgemerkt: Die sexuelle Präferenz beschreibt eine Vorliebe, die sich primär in Fantasien und Tagträumen abspielt. Niemand kann für eine Fantasie bestraft werden und nicht jede Fantasie wird in die Tat umgesetzt. Im Falle der Pädophilie wäre dies eine kriminelle Handlung, die es zu verhindern gilt!

Die Grenzen zur Delinquenz sind bei pädophilen Männern verständlicherweise sehr eng gesetzt, schon das Betrachten von Bildern pädophilen Inhalts ist eine strafbare Handlung. Dies erklärt sich daraus, dass die Herstellung solcher Bilder ohne einen Missbrauch von Kindern gar nicht möglich ist.

Männer mit Erregungsmustern auf kindliche Körper („Pädophile") erkennen meist sehr schnell die Besonderheit ihrer sexuellen Präferenz und sind meist über sich selbst entsetzt. Meistens realisieren sie – ohne dass sie auch jemals straffällig geworden sein müssten – die Abartigkeit der ihnen eigenen sexuellen Erregungsmuster und reagieren mit Ablehnung ihrer eigenen Person gegenüber, mit Selbstzweifeln und Depression. Sie empfinden sich als „schlechte Menschen", ohne jemals mit dem Gesetz in Konflikt gekommen sein zu müssen. Solche Männer brauchen schnellstens professionelle Hilfe, die ihnen einerseits ihre Selbstachtung wiedergibt, andererseits aber verhindert, dass aus den Fantasien jemals Taten werden.

Idealerweise sollten sich pädophile Männer in Behandlung begeben, bevor sie noch zu Tätern werden. Das Risiko dafür muss von Mann zu Mann individuell beurteilt werden, laut Studien wird nur ein Bruchteil der Männer mit pädophilen Erregungsmustern zu Tätern, man muss sich daher vor einer Verallgemeinerung in der Beurteilung solcher Männer hüten. Um helfen zu können, ist es erforderlich, an die Öffentlichkeit zu treten, um dem heimlich Pädophilen die Möglichkeit zur Behandlung bewusst zu machen. In Deutschland läuft seit Jahren eine entsprechende Kampagne. Das Berliner Institut für Sexualmedizin wandte sich mit dem Slogan „Lieben Sie Kinder mehr, als Ihnen lieb ist?" an die Öffentlichkeit. Berichten zufolge ist die Resonanz enorm. Das Angebot einer präventiven Behandlung wurde von vielen Männern angenommen.

Der erste Schritt der Behandlung eines pädophilen Mannes liegt wohl darin, die pädophile Ausrichtung als eine Besonderheit der sexuellen Bedürfnisstruktur zu akzeptieren. „Selbsterkenntnis ist der erste Weg zur Besserung", sagt schon der Volksmund und genau darum geht es. Die Akzeptanz (Selbsterkennung) der pädophilen sexuellen Bedürfnisse durch einen betroffenen Mann ist die Grundvoraussetzung, diese auch in Zukunft unter Kontrolle halten zu können. Das Ziel einer Behandlung ist, das Verhalten so weit kontrollieren zu lernen, dass (lebenslang!) kein sexueller Übergriff auf ein Kind erfolgt. Genau dafür hat der Patient die volle Verantwortung, so wie es ja auch in vielen anderen Bereichen des Lebens einer lebenslangen Selbstkontrolle bedarf.

Jeder Mann, der in sich pädophile Erregungsmuster ortet, sollte sich – auch wenn diese nur gelegentlich auftreten – in Behandlung begeben, bevor etwas passiert. Ansprechpartner ist der Sexualmediziner.

Die dritte Achse der sexuellen Präferenz ist die *sexuelle Neigung*. Zu ihr werden alle anderen sexuellen Erregungsmuster gezählt, die nicht unter Geschlecht oder Alter fallen. Hier geht es um das Aussehen des Partners, sein Verhalten und die sexuellen Handlungen selbst. Wie muss ein Partner aussehen, um als attraktiv wahrgenommen zu werden? Der Körpergeruch, der Gesichtsausdruck, der Körperbau, das alles ist ganz genau festgelegt. Es entscheidet sich in den ersten Sekunden eines Dates, ob man mehr will oder ob man es beim Drink belässt. Erregungsmuster werden durch scheinbar unwichtige Details bedient, das Lächeln, die Zähne, die Körperproportionen. Aber damit nicht genug, das Gelingen im Bett entscheidet sich nicht nur an der Person des Partners, sondern auch an der Art der sexuellen Handlung, an dem, was und wie „es" gemacht wird. „Lieber Herr Doktor", schreibt der 22-jährige Dominik aus Wien, „ich kann mit meiner Freundin nur Sex machen, wenn sie ihre Stiefel anbehält. Ist das normal?" Fetischismen (z.B. Schuh- oder Fußfetischismus) kommen sehr häufig vor, sie sind erlaubt, solange die Partnerin freiwillig mitmacht. Die Konsensualität, das beiderseitige Einverständnis, ist eine Grundvoraussetzung für Sexualität, sie macht selbst aus den seltensten Vorlieben etwas Erlaubtes (solange dabei niemand an Köper oder Seele verletzt wird und die Sexualpartner überhaupt zur Konsensualität fähig sind.)

Die Erforschung der sexuellen Präferenzen ist ein besonderes Steckenpferd sexualmedizinischer Forschungsstätten. Es ist nämlich gar nicht einfach, der Wahrheit auf die Spur zu kommen. Die Frage ist: Worauf „stehen" der durchschnittliche Mann und die durchschnittliche Frau? Studien gibt es zuhauf und auffälligerweise kommen unterschiedliche Studien zu sehr unterschiedlichen Ergebnissen. Und so etwas macht den geübten Wissenschafter stutzig. Von verschiedenen Ergebnissen kann nur eines richtig sein, aber welches? Über die Glaubwürdigkeit von Studienergebnissen entscheidet weniger das Studiendesign, sondern vielmehr die Art der

Datenermittlung. Um sich also ein Bild über den Wahrheitsgehalt von wissenschaftlichen Untersuchungen zu machen, muss man sich zunächst Informationen über den Verfasser und die Art der Datenermittlung beschaffen.

Die einfachste Art, der Wahrheit auf die Spur kommen, ist für gewöhnlich die Befragung von möglichst vielen Menschen. Bei Fragestellungen rund um die Sexualität funktioniert das aber definitiv nicht. Die Befragung ist kein geeignetes Mittel, sexuelle Vorlieben ans Tageslicht zu bringen, geschweige denn die „Abgründe der Sexualität". Das ist auch gar nicht zu erwarten. Die einen fürchten bei Preisgabe der Wahrheit in das Eck der Perversion gerückt zu werden, schließlich ist Sexualität in weiten Bereichen stigmatisiert; die anderen versuchen durch die Bedienung von Mythen Bewunderung zu ergattern. Etwa so: „Sind Sie homosexuell?" Was glauben Sie, wird der durchschnittlich homosexuelle Mann darauf sagen? „Nö, hab ja ne Frau zu Hause und zwei Kinder." Das wird nicht einmal gelogen sein, denn in Österreich lebt die überwiegende Mehrheit der homosexuellen Männer in heterosexuellen Beziehungen. Auch sind gerade diejenigen Männer, die ihre Verachtung für Homosexualität möglichst lautstark öffentlich zu machen suchen, sie weit von sich weisen, sehr häufig selbst involviert. Die Homophobie, darunter versteht man eine grundsätzliche und unreflektierte Aversion gegenüber Homosexuellen und gegenüber der Homosexualität, findet man meist bei jenen Männern, die in ihrer sexuellen Orientierung nicht gefestigt sind.

Oder – noch viel plakativer etwa die Frage: „Sind Sie Sadist?" Wahrheitsgehalt der Antwort: 0 (Null) Prozent. Jeder Therapeut weiß, wie sensibel Männer mit paraphilen (außergewöhnlichen) Erregungsmustern mit der Wahrheit um ihre Sexualität umgehen (müssen). Das ist auch richtig so, denn die Gesellschaft reagiert auf dieses Thema mit gereizter Nervosität, selbst dann, wenn gar nichts passiert ist. Kompromittierende Fragestellungen kommen zu falsch negativen Ergebnissen, schmeichelnde zu falsch positiven, wie etwa auf die Frage nach der Häufigkeit von Sex. Die meisten Studien kommen durch Befragung zustande und selbst wenn sie anonym angelegt wurden und Anspruch auf Objektivität erheben, spiegeln sie nicht die Wahrheit wider.

Doch zurück zum eigentlichen Thema, der sexuellen Vorliebe: Da gibt es Männer, die seit Jahren ausschließlich mit Männern schlafen, sich aber immer noch als heterosexuell bezeichnen. Dennis ist ein 26-jähriger Schwarzafrikaner mit allen Attributen eines Womanizers. Sein jungenhaftes Gesicht, das gewinnende Lächeln und der perfekte Körperbau lassen Frauenherzen höher schlagen, aber nicht nur die. Er hat seit über fünf Jahren ein reges Sexualleben mit – laut eigener Einschätzung – Hunderten von Männern, zögert aber nicht, sich selbst – immer noch – als heterosexuell zu bezeichnen. Er sagt, er wolle einmal heiraten und Kinder haben. Der Wunsch nach heterosexuellen Kontakten und vor allem nach Kindern macht aber aus einem schwulen Mann noch lange keinen straighten Mann. („Straight" ist das umgangssprachliche Gegenstück zu „schwul". Männer, die auf Frauen stehen, sind straight.) Denn sexuelle Präferenzen zeigen sich nicht durch die sexuelle Praktik, sondern in der sexuellen Fantasie. Die Ebene der sexuellen Praktik ist weitgehend irrelevant für die Beurteilung der sexuellen Präferenz. Nicht das, was ein Mann tut, ist entscheidend, sondern das, was er dabei denkt. Diese Gedanken gilt es herauszufinden. Um bei einer Befragung zu solchen Themen wahrheitsgetreue Antworten zu bekommen, müssen Anonymität und Diskretion vermittelt werden, der Befragte muss über Courage verfügen und er muss seine Erregungsmuster an sich selbst akzeptieren, selbst wenn sie in der Öffentlichkeit abwertend beurteilt werden sollten. Dieses Stadium der Selbsterkenntnis nennt man die Ebene der Selbstdefinition; sie zu erreichen ist für das persönliche Lebensglück von ganz besonderer Bedeutung. Sie nicht zu erreichen würde bedeuten in Selbstverleugnung zu leben und dies ist eine sehr schlechte Voraussetzung für Lebensglück und Partnerschaft. Die Ehrlichkeit sich selbst gegenüber hat übrigens nichts mit Ehrlichkeit gegenüber der Öffentlichkeit zu tun. Das Sich-selbst-Eingestehen, nicht aber das Öffentlichmachen der eigenen sexuellen Präferenzen ist Voraussetzung für Lebensglück. Sie sollen Ihre Sexualität allenfalls mit Ihrem Partner oder Ihren wichtigsten Vertrauten besprechen, öffentlich machen müssen Sie sie nicht. Das Sicheingestehen bestimmter Erregungsmuster wird umso schwieriger, je negativer eine sexuelle Vorliebe in der Bevölkerung besetzt ist. So wird ein Mann eher zugeben schwul zu sein als seine sadistische Veranlagung outen. Ganz allgemein wird die Ebene der Selbstdefinition von nur wenigen Menschen mit außergewöhnlichen Vorlieben erreicht, die meisten leben in Selbsttäuschung mit einem verzerrten, eigenen Persönlichkeitsbild. Das alles unterstreicht, warum Befragungen in der Sexualmedizin meist eine sehr ungeeignete Methode zur Wahrheitsfindung sind.

Die Sexualtherapie ist eine Art Psychotherapie, der Therapeut ist der Sexualmediziner, der Inhalt des Gesprächs ist Sexualität. Das „Darüber-Reden“ ist die Therapie. Meistens muss es erst erlernt werden, dem einen fällt es leichter, dem anderen schwerer, erlernt werden muss es aber in jedem Fall.

Sexualität ist so facettenreich wie eine Speisekarte. Da gibt es Vorspeisen, Hauptgerichte und Desserts und niemand hat ein Problem damit, sich auszusuchen, wonach ihm gelüstet. Esse ich heute dreigängig? Oder nur eine Vorspeise? Oder soll es danach noch ein Schnapserl sein? Die Lust ist variabel wie der Appetit. Der Partner sollte – ähnlich wie der Koch – Bescheid wissen, was heute auf der Speisekarte steht. Deshalb muss man reden lernen. Der Sexualtherapeut kann dabei helfen, ins Stocken geratene Konversation wieder in Gang zu bringen. Deshalb ist die Auswahl des Therapeuten sehr sensibel. Ihm müssen Vertrauen und Sympathie entgegengebracht werden oder wollen Sie mit „irgendwem“ über Ihren Sex reden? In so einer Therapiestunde werden ja höchst intime Dinge besprochen. Auch verbringt man manchmal nicht wenig Zeit zusammen, man redet und redet, um auf den Grund des Problems zu gelangen, manchmal viele Stunden lang. Der Therapeut hat diese Rolle erlernt, es ist die Rolle des naiven Forschers. Sie steht im Gegensatz zur Rolle des Experten, die Ärzte üblicherweise gerne einnehmen. Sie – die Wissenden – erklären dem Unwissenden den Lauf der Dinge. In der Sexualtherapie funktioniert das alles völlig anders, die Rolle dreht sich quasi um. Der Arzt hat zwar sein Fachwissen, er kann aber niemandem erklären, wie dessen Sexualität zu funktionieren hat. Jeder Mensch, auch jedes Pärchen besitzt seine eigene, ganz persönliche Sexualität, sie muss sich nicht nach irgendwelchen Normen richten, schon gar nicht nach denen des Arztes. Der ist dazu verpflichtet, unparteiisch und objektiv zu sein und auch zu bleiben, er ist nicht Richter und nicht Moralapostel, er verfolgt nicht die Interessen anderer, nur die des Paares. Das ist manchmal nicht so einfach, denn auch Ärzte haben „ihre" Vorstellung von Sexualität, von dem, was normal ist und was nicht. Diese persönliche Meinung darf hier niemals eine Rolle spielen, sie bleibt ausgeblendet und sollte nicht verleiten zu bewerten.

Mit ein wenig Geschick und sehr viel Geduld kann es gelingen, durch Befragung der Wahrheit auf den Grund zu kommen. Damit wäre schon viel gewonnen, denn die Erkenntnis der tatsächlichen sexuellen Vorliebe ist die Grundlage für das weitere Vorgehen, die weitere Therapie. Wohl gemerkt: Die Erforschung der wahren sexuellen Präferenz, nicht der erzählten, auch nicht der gelebten, sondern eben der realen, ist das Ziel der Übung.

Große sexualmedizinische Institute haben noch ganz andere Methoden, der Wahrheit auf den Grund zu kommen. Sie messen ganz einfach das Ausmaß der sexuellen Erregung mithilfe moderner Apparaturen. Dabei werden einer Versuchsperson Bilder mit den verschiedensten Motiven gezeigt. Das dadurch ausgelöste sexuelle Arousal (die sexuelle Erregung) kann nun objektiv gemessen und aufgezeichnet werden. Es entsteht ein ganz persönliches Erregungsdiagramm, das in Abhängigkeit der gezeigten Motive sehr genau Aufschluss über die sexuellen Erregungsmuster eines Mannes oder einer Frau gibt. Was den einen erregt, lässt den anderen „kalt". Diese Fähigkeit zum Messen der Hirnströme ist das Ergebnis der modernen Hirnforschung, die auch die Sexualmedizin revolutionieren wird. Es müssen ganze Bücher neu geschrieben werden, vor allem, was die Häufigkeit von sexuellen Präferenzen betrifft. Wie schon ausführlich besprochen, die bloße Befragung führt nicht immer zur Wahrheit, die Messung der Erregungspotenziale aber schon.

Die Stigmatisierung weiter Bereiche der Sexualität führt zu deren Verleugnung. Manchmal wäre es von großem Vorteil, sexuelle Fantasien so rechtzeitig erkennbar zu machen, dass auch wirklich nichts passieren kann. Vorlieben sichtbar zu machen ist der neue spektakuläre Trend in der Hirnforschung. Man erreicht damit die *„Ebene der sexuellen Fantasie"*, den Schlüssel zur Wahrheit über die sexuelle Vorliebe eines Menschen. Auch Gedanken sind nun nicht mehr „frei". Dies könnte natürlich auch kritisiert werden, denn die letzten Geheimnisse eines Menschen stehen vor ihrer Offenbarung. In der Sexualmedizin wittert man mit dieser Methode große Chancen. Einerseits für das Vorwärtsbringen der Wissenschaft, andererseits für die Therapie dissexueller (krimineller) Verhaltensmuster.

Sexuelle Vorlieben sind die Grundlage für die Erregungsmuster, die wiederum Sexualfunktionen erst möglich machen. Wenn ein Mann auf „blond" steht, wird ihn eine blonde Frau eher erregen als eine dunkelhaarige. Dies bedeutet natürlich nicht, dass die Blonde die einzige Chance für guten Sex bietet. Die sexuellen Präferenzen teilen sich nämlich in Haupt- und Nebenströmungen. Zur Illustration bleiben wir bei der blonden und der dunkelhaarigen Partnerin: Die Blonde stellt die Hauptströmung dar, sie bedient in diesem Fall die Erregungsmuster am meisten. Sexualfunktionen wie Erektion oder Ejakulation werden dann leichter vonstattengehen, da „passt alles", da geht eben „die Post ab".

Dennoch kann ein Mann, der auf Blonde steht, auch eine Dunkelhaarige lieben und auch mit ihr glücklich werden. Die Erotik wird möglicherweise weniger exstatisch sein, doch zum Glück gibt es ja noch andere Qualitäten für guten Sex. Die Sexualmedizin sieht in der Aufteilung der sexuellen Vorlieben in Haupt- und Nebenströmungen Risiko und Chance zugleich. Der homosexuelle Mann steht zwar auf Männer, kann aber auch mit Frauen schlafen, damit verleugnet er seine wahre sexuelle Vorliebe, eben die auf Männer. Grundsätzlich wäre dagegen nichts einzuwenden, würde er damit nicht nur sein Lebensglück aufs Spiel setzen, sondern auch das der Frau. Dies ist das Risiko dabei. Der negative Aspekt im Ausleben von Haupt- und Nebenströmungen ist, dass die Hauptströmung der Nebenströmung geopfert wird. In diesem konkreten Fall muss das negativ bewertet werden. Die „Chance" besteht darin, dass ein in seiner Hauptströmung dissexueller Mann (das sind Männer mit verbotenen sexuellen Verhaltensmustern) auch die Möglichkeit hat, seine Sexualität innerhalb der gesellschaftlichen Normen zu gestalten. Die Hauptströmung muss brach liegen gelassen und die Nebenströmung in den Vordergrund gebracht werden, damit es eben nicht zu einer kriminellen Handlung kommt. Dies ist eine Chance, es ist auch das Therapieziel für Männer mit dissexuellen Verhaltensmustern, vorausgesetzt, sie begeben sich überhaupt in Behandlung (was leider extrem selten geschieht!).

Nur in Ausnahmefällen muss gefordert werden, dass sexuellen Erregungsmustern nicht gefolgt wird, weil sie Schaden an Leib oder Seele eines Menschen hinterlassen können. Dies gilt für jene sexuellen Fantasien, die nicht einvernehmlich in die Tat umgesetzt werden sollen oder auf Sexualität mit Minderjährigen oder nicht konsensfähigen Personen abzielen. In den allermeisten Fällen ist dies nicht der Fall. Ganz im Gegenteil. Guter Sex ist auf das Bewusstmachen der eigenen sexuellen Vorlieben angewiesen und – wenn möglich – auch auf deren Umsetzung. Dafür bedarf es natürlich eines geeigneten Partners – den zu finden ist die eigentliche Kunst, ist eine Art Lotto-Sechser. Was soll sich eine Frau denken, deren Mann es plötzlich erregend fände, in Frauenklamotten mit ihr zu schlafen? Da stellt sich schon die Frage, wie weit kann sie da mithalten? Solche und ähnliche Neigungen sind durchaus Realität und keineswegs selten. Die Bedeutung der sexuellen Vorliebe für guten Sex wird jedem Sexualmediziner schnell bewusst. Und man tut gut daran, bei der Begründung einer Beziehung seine sexuellen Vorlieben nicht zu verheimlichen, sondern sie mitzuteilen. Er: „Du, ich habe da so gewisse Vorstellungen, die mich voll scharf machen.“ Darauf sie: „Die wären?“ Und dann folgt das wahrscheinlich entscheidende Gespräch über die Sinnhaftigkeit, eine Beziehung überhaupt erst einzugehen. Denn erfüllter Sex ist eine Grundvoraussetzung für eine zufriedene Beziehung. Und wie sollte man mit seinem Sex zufrieden sein, wenn man nicht bekommt, was man bekommen will? Eine der Hauptaufgaben einer Sexualtherapie ist daher die Erforschung und die Prüfung der Möglichkeit für die Umsetzung der sexuellen Vorlieben. Daher ist immer der Partner mit dabei, ohne ihn ist eine Therapie nicht möglich.

Sollten sexuelle Präferenzen innerhalb einer Beziehung nicht umgesetzt werden können, kann dies zu sexueller Unzufriedenheit und in Folge zu Beziehungsunzufriedenheit führen. Daran können Beziehungen auch scheitern.

Sich zu dem zu zwingen, was erwartet wird, und sich zu verwehren, was man in Wahrheit begehrt, kann auf Dauer nicht funktionieren. Diese Wahrheit wird in der Sexuologie in sträflicher Weise ignoriert. Die Sexualität der Männer spielt sich zu deren eigener Verwunderung im Kopf und nicht an den Genitalien ab. Das Gehirn ist der Sitz des „Ich“, der Penis ist bloß ein Tool, nicht anders als die Hand oder der Mund. Die Sexualmedizin ist ein Fach aus der Psychosomatik, sie sollte sich hüten, die Erektion in den Mittelpunkt der Tätigkeit zu rücken.

Angelika ist eine 37-jährige Frau aus dem Salzburger Land. Sie liebt ihren Mann, das stand außer Zweifel. Dies hinderte sie aber nicht, sich immer mehr aus dem zunächst sehr regen Sexualleben zurückzuziehen. Der Gatte, ein sportlicher 40-Jähriger, wusste schließlich keinen anderen Ausweg mehr, als sich beim Sexualmediziner Rat zu holen. Zunächst per E-Mail: „Wissen Sie", schrieb er, „ich habe ja nicht einmal das Gefühl, als würde meine Frau mich nicht mehr lieben. Ganz im Gegenteil. Der Beziehungsalltag läuft perfekt, es gibt Zärtlichkeiten, Liebesbekenntnisse, Kuscheln, nur Sex, also Geschlechtsverkehr, gibt es keinen mehr." Sie wusste natürlich, wie wichtig ihm das war, und irgendwie hatte er das Gefühl, sie wolle ihre Defizite durch andere Liebesbeweise wettmachen. „Meine Frau macht einen zunehmend unglücklichen Eindruck und schön langsam bin ich am Ende meiner Weisheit", schrieb Thomas in seiner E-Mail. „Ich habe Angst, meine Liebe zu verlieren." Und damit hatte er recht. Er konnte sich das Verhalten seiner Frau nicht erklären, es musste aber einen Grund geben. „Normaler gynäkologischer Status", schreibt die Frauenärztin in ihrem Befund. Die offizielle Begründung von Angelika für ihre sexuelle Unlust war „Schmerzen beim Geschlechtsverkehr". Kein liebender Mann wird in so einem Fall auf Sex bestehen, wer möchte seiner Geliebten schon Schmerzen bereiten? „Dyspareunie" heißt es im Fachjargon, wenn Frauen beim Sex Schmerzen empfinden. Diese häufigste sexuelle Störung von Frauen ist in den allermeisten Fällen nicht organisch bedingt. Wie sollte denn eine Frau ein Kind gebären können, wenn selbst der schmale Penis eines Mannes nicht in den Geburtskanal hineinpasst? Das ist doch leicht verständlich: Die Dyspareunie ist zwar eine Diagnose aus der Gynäkologie, sie ist aber in fast 100% der Fälle psychosomatisch bedingt und daher mit gynäkologischen Methoden nicht behandelbar. Was war denn nun der Grund für diese Störung bei Angelika?

Angelika kam nicht nur einmal in die Therapie. Es bedurfte mehrerer, insgesamt sieben einstündiger Gespräche, die sehr wechselhaft verliefen und mehrmals vor dem Abbruch standen. Alleine schon der Umstand, dass sie immer wieder kam und keinen Termin ausließ, machte ihren Wunsch deutlich, hier zu einer Lösung zu finden und sich das Herz auszuschütten. Angelika war eine intelligente Frau, sie wusste, es ging nicht nur um Geschlechtsverkehr. Nein, nein, hier ging es um „alles", um die Achtung vor sich selbst, um ihr Lebensglück mit Thomas. Sie wollte diesen Mann nicht verlieren, sie wusste aber gleichzeitig, dass die Verweigerung der Sexualität letztlich dazu führen würde. Das Gelingen dieser Beziehung stand auf dem Spiel. Ein erfahrener Therapeut spürt das, er weiß, da gibt es noch ein paar nicht gelüftete Geheimnisse, und er weiß auch, dass diese Frau trotz aller Rückschläge die Therapie zu Ende führen werde. „Melden Sie sich wieder, wenn Sie Lust dazu haben!" ist die unverbindliche Verabschiedung nach einer Therapiesitzung. Das schafft den Freiraum der Freiwilligkeit und gibt die Sicherheit, zu nichts gezwungen zu werden. Meist dauert es keine 24 Stunden, bis das Telefon klingelt – auch in diesem Fall. „Ich brauche wieder einen Termin", sagte sie, „und das möglichst schnell". Zu Beginn der Gesprächstherapie kam Thomas mit, ein sportlich-schlanker Mann Mitte vierzig mit ganz kurz geschorenen Haaren und Dreitagebart. Er war Unternehmer, war gewohnt Entscheidungen zu treffen, zu sagen, was er wollte, oder besser noch, was er sich erwartete. Doch in dieser Situation versagte er. Denn in der Sprechstunde kam es nicht darauf an, akkurat oder bestimmend zu sein, hier kam es auf ... ja, worauf kam es an? Er wusste es nicht, hatte alles versucht, um seiner Liebe entgegenzukommen, denn Angelika war seine Liebe, das stand außer Zweifel. Doch andererseits, wenn sich das mit dem Sex, oder besser gesagt mit dem Nicht-Sex, nicht änderte, könne er für nichts mehr garantieren. Immer wieder kamen ihm nun diese Gedanken an andere Frauen. Verstört versuchte er sich davon abzulenken.

Angelika kam in die Therapie, obwohl es ihr nicht immer

leicht fiel. Sie redete und redete und der Therapeut horchte zu, mal mehr, mal weniger aufmerksam. Er beschränkte sich darauf, Fragen zu stellen, immer und immer wieder dieselben. Er merkte, dass Angelika auch manchmal log, meistens daran, dass sie sich selbst widersprach, doch langsam ging es vorwärts. Die Schmerzen beim Sex waren nicht Gesprächsthema, sondern die mögliche Ursache dafür. Einer der vorher schon konsultierten Ärzte hatte ihr empfohlen, sich Dildos in verschiedenen Größen zu kaufen und das Eindringen ganz vorsichtig und schön langsam selbst zu trainieren. „Das brachte aber gar nichts", war sie sich sicher, sie war normal gebaut, nein, nein, daran lag es nicht. Es lag an einer inneren Sperre, die es ihr unmöglich machte, den Partner trotz aller empfundenen Liebe in sich aufzunehmen. Sie konnte sich nicht mehr öffnen, weder im Gespräch noch beim Sex. „Sich zu öffnen", das war das Zauberwort. Einer körperlichen Öffnung musste die emotionale Öffnung vorausgehen, der emotionalen die verbale, hier in der Therapiestunde. „Darüber" zu reden war der Schlüssel zum Erfolg. Das war Angelika im Zuge der Therapie klar geworden.

Angelika ist in leitender Stellung. In Ausübung ihres Berufs saß sie ganz vorne und führte den Vorsitz. Sie bestimmte, wer reden durfte und wer nicht und worüber geredet wurde. Sie war es nicht gewöhnt, gefragt zu werden, normalerweise fragte sie und sie war es auch sonst, die die Spielregeln bestimmte. Hier war alles ganz anders. Dieser Rollentausch machte ihr zu schaffen. „Ich finde mich in einer Situation, in die ich mich niemals begeben wollte." „Hier müssen Sie keine Strafe fürchten. Hier geht es auch nicht um Recht oder Unrecht", entgegnete der Therapeut, „Sie haben nichts zu verlieren, Sie können nur gewinnen." Angelika war anderer Meinung. „Hier verliere ich mein Gesicht und den Respekt vor meinem Partner, vielleicht auch vor mir selbst. Und außerdem: Eine Bestrafung ist auch eine Art Erlösung. Ich wünschte, Sie würden mich bestrafen."

Dies war die Gelegenheit, auf die ein Therapeut oft lange

warten muss. „Wofür wollen Sie bestraft werden? Und wie könnte ich Sie bestrafen, ohne dass Sie sich schuldig gemacht haben? Niemand, auch nicht Ihr Partner, sprach jemals von schuldhaftem Verhalten."

Angelika schluckte, schwieg und starrte zu Boden. Es war die siebente Therapiestunde, und beide – Patientin und Arzt – wussten, es müsse sich nun etwas bewegen. Jede Therapie braucht eine Diagnose, hat einen Beginn und auch ein Ende. Dessen war sich diese Frau bewusst und die Art, mit der sie nun zu reden begann, der Tonfall und die tragende Art des Vortrages waren deutliche Signale. Jetzt wollte sie reden. Der Arzt machte es sich bequem in seinem Sessel, rückte sich zurecht. Nur nicht unterbrechen, kein falsches Mienenspiel, keine falschen Signale. Jetzt war sie bereit, und tatsächlich, Angelika begann zu reden, nicht ohne sich mit einem flüchtigen Blick auf die Uhr zu vergewissern, dass die Zeit auch reichen würde für das, was sie nun sagen wollte.

„Wissen Sie, ich habe das schon lange, eigentlich seit der Pubertät, seit ich auch nur ein kleines Fünkchen Sexualität in mir trage. Eigentlich hätte ich ein starkes Bedürfnis, mich einem Mann lustvoll hinzugeben. Ich liebe dieses Gefühl des Ausgeliefertseins, ich stehe auf starke Männer und bin auch gerne ein bisschen unterwürfig; wenigstens beim Sex." Ein zaghaftes Lächeln zeigte sich auf ihren Lippen, ganz kurz nur, denn zum Lachen war ihr nicht. „Doch dann, dann kommen immer wieder diese Gedanken. Ich hatte schon alles versucht, mich ihrer zu entledigen, sie zu unterbinden, gar nicht erst aufkommen zu lassen, doch leider ohne jeden Erfolg. Die Lust fordert ihren Tribut, sie fordert ausgerechnet jene Gedanken, ohne die nichts geht, vor allem war es gar nicht möglich, ohne sie einen Orgasmus zu erreichen, ohne diese Gedanken, die ich so hasse und deretwegen ich auch hier bin." Angelika beobachtete die Gesichtszüge ihres Gegenübers, fragte sich, ob da nicht auch nur ein Anflug von Verachtung erkennbar wäre für sie und das, was sie eben zu erklären versuchte. Weit gefehlt. Genau das macht den geübten Therapeuten aus, er weiß, wie genau jede seiner Reaktionen, sein Mienenspiel beobachtet und analysiert wird. Er wollte keinen Vorwand für den Abbruch dieser Sitzung bieten und hörte einfach zu, ohne seine eigenen Gedanken preiszugeben. Die Überwindung, diese tiefsten aller Geheimnisse zu offenbaren, Gedanken an die Oberfläche zu befördern, die man hoffte, in den tiefsten Winkeln der Seele für immer versenkt zu haben, bedarf einer professionellen Vorgangsweise. Er saß ihr gegenüber und gab sich redlich Mühe, so zu tun, als redete man über ganz banale Dinge. In Wirklichkeit war er hellwach und voll dabei, er wähnte sich am Ziel einer harten Arbeit, jener Arbeit, die so einfach aussieht und dennoch höchste Konzentration und Professionalität erfordert. Der Sexualmediziner muss sich in Unparteilichkeit üben, kein leichtes Unterfangen, er darf nicht werten, höchstens kommentieren, und dies nur mit maximaler Rücksicht auf die Verletzlichkeit des Hilfesuchenden. Sexuelle Präferenzen, auch die gesellschaftlich geächteten, sind schuldlos erworben, können also niemals Rechtfertigung sein, jemanden zu verurteilen (solange sie nicht in die Tat umgesetzt wurden). So selbstverständlich dies auch klingen mag, so sehr wird dieser Grundsatz in der Öffentlichkeit mit Füßen getreten.

Angelika wusste, dass sie von der Mehrheit der Gesellschaft für ihre sexuellen Vorlieben verachtet werden würde, mehr noch, man würde sie inhaftieren, lebenslang, würde sie ihre Fantasien umsetzten, dennoch wollte sie darüber reden. Der Therapeut sollte sie von ihrem schlechten Gewissen befreien, so ihre Hoffnung.

Ein rascher, entschlossener Blick, dann fuhr sie fort: „Ich töte meinen Mann ... beim Sex. Beim Orgasmus ist er tot!“ Jetzt war es vollbracht, die Wahrheit war ans Tageslicht gebracht und es passierte ... nichts. „Wie?“, fragte der Arzt. „Was heißt hier ‚wie‘?“, entgegnete sie. „Auf welche Weise töten Sie Ihren Mann?“ Angelika hatte Mut gefasst und begann zu erzählen: „Anfangs, wenn wir beginnen an uns rumzumachen, versuche ich ganz banale Dinge in mein Hirn zu pressen, eine Blumenwiese oder irgendwelche anderen, unverfänglichen Gedanken, doch je mehr die Lust sich steigert, je heftiger der Sex wird, desto mehr drängen sie sich auf, diese Gedanken an Gewalt. Zum Schluss, wenn alles schon in Richtung Höhepunkt geht, liege ich unter meinem Mann, habe – in Gedanken – in der rechten Hand ein Messer und steche im Rhythmus der Stöße zu, bis zum Orgasmus – dann ist er tot. Eine Zeit lang schaffte ich es, diese Vorstellung als imaginär zu betrachten, das war doch gar nicht ich, nun aber, je tiefer meine Liebe zu Thomas wird, desto mehr fühle ich mich schlecht, als geheime Gattenmörderin, als jemand, der einen geliebten Menschen tötet. Das ist die schlimmste Fantasie, die man sich vorstellen kann!" „Und dies ist auch der Grund für Ihre Verweigerung der Sexualität?" „Ja, natürlich", fuhr sie fort, „stellen Sie sich mal vor, Sie töten beim Sex Ihren Partner! Man fühlt sich schlecht, schlecht und wieder schlecht und weil es absolut nicht gelingen will, diese Gedanken abzustellen, versucht man sie erst gar nicht aufkommen zu lassen, indem man sich verweigert. Nicht weil ich ihn nicht lieben würde, ganz im Gegenteil, weil ich ihn liebe."

Nun war alles gesagt und man spürte ihre Erleichterung. Angelika musste glauben, ihr Fall wäre einzigartig, doch das war er keineswegs. Die – gedankliche – Misshandlung eines Liebespartners ist eine nicht so seltene sexuelle Fantasie, naturgemäß wird sie aber zumeist verschwiegen. Die Ursache für ein derart extremes Erregungsmuster wird von Psychoanalytikern diskutiert. Sicher ist, dass der Sadismus aus der psychosexuellen Entwicklung in der Kindheit stammt und den Hass auf einen Elternteil widerspiegelt, der in der Pubertät sexualisiert wurde. Die Hassgefühle auf einen Elternteil werden verdichtet auf den Partner verschoben, der Partner hat eigentlich nichts dazu beigetragen, er büßt für die Fehler der Eltern.

Der weitere Umgang mit solchen Patienten hängt natürlich maßgeblich von der Persönlichkeitsstruktur der Betroffenen ab. Wohlgemerkt: Das Erregungsmuster ist schuldlos erworben und darf nicht zu einer Verurteilung führen. Es ist Schicksal und nicht die Folge einer Wahl. Die Frage aller Fragen ist in solchen Fällen, wie sicher man sein kann, dass aus der Fantasie nicht eine reale Tat wird. Bei der Aufarbeitung dieses konkreten Falles wurde folgendermaßen vorgegangen: Zunächst musste die Frau ihre eigenen sexuellen Fantasien akzeptieren lernen. Wichtig war auch ihre Einsicht, dass sie deshalb kein schlechter Mensch ist. Sie war nicht Herr über diese Gedanken und sie hatte sie zudem schuldlos erworben. Angelika war eine gebildete Frau, sie schaffte diesen Gedankensprung und fühlte sich nach dessen Verinnerlichung auch „frei“. Sie wusste aber, sie könnte sie nicht abstellen, beim nächsten Sex kämen sie wieder und würden sich nicht wegwischen lassen.

Der Akzeptanz des Erregungsmusters folgte die Evaluierung der daraus resultierenden Gefahr. Wie wahrscheinlich war es, dass aus diesen Gedanken ein tatsächliches Verhalten wird? War Angelika eine Gefahr für ihren Mann? Angelika war eine besonnene Frau, sie übte einen verantwortungsvollen Beruf aus, neigte nicht zu unüberlegten Kurzschlusshandlungen, auch nicht zu Alkohol oder anderen Suchtmitteln. Die enthemmende und berauschende Wirkung solcher Substanzen könnte einer Verlagerung der Fantasie auf die Ebene der realen Handlung Vorschub leisten. Ein Studentenmord beschäftigte Anfang Juli 2010 Österreich. Der angehende Medizinstudent wurde beschuldigt, seine Sexpartnerin beim Liebesspiel ermordet und zerstückelt zu haben. Er rechtfertigte sich mit der Behauptung, es wäre ein Unfall gewesen. Zwischen den beiden bestand angeblich ein reines Sexverhältnis, die beiden trafen sich, um „Vergewaltigungsszenen“ nachzustellen. Solche Rollenspiele sind nicht selten, sie entspringen aus der erregenden Vorstellung von Dominanz und Unterwerfung. Wahrscheinlich hatte in diesem Fall das konsumierte Kokain aus dem Spiel Realität werden lassen. Die enthemmende Wirkung von Suchtgiften wird häufig unterschätzt. Angelika aber war über jeden Zweifel erhaben. Schon der Umstand, dass sie sich in Behandlung begab, ohne jemals außer Kontrolle geraten zu sein, entlastete sie in höchstem Ausmaß. Zu guter Letzt musste noch Thomas in den Behandlungsprozess mit einbezogen werden. Er musste wissen, was hier „gespielt wird", hatte ein Recht darauf zu erfahren, welche Gedanken seine Partnerin beflügelten, wenn sie miteinander schliefen. Angelika hatte Angst davor, fürchtete sich, ihn zu verlieren, doch da musste sie durch. Um in dieser Beziehung wieder zu einem geregelten Sexualleben zu kommen, bedurfte es der Aussprache. Die Reaktion des Partners in solchen Fällen ist sehr unterschiedlich. Sie reicht von einem befreienden Lachen bis zum Einreichen der Scheidung. Thomas war ein cooler Mann, er hatte auch besonnen reagiert, so wie es zu erwarten war. „Wenn du nicht Ernst machst, habe ich gegen deine Fantasie nichts", sagte er und dann fielen sich die beiden um den Hals.

Endlich wusste er, warum sich seine Frau verweigerte. So lange hatte er sich gequält, immer und immer wieder war er in sich gegangen, hatte die Ursache für das Dilemma bei sich selbst gesucht. Jetzt wusste er es: Es lag nicht an ihm. Sie liebten sich wie eh und je, es waren die paraphilen Fantasien, die die Beziehung belastete.

Sechs Monate später waren die beiden wieder in der Sprechstunde des Arztes. „Es geht uns gut", waren sich die beiden einig. Die Sexualität in dieser Beziehung funktionierte wieder bestens, Angelika hatte gelernt, mit ihren außergewöhnlichen Fantasien umzugehen. „Und wie geht es Ihnen dabei?", wandte sich der Arzt dem Mann zu. „Alles bestens", antwortete dieser. „Manchmal mache ich einen Blick unter den Kopfpolster ...", fügte er hinzu und lachte.

Paraphile (außergewöhnliche) sexuelle Fantasien sind nicht so selten. Es handelt sich dabei um jene Gedanken, die von der Gesellschaft als „abnormal" beurteilt werden oder deren Umsetzung manchmal sogar gesetzlich verboten ist. Sie sich bewusst zu machen, ist eine Grundvoraussetzung für den „Umgang“ mit ihnen, erst dann kann der Sex lustvoll und eine Basis für eine glückliche Beziehung sein. Dieses Denkmuster kennt aber Ausnahmen. Sollte es sich nämlich um ein verbotenes Erregungsmuster handeln, muss die Umsetzung verhindert werden. „Verboten sind alle jenen Handlungen, die das sexuelle Selbstbestimmungsrecht missachten und/oder einem Menschen einen Schaden an Leib oder Seele zufügen könnten.“ Dann müssen Strategien erarbeitet werden, die eine Realisierung (lebenslang!) unbedingt verhindern. Sollten Sie solche Erregungsmuster in sich orten, begeben Sie sich in Behandlung, bevor etwas passiert!

8. Kapitel

Abgründe der Sexualität

Die Diskussion über das „Normale" oder „Abnormale" beim Sex ist wahrscheinlich so alt wie die Sexualität selbst. Und es ist kein Ende der Debatte abzusehen, denn die Bewertung der Sexualität als „erlaubt" oder „nicht erlaubt" erfolgt in einem gesellschaftlichen Konsens vor einem sich zeitlich verändernden soziokulturellen Hintergrund. Jede Gesellschaft macht ihre eigenen Regeln, deshalb ist es gar nicht möglich, allgemein gültige Normen aufzustellen. Der Konsens, der in christlichen Kulturen Gültigkeit hat, ist anderswo verpönt, umgekehrt gibt es gerade bei uns Restriktionen, die es anderswo nicht gibt. Die Götterinsel Delos war im antiken Griechenland eine heilige Insel, das Zentrum der Cykladen. Heute ist sie wegen ihrer Ausgrabungen ein beliebtes Ausflugsziel, eine Art touristisches Highlight. Eine der bemerkenswertesten Sehenswürdigkeiten ist eine Prachtstraße, die von riesigen erigierten Penissen gesäumt wird. In einem anderen griechischen Museum gibt es eine Darstellung von Göttervater Zeus, als er sich gerade anschickt seinen Geliebten Ganymed anal zu penetrieren. Kann ein Gott überhaupt ein sexuelles Wesen sein, ganz abgesehen davon, dass es sich hier um homoerotische sexuelle Praktiken handelt? Unvorstellbar, möchte man sagen, doch sollte man eben nicht vergessen, dass sexuelle Normen – genauso wie Gottgestalten – von Menschen gemacht oder erfunden sind.

Es ist nicht schwer zu argumentieren, dass derartige Darstellungen – bei allem Liberalismus – in der modernen, westlichen Gesellschaft nicht möglich sind. Die Darstellung des christlichen Gottes als erotisches Wesen würde als Blasphemie gewertet werden und möglicherweise sogar gerichtliche Konsequenzen zur Folge haben, weil ja selbst die Darstellung männlicher Genitalien in weiten Kreisen der Gesellschaft für sittenwidrig gehalten wird. Warum aber darf Gott kein sexuelles Wesen sein? Die Antwort ist ebenso einfach wie einleuchtend: Wenn eine Religion Sexualität dämonisiert, als schlecht und banal darstellt, darf ihr Gott ihr nicht verfallen. Ein Gott darf, was ihm der Mensch zubilligt, Sie dürfen, was Gott Ihnen „erlaubt“. Erahnen Sie die Bedeutung der Religion für die Gestaltung Ihrer ganz privaten Sexualität und des gesamten Lebens? Dort – im alten Griechenland – die lebenslustigen Götter, die irdischen Lüsten nicht abgeneigt waren und jede Menge Kinder zeugten, hier – im Europa des Christentums – die Tabuisierung und Dämonisierung der Sexualität.

Nur in einem solchen Zusammenhang ist das Kapitel über Paraphilien verständlich. Paraphilie bedeutet „die danebenliegende Liebe“; definitionsgemäß heißt „danebenliegend“ „außerhalb des Spannungsbogens einer bestimmten Gesellschaft“.

Die Paraphilien (griechisch παραφιλία, von pará – „abseits, neben“ – und philía – „Freundschaft, Liebe“) sind eine Gruppe sexueller Erregungsmuster, die sich als ausgeprägte und wiederkehrende, von der empirischen „Norm“ abweichende, sexuell erregende Fantasien, dranghafte sexuelle Bedürfnisse oder Verhaltensweisen äußern, die sich auf unbelebte Objekte, Schmerz, Demütigung oder nicht einverständnisfähige Personen wie Kinder beziehen. Übersetzt werden sie als „Störung der sexuellen Vorliebe“, sie unterscheiden sich von den „Störungen des sexuellen Verhaltens“, der Dissexualität. Hier „Vorliebe“, dort „Verhalten“, das ist ein ganz wesentlicher Unterschied, den es zu bedenken gibt.

Pharaphilien müssen, um als solche bezeichnet werden zu dürfen, über einen Zeitraum von mindestens sechs Monaten bestehen (Kriterium A) und in klinisch bedeutsamer

Weise zu Leiden oder Beeinträchtigung in sozialen, beruflichen oder anderen wichtigen Funktionsbereichen führen (Kriterium B). Erfüllen sie diese beiden Kriterien nicht, sind es keine Paraphilien.

Wohlgemerkt: Nicht die Vorliebe selbst ist krankhaft, sondern der durch sie hervorgerufene Leidensdruck.

Paraphile Erregungsmuster sind mit großer Wahrscheinlichkeit die Folge einer fehlgeleiteten psychosexuellen Entwicklung. Sie gelten nach der Pubertät als unveränderbar. Generell lassen sich bei sexuellen Präferenzen Haupt- und Nebenströmungen unterscheiden. Hier liegt auch die Chance für eine Therapie!

Die Paraphilie als Störung der sexuellen Präferenz ist per se kein strafbares Delikt. Strafbar wäre nur, wenn die Vorliebe in ein Verhalten mündet und dabei außerdem das Selbstbestimmungsrecht verletzt oder jemandem Schaden zugefügt wird. *Pädophilie* darf niemals praktiziert werden, weil der potenzielle Partner (das Kind) nicht selbstbestimmungsfähig ist und die kindliche Seele dadurch zerstört wird.

Ohne eine Verletzung des Selbstbestimmungsrechtes und unter der Voraussetzung eines gleich starken konsensfähigen Partners dürfen Paraphilien auch gelebt werden, gegen die Umsetzung von Fetischismen oder auch von sadistisch-masochistischen Praktiken ist nichts einzuwenden, solange kein Schaden an Leib oder Seele in Kauf genommen wird. Über Paraphilien wird in der Öffentlichkeit kaum gesprochen, und wenn schon, dann nur im Kontext mit Perversion oder gar Delinquenz. Das heißt aber nicht, dass es sie nicht gibt. Die „Berliner Männerstudie" beweist, dass paraphile Erregungsmuster bei Männern häufiger sind als angenommen. Etwa die Hälfte aller Männer ist von mindestens einem Erregungsmuster betroffen, das in der Öffentlichkeit als paraphil beurteilt werden könnte.

Die Sexualmedizin verbietet unzulässiges Moralisieren. Der Therapeut ist verpflichtet, Objektivität zu wahren, er darf nicht werten. Nicht einmal die eigenen ganz persönlichen Vorstellungen von Sexualität dürfen in die Beratung einfließen – eine nicht immer ganz einfache Aufgabe. Dennoch gibt es natürlich auch in der Sexualität Spielregeln, die eingehalten werden müssen.

Regel Nummer 1: Beim Sex darf niemand zu Schaden kommen. Dies gilt für psychische und körperliche Schäden. Diese Handlungen sind auch dann verboten, wenn sie einvernehmlich gesetzt werden. Bei sexuellen Handlungen in der Sadomasoszene ist die Grenze hier sicherlich nicht leicht zu ziehen und mancher Therapeut wird bei Fragen dazu auch durchaus schon in Verlegenheit gebracht worden sein.

Regel Nummer 2: Die sexuelle Selbstbestimmung darf nicht verletzt werden. Sexualität ist ein Spiel und kann keine Verpflichtung sein, denn sie ist ein Akt der Liebe und des Respekts. Jede sexuelle Handlung, die ohne das Einverständnis oder vielleicht sogar gegen den Willen eines Betroffenen gesetzt wird, und sei es nur ein Klaps auf den Po, ist ein sexueller Übergriff, im Extremfall sogar eine Vergewaltigung. Auch hier gibt es immer wieder Konflikte, vor allem im Zusammenhang mit der Einforderung der „ehelichen Pflicht", auf die sich immer noch viele Männer berufen. Die „eheliche Pflicht" zum Geschlechtsverkehr ist in der österreichischen Gesetzgebung nicht mehr zu finden, dennoch bildet die eheliche Sexualität einen selbstverständlichen Bestandteil der umfassenden ehelichen Lebensgemeinschaft. Eine ständige und grundlose Verweigerung des Geschlechtsverkehrs sieht das Eherecht weiterhin als Eheverfehlung. Der Zwang zum Geschlechtsverkehr oder zu anderen sexuellen Handlungen ist jedoch auch unter Ehepartnern untersagt – Vergewaltigung innerhalb einer Ehegemeinschaft stellt einen strafbaren Tatbestand dar. Der Trauschein berechtigt nicht zu sexuell übergriffigem Verhalten. Auch in der Ehe gilt die Regel von der Konsensualität der Sexualität. Ein geliebter Mensch darf sich darauf verlassen, dass sein Wille respektiert wird, auch in sexueller Hinsicht. Wenn Sexualität verletzt, ist sie keine Liebe.

Regel Nummer 3 besagt, dass es Sexualität nur zwischen zwei gleich „starken“ Partnern geben darf, denn nur dann ist der Konsens der Freiwilligkeit auch legitim. Diese Regel dient vor allem dem Schutz unterlegener Personengruppen, vor allem auch von Minderjährigen. Auch jedes Abhängigkeitsverhältnis verbietet Sexualität, weil die Freiwilligkeit der sexuellen Handlung durch dieses Abhängigkeitsverhältnis infrage gestellt wird. Deswegen darf ein Lehrer nicht mit einem seiner Schüler Sex haben und ein Arzt nicht mit einem Patienten.

Diese drei Regeln sind die Basis legitimer Sexualität, andere Regeln gibt es nicht. Sexualität muss nicht der Moral und den sexuellen Praktiken des Durchschnittsbürgers entsprechen, um legitim und erlaubt zu sein. Warum auch? Die Versuche, unter dem Vorwand göttlichen Willens in die private Sexualität zweier Menschen einzugreifen, haben keinen rationalen Hintergrund und dienen der Machtausübung.

Paraphilien sind in der Öffentlichkeit nicht mehrheitsfähig und in der Beziehung kaum konsensfähig. Hier endet die Fähigkeit zu wertfreiem Denken. Wenn man aber das ungeheure Glück hat, den richtigen Partner für das Ausleben potenziell paraphiler Erregungsmuster zu finden, ist nichts dagegen einzuwenden. Das wäre der berühmte Lottosechser: jemanden zu finden, von dem man so angenommen wird, wie man ist; die potenziell paraphile Sexualität inklusive. So sein zu dürfen, wie man ist, nennt man Akzeptanz. Sie ist eine unabdingbare Voraussetzung für das Gelingen einer Beziehung. Daher ist es wichtig, beim Anbahnen einer Partnerschaft sehr bald jene Sexualität zu leben, auf die man „abfährt“. „Geben Sie sich so, wie Sie sind“ ist die Devise. Wie sonst sollte ein zukünftiger Partner wissen, was ihn erwartet? Alles andere führt zu Missverständnissen und Enttäuschungen. Eine Frau hat das Recht zu wissen, worauf sie sich einlässt. Ein Mann natürlich auch. Jeder muss selbst entscheiden, ob eine Beziehung mit einem bestimmten Partner sinnvoll ist, und das rechtzeitige Ziehen der Notbremse kann schwerere Verwicklungen verhindern. Heutzutage ist das Internet eine breite Plattform für die Partnersuche, vor allem für Männer mit besonderen Erregungsmustern. Paraphile Erregungsmuster sind mit großer Wahrscheinlichkeit die Folge einer fehlgeleiteten psychosexuellen Entwicklung. Sie gelten nach der Pubertät – wie alle sexuellen Vorlieben – als unveränderbar. Generell lassen sich bei sexuellen Präferenzen Haupt- und Nebenströmungen unterscheiden. Dies ist auch der Grund, warum ein Mann, der auf Blonde „steht", auch mit einer dunkelhaarigen Frau guten Sex haben kann oder warum ein homosexueller Mann auch mit Frauen schlafen kann. Hier liegt auch die Chance für eine Behandlung, nicht für die Homosexualität, denn die ist weder therapiebedürftig noch therapierbar, sondern für all jene Fälle, deren sexuelle Präferenz nicht ausgelebt werden darf. Zum Beispiel im Falle der Pädophilie.

Paraphile Erregungsmuster bei Frauen sind wesentlich seltener als bei den Männern. Dies bedeutet aber nicht, dass nicht auch bei Frauen eine fehlgeleitete Persönlichkeitsentwicklung zu sexuellen Störungen führen könnte. Tatsächlich gibt es sie, sie äußern sich aber anders. Eine gestörte Persönlichkeitsentwicklung führt zu einer Störung der Sexualität in der durch das jeweilige Geschlecht favorisierten sexuellen Dimension. So „reparieren" Männer ihre defiziente Persönlichkeit im Bereich der Lustdimension, Frauen im Bereich der reproduktiven Dimension. Der männlichen Perversion entspricht daher bei den Frauen die Reproversion. Die Persönlichkeitsstörung führt also zu einem krankhaften Umgang mit der Fortpflanzung oder deren Produkt, dem Kind. Das Spektrum reproversiver Handlungen ist groß, es reicht vom „Missbrauch eines Kindes zur Selbststabilisierung" bis zur Kindesvernachlässigung und Kindestötung.

Sonja ist die Mutter eineiiger Zwillingstöchter, die, so drückte sie sich aus, „eine schwierige Phase durchlaufen". Sie ist Professorin an einem Gymnasium und sieht sich plötzlich zu Hause mit genau jenen Problemen konfrontiert, die sie aus der Schule schon zur Genüge kannte. „Jeden Tag vor dem Außerhausgehen gibt es Streit“, erklärte sie dem Sexualtherapeuten, „wenn es um die Kleiderwahl für den bevorstehenden Tag geht“. „Versteh’ ich nicht“, murmelte der Arzt, „erzählen Sie mir die Hintergründe.“ Sonja machte es sich bequem und holte aus: „Herr Doktor, man sagt mir nach, ich wäre konservativ, und das mag auch stimmen, ich halte es aber für absolut unnotwendig, dass zwei sechzehnjährige Mädchen allzu leicht bekleidet das Haus verlassen. Sie wissen schon“, fuhr sie fort, „mit bauchfreier Bluse und knapp geschnittenen Hosen, so knapp, dass man beim Bücken mehr zu sehen bekommt, als einem lieb ist. Ich weiß nicht, wie Sie das sehen“, fuhr sie fort, „aber ich halte das für eine Art Exhibitionismus, dem sich die heutige Jugend hier hingibt.“ Dem Doktor ging ein Licht auf, endlich begriff er, worum es ging. Er erklärte der aufgebrachten Mutter mit ruhiger Stimme, dass so etwas mit Exhibitionismus absolut gar nichts zu tun habe. „Tim“, so zitierte er aus seinem Erfahrungsschatz, „war ein richtiger Exhibitionist. Er ist erst 23 Jahre alt und hatte noch niemals mit einer Frau geschlafen, als er begann, seine Lust durch exhibitionistische Handlungen zu befriedigen. Er versucht durch das Entblößen seiner Genitalien und mit dem damit verbundenen Erschrecken einer Frau seinen angekratzten sexuellen Selbstwert aufzubessern. Dabei wird das Erschrecken des überrumpelten Gegenübers als Anerkennung für seine genitale Ausstattung fehlinterpretiert und dies ist auch das Motiv für die Handlung. Je mehr sich eine Frau erschreckt, desto größer war für ihn der Erfolg.“ Tim war ein klassischer Exhibitionist, er lebte nicht in einer Partnerschaft und war als Kind und in der Jugend oft gedemütigt worden. Sein sexueller Selbstwert war erschüttert worden. Er gestand im Laufe der Therapie mehrere exhibitionistische Handlungen, die aber, wahrscheinlich wegen seiner Jugend, nicht zur Anzeige gebracht wurden. Exhibitionistische Handlungen stellen ein Sexualstrafdelikt dar, weil das sexuelle Selbstbestimmungsrecht verletzt wird, das Opfer wurde ja vorher nicht gefragt, konnte gar nicht einwilligen. Dieser Mann hatte sich selbst in Behandlung begeben, das ist seine Chance, nicht doch noch delinquent zu werden. Die Behandlung kann seine paraphilen Erregungsmuster nicht heilen, sie kann aber helfen, Vermeidungsstrategien zu entwickeln.

Eine Störung der sexuellen Identität ist eine häufige Ursache für sexuelle Störungen beim Mann. Der Selbstwert im eigenen Geschlecht stellt für Männer (und Frauen) einen wichtigen Teil des psychischen Wohlbefindens dar. Es kann daher nur das vorrangige Ziel der Gesellschaft sein, in sich gefestigte Männer heranzuziehen. Die Voraussetzungen hierfür sind in der modernen Gesellschaft allerdings bescheiden. Männer beurteilen sich zunehmend selbst als das schlechtere Geschlecht und das ist ein Alarmsymptom: Eine Störung der sexuellen Identität scheint bei Männern weiter verbreitet zu sein als angenommen. Tatsächlich sind weiblich belegte Werte wie Teamgeist und soziale Kompetenz in der modernen Gesellschaft erfolgreicher, die Männer – evolutionsbiologisch auf Kämpfen, Jagen und Experimentieren getrimmt – scheinen in Ermangelung von Jagdgründen ins Hintertreffen zu gelangen. Dies kann jedoch nicht im Interesse des Gemeinwohls und auch nicht der Frauen liegen. 90 Prozent von ihnen sind heterosexuell orientiert, brauchen also für die Erfüllung ihres Lebensglücks eine Beziehung zu einem Mann. Feministische Thesen von der Auswechselbarkeit des bevorzugten Geschlechtes sind blanker Unsinn. Nur wenige Frauen werden bei schlechten Erfahrungen mit männlichen Partnern eine lesbische Beziehung eingehen wollen. Die derzeit vorherrschende Misandrie, das generelle Schlechtmachen des Männlichen, ist genauso wenig ein geeignetes Mittel, dieses Problem in den Griff zu bekommen. Mütter, Väter, Lehrer und die breite Öffentlichkeit sind aufgerufen, unsere Söhne in einer Weise zu fördern, dass aus ihnen selbstbewusste *Männer* werden können, denn nur sie sind geeignet, starken Frauen adäquate Partner zu sein.

Doch zurück zum Thema: Exhibitionismus ist ein Sexualstrafdelikt, sich aufreizend zu kleiden dagegen nicht, denn hier wird niemandes Selbstbestimmungsrecht verletzt. Niemand wird gezwungen, ungewollt etwas zu sehen, was er gar nicht sehen wollte, wie das bei Opfern von Exhibitionisten der Fall ist. Das ist der gravierende Unterschied. „Doch sollte man nicht vergessen“, fuhr der Arzt fort, „den Mädchen sehr wohl klarzumachen, dass sie mit der Art ihrer Bekleidung etwas ganz Bestimmtes kommunizieren.“ Mit sexy Kleidung sagt man: „Seht her, ich bin ein sexuelles Wesen und möchte als solches wahrgenommen werden.“ Wenn man mit jungen Mädchen darüber spricht, sind sie sich dieses Umstandes meistens nicht bewusst und reagieren sehr erstaunt. Sie wundern sich, dass sie vermehrt von Jungen angebaggert oder auch belästigt werden. Ein Mädchen sollte wissen, dass die Sexualität der Männer sehr stark visuellen Reizen unterliegt und dass freizügige Kleidung nicht gewollte Signale aussendet. Als Elternteil kann man nie früh genug beginnen, Mädchen klarzumachen, dass im Beruf und in der Schule Businesskleidung angesagt ist. Sie ist dezent, nicht unhübsch, aber auch nicht sexy. Sie sagt: Hier bin ich der Arbeit wegen und nicht privat.

Ein anderes Beispiel zur Bandbreite der Sexualität: Alexander war erst 16, als seine Mutter beschloss, einen Sexualmediziner zu Rate zu ziehen. Sie begann mit Tränen in den Augen zu erzählen. „Ich glaube“, schluchzte sie, „mein Sohn ist pervers. Ich beobachte schon länger, dass er Schuhe junger Mädchen entwendet und sie mit auf sein Zimmer nimmt. Was er dann genau damit macht, weiß ich nicht, ich denke aber, er benützt sie zur sexuellen Stimulation.“ „So etwas kommt schon vor“, sagte der Therapeut, „und wie ging das weiter?“ „Einmal wurde er erwischt, als er die entwendeten Schuhe wieder zurückstellen wollte, das gab einen Riesenwirbel im Haus, er wurde des Diebstahls bezichtigt. Gottlob kennt niemand den genauen Hintergrund dieser Tat, das wäre ja noch viel schlimmer gewesen.“ Alexanders Mutter war völlig durcheinander. „Wissen Sie“, fuhr sie fort, „in unserer Familie gab es so etwas nie und nimmer. Wir sind rechtschaffene Leute und so haben wir unsere Kinder auch erzogen. Alleine die Vorstellung, einer meiner Söhne könnte abartig sein, macht mich traurig und wütend. Bitte helfen Sie uns!" „Erzählen Sie mir mehr über Alexander. Was für eine Art von Mensch ist er denn?", fragte der Arzt. „Alexander ist der jüngste unserer drei Söhne. Er ist ein lieber und williger Bub und niemand kann sich über ihn beklagen. Auch in der Schule gibt es nur Lob. Der Klassenvorstand sagte mir zuletzt, er halte ihn für einen hochintelligenten Burschen. Er ist solide, auch der Beginn der Pubertät war unspektakulär und ohne besondere Konflikte. Umso mehr wundert es mich, dass er sich da nicht unter Kontrolle hat." „Alexander muss kein schlechter Mensch sein, nur weil er zur Befriedigung seiner Sexualität Schuhe braucht", erklärte der Arzt und fuhr fort, „das ist ein Fetischismus, der – solange niemand zu Schaden kommt – durchaus erlaubt und auch nicht selten ist. Der eigentliche Übergriff ist das Entwenden der Schuhe. Das ist ein strafbares Delikt und darüber müssen wir mit dem Jungen reden." Alexander befand sich längere Zeit in einer Sexualtherapie. Seinen anfänglichen Unwillen hatte er schnell überwunden, er war dann ein kooperationsbereiter Patient. Derzeit trifft er seinen Therapeuten nur mehr alle zwei Monate. Er hatte gelernt, dass er sich für seine paraphilen Erregungsmuster nicht zu schämen braucht, dass aber beim Ausleben niemand zu Schaden kommen dürfe. Auch hier gelten wie immer die Prinzipien der beidseitigen Zustimmung und der Schadensfreiheit. Grundsätzlich ist ein Fetischismus natürlich nicht paraphil, es sei denn Kriterium B tritt in Kraft, nach dem eine sexuelle Vorliebe dann paraphil wird, wenn sie zu einer Beeinträchtigung in sozialen, beruflichen oder anderen wichtigen Funktionsbereichen führt. Bei Alexander war dies der Fall. Seine Beeinträchtigung im sozialen Bereich war dadurch gegeben, dass er beim Entwenden eines Paares Schuhe erwischt wurde. Er wurde deswegen berechtigterweise des Diebstahls bezichtigt. Das führt zu Schuldgefühlen und einer Störung im Umgang mit den Nachbarn. Alleine schon der Umstand, dass die Mutter einen Arzt aufsuchte, ist wohl Beweis genug, dass es im Zusammenhang mit Alexanders Sexualität Probleme gibt. Damit wurde sein Schuhfetischismus zur Paraphilie.

Fetischismen sind weit verbreitet. Sie richten sich auf Dinge, Körperteile oder gewisse Umstände, unter denen Sexualität stattfinden muss. Männer mit fetischistischen Erregungsmustern können ohne deren Erfüllung nicht – oder nur schlecht – zur sexuellen Befriedigung gelangen. Sie werden daher, trotz aller gegenteiliger Vorsätze, immer wieder darauf zurückkommen. Die Ursache für einen Fetischismus liegt in der sexuellen Entwicklung des Kindes, er ist immer schuldlos akquiriert. Man kann daher einen Mann dafür nicht verantwortlich machen, man kann aber dafür sorgen, dass bei der Realisierung die festgelegten Grenzen nicht überschritten werden. Sollte dies der Fall sein, muss sich ein Mann in Behandlung begeben. Sexualmediziner werden häufig mit Fetischismen konfrontiert. Ganz egal, ob er auf Schuhe, Füße oder Lack und Leder gerichtet ist, die Gretchenfrage ist immer dieselbe: Wie geht das Pärchen damit um und ist die Partnerin bereit, diese besondere Art der Sexualität mitzutragen? Die Sexualität eines Paares ist immer ein Kompromiss zwischen zwei Menschen mit verschiedenen Erregungsmustern, im Idealfall der größte gemeinsame Nenner. Ist ein für beide Teile akzeptabler Weg nicht zu finden, besteht große Gefahr, denn sexuelle Unzufriedenheit ist eine häufige Ursache für das Scheitern von Partnerschaften. Innerhalb einer liebevollen Beziehung sollte ein Mann mit Verständnis vonseiten seiner Partnerin rechnen können, was noch lange nicht heißt, dass sie auch bereit ist, alles mitzumachen. Einen Versuch ist es aber wert, denn Frauen sind oft aufgeschlossener, als es ihnen die eigenen Männer zutrauen würden. Sollten Sie nicht den Mut haben, Ihren Fetischismus zu kommunizieren, wenden Sie sich an einen Sexualtherapeuten. Er ist Fachmann und wird die geeignete Form des Gespräches finden. Sich woanders das zu holen, was Sie zu Hause nicht bekommen oder zu kommunizieren wagen, ist jedenfalls kein geeignetes Mittel, einem Fetischismus zu begegnen.

Ein weiteres paraphiles Erregungsmuster, das häufig zu Missverständnissen führt, ist der Voyeurismus. Genau ein solcher Fall war Alois, ein 54-jähriger Mann aus einer Kleinstadt. Er wurde unter Androhung der Trennung von seiner Ehefrau in die Sprechstunde geschickt. Sie war es auch, die den Termin vereinbarte. Schon am Telefon schilderte sie ihre Situation mit dramatischen Worten; wie unsäglich traurig es wäre, mit so einem Mann verheiratet zu sein, der keine Gelegenheit auslässt, sich nach anderen Frauen umzusehen. „Das Schlimmste aber ist sein Verhalten in öffentlichen Bädern und Saunen", konkretisierte sie ihre Vorwürfe gegenüber ihrem Mann, „da komme ich mir schon richtig überflüssig vor." Aus ihr sprach die Eifersucht einer enttäuschten Frau. „Ich sage Ihnen, mein Mann ist ein Voyeur und jetzt soll er bitte etwas dagegen tun. Ich halte das jedenfalls nicht mehr lange aus." Der Arzt kam seiner Verpflichtung gerne nach, er gab einen Termin, aber nicht für den Mann alleine, sondern für ihn *und* seine Frau. „Es scheint doch eine starke Beziehungsdynamik dahinter zu sein, daher brauche ich sie beide", sagte er und so war es auch. Alois kam mit Gattin Eva in die Sprechstunde. Er war ein sympathischer Mann, gepflegt, sportlich, schlank, arbeitete in der Sportartikelbranche als Abteilungsleiter. Sie war Lehrerin in einer Volksschule. Die erste Therapiestunde war nicht einfach. Offenbar waren ihr bereits endlose und zermürbende Diskussionen vorausgegangen. „Sie können sich vorstellen", erklärte Eva ungefragt, „was da schon alles passiert sein muss, damit wir schließlich hier gelandet sind. So einfach geht man ja nicht zu einem Sexualtherapeuten." Das nun folgende Gespräch war äußerst aufschlussreich und unterstrich die Notwendigkeit der Einbeziehung der Partnerin. Eva beschuldigte ihren Mann, pervers, konkret ein Voyeur, zu sein. Die

Grundlage für diese Behauptung war Alois' taktloses Benehmen, das darin bestand, dass er auch in Gegenwart seiner Partnerin anderen Frauen hemmungslos hinterherblickte. „Doch das ist noch nicht alles", ergänzte Eva, „er starrt sie an und kann seine Blicke nicht lassen." Am schlimmsten würde sie das am Nacktbadestrand empfinden oder eben in der Sauna oder dem Schwimmbad, wo man erheblich mehr an weiblichen Reizen zu Gesicht bekommen kann. „Da ist es ganz schlimm", ergänzte Eva entnervt und fragte: „Ist das in Ordnung?"

Eva unterstellte Alois, ein Voyeur zu sein, doch das war er sicher nicht. Soweit war die Diagnose nicht schwer zu stellen. Alois war ein ganz normaler Mann. Er dachte sich nichts dabei, wenn er im Beisein seiner Gattin anderen Frauen allzu große Aufmerksamkeit widmete, er wusste nicht, warum er das nicht dürfte. „Weil Sie Ihre Frau verletzen", belehrte ihn der Therapeut, „und wenn es verletzt, ist es keine Liebe." Es war nicht ganz einfach, doch am Schluss verstand er sein inakzeptables Benehmen, das zwar nicht paraphil war, aber unhöflich und rücksichtslos. Er sah ein, dass sich seine Frau zurückgesetzt fühlte und daher in eine verzweifelte Lage geriet. Im Grunde hatte sie Angst, ihren Mann zu verlieren. „Durch Ihre große Aufmerksamkeit anderen Frauen gegenüber verletzen Sie Ihre Partnerin und das darf in einer liebevollen Beziehung nicht passieren." Die weitere Therapie dieses Paares bestand darin, Argumente und Gegenargumente zu hören um dann festzulegen, was in dieser Beziehung erlaubt war und was nicht. Das Besprechen der eigenen Grenzen sollte in jeder Beziehung Thema sein, wenn es unter vier Augen nicht möglich ist, dann eben mithilfe eines Therapeuten.

Ein Voyeur ist ein Mann, der große Hindernisse überwindet, um andere Menschen in Intimsituation zu beobachten. Er klettert auf Bäume, benützt Leitern und Fernstecher. Und das Wesentliche ist: *Das* ist seine Sexualität. Das sich aufbauende Erregungspotenzial wird unter Vernachlässigung der partnerschaftlichen Sexualität durch Masturbation abreagiert. Eine besondere Form des Voyeurismus mag die heimliche Beobachtung, auch die Aufzeichnung von intimen Handlungen mittels Videocam sein. Die Heimlichkeit der Handlung impliziert das nicht vorliegende Einverständnis der Beobachteten und stellt den strafbaren Tatbestand dar, der – sollten sich wie in den meisten Fällen Opfer und Täter kennen – auch von einem Vertrauensbruch begleitet ist.

Das Verhältnis eines Patienten zu seinem Arzt muss umso vertrauensvoller sein, je weiter die Themen in die Tiefen der Seele eindringen. Es ist daher selbstverständlich, dass ein Patient seinen Arzt nach bestimmten Kriterien auswählt. Die persönliche Sympathie spielt dabei sicher eine große Rolle. Für den Arzt besteht in der Regel eine Art ethisch begründete Behandlungspflicht. Auch in diesem Punkt ist die Sexualmedizin ein besonderes Fach, hier ist das anders, hier darf auch der Arzt eine Auswahl treffen. Er muss bereit sein, mit diesem Mann oder jener Frau über sehr intime Details der Sexualität zu sprechen. Ganz abgesehen davon, dass die Chemie stimmen muss, gibt es noch eine zweite wichtige Voraussetzung, nämlich die Akzeptanz des Patienten und dessen Sexualität durch den Arzt. Der Therapeut muss nicht derselben Meinung sein, er muss seine Patienten aber akzeptieren, in ihrer Person und deren Sexualität. Diese Überlegungen sind der Grund, warum dem Erstgespräch eine besondere Bedeutung zukommt. Es dient der Vertrauensbildung und der Erforschung der Therapiemöglichkeiten.

Der Termin mit Xaver war von Anfang an bemerkenswert. Schon am Telefon begann er sein Spiel zu spielen. „Nennen Sie mich Xaver“, sagte er, womit er keinen Zweifel daran ließ, dass das nicht sein richtiger Name war. Dieser Mann bestand darauf, anonym zu bleiben, wollte aber zu einem „persönlichen“ Gespräch kommen. Ist das nicht ein Widerspruch in sich? Kann es gelingen, anonym Vertrauen aufzubauen? Er stülpte sich einen Jutesack über und saß dann da, ganz ohne Kopf. Das war grotesk, fast schon lächerlich. Was war der Grund für dieses Spiel, welche Abgründe mussten sich hier auftun, um so ein Spektakel zu rechtfertigen? Offenbar hatte dieser Mann einen enormen Druck, sein Problem loszuwerden. Und wie groß musste dieser Druck wohl sein, wenn er nicht von Angesicht zu Angesicht sprechen konnte? Da saß er nun mit dem Jutesack über seinem Kopf und dem Doktor war nicht zum Lachen zumute, ganz und gar nicht. Innerlich fragte er sich, worauf er sich da eingelassen hatte, da schossen die unglaublichsten Szenarien durch sein Gehirn, der verhüllte Kopf und die damit verbundene Anonymität machten diesen Mann unberechenbar. „*Sie* können mich nicht erkennen, *ich* aber kann Sie sehen", sagte er, „*ich* spreche daher nicht zu einem Phantom". Diese Feststellung führte nicht zu einer Entspannung. Selten noch war der Mediziner so verunsichert. Xaver schloss nicht aus, sich irgendwann einmal erkennen zu geben, doch jetzt war er nicht bereit dazu: „*Noch* nicht", ergänzte er. Anfangs bemühte er sich auch seine Stimme zu verstellen, doch das wurde ihm dann ziemlich schnell zu mühsam. „Das ist nicht notwendig, ein gewisses Vertrauen sollte doch vorhanden sein, sonst hat das alles keinen Sinn", war die Meinung des Doktors und damit hatte er sicher recht. Ohne Vertrauen kann man nicht Sexualmedizin machen; zu intim sind die Details, die hier besprochen werden.

„Herr Doktor", begann er seine Geschichte, „ich glaube, ich bin asexuell. Ich habe noch niemals richtigen Sex gehabt, nicht mit einer Frau und nicht mit einem Mann." Das konnte es nicht sein, dachte der Arzt, für ein solches Geständnis braucht ein Mann nicht sein Gesicht verbergen. „Masturbieren Sie?", fiel er ihm ins Wort. „Ja, das schon." „Dann sind Sie nicht asexuell, ein Mann, der masturbiert, hat sexuelle Bedürfnisse." Xaver fühlte sich ertappt. Es folgten einige Minuten eisigen Schweigens. Niemand, der eine solche Situation nicht schon erlebt hat, kann sich vorstellen, wie lange einige Minuten sein können. Man hört das Ticken der Uhr an der Wand und glaubt das Pulsieren in den Adern zu verspüren. Das Mienenspiel des Patienten war für den Arzt nicht sichtbar, wie sollte es nun weitergehen, war das Gespräch bereits am Ende, stand er nun auf und ging oder diente dieses Schweigen der Ordnung seiner Gedanken? Diese wenige Minuten andauernde Stille wollte scheinbar nicht enden, doch plötzlich atmete er durch und setzte an zu reden. „Sie haben recht“, gab er klein bei, „meine Asexualität ist nicht das eigentliche Problem, das haben Sie richtig durchschaut, natürlich, ich masturbiere, und das häufig und ausgiebig.“ In weiterer Folge entwickelte sich ein konstruktives Gespräch. Xaver hatte zwar noch niemals Sex gehabt, weder mit einem Mann noch mit einer Frau, wie er selbst bemerkte, aber er betrieb regelmäßig Masturbation, er war also sexuell höchst aktiv. Welche Gründe könnte es denn geben, die einen Mann dieses Kalibers – weltgewandt, eloquent, durchaus bereit zur Selbstreflexion – dazu brachten, dass er „noch niemals Sex hatte, weder mit einer Frau noch mit einem Mann“? Die Wahrheit mag banal sein, das Eingeständnis einer Wahrheit ist niemals banal, denn die Selbstlüge ist sehr viel einfacher. *Dieser* Mann war nicht mehr bereit sich selbst zu belügen und deswegen war er hier. „Ich habe Angst: vor mir selbst!“ Der Doktor ahnte die Tragweite dieses Geständnisses, er überließ es seinem Gegenüber, die Geschwindigkeit des Gesprächs zu bestimmen. Für eine Beichte dieser Art musste er sich Zeit nehmen, er hatte gelernt, dass in solchen Fällen tatsächlich Reden Silber und Schweigen Gold ist. Nach einer kurzen Pause des Überlegens kam Xaver auf den Punkt: „Meine Orientierung auf Männer wäre das geringste Problem für mich. Wenn es nur Männer wären, aber es sind Buben, so um die zehn Jahre alt, jedenfalls noch deutlich vor der Pubertät.“ Nach einer neuerlichen Pause nahm er seinen Jutesack ab, er belohnte den Arzt für seine Aufmerksamkeit durch die Preisgabe seiner Identität. „Herr Doktor“, flehte er, „helfen Sie mir, ich bin pädophil! Ich hasse diese Fantasien und doch kann ich sie nicht aus meinem Kopf verbannen. Verstehen nun wenigstens Sie mich? Können Sie erahnen, wie ich mich fühle? Wie der Abschaum der Menschheit, das Allerletzte! Ich kann kaum klar denken, habe Angst, dass aus den Fantasien Realität werden könnte."

Das war es also, Xaver war ein homopädophiler Mann. Er war auf das männliche Geschlecht orientiert und auf kindliche Körper ausgerichtet. Die Pädophilie beschreibt eine sexuelle Attraktion durch kindliche, also präpubertäre Körper. Kaum beginnt die Pubertät, ist es nicht mehr Pädophilie. Xaver hatte richtig erkannt, dass die Diagnose der Pädophilie nicht einer sexuellen Handlung bedarf, sondern auch schon durch sexuelle Fantasien gerechtfertigt ist, etwa durch Masturbationsfantasien. Für das bessere Verständnis nochmals anders formuliert: Ein Mann ist auch dann pädophil, wenn er noch niemals mit Kindern sexuellen Kontakt hatte, seine sexuellen Fantasien aber von kindlichen Körpern bestimmt sind. Diese Feststellung ist äußerst wichtig, denn sie eröffnet die Chance einer Behandlung. Die Behandlung muss stattfinden, *bevor* etwas passiert, nämlich dann, wenn der Mann erkennt, dass seine Gedanken rund um Kinder kreisen. Die Therapie *vor* der Tat schützt das Opfer und den Täter vor schwerwiegenden Konsequenzen. Pädophile Handlungen sind zu Recht unter Strafe gestellt, denn sie zerstören Kinderseelen. Der Täter sollte sich aber bewusst sein, dass er im Falle einer Täterschaft gesellschaftlich geächtet sein wird, auch *sein* Leben wird danach zerstört sein.

Bei Xaver handelt es sich um einen homopädophilen Mann. Es darf aber nicht der Eindruck entstehen, dass homosexuelle Männer häufiger pädophil sind als heterosexuelle. Die unzulässig selbstverständliche Verquickung von Homosexualität und Pädophilie ist erst jüngst durch den Missbrauchsskandal in der römisch-katholischen Kirche genährt worden. Die Wissenschaft weiß, dass homosexuelle Männer nicht häufiger pädophil sind als heterosexuelle. In Deutschland gibt es die bereits zitierte viel beachtete Kampagne des Berliner Institutes für Sexualmedizin. Mit dem

Slogan „Lieben Sie Kinder mehr, als Ihnen lieb ist?" sollen pädophile Männer motiviert werden, sich in Behandlung zu begeben, *bevor* etwas passiert. Jeder, der sich betroffen fühlt, sollte seine Chance ergreifen!

Xaver begab sich in Behandlung. Die erste und wichtigste Voraussetzung dafür war das *Eingeständnis* seiner Pädophilie. Alle jene Männer, die sich selbst belügen, seien gewarnt. Die Verleugnung einer paraphilen sexuellen Präferenz schützt nicht vor deren Umsetzung, ganz im Gegenteil. Verschaffen Sie sich Klarheit über Ihre sexuellen Neigungen, nur dann eröffnet sich die Chance für eine erfolgreiche Behandlung.

Sexuelle Präferenzen sind grundsätzlich erworben. Warum also war Xaver pädophil? Was könnte da passiert sein? Irgendeinen Auslöser musste es gegeben haben! Es war eine Frage der Geduld und des Geschickes, den Auslöser zu finden. Natürlich hatte Xaver bereits darüber nachgedacht, das nun folgende Gespräch gestaltete sich daher weniger mühsam als üblich. Xaver bot tatsächlich einige Besonderheiten in seiner kindlichen psychosexuellen Entwicklung. Die psychosexuelle Entwicklung beschreibt die Zeitspanne vom Zuweisungsgeschlecht bis zur Geschlechtsidentifikation, also von der Geburt bis zur Pubertät. Xaver begann zu erzählen, er sprach über sein Elternhaus und schilderte seine Jugend. Er war das zwölfte von vierzehn Kindern, die auf einem Bauernhof im Salzburgerland aufwuchsen. „Ich kann mich nicht beklagen", sagte er, „meine Eltern mussten sparen, doch mir ging nichts ab." Nur zu einem ganz bestimmten Bruder, seinem „Bettgenossen" hatte er ein getrübtes Verhältnis. Da war „etwas in der Luft" zwischen diesen beiden, sie gingen sich aus dem Weg, wollten nichts voneinander wissen. „Bettgenossen?", wollte der Arzt genauer wissen, „wie soll ich das verstehen?" Xaver erzählte ein pikantes Detail aus seiner Kindheit. Die Familie hatte vierzehn Kinder. Weil es aber im Haus nicht vierzehn Betten gab, bestimmte die Mutter, wer mit wem das Bett zu teilen hatte. Dabei sorgte sie dafür, dass nicht Buben mit Mädchen zusammenkamen, das ging natürlich nicht, das war wohl allen klar. Aus welchen Überlegungen auch immer legte sie einen älteren mit einem jüngeren Bruder zusammen, so als sollte der Kleine einen Aufpasser bekommen. Xaver war sich sicher, dass seine Mutter nur sein Bestes wollte und die Folgen nicht im Geringsten erahnte, als sie bestimmte, dass er als Siebenjähriger mit seinem dreizehnjährigen Bruder das Bett teilen musste. Volle vier Jahre lang. Dann war Andreas 17 und ging außer Haus. Als Xaver das erzählte, wusste der Doktor schon, was nun kommen musste. Xaver war missbraucht worden, von seinem älteren Bruder. Volle vier Jahre lang. „Ich wusste lange nicht, was da abging", schilderte er seine Erinnerungen, „heute aber habe ich ein klares Bild!" „Wollen Sie darüber reden?", ermutigte ihn der Arzt fortzufahren. Xaver wollte darüber reden, das war klar. Er wollte Gewissheit.

Man stelle sich einen siebenjährigen Buben neben einem dreizehnjährigen Burschen vor. Der eine ist ein unschuldiges Kind, der andere ein hochsexuelles Wesen mit entsprechenden Bedürfnissen; in seiner Psyche zwar noch unreif – was die Sache nicht erleichtert –, biologisch aber ein ganzer Mann. Xaver ging üblicherweise früher zu Bett als sein wesentlich älterer Bruder. Als Andreas dann nachkam, vollzog sich täglich – Xaver überlegte und bekräftigte, dass es täglich war – ein ganz bestimmtes Ritual, mit dem der Volksschüler zunächst nichts anzufangen wusste. Sein Bruder benützte ihn, um sich sexuell zu stimulieren. Das ging so ein paar Minuten, nach heftigem Stöhnen ließ Andreas von ihm ab, kuschelte sich an seine Seite und schlief binnen weniger Minuten.

„Eigentlich war ja nichts passiert", versuchte Xaver seinen Bruder in Schutz zu nehmen. „Wissen Sie, Herr Doktor, ich kann Andreas gar nicht böse sein, ich denke nicht, dass er mir Schlechtes tun wollte. Und ich habe das Gefühl, er wusste damals auch nicht, was er machte." Der Arzt schüttelte den Kopf: „Ich gebe Ihnen recht, Andreas war selbst noch fast ein Kind und die Situation des gemeinsamen Bettes war eine nicht zumutbare Versuchung. Doch es ist das Wesen der meisten sexuellen Übergriffe, dass der Täter in seiner eigenen Meinung nichts Böses tut." Es wäre Sache der Eltern gewesen, diese Vorgänge zu unterbinden oder gar unmöglich zu machen. Die Mutter mag ja ahnungslos gewesen sein, denn eine Frau kann das ungestüme sexuelle Potenzial eines pubertierenden Mannes nicht einmal annähernd erahnen, aber wo war der Vater? Er hätte es wissen können, ja sogar wissen müssen. „Haben Sie mit Andreas jemals darüber geredet?", wollte der Doktor wissen. „Nein, noch nicht. Da gibt es eine Barriere zwischen uns, wir reden gar nichts. Andreas geht mir aus dem Weg; ich denke, er weiß sehr wohl, was da passiert ist."

Xaver war also ein durch Jahre hindurch missbrauchter Junge. Der Täter war – wie so häufig – ein Mitglied der eigenen Familie. Einmal mehr nährt sein Fall den Verdacht, dass pädophile Männer in deren Kindheit sehr häufig selbst Opfer sexueller Übergriffe waren. Wie auch immer, Xaver hatte noch niemals ein Kind sexuell belästigt, er hatte ein reines Gewissen. Das gab ihm die Chance, darüber überhaupt zu reden. Durch sein Eingeständnis und die darauf folgende Behandlung baute sich der Druck ab, der in der Selbsterkenntnis begründet war, ein missratener Mensch zu sein. Das war er aber nicht, seine Pädophilie war ja schuldlos akquiriert. Das Ziel einer Behandlung ist die Entwicklung einer Strategie, seine Sexualität leben zu könnte, ohne jemals ein Kind zum Opfer zu machen. Eine Behandlung sollte präventiven Charakter haben. Dafür muss ein Mann aber so stark sein, sich in Behandlung zu begeben, *bevor* etwas passiert.

9. Kapitel

Die Frau im Manne – wenn Männer Frauenkleider tragen

Dass Männer Frauenkleider tragen, ist nicht selten, es ist auch nicht häufig, sondern es ist *sehr* häufig. Etwa 5% aller Männer geben zu, wenigstens in ihren sexuellen Fantasien Frauenkleidung zu tragen, die Hälfte dieser 5% setzen ihre Fantasie auch in die Tat um, entweder bei der Masturbation oder beim Sex mit ihren Partnerinnen. Sie tun dies aus sehr verschiedenen Motiven. Das mag schwer nachvollziehbar sein, doch nur deshalb, weil etwas nicht an die Öffentlichkeit dringt, ist es noch lange nicht aus der Welt. Wie sehr die öffentliche Meinung und das, was in den Schlafzimmern und noch mehr in den Gehirnen der Leute vorgeht, auseinanderdriften, ist wirklich schwer zu begreifen. Um es zu verstehen, bedarf es der Fähigkeit, sozialisationsbedingte Normen über Bord zu werfen, und auch der Einsicht, dass „die Gesellschaft“ ein von den verschiedensten Interessensgruppen hemmungslos missbrauchtes Sozialgefüge darstellt.

Auch eine der zahlreichen E-Mails an den Arzt behandelt das Thema Frauenkleider:

Hallo Herr Doktor!
Ich habe eine ganz spezielle Frage. Da meine Frau und ich zu unterschiedlichen Tageszeiten arbeiten, kommt es vor, dass ich öfter alleine zu Hause bin. Ich bin durch Zufall draufgekommen, dass ich darauf stehe, mir Binden und Slipeinlagen meiner Frau in meine Unterhose zu legen. Ich

werde davon so sehr erregt, dass ich entweder gleich von selbst komme oder masturbieren muss. Seither trage ich sie regelmäßig in einer Unterhose meiner Frau. Dabei kommt es aber gar nicht darauf an, dass es sich um einen Slip meiner Gattin handelt, es geht nur darum, dass es sich um Frauenunterwäsche handelt. Ich habe in letzter Zeit auch selbst Frauenunterwäsche in diversen Fachgeschäften besorgt. Was soll ich nur tun? Ohne Frauenslips und entsprechende Einlagen werde ich nur mehr schwer scharf. Soll ich zu einer Prostituierten gehen, die mich samt meiner Frauenunterwäsche akzeptiert? Oder soll ich es meiner Frau beichten? Gibt es für so etwas eine Therapie? Bitte helfen Sie mir, ich warte mit Spannung auf Ihre Antwort.

Lieber Robert!
Um die eigene Sexualität lustvoll erleben zu können, muss man sie selbst akzeptieren. Auch Sie sollten aufhören, sich etwas vorzumachen; denn nicht die Abwesenheit Ihrer Frau hat Sie „zufällig" darauf gebracht, dass Sie auf Frauenslips stehen. Wenn dem so wäre, wäre der einzig sinnvolle Therapieansatz die Änderung der Arbeitszeiten Ihrer Gattin, aber glauben Sie mir, diese Maßnahme würde das Problem nicht lösen. Es handelt sich hierbei um einen Fetischismus, welchen Charakters er konkret ist, kann man ohne eine genaue Untersuchung nicht sagen. Der beste Ansatz für eine Behandlung wäre eine Gesprächstherapie. Zunächst muss eine Diagnose gestellt werden, aus der heraus sich ein Therapieansatz ergibt. Dabei kann man gleich vorwegnehmen, dass eine „Heilung" im Sinne einer Austreibung solcher Gedanken weder möglich noch erforderlich ist. Ich erwarte Ihren Anruf zur Terminvereinbarung. Mit freundlichen Grüßen!

Die *Berliner Männerstudie* nennt erstaunliche Zahlen über die Häufigkeit von Erregungsmustern, die mit dem Tragen von Frauenkleidern in Zusammenhang stehen. Selbstverständlich gibt es auch bei dieser Form der sexuellen Präferenz breit gefächerte Nuancierungen. Die eigentliche Frage bleibt aber immer: Sind diese Erregungsmuster ein Anzeichen für die Unzufriedenheit im biologischen Geschlecht, also transsexuell motiviert, oder handelt es sich um einen Fetischismus? Diese Gretchenfrage zu klären ist eine schwierige Aufgabe. Der Sexualmediziner übernimmt eine große Verantwortung für das weitere Schicksal dieses Patienten, der sich im Vertrauen auf Sachkompetenz in Behandlung begeben hat. Leider gibt es immer wieder Fehldiagnosen, mit schwerwiegenden negativen Konsequenzen für das Lebensglück dieses dann fehlbehandelten Menschen. Die „echte" *Transsexualität,* also die mangelnde Kompatibilität von biologischem und psychosozialem Geschlecht, ist selten. Die in der Literatur veröffentlichten Zahlen divergieren leider sehr stark, weil sie einerseits die Dunkelziffern nicht beinhalten, andererseits aber nicht echte Fälle von Transsexualität mit einbeziehen. Sehr viel häufiger ist der mit dem Tragen von Frauenkleidern in Verbindung stehende *transvestitische Fetischismus.*

Robert kam in die Sprechstunde. Mit einem einmaligen Termin kann so eine Problematik natürlich nicht hinlänglich besprochen werden, auch wenn dieser 60 Minuten dauert. Eine Sexualtherapie ist eine auf Sexualität zentrierte Psychotherapie. Der Therapeut ist darauf geschult, die relevanten Themen förmlich abzuarbeiten, ohne den Ratsuchenden in seinen Gedankengängen zu präjudizieren. Er nimmt dabei nicht die Rolle des Experten ein, „erklärt" nur dann, wenn auch wirklich Erklärungsbedarf besteht. Vielmehr stellt er seine Fragen in einer derart subtilen Weise, dass sie sich der Patient selbst beantwortet. Er wird damit in seinen Gedankengängen „angestupst" und kommt zu einer selbst gewonnenen Einsicht. Keine Wahrheit ist realer als die selbst erarbeitete. Zunächst ging es bei Robert um die Erkundung des Erregungsmusters an sich. War das Tragen von Frauenslips ein Fetisch oder möglicherweise der Beginn einer schlummernden Karriere als Transsexueller? Die richtige Fragestellung vorausgesetzt, wusste Robert, was er zu sagen hatte. Nur manchmal antwortete er mit Gegenfragen. „Mich dürfen Sie da nicht fragen", entgegnete der Therapeut, „Sie müssen Ihre eigene Sexualität leben, nicht eine von anderen vorgegebene. Das genau haben Sie ja bisher gemacht. Wie sehr Sie von vorgegebenen Normen abhängig sind, können Sie daran erkennen, dass Sie selbst Ihrer Partnerin noch nichts von Ihren geheimen Wünschen erzählt haben." Robert nickte. „Aber bitte, wie wollen Sie denn jemals befriedigenden Sex machen, wenn Sie das, was Sie anturnt, nicht einmal Ihrer Partnerin anvertrauen wollen? Das kann nicht gut gehen!"

Ein „echter" Transsexueller hasst alle Attribute, die ihn an sein Geburtsgeschlecht erinnern. Ein biologischer Mann, der sich im psychosozialen Sinne als Frau fühlt, reagiert daher mit großer Ablehnung auf seinen Penis, viel schlimmer erlebt er aber seine Erektionen, die sich nicht verhindern lassen, selbst dann nicht, wenn schon gegengeschlechtliche Hormone genommen werden. Jeder Mann definiert sich aus seiner Fähigkeit zur Erektion. Ein Mann, der keiner sein möchte, hasst sie. Bei Robert war das nicht so. Er liebte seinen Penis und war auf seine Potenz stolz. „Die Entfernung Ihres Penis ist also nicht Ihr Ziel?", hakte der Therapeut nach. Robert reagierte entrüstet, so als ob er nun gezwungen werden sollte, den Rest seines Lebens ohne sein geliebtes Tool verbringen zu müssen. „Wo denken Sie hin? Ich bin doch nicht da, um zu einer Frau zu werden." „Das genau wollte ich wissen", war die Antwort des Fachmannes, „denn darüber darf es keine Zweifel geben, resultiert daraus doch das Therapieziel."

Das Therapieziel bei Robert war zunächst die *Akzeptanz des sexuellen Erregungsmusters*. Er, der sich als pervers wähnte, Angst hatte, über seine sexuellen Wünsche selbst mit seiner Sexualpartnerin zu sprechen, sollte am Schluss sagen können: „Jawohl, ich stehe auf das Tragen von Frauenunterwäsche und das macht mir nichts aus. Ganz im Gegenteil, es macht mich an." An sich sollte das gar kein Problem sein. Robert hatte aber ein Problem damit, das aus den gesellschaftlichen Normen heraus entstanden ist. „Ein Mann trägt nun mal keine Frauenkleider." „Und wenn er es doch tut?", fragte der Therapeut. „Dann ist er pervers und sollte sich tunlichst nicht dabei erwischen lassen", war Robert überzeugt. Dabei sind Fetischismen nicht grundsätzlich paraphil, sie werden erst zur Paraphilie, wenn der betroffene Mann damit ein Problem hat. Das war bei Robert der Fall, deshalb war er ja beim Arzt.

Ohne diese Selbstakzeptanz kann man nicht bestehen. Dieses ewige schlechte Gewissen, das Gefühl, abartig zu sein, „pervers", wie man im Sprachgebrauch zu sagen pflegt, tötet die Sexualität und später die Seele. Wie soll man denn als „Abartiger" in dieser Gesellschaft bestehen, die angepasstes Benehmen belohnt und nonkonformistisches bestraft?

Historisch gesehen fühlte sich die herrschende Klasse an die selbst erfundenen Normen aber keineswegs gebunden. Da gab es Lustknaben, Kurtisanen, Überfluss und Verschwendung. Und sind nicht gerade jene, die sich an die kleinbürgerliche Gedankenwelt nicht gebunden fühlten, in die Geschichtsbücher eingegangen? Goethe war ein zwar rechtschaffener, sexuell aber ausschweifender Mann, er liebte die Frauen nicht nur im Geiste; Mozart hat man nicht einmal begraben, man hatte ihn verscharrt, er war zu genial für seine Zeit; Prinz Eugen musste wegen seiner Homosexualität aus Frankreich fliehen, Michelangelo Buonarotti hatte das Glück, am homophilen Hof der Medici eine Bleibe zu finden: Wer weiß, was sonst aus ihm geworden wäre? Nicht jeder hat das Glück, einen verständnisvollen Förderer zu finden.

Robert ist ein ganz normaler Mann. Auch er hat das Recht, aufrechten Hauptes und ohne das Gefühl der Abartigkeit durchs Leben gehen zu dürfen. Dies zu begreifen war das Ziel dieser Sexualtherapie und es wurde erreicht. Robert wurde durch eine behutsame Gesprächsführung von der

Bürde befreit, ein perverser Mann zu sein. Er sollte in Zukunft keine Gedanken mehr daran verschwenden, er sollte seine Sexualität leben, so wie sie ihm gegeben ist. „Ich fühle mich wie neu geboren“, schrieb er seinem Therapeuten zu Weihnachten. „Es ist ein neues Lebensgefühl!“

Die schwierigste Arbeit stand aber noch bevor: Zum Sex gehören zwei und niemand konnte voraussagen, wie seine Frau darauf reagieren würde. Das Beziehungsglück stand auf dem Spiel, doch stand es nicht auch auf dem Spiel, wenn man alles so belassen hätte? „Denken Sie denn, dass sie noch gar nichts ahnt? Wie auch immer, Manuela muss mit in die Sprechstunde kommen, anders geht das nicht.“

Und sie kam. Eigentlich stand es außer Zweifel, denn fast jede Frau hat ein Interesse an einer glücklichen Beziehung. Diese Beziehung war nicht mehr glücklich, denn die Sexualität ließ zu wünschen übrig. Manuela sagte, sie wüsste nicht, woran es liege, aber Robert hatte keine Lust auf Sex. „Es läuft fast gar nichts mehr“, brachte sie die Sache auf den Punkt. „Warum glauben Sie denn, dass das so ist?“, fragte der Therapeut und Manuela antwortete bereitwillig. Wieder einmal hatte man – wie so oft – den Eindruck, dass da eine Frau förmlich nach Aufklärung dürstete. Sie wollte endlich wissen, warum Robert so verändert war, warum er plötzlich so wenig Lust hatte, mit ihr zu schlafen. Und immer wieder diese quälenden Fragen: Gab es eine andere? War die Liebe zu Ende oder waren es etwa die paar Kilos, die sie seit dem Beginn der Beziehung zugenommen hatte? Das alles war es nicht. Obwohl das Problem bei Robert lag – es waren ja seine Erregungsmuster und nicht die seiner Frau –, war es in Wirklichkeit das Problem *beider* Partner. Zur Therapie mussten daher beide. „Ihr Mann hat einen Fetisch, der zwischen ihnen steht“, wurde das Gespräch beschleunigt. Ein Grinsen huschte über Manuelas Lippen: „Sie meinen wahrscheinlich seine Neigung zur Frauenunterwäsche? Ach, das weiß ich schon lange und wissen Sie, wenn das alles ist, hätten wir nicht kommen müssen.“

So hatte sich die Sache sehr schnell in Wohlgefallen aufgelöst. Was sie nicht wusste, war, dass eben dieser Fetisch zwischen ihnen stand. Er schämte sich dafür, er sah keine Möglichkeit, „es" ihr zu sagen, ohne „sein Gesicht zu verlieren". Diesen gordischen Knoten galt es aufzulösen und genau das war nun passiert. Das Ziel der Sexualtherapie war erreicht, nicht die Heilung, sondern die Akzeptanz des Fetisches durch den betroffenen Mann und durch seine Partnerin. Weitere Therapiestunden waren nicht erforderlich.

Der anhand von Robert dargestellte *„transvestitische Fetischismus"* ist ein häufiges Thema in der Sprechstunde eines Sexualmediziners. Die Ausgestaltung der Erregungsmuster kann sehr unterschiedlich sein. Jeder dieser Männer hat ganz spezielle Wünsche, die er bei der Sexualität zum Ausdruck bringen möchte. Seine *Geschlechtsidentität* ist und bleibt aber männlich, *diese* Männer sind mit ihrem Geburtsgeschlecht im Einklang und beabsichtigen nicht, es zu verändern, auch nicht „ganz in der Tiefe ihrer Seele". Während an der Zugehörigkeit zum männlichen Geschlecht kein Zweifel besteht, leidet die *sexuelle Identität,* also der Selbstwert als Mann. Dies hängt mit dem traditionalistischen Bild des Mannes in der Gesellschaft zusammen. Der „ganze Kerl", der Krieger von anno dazumal, genießt aus der in unseren Genen liegenden Evolutionsbiologie ein besonders hohes Ansehen. Hegemonial (dominant, maskulin) agierende Männer rangieren in der Beliebtheitsskala bei Frauen und Männern ganz oben. Und dazu passt nun gar nicht das Tragen von Damenslips samt Binden. Die betroffenen Männer neigen daher dazu, diesen Fetisch zu unterdrücken. Mit zunehmendem Alter wird das aber immer schwieriger, bis es irgendwann nicht mehr anders geht: Das negierte Erregungsmuster führt zu einem Versagen der Sexualfunktionen, bei den Männern vor allem der Erektion, aus der Versagensangst und Vermeidungsverhalten resultieren. Die Erektionsstörung ist meistens der Grund, sich in ärztliche Behandlung zu begeben. Mit der Verordnung eines Potenzmittels ist der Sache aber sicher nicht gedient.

Während Robert sich – noch – mit dem Tragen von Frauenslips begnügt, brauchen andere Männer eine wesentlich weiter reichende „Verkleidung“ als Frau. Der Fetisch spitzt sich also zu, er neigt zu einer quantitativen und qualitativen Ausweitung seines Spektrums. Dies geht so weit, dass manche Männer im kompletten Outfit einer Frau mit ihren Partnerinnen schlafen möchten, was naturgemäß erhebliche Beziehungsprobleme mit sich bringen kann. Immer noch ist dies ein bloßer Fetischismus, der keinesfalls eine Unzufriedenheit mit dem eigenen Geschlecht signalisieren muss. Von Transsexualität kann also weiterhin nicht die Rede sein. Apropos: Wie viele Männer lieben es, sich im Karneval als Frau zu verkleiden und sich auch so zu geben? Es ist selbstredend, dass auch dies der Ausdruck eines Fetisches sein kann, der Blicke bis in das Ehebett zulässt.

Der Fall von Bernd schien zunächst in eine ähnliche Richtung zu gehen. Der knapp 30-jährige Mann besticht durch sein markant männliches Erscheinungsbild. Er stammt aus dem süddeutschen Raum, seine Anreise mit dem Auto dauerte einige Stunden. Er „wollte einfach nur mal reden“, unter größtmöglicher Wahrung der Diskretion. „Und außerdem, so viele Experten auf diesem Gebiet gibt es ja nicht“, so etwa begründete er den weiten Anfahrtsweg. Auch hier ging es um den Wunsch, Frauenkleider zu tragen, und um den wachsenden Widerstand dagegen vonseiten seiner Freundin. Alexandra war seit zwei Jahren seine Freundin. Er liebe sie und wolle sie auch nicht verlieren. Der Vorstellung, für sie aber auf das Tragen von Frauenkleidern zu verzichten, ist für ihn unmöglich. „Wie wollen Sie denn das unter einen Hut bringen?“, fragte der Therapeut. „Dafür bin ich ja da“, war die erwartbare Antwort. Doch bis zur Klärung dieser Frage war es noch ein weiter Weg. Auf dieses Erstgespräch folgte ein langwieriger Explorationsprozess, der Prozess des Hinterfragens und Erforschens der Hintergründe. Was war die

Ursache für dieses Verhaltensmuster, was beabsichtigte dieser Mann auf längere Sicht?

Bernd schien sich selbst nicht ganz sicher zu sein, was er wollte. Oder aber bedurfte es vielleicht erst einer Vertrauensbildung zum Therapeuten, um die volle Wahrheit „zu beichten"? Jedenfalls war das zunächst gezeichnete Bild das eines Fetischismus. Er brauche zwar Frauenkleider, um „scharf zu werden", beteuerte aber, er liebe beim Sex die dominante, männliche Rolle und wäre stolz auf seinen „gut dimensionierten" Penis und auf seine Erektionen. Den Penis wolle er sich auf keinen Fall nehmen lassen, das aber wäre das erklärte Ziel im Falle einer Transsexualität. So weit ginge seine Liebe zu Frauenkleidern nicht. Die Erstdiagnose konnte daher nur auf *transvestitischen Fetischismus* lauten, wurde aber noch mit einem Fragezeichen ergänzt. Weitere Therapiegespräche wurden vereinbart.

Zwei Mal erschien Bernd nicht zur Therapie. Er begründete dies mit dem Widerstand vonseiten seiner Freundin. Alexandra hatte Angst, ihre Beziehung zu verlieren. Diese Befürchtung war nicht unbegründet und wog umso schwerer, als sie für Bernd eine andere Beziehung beendet hatte. Sie unterlag allerdings einem schweren Beurteilungsfehler, der weit verbreitet war. Weder Verschweigen noch Drohungen waren geeignet, fetischistische Neigungen oder gar eine Geschlechtsidentitätsstörung zum Verschwinden zu bringen. Alexandras Ängste, eine Sexualtherapie könnte ihren Partner in dessen Neigungen bestärken, waren absolut begründet. „Eines steht fest", sagte der Therapeut, „wenn Sie Ihrer Beziehung auch nur die geringste Chance geben wollen, müssen wir ein Dreiergespräch festlegen. Möglichst bald, noch bevor die Lage zu Hause zu eskalieren droht." Zunächst ging es aber immer noch um diese eine Frage: Fetischismus oder Transsexualität?

Die folgenden Therapiesitzungen veränderten das Bild, das Bernd zunächst vermittelt hatte. Die Diagnose des „transvestitischen Fetischismus" musste abgeändert werden.

Noch mit einiger Unsicherheit stand am Befundblatt nun „Transsexualität“, zunächst immer noch mit einem Fragezeichen. Der Fetischist benützt die Verkleidung zur Aktivierung seiner Erregung, er braucht Frauenattribute, um Frau und Mann gleichzeitig zu sein. Das macht ihn scharf. Die Geschlechtsrolle bleibt aber jederzeit, auch beim Sex, männlich. Nach dem Orgasmus kehren die Männer binnen Sekunden auf den Boden der Realität zurück, sie können dann wieder klar denken, entledigen sich ihrer weiblichen Bekleidungsstücke und sind wieder ganz unauffällige Männer. Bis zum nächsten Mal. Der Transsexuelle braucht nicht Frauenkleider, um „scharf“ zu werden, er möchte Frau „sein“. Und zwar auf Dauer und permanent. Das hat mit Geschlechtsverkehr zunächst gar nichts zu tun, sehr wohl aber mit der sexuellen Identität, dem „Wohlbefinden im eigenen Geschlecht“. Wie schon geschildert, sind die männliche Ausgestaltung des Körpers inklusive der Genitalien und die Androgenisierung des Gehirns zwei verschiedene Entwicklungsschritte, die ein erhebliches Fehlerpotenzial aufweisen. Ein Mann, der eine Frau sein möchte, also ein Mann-zu-Frau-Transsexueller besitzt – vereinfacht ausgedrückt – ein weibliches Gehirn in einem männlichen Körper. Das bei der Geburt festgelegte genitale Geschlecht entspricht dem biologischen Geschlecht, ist also männlich; das subjektiv empfundene Geschlecht ist aber weiblich. Für die Außenwelt passt das Verhalten nicht zum Körper, für ihn selbst der Körper nicht zu seinem Empfinden. Ein Mann-zu-Frau-Transsexueller denkt mit einem weiblichen Gehirn, das sich aber in einem männlichen Körper befindet, der Wunsch, den Körper seiner sexuellen Identität anzupassen, ist daher verständlich.

Die Diagnose Transsexualität darf erst nach der Pubertät gestellt werden. Effeminierte Jungen, das sind Jungen mit weiblichen Verhaltensmustern, sind nur zu fünf Prozent transsexuell. Sie gegengeschlechtlich zu behandeln wäre aus der Sicht des Sexualmediziners ein schwerer Kunstfehler.

85 Prozent entwickeln eine androphile Orientierung, zehn Prozent werden heterosexuelle Männer.

Bis die Medizin Verständnis für das Phänomen der Transsexualität erreicht hat, sind Jahrtausende vergangen. Das ist kein Scherz und auch keine Übertreibung, denn selbstverständlich gibt es Transsexuelle, seit es Menschen gibt. Und das sind immerhin zwei Millionen Jahre. Zugegeben, gut behandelt werden sie auch heute nicht, die Gesellschaft reagiert mit Ablehnung, manchmal sogar mit Ekel. Der banale Wunsch, ein ganz normales Leben führen zu dürfen, ist auch heute nicht restlos zu verwirklichen. Aber wenigstens sperrt man sie heute nicht mehr weg und sie brauchen sich auch nicht mehr psychiatrieren zu lassen. Endlich verfügt die Medizin über das Wissen, das zur Beurteilung einer Geschlechtsidentitätsstörung erforderlich ist. „Die Medizin" besteht in diesem Fall aus einem kleinen, elitären Kreis von Ärzten, jenen Ärzten, die sich mit der Sexualmedizin auseinandersetzen. Wolfgang, ein anderer junger Mann-zu-Frau-Transsexueller erzählte, es wäre ihm von einem Arzt abgeraten worden, seine Transsexualität weiterzuverfolgen. Diese Meinung zu vertreten, ohne dass eine fundierte Exploration der Geschlechtsidentität vorgenommen wurde, ist ein Fehler.

Zurück zu Bernd. Je vertrauter das Verhältnis zwischen ihm und seinem Therapeuten wurde, desto unverhohlener forderte er geeignete Maßnahmen zu einer Geschlechtsanpassung an das weibliche Geschlecht. Er schloss den Wunsch nach einer baldigen Hormonbehandlung zunächst nicht mehr aus, letztendlich war er sich sicher, dass er eine solche Behandlung „unbedingt" wolle. Die operative Korrektur der Genitalien stand zunächst „gar nicht zur Debatte", das wäre ihm zu radikal, wie er beteuerte, doch nun änderte er auch diesbezüglich seine Meinung. Er wolle sich – „noch" – nicht operieren lassen, aus Rücksicht auf seine Freundin. Alexandra wolle unbedingt einen Mann im Bett, er müsse sie auch weiter penetrieren und befriedigen können, andernfalls „bliebe nur noch die Trennung". „Glauben Sie, dass dieser

Kompromiss für sie lebbar ist?" „Ich weiß es nicht", antwortete er auf die Einwände des Behandlers, er wolle es jedenfalls versuchen, doch – und an dieser Stelle stockte er in seinen Ausführungen –, langfristig wäre ihm auch die Anpassung der Genitalien ein Anliegen.

Am Ende der fünften Therapiestunde zeichnete sich das sehr komplexe Bild eines Transsexuellen: Er, der das Erscheinungsbild eines ganzen Mannes bot, fühlte sich schon lange Zeit als Frau. Irgendwann begann auch er damit, Frauenunterwäsche zu tragen, legte schließlich eine Binde in den Slip, um seiner Weiblichkeit noch zusätzlichen Ausdruck zu verleihen. Die Slipeinlage steht für die Menstruationsblutung, einem ganz besonders dramatischen Weiblichkeitssymbol. Sie ließ ihn seine Weiblichkeit bei jedem Schritt spüren. Im Gegensatz zum Fall des transvestitischen Fetischismus brauchte er diesen Slip nicht bloß, um sich zu erregen und um schließlich zu masturbieren. Nein, ganz im Gegenteil, mit Geschlechtsverkehr oder Masturbation hatte das gar nichts zu tun. Er trug den Frauenslip ganztägig, zog ihn nur aus, wenn er damit rechnete, sich vor seiner Partnerin entkleiden zu müssen. Bald schon musste er sich zögernd eingestehen, dass er sich als Frau sehr wohl fühlte. Dieser Zustand glich einem geistigen Höhenflug: Er wollte mehr und mehr, endlich wollte er ganz Frau sein. Seine Träume handelten davon, wie er als Dame der High Society die Gesellschaft betörte, in wallenden Gewändern mit langen schwarzen Haaren und kostbarem Schmuck die neidvollen Blicke anderer Frauen auf sich zog. Die hatten ja alle keine Ahnung, wie schön es sich anfühlte, Frau zu sein. Die Frau von heute trägt Hosen und eifert den Männern nach. Er wollte das Gegenteil. Er wollte Frau sein.

Die weitere Entwicklung vollzog sich immer schneller, so als würde eine Lawine mit rasender Geschwindigkeit zu Tale donnern und alles mitnehmen, was vorher war. Es dauerte nur einige Wochen und aus dem Slip und der Damenbinde wurde ein komplettes Outfit. Als Frau wollte er sich sehr aufreizend kleiden, das konnte er sich auch „leisten", denn von einer „solchen Figur" konnten andere Frauen nur träumen. Er war stolz auf seine schönen, glatt rasierten Beine, die er mit High Heels so richtig sexy machen wollte; dazu trug er einen aufreizend kurzen Rock, eine eng anliegende Bluse mit einer beträchtlichen Oberweite. Wenn schon, dann wollte er so richtig sexy sein, das bedeutete für ihn ordentliche Brüste, eine Wespentaille, einen straffen Po und eben schlanke Beine auf wunderschönen Schuhen mit möglichst hohen Absätzen. Damit zu gehen war nicht so einfach, so etwas musste man schon üben und er tat dies mit großem Enthusiasmus. Und bald schon stand der erste Ausgang auf dem Programm. Er wollte wissen, wie er sich als Frau denn machte. Das war die Nagelprobe, eine Art Premiere. Irgendwann musste der Vorhang fallen und darauf fieberte er hin. Klammheimlich stahl er sich aus einer Wohnung, „Sie wissen ja, die Nachbarn." Kaum hatte er die Enge des eigenen Stiegenhauses überwunden, richtete er sich auf und stolzierte wie ein eitler Pfau auf der belebten Straße. Er – oder sie? – fühlte sich, als würden alle Blicke auf ihn/sie gerichtet sein, und es waren aufmunternde Blicke, die jedenfalls wollte Bernd erkannt haben. Viele solche Blicken waren das, die sagten: Du bist eine schöne Frau, voll Weiblichkeit und Eleganz. Bernds Erfahrungen waren überaus positiv, einmal glaubte er/sie sogar gehört zu haben, dass ein junger Mann ihm/ihr nachgepfiffen hat. Das wollte er als Kompliment verstanden wissen. „Als Frau spricht man eben Männer an", erklärte er seinem Arzt, „andererseits konnte ich mit Männern noch nie etwas anfangen, Sie wissen schon, im Bett." Er stand auf Frauen und nur weil er jetzt auch eine Frau sein wollte, hatte sich das nicht geändert. „Da haben Sie recht", unterstützte ihn der Doktor in seiner Meinung, „Geschlechtsidentität und sexuelle Orientierung haben nichts miteinander zu tun." Der ehemals heterosexuelle Mann wollte nun eine lesbische Frau werden. Dies ist ein beredtes Beispiel dafür, wie wenig sich die Ausdrücke „hetero- und homosexuell" für die Beschreibung der sexuellen Orientierung eignen. Bernd war als Mann heterosexuell, wäre nun als Frau aber homosexuell. Viel besser wäre es, seine sexuelle Orientierung gleich als gynäphil zu beschreiben. Er stand auf Frauen und das wird sich mit Sicherheit nicht ändern, auch nicht durch eine Geschlechtsanpassung des biologischen Geschlechtes an das psychosoziale.

Bernd kam in den folgenden Therapiestunden als Frau in die Praxis seines Arztes. Jetzt war nun wirklich die Zeit gekommen, für ihn einen Frauennamen zu finden. „Da habe ich mich noch nicht festgelegt“, erklärte er. Er wolle dies gemeinsam mit seiner Freundin machen, das hielte er für eine ganz besonders vertrauensfördernde Geste. Für ihn waren das alles ebenso dramatische wie schicksalhafte Erlebnisse. Es war, als würde er neu geboren werden, sagte er mit einem Lächeln. Das Lächeln schien gekünstelt, fast blieb es ihm im Halse stecken.

Auch für einen erfahrenen Therapeuten ist es eine Herausforderung, dem Wechsel des Geschlechtes eines seiner Patienten gerecht zu werden. Aus „er“ wurde „sie“. Arzt und Patient vereinbarten, sollte er in Männerkleidung in die Praxis kommen, hieße er weiterhin „Bernd“, käme er in Frauenkleidern in die Praxis, würde er mit Maria angesprochen. Gesagt, getan: Heute war Maria in die Sprechstunde gekommen. In den nächsten Therapiestunden blieb das auch so. Maria hatte sich inzwischen eine ganz passable Garderobe angeschafft. Nach der Arbeit führte der erste Weg nach Hause. Dort ließ Bernd alles fallen und stürzte sich in Frauenkleider, die er sich schon morgens zurechtgelegt hatte. Aus Bernd wurde Maria. Später einmal wolle er sehr wohl als Frau zu Arbeit gehen, doch das scheitere zur Zeit noch an seinem sozialen Umfeld. Damit war vor allem Alexandra gemeint, seine Freundin. In der Arbeit wäre es ihm egal. „Glauben Sie, dass das dort akzeptiert würde?“, fragte der Therapeut. „Sie wissen ja, der Verlust der Arbeit würde Ihre Situation eher verkomplizieren als vereinfachen. Sie stünden ohne Einkommen da und gerieten in die finanzielle Abhängigkeit Ihrer Freundin." Bernd oder Maria – je nach Ausgestaltung – arbeitete in einem Callcenter. „Mich sieht man nicht bei der Arbeit", wischte er diese Bedenken weg. Und außerdem, wäre nicht eine Frauenstimme viel sympathischer als die tiefe Stimme eines Mannes? Apropos Stimme. Bernd begab sich in die Behandlung eines Logopäden. Er wolle keine dieser Frauen sein, die ihre Umgebung mit dem Bass eines testosterongesteuerten Mannes verschrecken. Nein, er wollte perfekt sein, alles musste passen, natürlich auch die Tonlage seiner Stimme. Irgendwie merkt man die stimmliche Veränderung schon, nickte der Arzt, und das stimmte auch.

Bernd war der Meinung, dass ihm bei der Geburt das falsche Geschlecht zugeteilt wurde. Unmittelbar nach der Geburt entscheidet die Hebamme nämlich anhand der Genitalien über die Zuteilung des Geschlechtes. In den meisten Fällen mag diese Zuteilung ja stimmen, aber eben nicht immer. Jeder zehn- bis zwanzigtausendste Bub ist eigentlich ein Mädchen, trotz des deutlich sichtbaren Penis. Weil sein Gehirn weiblich ist. Und wie schwierig es dann ist, die Geschlechtsidentität zu ändern, sollte Bernd sehr bald erfahren. Er aber verfolgte sein Ziel mit maximaler Energie, er war dabei „alles zu geben, um endlich Frau zu sein". Und wie wichtig war es dafür auch, von der Öffentlichkeit als Frau wahrgenommen zu werden! Das nennt man die *institutionelle Dimension der Sexualität*, das Auftreten als sexuelles Wesen in der Öffentlichkeit. Zu Hause war Bernd schon lange Frau, jetzt wollte er es auch öffentlich sein. Er hatte diesen Weg nun beschritten und würde sich nicht mehr abbringen lassen.

Diesmal stand wieder Bernd vor der Praxistüre, nicht Maria. Er war gekleidet wie ein wohlerzogener Schuljunge, gescheiteltes, kurz geschnittenes Haar, bekleidet mit T-Shirt und locker sitzender Jeans ließ er vieles vermuten, nur nicht seine Transsexualität. „Das war ein Mann, in den konnte man sich verlieben", schwärmte Alexandra mit trauriger Stimme. Punkt zwei Uhr nachmittags öffnete der Doktor die

Türe und bat die beiden herein. Bernd war nicht alleine, seine Freundin Alexandra war mit dabei. Heute war es also so weit. *Sie* war mitgekommen, widerwillig, aber doch. „Von selbst wäre ich hier nicht erschienen." „Warum nicht?", wollte der Arzt wissen. „Weil ich weiß, dass dabei nichts Gutes herauskommt, wenigstens nicht für mich", sagte sie mit einem traurigen Unterton. „Für wen sollte hier denn etwas Gutes herauskommen?", hakte der Therapeut nach. „Na für *ihn* natürlich!?", wurde Alexandra angriffslustiger. Das war so natürlich nicht richtig. „Bernd hätte Sie nicht hierher mitgenommen, wenn Sie ihm egal wären." „Seine Transsexualität kann er auch ohne Sie verwirklichen, das muss klar und deutlich gesagt werden. Warum wird er Sie also hierher mitgenommen haben?", war die neuerliche Frage an Alexandra, die trotzig entgegnete „Das müssen Sie ihn selbst fragen." Das folgende Gespräch gestalte sich schwierig, aber nicht hoffnungslos. Die beiden bekannten sich zu ihrer Partnerschaft, gestanden sich ihre Liebe ein und wollten, „so gut es ging", zusammenbleiben. Alexandra hatte „bei aller Liebe" ihre – nachvollziehbaren – Grenzen. Sie schilderte den Augenblick, als sie sich in Bernd verliebte, und dass er genau den Typ Mann verkörperte, auf den sie stand. Es gab damals kein Zögern, sie musste „ihn haben" und beendete für ihn ihre langjährige Partnerschaft zu einem zwar verlässlichen, aber gähnend langweiligen Mann. Bei Bernd war alles anders, es war Liebe auf den ersten Blick. Da waren sie wieder nach langer Zeit gewesen, diese Schmetterlinge im Bauch, das Herzklopfen und die unstillbare Gier, ihn zu besitzen. „Besitzen? Wie meinen Sie das?" „Eine Frau besitzt ihren Mann, wenn er mit ihr geschlafen hat", erklärte Alexandra. Die weitere Beziehung verlief im Wesentlichen reibungslos. Da gab es die üblichen „Ups and Downs", wie sie sich ausdrückte, der Frust des Alltags wurde durch heißen Sex wettgemacht, denn Bernd verstand es, Frauen glücklich zu machen. Bis sie dann eines Tages eine Stunde früher nach Hause kam als geplant. Nichts ahnend öffnete sie die Wohnungstüre zu ihrem Appartement. Es war wirklich „ihr" Appartement, denn auch Bernd hatte seine Wohnung niemals aufgegeben. Das war zunächst mit der kurzen Dauer der Beziehung begründet und mit einer gewissen Unsicherheit, die sich daraus ergab, *jetzt* aber stellte sich für Alexandra alles in einem anderen Licht dar. Bernd brauchte seine eigene Wohnung, um ... Alexandra brach in Tränen aus. Stockend sprach sie weiter. Was sie da zu sehen bekam, brach herein wie ein Blitz aus blauem Himmel. *Er* stand da in Stöckelschuhen, einem aufreizenden Minikleid, BH und einer tiefschwarzen Perücke. Alexandra stockte der Atem angesichts dessen, was sie hier zu sehen bekam. Sie begriff sofort, was das bedeutete. Es war der Anfang ihres Unglücks. „Wissen Sie, das ist nicht das erste Mal, dass ich etwas Ähnliches erlebe. Es ist zwar schon Jahre her, da hatte ich einen Freund mit genau denselben Allüren, vielleicht nicht so extrem. Für mich ist das ein Déjà-vu, das hatte ich schon einmal und ich wollte es nicht mehr erleben. Nicht mit diesem Mann, der meine Hoffnung ist auf Kinder und Familie." Genau um diese Dinge ging es. Alexandra war enttäuscht. Zum einen ging es um ihre Sexualität, denn sie stand auf „richtige" Männer, schlank, sportlich, akkurat, extrovertiert. Und da waren noch die geheimen, noch nicht verbalisierten Vorstellungen von Ehe und Familie. Sie sah ihr Lebensglück als Mutter zweier Kinder an der Seite eines verständnisvollen Mannes, mit dem sie in Zufriedenheit „alt" werden konnte. Das alles löste sich nun in Luft auf. Und man konnte es auch nicht leugnen. Mit einem transsexuellen Mann, der in absehbarer Zeit das Leben einer Frau führen würde, konnte sie diese Ziele nicht verwirklichen. Die Frage, die sich stellte, war, inwieweit es einen Kompromiss geben könnte. Doch der ging, und das wusste Alexandra auch, vor allem zu ihren Lasten. *Er* wollte eine Frau sein. *Sie* musste sich darauf einstellen. Keine Kinder oder vielleicht doch noch schnell vor der Operation, danach Sex mit einer Frau, nein, nein, das alles war nicht vorstellbar für Alexandra. Das wollte sie nicht. Sie weinte und verließ schluchzend die Praxis. An der Seite ihres Mannes, den sie nun endgültig verloren wusste.

Wie und ob diese Beziehung nun weitergeht, kann man nicht sagen. Wenn wahre Liebe im Spiel ist, gibt es die unglaublichsten Beziehungskonstruktionen. Vielleicht konnten sich die beiden arrangieren und „beste Freundinnen" werden. Eine Familie zu gründen war jedenfalls nicht möglich, und das ist eine Wahrheit, die auch eine Therapie nicht verändern könnte. Solche Wahrheiten gehören auf den Tisch, den sie beeinflussen das künftige Leben beider Beteiligten. Alexandra hat ein Recht auf Lebensglück, Bernd auch. Für Alexandra bedeutete Lebensglück Ehe und Mutterschaft, für Bernd, endlich eine Frau zu sein. Das ist sein Lebensziel, für das er nun bereit war, alles zu geben. Alexandra wollte ihn dabei wenigstens unterstützen. Und eine solche Stütze würde er wohl brauchen, auf dem dornenreichen Weg zum Frausein und zur gesellschaftlichen Akzeptanz.

Ein weiterer bemerkenswerter Fall: Holger war in einer Stadt groß geworden. Er war erst 19, als er in die Praxis kam. Wenn man ihn sieht, weiß man sofort, dass er auf Männer steht. Er hatte ein ganz besonderes Anliegen. Er wollte sich seine Hoden entfernen lassen. Und das sagte er in einer Weise, als hätte er die Absicht, sich einen Zahn reißen zu lassen. Der Doktor konnte sein Staunen wahrscheinlich nicht verbergen. „Und warum wollen Sie das tun?" „Ich möchte für immer jung bleiben." „Aha." Einige Sekunden Funkstille. „Und was hat das Testosteron damit zu tun?", bohrte der Arzt nach, „sind Sie transsexuell?" Holger lachte laut auf, das wirkte zwar ein wenig gekünstelt, dafür aber bestimmt und selbstsicher. Nein, da war er sich sicher, er wollte weder Frau sein noch eine werden. Er war ein ego-syntoner (selbstbejahender), androphiler Mann. Er litt nicht unter seiner Homosexualität, betrachtete sie eher als Privileg. Was konnte es Schöneres geben, als in den Armen eines Mannes zu liegen? Fast beneidete er die Frauen ob ihrer großen Auswahl. Die weitere sexualmedizinische Exploration gestaltete sich schwierig. Holger wollte keine Psychoanalyse, er suchte einen Arzt, der ihm seinen Wunsch erfüllte. Und der hieß: bilaterale Orchidektomie, zu Deutsch eine beidseitige Hodenentfernung. Als Motiv stellte sich der Wunsch heraus, für immer „jung" zu bleiben oder wenigstens zu wirken. Er wollte seinen glatten, jungenhaften Körper nicht durch diese unschöne Körperbehaarung verunstalten lassen. Das war der eigentliche Knackpunkt. Holger hatte sich eingelesen, er wusste über die Wirkung von Testosteron auf einen Männerkörper genauestens Bescheid. Leider hatte er nur jenen Teil der Wahrheit begriffen, der seiner fragwürdigen Intention diente. Den Rest hatte er sich erspart.

Dieser Fall war einzigartig. Hier wollte ein Mann seine Hoden – eines der wichtigsten Attribute eines Mannes – opfern, nicht weil er eine Frau werden wollte, sondern weil er Angst hatte zu altern. Er wollte sein jugendliches Aussehen, vor allem seinen unbehaarten Körper, nicht verlieren und war bereit, dafür seine Gesundheit aufs Spiel zu setzen. Glücklicherweise hatte er keinen Arzt gefunden, der bereit war, seinen Wunsch zu erfüllen.

Der Umgang mit Geschlechtsidentitätsstörungen ist äußerst diffizil. Der Therapeut ist zu einer besonders sorgfältigen Exploration verpflichtet, um Fehldiagnosen und Fehlbehandlungen zu vermeiden, er darf sich aber auch dem Recht auf Behandlung nicht widersetzen. Trotz gewisser Fortschritte bei der Aufklärung der Öffentlichkeit scheint es noch Missverständnisse zu geben, die zu einer fehlerhaften Beurteilung solcher Patienten führt. Die beweist der Fall jenes österreichischen Lehrers, der als Mann in die Ferien ging und als Frau aus den Ferien zurückkehrte. Er wurde unter dem Druck der Elternvertreter vorübergehend vom Dienst suspendiert. Offenbar wurde seine Transsexualität als sittenwidriges Verhalten klassifiziert. Dies ist aber fachlich schlichtweg falsch. Geschlechtsidentitätsstörungen sind (noch) eine Krankheit, keinesfalls aber widersprechen sie der Ethik oder der gesellschaftlichen Moral. Auch wird durch sie niemand gefährdet noch in seinem sexuellen Selbstbestimmungsrecht verletzt. Es bleibt zu hoffen, dass dieses Buch zu mehr Verständnis im Umgang mit transsexuellen Patienten beiträgt. Sie, die schicksalhaft mit einer schweren Bürde geboren wurden, brauchen das Wohlwollen der Gesellschaft ganz besonders.

10. Kapitel

Mythen in der Männersexualität

In der Antike war ein *Mythos* einfach eine Erzählung. Heutzutage hat dieser Begriff einen Bedeutungswandel erfahren. Man versteht darunter eine Wahrheit, die seit Langem überliefert ist und deren Hintergründe meist dubios sind. Ein Mythos vermittelt eine Idealvorstellung, die sich in der Fantasiewelt abspielt, in der Realität aber kaum durchsetzbar ist. Bei genauerem Hinsehen muss der Wahrheitsgehalt der meisten Mythen angezweifelt werden, die meisten von ihnen halten einer wissenschaftlichen Prüfung nicht stand. Die Sexualität der Männer wird in besonderem Maße von Mythen bestimmt. Die Pornoindustrie lebt von ihnen, so wie Mythen grundsätzlich von jenen genährt werden, die deren Nutznießer sind. Einem Mythos gerecht zu werden kann nicht schlecht sein, denken sich viele Männer. Dabei drohen sie genau dem Leistungsdruck zu verfallen, an dem sie schließlich scheitern werden.

Mythos 1: „Männer wollen immer“

Welches Geschlecht denkt wohl häufiger an Sex, will ihn öfter, masturbiert häufiger, wechselt häufiger Partner(innen), riskiert mehr für die Lustbefriedigung, gibt Unsummen aus für Prostitution und nimmt jede Gelegenheit wahr? Richtig, die Männer! Und: Welches Geschlecht geht Beziehungen primär ein, um zu regelmäßigem Sex zu kommen? Jawohl, auch die Männer! Bei den Frauen ist es genau umgekehrt: Bei ihnen ergibt sich der Sex erst aus der Beziehung. Frauen haben Sex aus der Beziehung, Männer haben eine Beziehung aus der Sexualität. Dies ist doch ein ganz gravierender Unterschied in der Auffassung rund um Sexualität und Beziehung.

All diese vorhin erwähnten Attribute sind geschlechtstypisch für Männer, das heißt, sie treffen für Männer öfter zu als für Frauen. Nichts anderes ist damit gemeint, wenn man von „geschlechtstypischen“ Eigenschaften spricht. Wenn etwas „geschlechtstypisch“ ist, heißt das also nicht, dass es in einem gewissen Kollektiv zu hundert Prozent zutreffen muss, sondern nur bei einer Mehrheit. Es gilt: Die Ausnahme bestätigt die Regel. Ein Beispiel: Es ist typisch für Männer, dass sie häufiger masturbieren als Frauen. Dies bedeutet nicht mehr und nicht weniger, als dass die meisten Männer häufiger masturbieren als die meisten Frauen. Es bedeutet aber nicht, dass es nicht auch manche Frauen gäbe, die häufiger masturbieren als manche Männer.

Neben den geschlechtstypischen Eigenschaften gibt es auch geschlechtsdifferenzierende. In solchen Fällen ist die Ausnahme von der Regel mit Krankheit gleichzusetzen. Zum Beispiel: Der Penis ist geschlechtsdifferenzierend für den Mann. Alle Männer haben einen Penis, keine Frau hat einen Penis. Sollte ein Mann keinen Penis haben, so ist dies eine Krankheit. Das Verständnis des Unterschiedes zwischen „geschlechtstypisch“ und „geschlechtsdifferenzierend“ ist unerlässlich für die weitere Diskussion.

Zurück zum Thema: Es gibt Männer, die „wollen“, sie „können“ aber nicht. Und es gibt Männer, die „könnten“ zwar, „wollen“ aber nicht. Das klingt komisch, ist aber so. Die Fähigkeit zur Erektion (die Potenz, das „Können“) hat mit dem sexuellen Verlangen (dem Wollen, der Libido) nichts zu tun.

Albert, 49, ist seit 15 Jahren mit Doris verheiratet. Der Besuch in der Sprechstunde war ursprünglich nur einem ganz bestimmten Thema gewidmet: Die beiden wollten ein Kind. Der Wunsch nach Fortpflanzung ist ein psychosoziales Grundbedürfnis sowohl von Frauen als auch von Männern. Die Nichterfüllung dieses Wunsches kann zu psychosomatischen Störungen führen und das Lebensglück infrage stellen. Die Spermaqualität der Männer scheint heutzutage unter Umweltgiften, den in der Tierzucht verwendeten Hormonen, aber auch am Übergewicht und dem weit verbreiteten Bewegungsmangel zu leiden. In etwa 50% der Fälle von unerfülltem Kinderwunsch liegt die Ursache beim Mann. Diese Thematik ist in einer Männersprechstunde nicht selten. Und: Nicht immer sind es biologische Ursachen, die dem Kindersegen im Wege stehen. „Worin liegt das Problem?“, eröffnete der Arzt das Gespräch. „Will sich der ersehnte Nachwuchs nicht einstellen?“ „So einfach kann man das nicht sagen“, stotterte der Mann herum. Er hielt inne, atmete einmal tief durch, schenkte seiner Frau einen kurzen Blick und nahm einen erneuten Anlauf. Sie, seine Angetraute, sagte gar nichts, ihr Gesicht zeigte den Ausdruck großer Peinlichkeit und Betroffenheit. Albert fuhr fort: „Bei uns ist das nämlich alles ganz anders.“ „Aha“, sagte der Arzt. „Wir schlafen nämlich nicht miteinander.“ „Gar nicht, das heißt noch nie?“, war die logische Frage des Arztes. „Nein. Gar nicht. Das heißt auch: noch nie.“ „Ich verstehe“, es folgte eine kurze Pause, „und warum nicht?“ „Herr Doktor“, unterbrach ihn Albert in einem deutlich schrofferen Ton, „Sie können sich ausmalen, wie peinlich es uns ist, unser fehlendes Sexualleben hier so offen darzulegen. Damit haben wir gerechnet und wir haben auch Verständnis dafür, dass Sie das alles wissen wollen. Doch nun wissen Sie, was Sie wissen müssen, um unsere Frage zu beantworten. Alle anderen Details tun hier nichts zu Sache.“ Mit dieser Erklärung hoffte Albert weiteren Fragen zuvorzukommen. Leider hatte er sich geirrt. Ein Sexualmediziner sieht „fehlende Sexualität“ als ein schwerwiegendes Problem innerhalb einer Beziehung, denn das Bedürfnis nach Zärtlichkeit liegt jedem

Menschen in den Genen. Die beiden Partner berauben sich der Glück bringenden Intimität sexueller Aktivitäten. Dazu kommt noch, dass ein Kind aus einem Akt der Liebe hervorgehen sollte, falls dies möglich ist. „Schlafen Sie eigentlich im selben Bett?“, hakte der Arzt nach. Albert musste sich eingestehen, dass seine Strategie nicht aufgegangen war. Es war ihm nicht gelungen, das Thema zu beenden. „Ja“, sagte er. „Und, was läuft da an sonstigen Zärtlichkeiten?“ „Wie gesagt, nichts!“, antwortete er. Ein Sexualmediziner ist Arzt, das Interesse an der Sache einerseits und ein gewisses Helfer-Syndrom andererseits sind der Motor, hier weiterzuforschen. Es gab daher kein Zurück. Diesem Pärchen musste man helfen, soweit es Hilfe zulassen würde. Und solange die beiden hier sitzen blieben und nicht fluchtartig die Praxis verließen – auch das ist schon vorgekommen –, konnte man davon ausgehen, dass sie weitermachen wollten, widerwillig, aber doch. Rekapitulieren wir: Ein Mann und eine Frau behaupten von sich, dass sie sich lieben, sie verbringen Jahre ihres Lebens Seite an Seite und teilen auch des Nachts das Bett. Intime Berührungen gibt es aber nicht. Warum nicht? Albert resignierte. Er merkte, dass es kein Entrinnen gab; jetzt musste er reden. „Ich fühle mich sehr wohl zu meiner Frau hingezogen ...“ „Schwul sind Sie also nicht?“, fiel ihm der Therapeut ins Wort. „Ach was, ich gebe zu, darüber habe ich auch schon einmal nachgedacht, doch ich kann so etwas ruhigen Gewissens verneinen. Nein, ich habe eine generelle Aversion, andere Menschen zu berühren, und möchte von ihnen auch nicht berührt werden, das betrifft wirklich alle Menschen, nicht nur meine Frau.“ Albert begann zu reden. Plötzlich hatte man das Gefühl, als löse sich der gordische Knoten des Schweigens. „Ich habe nicht nur keine Lust, es ekelt mich vor fremder Haut. Ich könnte mich auch niemals massieren lassen, schon bei der bloßen Vorstellung bekomme ich Gänsehaut. Aber ganz nebenbei: Meine Frau empfindet ganz ähnlich, sie braucht das auch nicht. Offenbar haben sich hier die zwei Richtigen gefunden.“ „Stimmt das?“, wandte sich der Arzt an die Frau. Doris war sichtlich überfordert. Ganz leise, mit piepsender Stimme wagte sie es, ihrem Mann zu widersprechen. Sie hatte die Wahl, so weiterzumachen oder nach 15 Jahren endlich die Chance zu ergreifen, dieser quälenden Situation zu entrinnen, der sie sich hilflos ausgeliefert fühlte. „Es stimmt nicht ... ganz“, sagte sie. „Ich habe mich zwar arrangiert und finde meine Lust jetzt auch woanders, *ich* lasse mich sehr gerne massieren, betreibe gerne Sport, besuche Kurse an der Volkshochschule, um unter Leute zu kommen, aber ehrlich gesagt, mir geht ein Intimleben sehr wohl ab und die Vorstellung dieser Prozedur für ein Retortenbaby erfüllt mich mit Schrecken.“

Das Gespräch entwickelte sich in weiterer Folge in eine ganz andere Richtung als geplant. Die beiden wollten ursprünglich Beratung über die Möglichkeiten, zu einem eigenen, leiblichen Kind zu kommen, ohne miteinander verkehren zu „müssen“. Auch diese Fragestellung ist übrigens kein Einzelfall. Es war noch nicht lange her, da gab es ein ähnliches Szenario. Eine junge Frau aus einem Balkanstaat war nach alter Sitte von ihrem Vater mit einem ihr fremden Mann verheiratet worden. Als Rache dafür verweigerte sie diesem Mann den Sex und ... wollte dennoch ein Kind.

Zurück zu Albert und Doris. Diese Therapie war nicht einfach. Eine 15 Jahre andauernde „recht gut funktionierende“ Ehe wurde aufgearbeitet. Tatsächlich ergab sich kein Indiz, das es zuließe, an der aufrichtigen, liebevollen Zuwendung zueinander zu zweifeln. Vielmehr entstand der Eindruck, die beiden versuchten die fehlende körperliche Nähe durch besondere emotionale Zuwendung wettzumachen. Selbst nach 15 Jahren Ehe gab es noch diese süßen kleinen Zettelchen auf dem Frühstückstisch mit: „Ich bin froh, dass es Dich gibt!“, und auch an aufwändigeren Liebesbeweisen gab es keinen Mangel. Albert war ein erfolgreicher Geschäftsmann, er verdiente gut und ließ Doris daran teilhaben. Zum letzten Geburtstag gab es sogar einen funkelnagelneuen Mittelklassewagen, ganz abgesehen von jeder Menge durchaus hochkarätigen Schmuckes. Albert sagte auf diese Weise: „Ich liebe Dich", und ein wenig wird er wohl auch sein eigenes schlechtes Gewissen damit beruhigt haben, das sich im Bewusstsein der Vernachlässigung seiner Frau eingestellt hatte. Albert wusste, was er an Doris hatte, jede andere Frau hätte ihn wohl längst verlassen.

Aus einem geplanten Beratungsgespräch wurde eine längere Therapie. Am Ende der fünften Sitzung stand fest: Doris war schon lange Zeit am Ende ihrer Kräfte und nur ihre Liebe zu Albert hinderte sie daran, ihn zu verlassen. War das nicht *wahre* Liebe? Jetzt aber wollte sie ein Kind und sie wollte es auf natürliche Weise empfangen. In dieser Frage war sie nicht kompromissbereit, ihre Geduld war zu Ende, sie verlangte von ihrem Partner, endlich etwas „dagegen zu machen".

Dieses Beispiel mangelnder körperlicher Zuwendung steht hier als lebendiger Beweis, dass auch Männer nicht immer wollen. Die Bereitschaft der Männer zur Sexualität ist an viele Faktoren gebunden. Abgesehen von körperlicher Gesundheit bedarf es einer gelungenen psychosexuellen Entwicklung in den Jugendtagen und der Pubertät und schließlich einer intakten Beziehung. Die Exploration der Ursache für Alberts Berührungsängste lief schleppend, aber nicht erfolglos. Der Sachverhalt war etwa so: Albert war ein Einzelkind. Er wuchs in einer kleinen Stadt in der Steiermark auf, der Vater war Industriearbeiter. Sein Geld, das er nach Hause brachte, ließ die Familie nicht hungern, doch für große Sprünge reichte es nicht. Weil die Wohnverhältnisse sehr eng waren, schlief Albert bis zu seinem 12. Lebensjahr im elterlichen Schlafzimmer. Nicht im Ehebett der Eltern, aber im selben Raum. Noch heute erinnert er sich mit Schaudern an diese eigenartigen Geräusche seiner Mutter, ihr Wimmern und Schreien, wenn der Vater über sie gebeugt so heftige Bewegungen vollführte, dass er – der heimliche Zuhörer – den Eindruck gewinnen musste, er würde in rasender Wut die Mutter so sehr malträtieren, dass dabei fast das Bett zu

Bruch ging. Albert war jahrelang gezwungen, die Sexualität der Eltern hautnah mitzuerleben. Sicherlich dachten die Eltern, der Bub würde das alles überschlafen, doch sie irrten. „So fest konnte man gar nicht schlafen“, sagte Albert, „da muss man aufwachen“. Durch Jahre hindurch wusste Albert nicht, was hier passierte. Das Erlebte machte ihm Angst. Erst später wurde ihm klar, was das alles zu bedeuten hatte. Er bemerkte aber auch, dass ihm bei ähnlichen Szenen im Fernsehen oder im Kino ganz schlecht wurde, er wurde von ganz eigenartigen Gefühlen befallen, die Ausdruck einer tiefen Aversion waren. Die kindlichen Erlebnisse im elterlichen Schlafzimmer hatten seine sexuelle Entwicklung zum lustvollen, erotischen Mann gestört, anstatt Lust empfand Albert Abscheu. Dies war der wahre Grund für Alberts eigentümliches Verhalten.

Die weitere Entwicklung in der Therapie verlief zwar in kleinen Schritten, aber äußerst positiv. Bis zum ersten Geschlechtsverkehr dauerte es fast ein Jahr. Die ersten Erfolge bestanden darin, dass Albert Berührungen zuließ und dass in dieser Beziehung Zärtlichkeiten ausgetauscht wurden. Das unter der Anleitung des Sexualtherapeuten absolvierte Sensualitätstraining führte das Pärchen in sehr kleinen Schritten dorthin, wo es hinwollte, zum Vollzug der körperlichen Liebe und zum eigenen Kind. 18 Monate nach dem Beginn der Therapie wurde Doris auf natürlichem Wege schwanger. Frei nach Shakespeare war dies dann wirklich „das Ende einer langen Reise“.

Zugegeben, nicht bei jedem Pärchen gestaltet sich der Sex so schwierig. Nicht jeder Mann wurde in seiner Kindheit traumatisiert. Auch dann muss er nicht immer „wollen“, um ein normaler Mann zu sein. Um die Lust auf Sex zu erforschen, genügt es nicht, nach der Häufigkeit des Geschlechtsverkehrs zu fragen. Etwa so: „Wie oft haben Sie Sex?“ Die Antwort des x-beliebigen Zwanzigjährigen würde lauten: „Ein Mal pro Woche“; die des durchschnittlichen Vierzigjährigen aber „Zwei Mal pro Woche“, und schon wäre der

Wahrheitsfindung einmal mehr ein schlechter Dienst erwiesen. Denn junge Männer leben nicht selten von Gelegenheitssex und verfügen nicht über eine fixe Beziehung. Das Ergebnis einer solchen Untersuchung würde die Wahrheit schlichtweg verdrehen. Würde man es bei einer derartigen Befragung belassen, hätten vierzigjährige Männer mehr Lust am Sex als Zwanzigjährige und das kann natürlich nicht stimmen. Wie schon erwähnt hat die sexuelle Praktik, also das, was einer macht, nichts zu tun mit der sexuellen Präferenz oder der Libido, dem, was einer möchte und wie oft er es möchte. Zum Sex gehören immer zwei und die müssen – Sexualität darf ja nur einvernehmlich geschehen – zur selben Zeit Lust aufeinander haben. Sex – gemeint ist eigentlich Geschlechtsverkehr – innerhalb einer Beziehung ist daher ein sehr viel selteneres Ereignis, als man dies annehmen würde. Als Ausweg bleibt Männern und Frauen die Masturbation. Sie ist auch innerhalb von funktionierenden Beziehungen ein legitimes Ventil für überschüssige sexuelle Energien. Um die Lust eines Mannes zu erforschen, darf man daher nicht nach der Häufigkeit der partnerschaftlichen Sexualität fragen, sondern nach der Ejakulationsfrequenz. Die Ejakulationsfrequenz umfasst die Häufigkeit der sexuellen Interaktionen mit der Partnerin plus die Häufigkeit der durch Selbstbefriedigung herbeigeführten Ejakulationen. Und da zeigt sich ein anderes Bild. Das Lusthormon beider Geschlechter ist das Testosteron. Weil die Männer sehr viel mehr davon haben, nennt man es das männliche Sexualhormon. Man kann im Wesentlichen von der Höhe des Testosteronspiegels auf das Lustpotenzial schließen, vorausgesetzt die Psyche und die Sozialisation stehen dem nicht entgegen wie in dem oben geschilderten Fall von Albert und Doris. Der Testosteronspiegel steigt ab der Pubertät steil an und erreicht mit spätestens 20 Jahren seinen höchsten Wert, den Spitzenwert des gesamten Lebens. Dann beginnt eine zwar flache, aber stetige und vor allem *unumkehrbare* Abwärtsbewegung. Die Männer verlieren bereits ab dem 20. Lebensjahr durchschnittlich

1,2% der Testosteronausstattung pro Jahr. Nicht umsonst sagt man, Frauen kommen mit 50 in den Wechsel, Männer aber schon mit 30.

Studien belegen, dass Männer grundsätzlich sehr viel häufiger masturbieren als Frauen und auch öfter die Chance auf Gelegenheitssex ergreifen.

Eine Studie von Clark und Hatfield aus dem Jahre 1989 bringt die Sache auf den Punkt. Konfrontiert man männliche und weibliche Studenten mit der Frage „Ich habe dich schon eine Weile beobachtet. Du gefällst mir ..., würdest du heute mit mir ausgehen?", antworten 50% der befragten Jungs und 50% der befragten Mädchen mit „ja". Beide Geschlechter haben gleich viel Lust auf „Ausgehen".

Lautet die Frage aber: „Würdest du mit mir auf mein Zimmer kommen?", antworten 69% der Jungs und nur 6% der Mädchen mit „ja"! Wohlgemerkt: 50% der Männer hätten Lust auf Ausgehen, 69% hätten Lust, mit auf das Zimmer zu gehen! Das bedeutet, je größer die Option auf Sex, desto begeisterter reagieren die Männer, desto zurückhaltender aber die Mädchen.

Auf die Frage: „Würdest du heute Nacht mit mir schlafen?", reagieren die Männer noch enthusiastischer und antworten zu 75% mit „ja". Auch hier der deutliche Trend: Je größer die Option auf Sex, desto eher die Zustimmung der Jungs! Und die Mädchen? Die ticken ganz anders, kein einziges der befragten Mädchen war bereit, auf diesen Deal einzugehen. Die durchschnittliche Frau möchte ihren Partner erst kennenlernen, bevor sie zum Sex bereit ist.

Jedem Wissenschafter ist bewusst, dass es für dieses Verhalten viele Gründe geben wird. Ärzte suchen nach biologischen Ursachen, Psychologen nach seelischen und Soziologen nach erziehungsbedingten. Die Sexualmedizin umfasst alle drei Grundlagen der Sexualität, sie hat sich dieses Themas angenommen und hat es objektiviert. In Insiderkreisen gilt das größere Interesse der Männer an okkasionellen Sexualkontakten als wissenschaftlich belegt und die Annahme, es wäre bloß durch Erziehung vermittelt, als widerlegt. Denn auch die nächsten Verwandten der Menschen, die Primaten, weisen dasselbe Verhalten auf (Interspecieskonstante), es gilt auch in allen Kulturen (transkulturelle Konstante) und in allen Gesellschaftsschichten (Sozialisationskonstante). Der Sinn dieses typisch männlichen Verhaltens ist die „Qualitätsverbesserung" der Nachkommenschaft, denn die Evolution folgt einer Random-Selektivitität: je größer die Auswahl, desto besser ist das Ergebnis.

Wollen also nun Männer wirklich immer? Das Resümee ist: Nein, sie wollen aber durchschnittlich öfter als Frauen. Zum tatsächlichen Sex kommt es aber sehr viel seltener, dazu gehören schließlich zwei. Die mit zunehmendem Alter festzustellende Abschwächung der Libido ist primär testosteronmangelbedingt.

Mythos 2: „Männer können immer"

Bei dieser kühnen Behauptung ist wahrscheinlich der Wunsch der Vater des Gedanken, denn sicher sind die Initiatoren dieses Mythos Männer. Dabei tun sie sich nichts Gutes, denn die Erwartung, immer zu können, niemals versagen zu dürfen, ist jedenfalls eine Herausforderung, an der jeder Mann früher oder später scheitern wird. Definitiv können Männer nicht immer! Die erektile Dysfunktion, das ist die moderne verniedlichende Art, über Potenzprobleme zu sprechen, ist *das* Thema in der sexualmedizinischen Sprechstunde. Im Gegensatz zur „Impotenz" lässt der Begriff der „erektilen Dysfunktion" einen gewissen Spielraum für Hoffnung. Für die Hoffnung, dass „es wieder wird". Tatsächlich betrifft sie alle Altersgruppen und meistens ist sie psychosomatisch bedingt. 53% der 30-jährigen und 74% der 50-jährigen Männer geben zu, in ihrem Leben schon eine Episode mit schlechteren Erektionen gehabt zu haben. Die

Dunkelziffer ist bei solchen Befragungen naturgemäß sehr hoch. Tatsächlich können auch schon ganz junge Männer – 16-Jährige – an Erektionsstörungen leiden. Gerade bei dieser Altersgruppe steht die psychosomatische Genese im Vordergrund. Der in seiner sexuellen Identität noch nicht gefestigte Heranwachsende ist der Situation manchmal nicht gewachsen. Dieses erste Versagen scheint ein schlechter Beginn für die sexuelle Karriere zu sein, es verstärkt die Verunsicherung und ist nicht selten der Wegbereiter für eine dauerhaft wackelige Erektion. Deshalb gehört auch der junge Mann mit Erektionsstörung zum Arzt, noch bevor ein Psychotrauma daraus entstehen kann.

Lukas war gerade 17 und hatte ein Problem: Seine Erektion funktionierte nicht. Er sprach mit seinem Vater darüber und der sagte: „Das wird schon wieder." Weil „es aber nicht wieder wurde", tat der Vater das einzig Richtige: Er verwies seinen Sohn an einen Fachmann. Konsequenterweise machte er auch gleich einen Termin und damit war seine Mission beendet. Alles Weitere war Sache des Jungen und seines Therapeuten. Lukas' Erektion funktionierte beständig nicht, vor allem dann, wenn es „ernst" wurde. Im Fachjargon nennt man das eine situative, nicht generalisierte erektile Dysfunktion. Zuvor hatte er schon auf eigene Faust und heimlich einen anderen Arzt in der Nachbargemeinde konsultiert. Der sagte laut der Meinung des Jungen nach einer sehr kurzen und oberflächlichen Untersuchung: „Es ist alles in Ordnung." „Aber Herr Doktor", begehrte Lukas nun bei seinem neuen Arzt gegen diese Diagnose auf, „dieser Arzt nimmt mich wohl nicht ganz für voll. Wie kann er sagen, dass alles in Ordnung ist? *Nichts* ist in Ordnung! Denn es geht nicht." Lukas war gerade einmal ein paar Minuten in der Praxis, da hatte er sich schon die ungeteilte Aufmerksamkeit des Arztes gesichert. Seine engagierte Argumentation und sein aufgeweckter fordernder Blick ließen die Brisanz seines Anliegens erahnen. Er wollte, dass „es ging". „Wissen Sie", legte er noch einen Gang zu, „ich bin es gewöhnt, dass mir gelingt, was ich mir vornehme, nur im Bett bin ich der absolute Versager. Das muss sich ändern. Mit Ihrer Hilfe!" Er fixierte den Arzt mit seinen Augen, versuchte ihn in die Pflicht zu nehmen. „Nun mal langsam, junger Herr. Sie können sich vieles vornehmen, über die Funktionalität Ihres Penis können Sie aber nicht bestimmen." Es ist paradox, dass die *An*spannung des Penis, die Erektion, nur in der *Ent*spannung des Körpers und vor allem des Geistes funktioniert. Zwanghaftes Verhalten wird hier kontraproduktiv, ist der beste Wegbereiter zum Scheitern. „So sehr Ihre Tüchtigkeit Ihnen weiterhelfen wird, so sehr hemmt sie Ihre Sexualität." „Und? Wie wollen Sie mir nun helfen?" „Ich weiß es noch nicht, das wird sich ergeben. Sexualmedizin funktioniert wie die Sexualität selbst. Man muss sie passieren lassen! Und jetzt beruhigen Sie sich mal, machen Sie sich es bequem auf Ihrem Sessel und beginnen wir zu reden."

Das weitere Gespräch umfasst die übliche Exploration der Sexualfunktionen. Um die Ursache einer Erektionsstörung herauszufinden, muss man einen Mann meist gar nicht untersuchen. Es genügt ein ausführliches Gespräch. Weit mehr als 90% der Potenzstörungen bei derart jungen Männern sind psychosomatisch bedingt. Lukas war ein biologisch gesunder Mann, er hatte ganz normale Erektionen bei der Masturbation und auch „zwischendurch". „Gibt es auch Spontanerektionen?", fragte der Arzt. „Na und wie!", ereiferte sich Lukas, „das ist es ja, es funktioniert ja immer, außer eben, wenn ich mit einem Mädchen im Bett liege!" Auch die „Morgenlatte" erinnerte ihn immer wieder daran, dass er ein ganzer Mann war. Die Morgenerektion lässt sich vom biologischen Ablauf her mit einer „normalen" Erektion nicht ganz vergleichen, sie ist aber ein guter Beweis für die Funktionstüchtigkeit der Schwellkörper. Dies ist auch der Grund, warum ein Arzt danach fragen muss. Das Märchen, sie wäre durch eine volle Blase bedingt, ist immer noch weit verbreitet. Wenn dem so wäre, müssten – wie auch schon weiter vorne erklärt – alte Männer in Anbetracht der prostatabedingten Beschwerden beim Harnlassen und der übervollen morgendlichen Blase jeden Tag ungemein harte Erektionen haben. Leider ist das Gegenteil der Fall. Die Morgenlatte wird mit zunehmendem Alter weniger häufig und auch weniger hart. Auch dies hängt mit dem fallenden Testosteronspiegel zusammen. Das kann man leicht beweisen, weil eine Testosteronbehandlung deren Häufigkeit wieder steigen lässt.

Lukas litt an einer psychosomatisch bedingten, situativen, nicht generalisierten Erektionsstörung. Die Persönlichkeit des Alpha-Mannes, so bezeichnet man Männer mit Führungsqualitäten, steht nicht selten im Widerspruch zu hemmungsloser, lustvoller Sexualität, weil die Kultur des Erzwingens und der Wunsch, alles im Griff zu haben, hier gegenteilig wirken. Lukas hatte aber auch noch ein anderes Geheimnis, über das er mit noch niemandem gesprochen hatte. Jetzt war er offenbar bereit dazu. Er war traumatisiert worden, und zwar beim schicksalhaften „ersten Mal", das meistens eine ganz besondere Bedeutung für die spätere sexuelle Performance hat. Es ist ein einschneidendes Erlebnis für junge Männer und Frauen und prägt nicht selten den weiteren Verlauf der sexuellen Karriere. Lukas war bewusst traumatisiert worden. Er erzählte sein Erlebnis mit bebender Stimme. „Ich war gerade 16, sah gut aus und war ein interessierter Junge. Ein zwei Jahre älteres Mädchen, das den Ruf hatte, schon sehr erfahren zu sein, hatte schon länger seine Augen auf mich geworfen. Ich fühlte mich geehrt und in meiner Männlichkeit bestätigt. Sicher, ich war ein frühreifer Bursch, der mit seinen Reizen auch nicht geizte. Schon damals ging ich regelmäßig ins Training und war als Ruderer im Leistungskader, trug schon immer betont sexy Kleidung, legte Wert auf Jeans mit geknöpften Hosentüren, nur um ganz lasziv den unteren Knopf offenlassen zu können. So etwas fällt auf. Eines Tages begegnete ich diesem Mädchen in der Pause. Sie war ein wenig größer als ich, nahm mich an den Hosenträgern, die ich trug, um der Breite meiner Schultern mehr Aufmerksamkeit zu verschaffen, und drängte mich in die Damentoilette. ‚Komm mit', flüsterte sie mir ins Ohr und noch bevor ich mich versah, stand ich mit ihr in einer der Kabinen auf dem Damenklo. Sie war es, die meine Hose aufknöpfte und sich ohne lange Umwege an meinem Penis zu schaffen machte. Es mag ja sein, dass ich ein wenig unbeholfen war, die Situation war ja für mich nicht einfach, ich fühlte mich als unerfahrener kleiner Bub, was dann aber passierte, war für mich ein bisschen zu viel. In großer Lust riss sie mir also die Hose von den Hüften, stürzte sich auf meinen Penis, nahm ihn auch in den Mund und – nach wenigen Sekunden – war der ganze Spuk wieder vorbei. Sie hatte offenbar das Interesse an mir verloren. Ich war eben erst in Schwung gekommen, merkte, dass sich bei mir im Schritt etwas rührte, da richtete sie ihre Kleidung zurecht, öffnete die vorsorglich versperrte Türe und verließ den Ort mit der Bemerkung, mit einem ‚so kleinen Ding' wolle sie sich nicht abgeben. Ich wollte mit ihr reden, versuchte über Facebook mit ihr in Kontakt zu kommen, doch sie ließ mich eiskalt abblitzen." „Was wollten Sie denn mit ihr reden?", fragte der Arzt nach. Lukas überlegte offenbar, wie weit er sich offenbaren sollte. Dann gab er sich einen Ruck und begann die Sache auf den Punkt zu bringen. „Wissen Sie, Herr Doktor, ich kann mir ja verzeihen, dass mein bestes Stück nicht gleich stramm stand wie ein Zinnsoldat, die Situation damals war ja mehr als grotesk, doch in mir sitzt seither eine große Unsicherheit. Angeblich wollte sie nicht weitermachen, weil ihr mein Ding zu klein war – sagte sie jedenfalls. Genau das ist es aber, was mich heute am Sex hindert. Ich habe seither das Gefühl, ich wäre zu klein gebaut. Selbst beim Duschen nach dem Training achte ich darauf, dass niemand einen Blick darauf werfen kann. Tja, und Saunagehen ist ganz unmöglich geworden."

Der Doktor zog Bilanz: „Wenn ich mir die Sache so anhöre, entsteht in mir der Eindruck, dieses Mädchen wollte Sie ganz gezielt demütigen." „Ja, da mögen Sie schon recht haben, da habe ich auch schon darüber nachgedacht. Ich kann mir das Motiv auch vorstellen. Damals am Schulschikurs, da war ich noch nicht bereit zu Sex und ließ sie einfach abblitzen. Ich wollte meine Ruhe haben. Ich sagte ihr, sie wäre nicht mein Typ, seither war das Verhältnis zwischen uns sehr abgekühlt. Sie war gekränkt, manchmal ignorierte sie mich einfach, wenn wir uns am Schulhof trafen."

Das Ergebnis dieses Gespräches zeichnete ein ganz klares Bild dieses Falles. Lukas war ein gesunder Junge, er versagt beim Sex wegen einer Störung der sexuellen Identität, dem sexuellen Selbstwert im eigenen Geschlecht. Ein zurückgewiesenes Mädchen rächte sich an ihm, indem es ihn psychisch traumatisierte. Lukas hatte den Fehler gemacht, sich zu einem halbherzigen Abenteuer nötigen zu lassen. Dieser Fall soll deutlich machen, wie sensibel die Sexualität der Männer sein kann. Und dass Männer aus vielen Gründen nicht immer können.

Die sexuelle Identität beschreibt den Selbstwert im eigenen Geschlecht. Sie entscheidet ganz wesentlich, wie sich ein Mann den Frauen präsentiert und wie erfolgreich er dabei ist. Haben Sie sich auch schon gefragt, wieso äußerlich wenig attraktive Männer bei den Frauen manchmal so gut ankommen? Die Antwort auf diese Frage ist ganz einfach: weil sie sich so geben, als wären sie unwiderstehlich. Ein Mann kann sich auch begehrt machen, auch das ist eine Frage der sexuellen Identität.

Üblicherweise sind es eben nicht die inneren Werte, die auf die Frauen einen so großen Eindruck machen, dass sie alles rundherum vergessen. Denn innere Werte sind erstens nicht erkennbar – heißen ja nicht umsonst „innere Werte" – und zweitens hat sich herausgestellt, dass auch Frauen für „äußere" Werte sehr wohl empfänglich sind. Die sexuelle Identität eines Mannes lebt von gewissen Eigenschaften, die ihrem Mythos nach als besonders „männlich" gelten. Die Körpergröße, das Behaarungsmuster, die Breite der Schultern, die Flachheit des Bauches, der Durchmesser der Oberarme und natürlich die Penisgröße sind im besonderen Ausmaß narzisstisch besetzt. Ein Mann liebt seinen Penis, vor allem wenn er größer ist als der des Trainingspartners. Mit ihrer genitalen Ausstattung unzufriedene Männer entwickeln nicht selten das „Syndrom des kleinen Penis“. Das besteht aus der neurotischen Gewissheit, zu klein gebaut zu sein, und der Betonung anderer als typisch männlich klassifizierter körperlicher Eigenschaften, zum Beispiel dem Auftrainieren einer exorbitanten Muskelmasse. Mit dieser Strategie wird jedoch meist das Gegenteil erreicht, denn das – angeblich – „zu kleine Ding“ nimmt sich als Anhängsel eines Muskelberges noch viel kleiner aus. Männer, die von sich und ihrem Penis nicht überzeugt sind, verfügen über ein besonders ausgeprägtes Schamgefühl. Das kann man daran erkennen, dass sie in der Umkleide ihres Fitnesscenters zwar nicht ungern ihre aufgepumpten Muskeln präsentieren, aber niemandem einen Blick auf ihre Körpermitte gönnen. Da wird dann die Unterhose mit großen Verrenkungen mühsam unter dem um die Leibesmitte gewickelten Handtuch nach oben gezerrt. Auch der Volksmund hat sich dieses Problems in sarkastischer Weise angenommen, nicht umsonst sagt man bei einem Versagen, man hätte „den Kürzeren gezogen“. Die Maitresse König Ludwigs XV., die berühmte Madame Pompadour, behauptete zwar, „er“ müsse nicht groß, sondern nur fleißig sein, doch die Männer mögen das nicht recht glauben. Männer brauchen den Penis nicht nur für ihre Frauen, sondern für sich selbst und ihren Selbstwert. Sozusagen zum Angeben. „Wer hat den Größeren?“ ist ein Wettkampf unter Männern.

Es steht fest, dass ein Mann nicht immer „kann“, denn seine Sexualität ist äußerst störungsanfällig, möglicherweise sogar störungsanfälliger als die der Frau. „Versagen“ können nur Männer, denn sie haben beim Sex den aktiven Part, der im Aufbau einer Erektion und der Ejakulation besteht. Beides ist für eine korrekte Platzierung des Samens von entscheidender Bedeutung. Wahrscheinlich ist dies der Grund für die hohe Bewertung des Penis und seiner Funktionen in der Wertehierarchie der Männer. Bei den Frauen gibt es für die Fortpflanzung nichts vergleichbar Wichtiges. Wie schon an anderer Stelle erwähnt, funktioniert die Befeuchtung der Scheide auch ganz ohne sexuelle Erregung und auch der weibliche Orgasmus ist für die Fruchtbarkeit der Frau nicht von Bedeutung.

Dass Männer nicht immer „können", klingt für die meisten Männer und auch Frauen durchaus einleuchtend. Was aber ist „normal", was muss ein Mann leisten und wie oft darf er versagen? Ganz abgesehen davon, dass das „Normale" in der Sexualität gar nicht existiert, jedes Pärchen macht die ihm eigene Sexualität und sollte sich hüten, sich irgendjemand zum Vorbild zu nehmen. Dennoch gibt es natürlich Durchschnittswerte. Vorausgesetzt ein Mann ist sexuell gesund, sollte der jüngere vitale Mann zu 90% erfolgreich sein. Er versagt nicht öfter als in einem von zehn Versuchen. Mit zunehmendem Alter wird die Performance schlechter, mit 80 wäre es schon sehr akzeptabel, in zwei von zehn Versuchen zu einer Penetration zu kommen. Möglicherweise sind diese Zahlen im Zeitalter von medikamentösen Erektionshilfen etwas verändert.

Zusammenfassend kann man diesen Mythos ins Reich der Märchen verwiesen. Es ist keinesfalls so, dass Männer immer „können", und man sollte auch schleunigst aufhören, diesen Mythos zu verbreiten. Er schafft Leistungsdruck und sexuelle Unzufriedenheit, ist also ein Wegbereiter für den sexuellen Burn-out. Kein Mann will immer und kein Mann kann immer!

Mythos Nummer 3: „Jede Zärtlichkeit muss zu Sex führen“

Muss jede Zärtlichkeit zu Sex führen? Diese Frage ist ein Paradoxon in sich. Zärtlichkeiten *sind* nämlich Sex und können daher gar nicht „dazu führen“. Umgangssprachlich wird „Sex“ mit Geschlechtsverkehr gleichgesetzt, ein fataler Irrtum, der viele Probleme bereitet. Zu Beginn jeder Therapie ist die Definition von Sexualität eine alles entscheidende Gretchenfrage, die es zu klären gilt. Während Männer die Penetration als den Beginn der Sexualität ansehen, beginnt er für Frauen schon sehr viel früher. Männer weigern sich zur Kenntnis zu nehmen, dass die Penetration keine zwingende Voraussetzung für Sexualität ist. Sollten Sie auch dieser Ansicht sein, befinden Sie sich freilich in bester Gesellschaft. Ein US-amerikanischer Präsident hatte ein Verhältnis mit einer seiner Praktikantinnen. Bei der Anhörung im Senat rechtfertigte er sich damit, er hätte sich bloß oral befriedigen lassen und keinen Sex gehabt. Ob es ihm damit gelungen ist, mit dieser unglaubwürdigen Argumentation seine Gattin zu besänftigen, bleibt dahingestellt. Wie ist das nun wirklich? Ist die orale Befriedigung eines Partners Sexualität? Oder doch nicht? Selbstverständlich ist es jedermanns ganz persönliche Sache, diese Frage für sich zu entscheiden, die Antwort auf diese Frage hat aber einen ganz wesentlichen Einfluss auf die Sexualität und das Klima innerhalb der Beziehung.

„Für mich“, so posaunte Klaus, ein Mittvierziger, überzeugt hinaus, „beginnt Sex mit dem Eindringen in die Frau und basta! Alles andere ist nichts.“ „Ist nichts?“, fragte der Arzt, „sind Sie sich da so sicher? Wie würden Sie denn reagieren, wenn Sie Ihre Frau in den Armen des Nachbarn ertappen würden, bei einem innigen Kuss?“ „Natürlich kommt das nicht infrage, ich lasse mich doch nicht betrügen!“ Der Arzt schlug diesen Mann mit seinen eigenen Waffen. „Warum aber gestatten Sie Ihrer Frau nicht, andere

Männer zärtlich zu berühren oder etwa zu küssen, wo doch Sexualität erst mit der Penetration beginnt?" Klaus stockte, überlegte und antwortete nicht mehr so laut wie vorher: „Also gut, Sie haben mich überzeugt, doch die Fortpflanzung kommt ohne ein Eindringen nicht aus! Daher rührt ja meine Argumentation."

Noch bevor man in einer Sexualtherapie auf das eigentliche Problem eingehen kann, bedarf es einer Begriffsbestimmung. Da geht es um Fragen wie: „Was ist eigentlich Sexualität? Warum macht man Sex? Wo beginnt Sex?", und vieles andere mehr. Gute Sexualität braucht die Gelassenheit des Spiels und nicht den Zwang des Leistungssportes. Der sexuell aktive Mensch ist ein Homo ludens, ein spielender Mensch, kein Homo laborans, kein arbeitender Mensch.

Die Vorstellungen von Sexualität sind geschlechtstypisch sehr unterschiedlich. Das beginnt schon bei ihren Motiven. Männer gehen Beziehungen ein, um regelmäßigen Sex zu haben, Frauen aber suchen zuerst eine Beziehung, aus der heraus sich Sexualität ergibt. Doch damit nicht genug. Der Unterschied zwischen Männern und Frauen in der Auffassung von Sexualität ist noch weit gravierender, vor allem dann, wenn die Frau dem Zyklus unterliegt, also nicht hormonelle Empfängnisverhütung betreibt. Der Zyklus der Frau bedeutet nicht nur eine Hochschaubahn der Hormone, sondern auch eine Hochschaubahn der Gefühle, das sollte *jeder* Mann wissen, denn erst aus der Kenntnis dieser hormonell bedingten Befindlichkeitsschwankungen kann sich ein Verständnis für weibliches Verhalten entwickeln. Tatsächlich ist es für Männer extrem schwierig – weil sie ja selbst sehr stabile Hormone haben (sollten) –, Frauen in ihrem Auf und Ab der Gefühle zu verstehen.

Die erste Zyklushälfte ist von den Vorbereitungen für den Eisprung geprägt. Das Östrogen steigt kontinuierlich an und mit ihm – quasi als Abfallprodukt – das Testosteron. Testosteron ist auch bei den Frauen *das* Lusthormon, sein rasanter Anstieg so kurz vor dem Eisprung ist ein weiterer Beweis für die Genialität der Evolution. Zur Befruchtung braucht die Frau ein Spermium, das ist ja der Sinn dieses ungeheuren Aufwandes, und woher sollte es denn kommen, wenn nicht von einem Mann? Die ersten zehn Tage des weiblichen Zyklus sind also die lustvollen Tage der Frau. Wenn Frauen sich hier auf die Suche nach einem Mann begeben, dann suchen sie nicht irgendeinen Mann, sondern den Erzeuger ihres Kindes. Dieser sollte die Merkmale des edlen Spenders haben; „edel“ heißt hier im Sinne der Evolution gesund und arbeitsfähig. Er ist groß und gut gebaut und verspricht schon rein äußerlich potent zu sein. Tatsächlich verändern die Östrogene Frauen ganz grundlegend in genau diejenige Richtung, die die besten Chancen für eine Empfängnis erwarten lassen. In dieser für die Erhaltung der Art so bedeutsamen Zeit sind Frauen extrovertiert, suchen soziale Kontakte, sprechen mit höherer Stimme, flöten also, bewegen sich graziler und sind förmlich auf der Jagd. Jetzt ist eine Frau auch bereit zum Seitensprung. Immer getrieben durch eine unsichtbare Macht, der Verpflichtung, schwanger zu werden, und im Bewusstsein, dass es nach dem Eisprung – wieder einmal – zu spät ist. Das Kennzeichen der Frauen in dieser präovulatorischen Phase ist dunkelroter Lippenstift, figurbetonte Kleidung und die Bereitschaft, angebaggert zu werden. Zugegeben, diese Darstellung weiblicher Verhaltensmuster in der Zeit vor dem Eisprung schildert eher evolutionsbiologische Bedürfnisse als das tatsächliche Verhalten der modernen zivilisierten Frau. Sie hat gelernt, ihre Gefühle zu beherrschen und sich von den Männern nicht so einfach in die Karten schauen zu lassen, an der tendenziell größeren Bereitschaft zu lustvoller Sexualität in dieser Zyklusphase kann aber nicht gezweifelt werden.

Nach dem Eisprung wird in der Frau ein Schalter umgelegt. Förmlich über Nacht wird aus dem Vamp die fürsorgliche Mutter. Sie tauscht die Abendkleidung von Leder zu Flanell. Die Gestagene, die Schwangerschaftshormone, regieren ihren Körper und die Psyche. Sie tun dies auch ohne eine Schwangerschaft, dann aber nur für die nächsten zehn Tage. Was vorher so bedeutsam war, der Samentransfer, ist jetzt zweitrangig, um nicht zu sagen letztrangig. An seine Stelle treten die Ziele der werdenden Mutter, Geschlechtsverkehr wird durch Kuscheln ersetzt. Viel wichtiger ist nun die Sorge um die Aufzucht ihrer Kinder, der Zwang zum Sex wird durch den Wunsch nach einer tragfähigen, liebevollen Beziehung ersetzt. Die Frau sieht in ihrem Partner ab sofort nicht mehr primär den Liebhaber und Erzeuger ihres Kindes, sondern den Erhalter. Dass diese beiden höchst unterschiedlichen Rollen nicht immer vom selben Mann wahrgenommen werden, dürfte ein offenes Geheimnis sein. Kaum ist eine Frau schwanger, schlägt die Stunde der weniger virilen Männer. Jetzt haben jene ihre Chance, deren Hose nicht im Schritt spannt, sondern am Bund, die nicht durch breite Schultern auffallen und nicht zum Sport gehen, sondern den Abend lieber über der Markensammlung oder vor dem Fernseher verbringen. Sie versprechen Kontinuität, Zuverlässigkeit und Treue. Ihre Aufgabe ist es, dem Kind ein Zuhause zu bieten. Sie haben somit den weitaus schwierigeren Part. Er dauert nicht bloß fünf Minuten, sondern 20 Jahre lang. Zu Recht heißt es: „Vater werden ist nicht schwer, Vater sein dagegen sehr.“

Den dritten Teil des Zyklus gibt es nur, wenn es nicht zu einer Befruchtung gekommen ist. Wenn der Organismus merkt, dass es nicht geklappt hat, beginnt er wieder jene Vorbereitungen zu treffen, um beim nächsten Mal zum Erfolg zu kommen. Und das ewige Spiel der Evolution beginnt von Neuem. Wie aus einer Enttäuschung heraus über die missglückte Befruchtung stellt der Eierstock seine Tätigkeit ein, es kommt zur Abbruchblutung. Die Frau bekommt alsbald ihre „Tage“. Die hormonelle Umstellung führt zu einem Chaos im Gehirn, die Weiblichkeitshormone befinden sich in einem schicksalhaften Tief. Psychisch führt dies zu sexueller Interesselosigkeit. „Was mache ich überhaupt mit diesem Mann, warum tue ich mir das alles an, der hilft doch nicht einmal im Haushalt!?“, wird sich manche Frau dann fragen. Die Zeit der Menstruation ist für viele Pärchen jene allmonatliche Prüfung, die es nur gut übersteht, wenn die Männer über die Vorgänge Bescheid wissen. Nur die Kenntnis der Sachlage lässt bei Männern jenes Verständnis und jene Geduld erwarten, die in dieser Zeit angebracht erscheint. Die Abendkleidung ist dann: ein abgetragenes T-Shirt.

Die Erkenntnisse über den Einfluss von Hormonen auf die Sexualität der Frau bedeuten zugleich, dass die Einnahme von Hormonen zur Empfängnisverhütung die sexuelle Wahrnehmung von Frauen verändert. Das Angenehme hat auch hier seine Schattenseiten, nämlich die Veränderung weiblicher Emotionalität. So berichten Forscher, dass hormonelle Kontrazeption die Auswahl des Partners beeinflussen kann.

Im Hinblick auf ihre hormonelle Stabilität haben die Männer das große Los gezogen, wie übrigens auch in anderen Kapiteln der Fortpflanzung. Ein halbwegs „artgerechtes“ Leben vorausgesetzt, weist ihr Testosteron die stabileren Werte auf, wenigstens bis zum Erreichen des 40. Lebensjahres. Weil aber Männer tagtäglich über dieselben Mengen an Testosteron verfügen, haben sie täglich dieselbe Lust am Sex, natürlich innerhalb einer gewissen, von äußeren Faktoren bestimmten Schwankungsbreite. Der Mann ist der Verlierer bei der gesellschaftlichen Idee der monogamen Beziehung, die Frau ist es nur in der ersten Zyklushälfte. Der gleichsam mit unerschöpflicher Lust ausgestattete Mann sollte seinem biologischen Auftrag gemäß seine Gene möglichst weit verbreiten, und das lässt sich mit einer monogamen Beziehung natürlich nicht verwirklichen. Die Monogamie für Männer ist eine noch sehr junge Idee, selbst die katholische Kirche verlangte bis in die jüngste Neuzeit eheliche Treue nur von den Frauen. Ein nicht zu widerlegender Beweis dafür ist das „Recht auf die erste Nacht“, wonach der Fürst bei frisch vermählten Untergebenen das Vorrecht auf Entjungferung der Frau hatte. Dieses „Jus primae noctis“

wurde von katholischen Fürsten bis weit ins 19. Jahrhundert wahrgenommen wurde. Diese Sitte entspringt der Idee, die kostbaren blaublütigen Gene des Landesfürsten möglichst weit unters Volk zu bringen, mit Monogamie hat das alles aber nichts zu tun. Selbst Herzog Maximilian in Bayern, der Vater Kaiserin Elisabeths, soll das Jus primae noctis noch ausgeübt haben, und das ist noch nicht lange her!

Männer und Frauen unterscheiden sich ganz wesentlich in ihrer hormonellen Ausstattung. Dies bedeutet auch einen völlig andersartigen Zugang zur Sexualität, sowohl qualitativ als auch quantitativ. Es kann also gar nicht jede Zärtlichkeit zum Geschlechtsverkehr führen, denn Männer und Frauen ticken sexuell völlig anders. Aber nur wenn beide Partner zum selben Zeitpunkt Lust haben, gibt es Sexualität in einem Umfang, zu dem beide bereit sind. Auch wenn man die Meinung vertritt, dass Sexualität ein Zeichen der Liebe ist, bedeutet eine Zurückweisung nicht, dass man nicht geliebt wird. Auch diesen Gedankengang sollte man sich verinnerlichen, damit Zurückweisung nicht zum Trauma wird. „Liebling, ich mag heute nur ein bisschen kuscheln" ist kein Zeichen für mangelnde Liebe. Ganz im Gegenteil! Kuscheln fordert ein hohes Maß an Intimität, man muss sich riechen und spüren können. „Nur" kuscheln zu wollen ist keine Zurückweisung, sondern eine legitime und akzeptable Auswahl aus der Speisekarte der Liebe. Moderne Frauen nehmen sich das Recht, „nein" zu sagen, und richtige Männer haben kein Problem damit. Sie wissen, dass weibliche Sexualität anderen Bedürfnissen folgt, und fühlen sich wohl im Bewusstsein konsensueller Sexualität. Übrigens: Es kommt auch vor, dass Männer nicht wollen und ihre Frauen zurückweisen. Das alles gilt natürlich vice versa.

Mythos Nummer 4: „Ein Mann muss seine Partnerin erbeben lassen“

Der Orgasmus der Frau muss ein „von einem Erdbeben und einer Feuersbrunst begleiteter Vulkanausbruch“ sein, andernfalls wäre der Liebhaber ein Versager. Mit genau dieser Vorgabe kam ein junger Mann in die Sprechstunde. Vom Arzt auf sein Problem angesprochen, sagte er: „Ja eben genau das ist mein Problem, es klappt nicht, ich schaffe es nicht, meine Frau zu befriedigen.“ „Und was sagt Ihre Partnerin dazu?“ „Ach, die hat kein Verständnis für die männliche Psyche. Sie sagt, sie hätte ihre Orgasmen, aber eben nicht begleitet von diesem hysterischen Getue, wie man es in Pornos sieht.“

Pornografische Filme entsprechen nicht der Realität. Sie wecken aber Vorstellungen, denen nachgeeifert wird. Das ist so ähnlich wie bei Werbespots. Es werden Bedürfnisse geweckt. Männliche und weibliche Darsteller werden nach gewissen Kriterien gecastet; was real nicht möglich ist, wird mit den Methoden der modernen Filmindustrie retouchiert. So passiert es, dass die männlichen Darsteller stets und endlos „können“. Bevor Sie vor Ehrfurcht erblassen und sich fragen, wie denn so etwas möglich ist, sei an dieser Stelle das Geheimnis all dieser „Männlichkeit“ offenbart. Es gibt Injektionen, die – an der Peniswurzel angesetzt – auch ohne jede Erregung selbst vor der Kamera harte Erektionen provozieren, und das beliebig lang. Nur länger als vier Stunden sollten sie nicht andauern, denn das würde das Kapital eines Pornodarstellers zerstören: seinen Schwellkörper. Mit diesen Spritzen wird nicht nur im Film gearbeitet, auch Livedarsteller bedienen sich in Sexshows dieses Kunstgriffes. Pornodarsteller sind übrigens ganz normale Menschen mit Hirn und Herz, die meisten von ihnen wären gar nicht in der Lage, in der Öffentlichkeit zu einer Erektion zu gelangen. Manche von ihnen zerbrechen auch an diesem Geschäft. Auch die minutenlangen, ekstatischen Orgasmen der Frauen sind das

Produkt mehr oder meist weniger guter schauspielerischer Leistung. Bei den Frauen ist sexuelles Erleben mit ein wenig Talent ganz einfach zu simulieren, bei ihnen gibt es keine sichtbaren Zeichen sexueller Erregung. Meine Herren, machen Sie sich mit dem Gedanken vertraut, dass Pornografie reine Schauspielerei ist. Es geht darum, Ihnen etwas vorzumachen, schließlich wollen die Filmchen auch verkauft werden. Die Realität in der Sexualität ist wesentlich weniger spektakulär.

Während der männliche Orgasmus durch den Samenerguss unmissverständlich erkennbar ist, bleibt der weibliche ein ungelüftetes Mysterium. Selbst erfahrene Frauen können sich nicht einigen, worin er denn eigentlich besteht. In glückselig machenden Gefühlen oder in den rhythmischen Kontraktionen der Genitalmuskulatur oder vielleicht in beidem gemeinsam? Selbst wissenschaftliche Untersuchungen ergeben kein einheitliches Bild. Untersuchungen der wichtigsten sexualmedizinischen Zentren bestätigen jedoch, dass eine große Anzahl von Frauen genital, also mit dem Penis, überhaupt nicht zum Orgasmus gebracht werden kann. Selbst der berühmte G-Punkt – benannt nach seinem „Entdecker" Gräfenberg – wurde bis heute nicht wirklich gefunden, wahrscheinlich ist auch er ein Mythos. Eine Frau muss selbst entscheiden, ob sie einen Orgasmus hatte oder nicht und was sie darunter zu verstehen gedenkt. Denn Sexualität ist egozentrisch, jeder der beiden Partner kümmert sich um seinen eigenen Orgasmus, natürlich mithilfe des Partners, manchmal auch allein. Für die Beziehung ist der Orgasmus gar nicht wichtig, sehr wichtig hingegen ist die „sexuelle Zufriedenheit". Die richtige Frage müsste also lauten: „Sind Sie mit dem Sex innerhalb Ihrer Beziehung zufrieden?", und nicht: „Haben Sie einen Orgasmus?" Es sind die Männer, die den Orgasmus ihrer Partnerinnen zum erklärten Ziel ihrer Sexualität machen. Weniger um ihr Gutes zu tun, sondern um sich selbst zu bestätigen. Jawohl, es stimmt, Männer halten sich für besonders tüchtig, wenn sie ihre Frauen möglichst schnell und oft zum Höhepunkt bringen, und sie sind enttäuscht und gedemütigt, wenn es ihnen nicht gelingt. Viele Frauen erbarmen sich ihrer geplagten Liebhaber und täuschen den Höhepunkt vor, mit Schreien, Wimmern oder Stöhnen. Sie tun das, um ihre Männer vom selbst auferlegten Leistungsdruck zu befreien und um selbst aus der beklemmenden Pflicht genommen zu werden.

Es gibt übrigens noch eine Steigerung dieses zwanghaften Verhaltens. Der Wunsch, *gemeinsam* zum Höhepunkt zu gelangen. Hier geht es dann weniger um Liebe, auch nicht mehr um Lust, sondern um Akrobatik. Sie neurotisieren sich und Ihre Partnerin und degradieren die Sexualität zu einer Sache des optimalen Timings. Lassen Sie das Zeitmanagement in der Firma!

Bitte, Männer! Lasset ab von eurem egoistischen Getue und gebt euren Geliebten die Chance, sich fallen zu lassen und zu genießen, was ihr ihnen bietet. Ganz ohne Leistungsdruck und Zwang, denn der macht Sex zur lästigen Pflicht. Und das will doch keiner.

Mythos Nummer 5: „Frauen lieben lange Penisse"

Niemand misst der Länge des Penis mehr Bedeutung bei als sein Besitzer, der Mann selbst. Es wäre aber falsch, anzunehmen, dass Frauen die Eckdaten des Begattungsorganes völlig gleichgültig wären. Vor allem in den paar Tagen vor dem Eisprung sind sie offenbar doch recht interessiert, wahrscheinlich aus dem Glauben heraus, ein Mann mit großem Penis wäre besonders fruchtbar. Was aber für sich selbst ein Mythos ist. Diese Annahme ist genauso falsch wie der Glaube, eine große Brust würde sich besser zum Stillen eignen oder mit einem großen Auto käme man schneller ans Ziel.

Die Beschaffenheit des Penis ist zum Ärgernis der Männer sehr verschieden. Seriöse Studien belegen eine Schwankungsbreite in der flacciden (schlaffen) Länge von 5 bis 15,5 cm, der Durchschnitt beträgt also etwas mehr als 10 cm. Man muss die Männer also verstehen, wenn sie sich mit anderen vergleichen, zwischen dem kürzesten und dem längsten noch normalen Penis liegen „Welten“, ganze zehn Zentimeter. Die meisten Männer kennen die Daten ihres Penis eher als ihr Gewicht. Um sie zu eruieren, misst man am besten mit einem Lineal an der Oberseite des Penis vom Schambein bis zur Penisspitze. Zuerst misst man die flaccide Länge, dann die Erektionslänge. In der Praxis muss man sich mit der gestreckten Länge begnügen, die etwa der Erektionslänge entspricht. Um sie zu messen, ist es erforderlich, den Penis an der Eichel langzuziehen. Gut bestückte Männer bringen es auf 19 Zentimeter, die weniger gut bestückten auf sieben. Trotz aller – halbherziger – Versuche, das alles nicht so wichtig zu nehmen und sich auf die inneren Werte zu besinnen, bleibt die Länge des Gliedes ein wesentlicher Faktor für den Selbstwert der Männer. Frauen bemängeln bei zu langen Begattungsorganen Schmerzen beim Verkehr, weil die Männer beim Sex den Muttermund berühren. Dies ließe sich allerdings durch vorsichtiges Agieren beheben, vorausgesetzt der Mann gelangt in Kenntnis dieses Problems. Dennoch scheinen sich Frauen einig zu sein, dass der dicke dem zu langen Penis vorzuziehen ist. Von einem dicken Penis werden sie besser stimuliert. Die Behauptung, Frauen liebten lange Penisse, kann daher nicht aufrechterhalten werden, es scheint ihnen von den Männern bloß unterstellt zu werden. Das Motiv ist, sich selbst gut darstellen zu wollen. Männer benützen nun einmal die Sexualität zur Selbstdarstellung. Und: Mythen werden von denjenigen hochgehalten, die deren Nutznießer sind.

Mythos Nummer 6: „Nach 1.000 Schuss ist Schluss"

Man solle es nicht glauben, auch dieser alte Hut scheint immer noch nicht vom Tisch zu sein. Erst jüngst kam ein 17-jähriger Gymnasiast in die Männersprechstunde, um eine „wichtige Sache" zu besprechen. „Ich bin sehr beunruhigt", ließ er schon am Telefon wissen, „ich mache nachts kaum mehr ein Auge zu." „Kein Problem", sagte der Doktor, „ich gebe Ihnen gerne einen Termin." Wie schon erwähnt, sind sehr junge Männer nicht selten Gäste in der Sprechstunde für sexuelle Probleme. Meist geht es um Anfangsschwierigkeiten zu Beginn der sexuellen Karriere, aber auch um Fragen der sexuellen Orientierung oder der sexuellen Präferenz. In der Pubertät erkennt mancher junge Mann, dass er anders fühlt als andere. Oder er glaubt es wenigstens. Um als Therapeut erfolgreich zu sein, bedarf es einiger Voraussetzungen: einer vertraulichen Atmosphäre, ausreichend Zeit (man muss Vertrauen erst aufbauen, um ein Gespräch überhaupt möglich zu machen) und der Garantie der Anonymität. Je ausgefallener ein Thema ist, desto eher spielt die gebotene Diskretion eine Rolle. Wenn schon am Telefon darüber verhandelt werden muss, unter welchen Bedingungen ein Mann bereit ist „zu sprechen", kann man sicher sein, dass es ein heikles Gespräch wird. Wie weiter vorne erzählt, wollte sich ein junger pädophiler Lehrer zum Beispiel zwar persönlich beraten lassen, aber unerkannt bleiben. Er stülpte sich daher vor der Praxistüre einen Jutesack über den Kopf. Auch so etwas gibt es. Und weil ein anonymes Gespräch allemal besser ist als gar keines, muss man auch das akzeptieren. Die Sexualmedizin stellt also große Ansprüche an die Flexibilität des Arztes. Ein volles Wartezimmer wird selten goutiert, besser ist es, Patienten einzeln und persönlich am Praxiseingang in Empfang zu nehmen.

Zurück zu diesem 17-jährigen Mann. Dirk war großgewachsen und sportlich schlank. Er begann sein Gespräch mit etwas ganz Banalem, ein Schnupfen plage ihn seit ein paar Tagen. Das ist ein übliches Ritual, der junge Mann testete damit seinen Therapeuten, verwickelte ihn in ein belangloses Gespräch über eine Bagatellerkrankung. Der Test schien gut ausgegangen zu sein. „Weswegen ich nun wirklich komme“, fuhr der junge Mann fort, „ich betreibe hemmungslose Masturbation, dachte mir bisher nichts dabei, ganz im Gegenteil, ich genoss es. Bis vor ein paar Monaten.“ „Was ist vorgefallen?“, wollte der Arzt wissen. „Im Biologieunterricht ging es um Fortpflanzung und meine Lehrerin erklärte uns, dass die Anzahl der Spermien begrenzt sei. Sie räumte zwar ein, keine genauen Prognosen abgeben zu können, wie lang das Sperma eines Mannes denn reichen würde, das hänge von verschiedenen Faktoren ab, man solle sich aber in Acht nehmen und sparsam damit umgehen. Seither habe ich schlaflose Nächte und werde von schlechtem Gewissen geplagt, habe schon nachgerechnet, wie oft ich in den letzten Jahren meinen Samen vergeudet habe, und komme auf astronomische Zahlen! Kurz und gut, wenn das stimmt, was die Professorin sagte, werde ich es sicher nicht mehr lange schaffen. Ich mache mir nun Sorgen, ob ich jemals Kinder haben kann.“

Für einen Therapeuten ist es strikt verboten, seine Gefühle allzu sichtbar werden zu lassen. Er solle ja unparteiisch sein, darf niemals werten, sein Verhalten muss Unbefangenheit und Objektivität ausstrahlen. In diesem Fall war das nicht gelungen. Die Mimik des Arztes zeigte Dirk, was er von der Meinung dieser Lehrerin halten solle: nichts!

„Gestatten Sie mir eine Frage. Was war denn Ihre Meinung zu diesem Thema vor der Äußerung dieser Lehrerin?“ „Ach, wissen Sie, ich habe mir da keinen Kopf gemacht, ich dachte einfach, es wäre genug da“, antwortete Dirk. „Und damit haben Sie natürlich recht. Sie können absolut beruhigt sein, Sperma ist ein unerschöpflicher Saft, je mehr Sie verbrauchen, desto mehr kommt nach. In diesem Fall“, ergänzte der Arzt, „nehme ich mir auch das Recht, diese Lehrerin zu kritisieren. Ihre Meinung ist fachlich falsch und man sollte sie das wissen lassen. Sie traumatisiert junge Männer in ihrer

Auffassung von Sexualität und bereitet den Weg zu sexuellen Störungen. Vielleicht macht sie das sogar bewusst."

Tatsächlich wird aus konservativen Kreisen immer wieder längst überholtes Wissen unters Volk gebracht. Es geht nicht nur um die Begrenztheit der Spermamengen, sondern um den Krankheitswert von Homosexualität und die Gefährlichkeit der Lust an sich. Wenn es stimmt, was Patienten so erzählen, werden Unwahrheiten verbreitet, wohl mit dem Ziel, manche Verhaltensweisen zu reglementieren. Selbst die Masturbation scheint allzu fromme Gemüter noch immer zu erhitzen. Sie können sie es nicht lassen, andere, häufig junge Leute, zu missionieren. Das Motiv dafür ist eine Art Drang zur vermeintlichen Moralisierung, vielleicht aber auch ein fester Glaube an diese Märchen. So etwas soll es auch geben.

Zweifelsohne ist Sperma ein kostbarer Saft, schließlich kann man damit Leben zeugen. Das Ejakulat besteht aus zwei bis vier Millilitern opalfarbener Flüssigkeit. Sie enthält 40 bis 100 Millionen Spermien pro Milliliter. Jedes dieser Spermien enthält einen halben Chromosomensatz des Spenders in einer noch nie dagewesenen Kombination. Dies ist der Grund, warum Kinder derselben Eltern nicht gleich aussehen, außer es handelt sich um eineiige Zwillinge. Mit der Erfindung des Mikroskopes kann man die Männer, deren Sperma untersucht werden soll, an diesem Wunder teilhaben lassen. Ja, da rührt sich wirklich etwas! Wie die Ameisen bewegen sich die Spermien geschäftig kreuz und quer immer auf der Suche nach der Eizelle, die es hier natürlich nicht gibt.

Früher wurde der Samen als „Geist des Lebens" (anima vitae) verehrt – und man war der Meinung, dass man mit solch kostbaren Flüssigkeiten sparsam umgehen müsse. Das wussten schon die alten Griechen und viele noch ältere Kulturen. Onan „ließ seinen Samen zu Boden fallen", masturbierte also und wurde dafür bestraft. Die Pönalisierung der Masturbation stammt also schon aus der Antike. Die Grundlage dafür war allerdings eine fehlerhafte Einschätzung der

Biologie in Ermangelung wissenschaftlicher Erkenntnisse. Heute gibt es keinen Zweifel, dass Sperma aus den Hoden (und nicht aus dem Rückenmark) kommt und unerschöpflich ist. Sicher, seine Qualität nimmt mit zunehmendem Alter ab, das hat aber nichts zu tun mit der Masturbation, das ist die Folge des ganz normalen Alterns. Die Samenqualität ist am besten bei zwei bis drei Ejakulationen pro Woche. Wenn mehr verbraucht wird, ist das kein Problem, es könnte aber sein, dass die Fruchtbarkeit vorübergehend absinkt. Die Reproduktion der Spermien braucht einige Zeit, es kann daher bei zu großem Bedarf die Spermiendichte, aber auch die Spermamenge vorübergehend abnehmen. Junge Männer stellen fest, dass nach mehrmaliger Masturbation an einem Tag „überhaupt nichts mehr kommt". Auch das ist natürlich ganz normal. Um die Spermaqualität zu normalisieren, muss man ihr Zeit zur Regeneration geben.

Kurz und gut: Dieser Mythos ist einfach falsch. Wahrheitsgehalt: null Prozent. Lassen Sie sich durch solche Lügen nicht Ihrer Lust am Sex berauben. Sollten Sie aber für Nachwuchs sorgen wollen, ist die beste Ejakulationsfrequenz – Masturbation inklusive – zwei bis dreimal pro Woche.

Dirk, der Anlass für diese Geschichte, nahm das alles erleichtert zur Kenntnis, doch ganz so überzeugt war er offenbar nicht. „Zur Sicherheit" wollte er noch einen Befund seines Samens machen lassen, ein Spermiogramm. Als er Millionen seiner Spermien mit eigenen Augen gesehen hatte, war der letzte Zweifel beseitigt.

Mythos Nummer 7: „Suchtgifte beflügeln den Sex"

Wir schreiben das Jahr 2010. Ein grauenhafter Mord unter Studenten erschüttert die Öffentlichkeit. Eine junge Frau war durch mehrere Messerstiche hingerichtet worden. Sie hatte keine Chance. Der mutmaßliche Täter ist genauso wie sein

Opfer erst Anfang 20. Das Rätsel um das Motiv beschäftigt die Kriminalisten, denn ein Raubmord war das jedenfalls nicht. Warum also tötete ein junger Mann dieses hoffnungsvolle Mädchen? Sie war Studentin, vermutlich lag ein gutes Leben vor ihr. Und nun dieses jähe, grausame Ende. Auch für den Täter selbst bedeutet diese Tat das Ende seines gesellschaftlichen Lebens, zunächst droht ihm eine Verurteilung, danach jahrelange Haft. Erst nachdem sich die Wogen geglättet hatten und jeder seine eigenen, wahrscheinlich falschen Schlüsse aus dieser Geschichte gezogen hatte, konnte man die wahren Hintergründe lesen. Sie eigneten sich nicht für eine Schlagzeile. Sie waren klein gedruckt und wurden daher kaum wahrgenommen. Wahrscheinlich würde auch kaum jemand in der Lage gewesen sein, sie zu verstehen und die Zusammenhänge zu begreifen. Was war geschehen?

Die beiden jungen Leute trafen sich außerhalb ihrer Beziehungen zum Sex, hatten also ein sexuell motiviertes Verhältnis. „So etwas mag ja schon vorgekommen sein", könnte man sich denken, warum aber dann der Mord? Nach dem der Öffentlichkeit zugänglichen Wissensstand hatten die beiden außergewöhnliche sexuelle Vorlieben, die sie wahrscheinlich innerhalb ihrer Beziehungen nicht verwirklichen konnten. Der Mann war Sadist, die Frau Masochistin. Ein Sadist empfindet das Beherrschen und die Demütigung seiner Partnerin als besonders anregend; der Masochist wünscht sich von seinem Partner Dominanz, Beherrschung und Unterwerfung. Wenn sich die zwei Richtigen finden, sollte das eigentlich kein Problem sein. Die Schwierigkeit liegt meist darin, den geeigneten Partner zu finden, denn selbstverständlich dürfen auch sadomasochistische Spielarten der Sexualität nur einvernehmlich stattfinden. Wohlgemerkt, auch Sadismus und Masochismus sind nur dann paraphil, wenn sie zu einem Leidensdruck führen oder jemand dabei zu Schaden kommt. Wie sich diese beiden jungen Leute gefunden haben ist nicht bekannt geworden, möglicherweise über entsprechende Foren im Internet. Zum Zeitpunkt des

Mordes stand jedenfalls fest, dass sie sich schön längere Zeit gekannt und regelmäßig zum Sex getroffen hatten.

Eine Zeit lang dürfte das auch gut gegangen sein und es hätte auch weiterhin gut gehen können, wenn nicht Suchtgifte im Spiel gewesen wären. Suchtgifte spielen bei der Sexualität eine bedeutende Rolle. Sie sollen das sexuelle Erleben intensivieren, vor allem aber wirken sie enthemmend. „Mit dem Zeug ist man besser“, argumentieren die Leute, wenn man sie nach dem Sinn von Suchtgiften befragt. Offenbar ist „besser“ ein relativer Begriff, in diesem Fall hat sich letztendlich herausgestellt, dass der mutmaßliche Täter anscheinend im Kokainrausch zugestochen hat. Aus dem Spiel wurde Ernst durch die kokainbedingte Enthemmung dieses Mannes.

Suchtgifte scheinen ein weit verbreitetes Hilfsmittel für Sexualität zu sein. Die Männer rechtfertigen den Missbrauch mit den angeblich positiven Auswirkungen auf das sexuelle Erleben und die Erektion. Die wahre Ursache ist aber meistens eine Störung der sexuellen Identität. Der ramponierte Selbstwert sucht nach einer Therapie, die dieses Defizit vergessen lässt. Suchtgifte sind psychotrope Substanzen, ihre primäre Wirkung ist das Entrücken des sexuellen Erlebens aus der Realität und der Eintritt in eine virtuelle Welt. Damit lassen sich sehr gut jene Hemmnisse relativieren, die dem Sex ansonsten entgegenstehen würden: die anerzogenen Tabus. Sicher ist der oben geschilderte Fall ein Extrembeispiel. Nicht alle Suchtgiftkonsumenten misshandeln, verletzten oder ermorden gar ihre Partnerinnen, mit Sicherheit passieren aber im Suchtgiftrausch Übergriffe, die es nüchtern nicht gegeben hätte. Die psychiatrisch-neurologische Wirkung von Suchtgiften ist nicht Thema dieses Buches, sie ist jedenfalls eine Gefahr für die Gesundheit des Konsumenten. In der Sexualmedizin sind vor allem Unfruchtbarkeit und Impotenz die häufigen Auswirkungen wiederholter Verwendung von Suchtgiften. Sie sind die Folge des durch Suchtgifte verursachten Testosteronverlustes und der Beeinträchtigung neurologischer Strukturen. Und weil Suchtgifte die Fähigkeit zu rationalem Denken vermindern, werden häufig die Regeln des „Safer Sex“ missachtet. Es ist bekannt, dass es unter dem Einfluss von Suchtgiften sehr viel häufiger zur Übertragung von Infektionskrankheiten kommt. Vor ihrer Verwendung muss daher generell gewarnt werden, ganz im Besonderen auch wegen der Auswirkungen auf die Potenz des Mannes.

Auch Alkohol ist eine psychotrope Substanz, überraschenderweise eine, die nicht nur legal ist, sondern auch noch heroisiert wird. Warum unterschiedliche Suchtgiftqualitäten von der Öffentlichkeit derart verschieden beurteilt werden, ist dem rational denkenden Menschen nicht nachvollziehbar. Diese Bemerkung soll nicht um Verständnis für Suchtgifte werben, sondern die Volksdroge Alkohol einer richtigen Beurteilung zuführen. Die Auswirkungen von Alkohol auf die Sexualität sind nämlich nicht besser als die anderer Suchtgifte. Auch Alkohol führt zu einer Verminderung des Testosteronspiegels mit all seinen negativen Auswirkungen auf die Androgenizität des Mannes. Längerfristig kommt es auch hier zu einer Beeinträchtigung von Potenz und Fertilität. Alkohol wirkt aber auch enthemmend, deswegen wird er ja meist getrunken. Er ermutigt zu sexuellen Übergriffen und lässt Dinge geschehen, die manchem Mann nach der Ausnüchterung schon große Schwierigkeiten bereitet haben. Bei aller Kritik muss man doch erkennen, dass sehr kleine Mengen in sich auch eine Chance bergen. Viele Männer fassen erst mit einem kleinen „Schwips“ den Mut, sich einer Frau überhaupt zu nähern. Und das mag ja, vorausgesetzt ein Mann kennt seine Grenzen, auch schon positiv erlebt worden sein. Wie immer ist auch der Genuss von Alkohol eine Frage der Dosis und der Selbstdisziplin.

Mythos Nummer 8: „Männer, die sich penetrieren lassen, sind schwul"

Robert, 28, wohnt und arbeitet auf dem Land. Er ist der Erbe eines respektablen Bauernhofes und scheint mit diesem Los nicht unglücklich zu sein. Die Mutter war auf tragische Weise bei seiner Geburt gestorben. Ein Riss der Gebärmutter führte trotz kunstgerechter medizinischer Versorgung zum Tode – eine Verkettung unglücklicher Umstände. Zunächst bemühte sich der Vater, seiner Rolle gerecht zu werden und dem Sohn nicht nur ein guter Vater zu sein, sondern ihm auch noch die Mutter zu ersetzen. Grundsätzlich ist so etwas gar nicht möglich, denn ein heranwachsender Junge braucht Vater *und* Mutter, eben eine männliche und eine weibliche Bezugsperson, um sich am besten zu entwickeln. Leider ist das sehr häufig eine Wunschvorstellung. Mit zunehmendem Alter schien der Vater mit seiner Rolle nicht mehr klarzukommen. Er verzagte und verlor seinen Lebensmut. „Ich merkte, wie mein Vater mehr und mehr in eine Depression verfiel", sinnierte Robert vor sich hin, „und das ist auch nicht verwunderlich. So ein Hof ist ein großes Unternehmen und braucht die Seele einer Frau." Vor allem die erfolglose Suche nach einer neuen Partnerin machte aus dem gütigen Mann ein zum Jähzorn neigendes Monster. Für die Rolle des „alleinstehenden Mannes" war er nicht vorbereitet. „Auf den Hof gehört eine Frau", hörte Robert ihn wieder und wieder sagen, so als würde er, der Sohn, schuldig sein an diesem Dilemma. Leider lässt sich eine Beziehung nicht erzwingen und das Leben als Bäuerin ist nicht jederfrau Sache. Der Junge begann sich Vorwürfe zu machen. Wieweit war er wirklich schuld am Tod der Mutter? Schließlich war sie ja bei seiner Geburt gestorben. „Welche Frau nimmt mich außerdem gleich samt meinem Sohn für die Ehe?", war das zweite Argument des Vaters, mit dem er seine Einsamkeit erklärte und den Buben, wahrscheinlich unbewusst, auch auf dieser Ebene belastete. Da war es nun, dieses Häufchen

Elend. Der hilflose Junge, der seine liebende Mutter verloren hatte und dem Glück seines Vaters entgegenstand. Unter diesen Umständen ist es verwunderlich, dass sich Robert recht gut entwickelte und auch ein ganz passabler Schüler war. Mit dem Eintritt in die Pubertät, also etwa mit dem Erreichen des zehnten Lebensjahres, spitzte sich die Sache zu. Aus dem verängstigten Kind wurde ein erstarkender Jüngling mit scharfem Verstand. Immer öfter erdreistete er sich, sich den verbalen und auch brachialen Übergriffen des Vaters in den Weg zu stellen. Das in ihm aufkeimende Testosteron versetzte ihn in die Lage, sich seine eigenen Gedanken zum Tod seiner Mutter zu machen. Dabei kam er auf ein völlig anderes Ergebnis als jenes, das ihm durch die Jahre seiner Kindheit immer wieder aufgetischt wurde. Sie starb zwar bei seiner Geburt, doch einem Säugling konnte man auch nicht das geringste Fünkchen Schuld an diesem Drama anlasten, dessen war er sich sicher. „Nein, nein, das muss ich mir nicht sagen lassen", fasste der junge Mann den Entschluss, sich in Zukunft dem Vater entgegenzustellen. Es konnte nicht sein, dass er der Schuldige am Unglück dieser Familie war. Von nun an tickten die Uhren anders. Robert beschloss, sich zu wehren. Das Vater-Sohn-Verhältnis war immer mehr von gegenseitigen Schuldzuweisungen und auch Brachialgewalt beherrscht. Zum Schluss wohnte man zwar noch unter einem Dach, das war aber auch schon die einzige Gemeinsamkeit dieser beiden Männer. Immer wieder suchte Robert das Gespräch, der Vater aber zerfloss in Selbstmitleid, machte seine Arbeit am Hof und widmete sich abends dem Alkohol. Im Alkohol erkannte er den Helfer in der Not, mit ihm konnte er ein wenig vergessen und sein Schicksal meistern. Kaum war der Junge 17 geworden, kam es zu einem schrecklichen Unfall. Der Vater stürzte im Alkoholrausch mit dem Traktor über eine Böschung. Er brach sich das Genick und war auf der Stelle tot.

Nach einem anfänglichen Schock erkannte dieser tatkräftige, junge Mann seine Chance. Der Hof war schuldenfrei und Robert zögerte nicht, ihn weiterzuführen. „Ich habe diese Entscheidung nie bereut", zeigte er sich als zufriedener und selbstbewusster Landwirt, „und mein Vater würde stolz auf mich sein." Der beständige Wunsch, dem Vater zu gefallen, überdauerte dessen Tod. „Und wie geht's Ihnen privat?", wollte der Doktor wissen. „Na ja, deswegen bin ich ja da", sagte Robert. Er begann zu erzählen. Privat ging es ihm gut. Seine Vorstellung von Ehe und Familie war aber anders, als man es bei einem Mann vom Land erwarten hätte können. „Vielleicht", räumte er ein, „ist es eine Folge meiner Erfahrungen mit meinen Eltern, ganz besonders mit dem Vater, doch den üblichen Drang vieler Männer nach Ehe, Familie und Kindern verspüre ich nicht." Mit einem Lächeln um die Lippen ergänzte er: „Beim Sex bin ich aber sehr gut drauf, den brauche ich möglichst oft und lang." Der Arzt hörte aufmerksam zu.

Robert war seit drei Wochen wieder einmal Single. Seine dreijährige Partnerschaft wurde durch Simone beendet. „Völlig unerwartet", sagte er, „sie packte die Koffer und zog aus." „Ich schaffe das nicht mehr", hatte sie erklärt, dann schloss sie hinter sich die Türe und ward nicht mehr gesehen. Auffallenderweise war es ihm schon öfter so ergangen. „Verlassen zu werden ist die übliche Art, wie meine Beziehungen zu Ende gehen. Sie dauern immer so ein oder zwei oder maximal drei Jahre, dann machen die Frauen Schluss." „Und wieso?" „Na ja", zögerte Robert mit der Antwort, „ich bin im Bett etwas eigen, ... nicht so, wie man es erwarten könnte, kurz und gut, ich bin devot."

Der Gesichtsausdruck des groß gewachsenen, sportlichen Mannes wirkte aufgeweckt und interessiert; wahrscheinlich durch die bereits weit fortgeschrittene Glatzenbildung erweckte er den Eindruck, gereift und selbstbewusst zu sein. „Die Frauen sehen in mir einen Macho", genau so brachte er das Bild, das Frauen von ihm hatten, auf den Punkt. „Das Wort Macho", überlegte Robert, „ist für mich nicht negativ besetzt. Das ist ein Mann, der weiß, was er will. Frauen lieben Machos. Das Problem ist, dass ich zwar – vom äußeren Erscheinungsbild her – verspreche einer zu sein, aber keiner bin, wenigstens nicht im Bett." Der Arzt musste ihm recht geben. „Tatsächlich fliegen Frauen auf Machos. Im Fachjargon sagt man, dass hegemonial agierende Männer von Frauen besser beurteilt werden als Softies. Und tatsächlich haben größere, selbstbewusste Männer mit traditionalistischem Rollenbild bei den Frauen wesentlich mehr Glück als andere. Das schlägt sich auch in der Anzahl der Sexualkontakte nieder."

Robert erzählte, dass er sich selbst für einen „tüchtigen Mann" hielt, nur eben nicht im Bett. Da war er devot, was so viel bedeutet wie unterwürfig; seine sexuellen Erregungsmuster drehten sich um Unterwerfung, darum, gedemütigt und auch penetriert zu werden. „Verstehen Sie jetzt", fragte er, indem er seine Blicke dem Arzt zuwendete, „was das bedeutet? Frauen stehen auf Machos, aber nicht auf kleine Jungs, und genau ein solcher bin ich im Bett. Ich habe mich eingelesen, im Grunde genommen bin ich Masochist."

Das stimmte. Robert hatte sich im Vorfeld informiert. Er war Masochist, liebte es, gedemütigt und auch penetriert zu werden. Die Diagnose lautete: Störung der sexuellen Präferenz. Wohlgemerkt: Die Störung bestand nicht aus seiner masochistischen Neigung – die darf schon sein –, sondern aus dem daraus resultierenden Leidensdruck. Seine Geschlechtsidentität war männlich, die sexuelle Orientierung unzweifelhaft gynäphil, also auf Frauen gerichtet. Er wollte im Bett gerne jene Rolle innehaben, die sonst den Frauen zufiel: Er wollte penetriert werden. Und war dennoch nicht schwul.

Der Mythos, dass nur schwule Männer Lust auf Penetration haben, ist falsch. Eine sexuelle Neigung hat nichts zu tun mit der sexuellen Orientierung. Roberts Masochismus stammt aus seiner traumatischen Situation in der Kindheit. Die Mutter hatte er verloren, der überforderte Vater konnte ihm nicht die Liebe entgegenbringen, die er als kleiner Bub gebraucht hätte. Der Drang zur Unterwerfung, mit der er die Liebe des Vaters erzwingen wollte, wurde in der Pubertät sexualisiert und auf die Partnerinnen übertragen. Dies ist der Grund, warum die Herausarbeitung der Biografie eines Patienten das wichtigste Werkzeug des Sexualmediziners ist, nicht die Untersuchung der Genitalien. Dies ist manchmal nicht einfach zu verstehen.

Der Lösungsansatz für Roberts Problem war wenig spektakulär. Er hatte große Angst, „pervers" zu sein, doch das war er nicht. Seine sexuelle Präferenz war zwar nicht besonders häufig, aber nicht abnorm. „Das hilft mir schon weiter", sagte er zu seinem Arzt, „ich bin beruhigt, ein ganz normaler Mann zu sein." Die zweite Sorge konnte ihm nicht so einfach genommen werden: die Auswahl der richtigen Partnerin. „Stehen Sie zu sich selbst. Reden Sie mit Ihren Sexualpartnerinnen gleich von Anfang an über Ihre besonderen Erregungsmuster, das erspart Enttäuschungen." Robert fand sehr schnell eine sadistisch veranlagte Frau. Er bediente sich des World Wide Web. „Wissen Sie", erklärte er Monate später, „Masochist zu sein ist auch ein Kapital, gerade weil es so wenige gibt. Manche Frauen stehen drauf!"

11. Kapitel

Wenn er nicht kann, wie er will

„*Die Erektion ist das sinnstiftende Element des Lebens für den Mann.*“ Diese Weisheit stammt von einem der führenden deutschen Männerärzte in Deutschland und sie stimmt zumindest insofern, als sie *eines* von verschiedenen sinnstiftenden Elementen ist. Dass sie stimmt, kann jeder Arzt erkennen, der sich mit Sexualmedizin beschäftigt. Männer widmen ihrem Körper grundsätzlich zu wenig Aufmerksamkeit, doch wenn es um ihre Erektion geht, sind sie sensibel wie kleine Mädchen. Ein Mann definiert seine Männlichkeit aus seiner Erektion und er möchte, dass sie funktioniert. Selbst dann, wenn gar keine Partnerin zur Verfügung steht. Erfahrungsgemäß lassen sich Männer Potenzpillen verschreiben, nur um zu masturbieren.

Die Erektion funktioniert wie ein Reflex und Reflexe entziehen sich der bewussten Einflussnahme. Die Unzuverlässigkeit der Erektion ist der Fluch, der auf den Männern lastet. Sie, die man gelehrt hat, „sich zu nehmen, was ihnen zusteht“, scheitern an ihrem eigenen Körper. Und sie scheitern umso eher, je mehr sie versuchen „es“ zu erzwingen.

Auch Goethe, selbst ein unermüdlicher Genießer weiblicher Reize, schien mit seinem „Knechte“ nicht immer gute Erfahrungen gemacht zu haben:

[…]
An manchem Unort, wo ich's mich erfrechte,
Wir waren augenblicklich, unverdrossen
Und wiederholt bedient vom braven Knechte!
Verfluchter Knecht, wie unerwecklich liegst du!
Und deinen Herrn ums schönste Glück betrügst du.

Doch Meister Iste hat nun seine Grillen [„Flausen“]
Und läßt sich nicht befehlen noch erachten,
Auf einmal ist er da, und ganz im stillen
Erhebt er sich zu allen seinen Prachten. [...]

(Johann Wolfgang von Goethe)

Die eminente Bedeutung der Erektion ist – wie könnte es anders sein? – uraltes Erbe aus der Entwicklungsgeschichte des Menschen. Der Mann hat als Turbo der Evolution die Bühne des Planeten Erde betreten und er trägt diese bedeutsame Aufgabe nach wie vor in seinen Genen. Moralaposteln aller Art wollen die Thematik rund um Genitalien und Erektion als animalisch oder primitiv denunzieren, indem sie neue Wertvorstellungen etablieren und die Sexualität schlecht reden und zu diskreditieren suchen. Wie man aber aus 1.700 Jahren christlicher Kulturgeschichte leicht erkennen kann, mögen diese Ansichten nicht wirklich Fuß fassen. Wie denn auch? Menschliche Zivilisationsregeln, jede Religion ist damit letztlich gemeint, können sich niemals über die höchste Instanz des Lebens hinwegsetzen, die Evolution, oder noch besser über die Prinzipien, die sie leiten. Sie sind das eigentlich Göttliche auf dieser Erde und sie messen der Sexualität jene umfassende Bedeutung bei, die sie auch heute noch spielt, wenn auch teilweise im Verborgenen.

Wenn *er* nicht kann, wie er will, hat ein Mann ein echtes Problem. Versagen ist nicht akzeptiert unter Helden. „Herr Doktor“, beginnen diese Männer dann ihr Gespräch mit dem Arzt, „es geht nicht mehr!“ Höchstwahrscheinlich sind sie sich dabei gar nicht bewusst, dass genau diese Formulierung ein ganz bestimmtes Bild auf die ihnen eigene Sexualität wirft, nämlich das des Phallozentrismus. Für Männer ist der Phallus der Inbegriff ihrer Männlichkeit und weil Sexualität mit Geschlechtsverkehr gleichgesetzt wird, wird die Erektion auf jenes Podest erhoben, auf dem sie sich auch tatsächlich befindet. Aus dem Blickwinkel des Mannes ist da zunächst gar nichts einzuwenden, den Benefit einer harten und ausdauernden Erektion kann man schwer leugnen. Die Erektion, die sich binnen weniger Sekunden schon beim Gedanken an bestimmte Bilder in voller Härte und dauerhaft einstellt, ist allerdings ein Vorrecht junger Männer, was nicht heißen soll, dass es im fortgeschrittenen Alter nicht auch befriedigenden Sex geben könnte. Der Phallozentrismus als Spitze der sexuellen Wertehierarchie muss mit dem Älterwerden zum Scheitern führen, er ist der Wegbereiter für das sexuelle Burn-out des älter werdenden Mannes. Wohlgemerkt: Nicht das Erektionsdefizit ist die Ursache für das Versagen im Bett, sondern falsch geleitete Wertvorstellungen. So gesehen stimmt die Behauptung der Sexualmediziner, dass weit über 90% der sexuellen Störungen psychosomatischen Ursprungs sind.

Diese Gedankengänge den Männern in glaubhafter Weise bewusst zu machen, ist eine der Hauptaufgaben des Sexualmediziners. Die Veränderung des veralteten Bildes von Sexualität gelingt nur durch eine Sexualtherapie, das ist eine auf Sexualität zentrierte Psychotherapie. Die bloße Verordnung eines Potenzmittels, so hilfreich dieses auch manchmal sein kann, erreicht das Gegenteil: Sie therapiert ausschließlich die Erektion und übertreibt damit deren Wichtigkeit, zementiert damit den Phallozentrismus und verkürzt die Sexualität auf Erektion und Geschlechtsverkehr. Diese Form der Medizin nennt man etwas verächtlich Erektiologie, da sie die Erektion in den Mittelpunkt der Therapie stellt und Sexualität auf die Erektion reduziert.

Die Irrmeinung, Sexualität bestünde einzig und allein aus einer harten Erektion, führt zu einer Abhängigkeit des Selbstwertes der Männer von der Funktionalität ihres Penis. Weil sich Männer aus der Erektion heraus definieren, führen Störungen zu einer Verletzung der sexuellen Identität, dem Selbstwert als Mann. Eine Erektionsstörung ist daher ein Krankheitsbild, dem die gebührende Beachtung geschenkt werden sollte. In Erinnerung an bessere Zeiten reagieren die Männer selten, wie man es von einem Helden erwarten würde. Anstatt – aus einer gewissen Größe heraus – „cool" zu bleiben und über Lösungen nachzudenken, entwickeln Männer die dubiosesten Strategien, um am Schluss doch noch gut dazustehen.

René ist ein junger Mann, erst 22, dennoch war seine bisherige sexuelle Karriere geprägt von Problemen mit der Erektion. Er litt an einer Durchhaltestörung, hatte anfangs durchaus recht gute Erektionen, die auch die Penetration möglich machten, dann aber „fiel er ihm um", wie er sich selbst ausdrückte. Mit seiner Strategie, die „in Verlust geratene" Erektion zu verbergen, hat er den „Vogel abgeschossen". Immer dann, wenn er merkte, dass sein Penis zu schrumpfen begann, beendete er abrupt den Verkehr und erklärte seiner verdutzten Partnerin, er müsse „mal schnell für kleine Jungs". Oder noch besser, er wolle „mal schnell eine rauchen". Danach pflegte es ihn üblicherweise nicht mehr zu „freuen". Seine letzte Partnerin hatte ihn inzwischen verlassen. Das ist eine erwartbare Reaktion, denn wie muss sich eine Frau wohl fühlen, angesichts eines solch dreisten Verhaltens? Da unterbricht ein Mann das Liebesspiel, um sich eine Zigarette „reinzuziehen". Phänomenal! Es wäre interessant gewesen, das Befinden der Frau herauszufinden. Der Glaube, sie hätte diese Geschichte akzeptiert und nicht durchschaut, ist jedoch sicherlich ein Irrglaube.

Die meisten Männer sind nicht so „einfallsreich" wie René. Sie quittieren die Erkenntnis einer Erektionsstörung ganz einfach mit dem Verzicht auf Intimität, indem sie sich aus der Sexualität komplett zurückziehen. Das nennt man Vermeidungsverhalten. Es ist die Folge von Versagensangst und die populärste Art, wie Männer sexuelle Störungen „meistern". Sie denken sich ganz banal: „Wenn es nicht geht, lassen wir es eben." Sie opfern sozusagen ihre Sexualität, das sei immer noch besser, als sich zu blamieren. Männer sind nun einmal so, sie haben Angst vor dem Versagen und anstatt an sich zu arbeiten, wenden sie sich anderen Dingen zu. Zum Beispiel dem Motorrad. Oder dem Männerstammtisch. Dort gilt: „Je größer die Klappe, desto toter die Hose." Auch das ist ein etabliertes Paradigma in der Sexualmedizin.

Die Strategie, „sich wichtigeren Dingen zuzuwenden", ist weit verbreitet. Die Vereinsmeierei und das Funktionärswesen leben davon. Da wird das Bedürfnis nach Akzeptanz von der Partnerschaft auf eine andere Ebene verlagert, auf eine, in der die Erektion keine Rolle spielt. Leider geht diese Strategie nicht auf, kann auch gar nicht aufgehen, denn es gibt nichts Wichtigeres als Beziehung und Sexualität. Deshalb wiegt die Akzeptanz, die man aus der Beziehung bezieht, schwerer als die aus der Vereinsmeierei.

Die meisten Beziehungen scheitern an sexueller Unzufriedenheit. Dies ist eine der Erkenntnisse jahrelanger Tätigkeit als Sexualtherapeut. Zugegeben, nicht alle Beziehungen mit schlechtem Sex werden getrennt, sehr häufig gibt es „Arrangements", doch mit dem Wegfall der Kommunikation im Bett leidet sehr häufig der Geist innerhalb der Beziehung. Beobachten Sie doch einmal die Konversation von Paaren an den Tischen der Restaurants. Gelangweiltes Warten auf das Essen oder ein gequältes Sich-Anschweigen beherrscht das Bild. Sehr oft haben sich Pärchen auch im Bett nichts mehr zu sagen, wenn sie sich bei Tisch nichts zu sagen haben.

Männer neigen dazu, die Ursache für ihr Versagen überall dort zu suchen, wo sie sie gerne finden würden. Der erste Verdacht fällt nicht selten auf die eigene Partnerin. Das geht so weit, dass sie ihre Frauen einfach auswechseln, manchmal auch erst nach zig Ehejahren. Ein solcher Versuch, damit die eigene Potenzschwäche zu kurieren, führt aber meistens in eine persönliche Katastrophe, denn das Verlassen der eigenen Familie inklusive der Aufgabe eines Gutteils des mühsam erarbeiteten materiellen Wohlstandes kann nicht gut gehen. Warum sonst könnte ein Mann solch irreale Entscheidungen treffen, wenn nicht aus sexuellen Motiven? Anstatt die Konversation zu suchen, erschöpft sich der partnerschaftliche Gedankenaustausch in Disputen und Schuldzuweisungen, die auch den Rest an Gefühlen zerstören. Am Ende gibt es zwei verstörte Partner, die – enttäuscht und zermürbt – darüber sinnieren, wieso das alles so kommen konnte. Alle möglichen Gründe werden für das Scheitern der Beziehung genannt, die nicht gelebte Sexualität aber wird als „nicht so wichtig“ erachtet. Dies ist ein folgenschwerer Fehler, der weit verbreitet ist. Niemals sollte man dem Irrtum erliegen, die Sexualität wäre für den Verlauf einer Beziehung „nicht so wichtig“! Ganz im Gegenteil, sie ist sogar immens wichtig; man muss sie hegen und pflegen. Guter Sex lässt all die anderen Reibungspunkte in einer Partnerschaft schnell vergessen, sie ist das Allheilmittel für den Alltagsstress. Eine sexuelle Störung, derentwegen Familien auseinanderfallen, löst sich indessen durch einen Partnerinnenwechsel keineswegs in Luft auf. Ganz im Gegenteil. Die „neue“ – meist deutlich jüngere – Frau fordert aktive Sexualität, eine Situation, die kaum zu einer Entspannung der Lage führt. Somit kommen Männer nicht selten vom Regen in die Traufe und das Spiel beginnt von vorne.

Martin und Sabine sind schon seit langer Zeit ein Paar. Volle 27 Jahre. Die beiden waren gesellschaftlich sehr präsent, man konnte sie bei ausgedehnten Spaziergängen beobachten, aber auch im Theater, im Kino oder im Kaffeehaus ihrer Heimatstadt. Alles in allem entstand der Eindruck, dass diese Beziehung an der Langfristigkeit nicht gelitten hat, so liebevoll gingen die beiden miteinander um. „Es geht uns ja auch gut, wir haben alles, was ein Herz begehrt.“ „Und worin besteht nun Ihr Problem?“, war die logische Frage des Arztes. „Mein Mann schläft nicht mehr mit mir und auch die früher so häufigen zärtlichen Berührungen haben ganz aufgehört. Irgendwie leben wir zusammen wie Bruder und Schwester“, erklärte Sabine ihre Situation. „Wieso sprechen Sie von *Ihrem* Problem, glauben Sie nicht, dass *Ihr* Problem auch das Problem Ihres Gatten ist?“, fragte der Arzt. Sabine antwortete in einer Weise, als hätte sie auf diese Frage gewartet. „Ich weiß es nicht. Immer dann, wenn ich versuche das Thema anzuschneiden, gibt es irgendeinen Grund, warum das jetzt nicht möglich ist. ‚Jetzt nicht', sagt er dann immer unwirsch und wendet sich ab."

Man kann davon ausgehen, dass Männern und Frauen dieselben psychosozialen Grundbedürfnisse in die Wiege gelegt wurden. Dabei handelt es sich nicht um kitschig-romantische Verirrungen, sondern um Universalien, die unabhängig von Geschlecht, Alter, sozialem Status oder der sexuellen Orientierung ihre Gültigkeit besitzen. Die Erfüllung der psychosozialen Grundbedürfnisse entscheidet über das Gelingen einer Beziehung. Die Situation in Sabines Beziehung zu Martin war zum Zeitpunkt der Konsultation des Arztes alles andere als glücklich. Sabine war durch das ablehnende Verhalten ihres Partners der Erfüllung ihrer Bedürfnisse beraubt worden und dabei ging es keineswegs um Orgasmen, sondern um Zuneigung und Geborgenheit, kurz gesagt um Streicheleinheiten, um Zärtlichkeiten. Sie begann sich Sorgen zu machen, um sich, um Martin und um ihre Beziehung. „Liebt er mich nicht mehr? Bin ich ihm nicht mehr schön genug? Oder hat er gar eine andere Frau?" All diese Fragen geisterten in ihrem Kopf umher, machten sie fast verrückt und ließen sie nachts schlecht schlafen. Immer wieder versuchte sie mit Martin zu reden, doch er blockte ab. Über dieses für den weiteren Verlauf der Beziehung so wichtige Thema gab es keine Konversation. Das war eine Katastrophe, denn eine Beziehung definiert sich aus der Konversation, ja sie *ist* Konversation. Warum, wenn man nicht kommunizieren wollte, ginge man sonst eine Beziehung ein? Sabine war verzweifelt, sie fragte Bekannte und Freunde um Rat, begann hinter ihrem Mann herzuspionieren, denn sie musste wissen, ob Martin eine andere Frau hatte.

Als Sabine in die Praxis kam, war sie sichtlich gezeichnet. Sie hatte einen traurigen Gesichtsausdruck, war nervös und den Tränen nahe. „Ich bin am Ende meiner Kräfte", sagte sie und begann zu weinen. Auf die Frage, was denn los sei, entgegnete sie forsch und aufgebracht: „Können Sie sich das nicht vorstellen? Mein ganzes Glück, die Beziehung, die Familie, alles droht mir zu entgleiten, und das Schlimmste ist, ich weiß nicht einmal warum." Der Arzt versuchte sie zu trösten. „So weit sind wir noch nicht", sagte er in beruhigendem Ton, „wenn Ihr Mann Sie verlassen wollte, hätte er es schon längst tun können." Dieses Argument war plausibel. Sabine war erleichtert. „Was können wir tun?", fragte sie. „Zunächst einmal gar nichts. Denn eine Beziehungskrise können wir nicht alleine lösen, da ihr Partner nicht hier ist. Sie müssen mit ihm gemeinsam kommen. Schon an seiner Bereitschaft, hierher mitzukommen, kann man sehr viel erkennen. Wenn er sich trennen will, wird er nicht mitkommen."

Nun wurde Sabine unterwiesen, wie sie vorgehen sollte. „Kaufen Sie eine Rose oder eine andere kleine Aufmerksamkeit, nehmen Sie ihn bei der Hand und sagen Sie ihm, dass Sie sich Sorgen machen. Bitten Sie ihn, mit Ihnen hierherzukommen, und überlassen Sie es Ihrem Mann, mit mir einen Termin zu vereinbaren." Das wäre die beste Vorgangsweise und Sabine setzte den Rat in die Tat um.

Martin zögerte nicht, an der Genesung der Beziehung mitzuarbeiten. Doch musste es gleich ein Besuch beim Therapeuten sein? „Das schaffen wir doch auch alleine", meinte er. „Schaffen wir nicht!", war sich Sabine sicher. Sabine ließ nicht locker, beharrte darauf, forderte ihn auf, seine Liebe dadurch unter Beweis zu stellen. Das wirkte. Schon am nächsten Tag stand der Termin fest. Sabine schöpfte Hoffnung.

„Wissen Sie, warum Sie da sind?", begann der Arzt die Sitzung und wandte sich in Richtung Martin. Der versuchte sich zunächst dümmer zu stellen, als er war. „Nicht wirklich", sagte er und schwieg. Nicht nur er schwieg, auch Sabine schwieg und der Arzt erst recht. Stille machte sich breit. Sabine wollte diese unangenehme Situation beenden. „Lassen Sie Ihren Mann reden, es wird ihm schon etwas einfallen", wurde sie aufgefordert innezuhalten. „Ich weiß jetzt nicht, was Sie hören wollen", begann Martin und fuhr fort,

„wir haben uns in letzter Zeit entfremdet. Aber wissen Sie, wenn es sowieso nicht funktioniert, macht das Ganze doch keinen Sinn."

Damit war der Bann gebrochen, schneller als erwartet war die Katze aus dem Sack: *Es* funktionierte nicht mehr. Der Mann verweigerte sich seiner Frau, weil er sich seiner Erektion nicht mehr sicher war. Das und nichts anderes war die ganz banale Erklärung für sein sonderbares Verhalten. Da gab es keine Außenbeziehung und auch an seiner Liebe zu Sabine gab es keinen Zweifel.

Die männliche Sexualität ist an Mythen gebunden, die einen enormen Leistungsdruck aufbauen. Einer dieser Mythen ist der bereits erwähnte Phallozentrismus. Männer glauben, sie müssten immer „können" und immer „wollen" und ohne Erektion könne es keine Sexualität geben. Dass man aber mithilfe der durch die Hände oder den Mund vermittelten Zärtlichkeit Gefühle und Liebe ebenso deutlich zeigen kann wie durch Geschlechtsverkehr, bedenken sie meistens nicht. Die Angst zu versagen führt zur völligen Verweigerung jedweder intimen Berührung, die psychosozialen Bedürfnisse werden mit Füßen getreten, anstatt Intimität zu leben wird Distanz aufgebaut. Ein Desaster für jede Beziehung, für den Mann und für die Frau. Im Laufe des Gespräches stellte sich heraus, dass Martin genauso verzweifelt war wie Sabine. Beide Partner sahen sich am Ende ihrer Beziehung, doch ihre Reaktion war – geschlechtstypisch – verschieden. Die Strategie des Mannes war zu schweigen und sich aus der Sexualität zurückzuziehen, die der Frau zu reden – wenn er es zugelassen hätte. Ein Kommunikationsdefizit schafft Unsicherheit, Enttäuschung und das Gefühl, nicht mehr verstanden zu werden. Es baut sich eine Wand auf und entwickelt sich eine Dynamik, die durch Missverständnisse getragen wird. Das Ende einer solchen Beziehung ist dann nicht mehr weit.

Martin und Sabine begaben sich in eine Sexualtherapie. Sie bestand aus insgesamt acht Sitzungen von je 45 Minuten.

Das primäre Ziel war nicht, die Erektion wiederherzustellen, sondern den beiden das Gefühl zu vermitteln, geliebt zu sein. Um dieses Ziel zu erreichen, musste die Wertehierarchie der gelebten Sexualität verändert werden. Wie kann man dem Partner am leidenschaftlichsten seine Liebe vermitteln, durch einen Orgasmus oder durch einen leidenschaftlichen Kuss? So etwa sind die Fragen, mit denen sich eine Sexualtherapie beschäftigt. Am Schluss entsteht eine völlig neue Art der Sexualität. „Herr Doktor“, brachten die beiden die Sache auf den Punkt, „wir haben unsere Sexualität völlig verändert, wir trauen uns nun Dinge zu, die wir in den letzten 27 Jahren höchstens zu denken wagten. Der wichtigste Fortschritt aber ist die Fähigkeit, die eigenen Bedürfnisse zu artikulieren. Das Schweigen hat ein Ende.“

Das erklärte Ziel einer Sexualtherapie ist es, sexuelle Zufriedenheit zu vermitteln. Wie sollte man mit einer Beziehung zufrieden sein, wenn man es mit der Sexualität nicht ist? Vice versa ist sexuelle Zufriedenheit die beste Vorrausetzung für Beziehungszufriedenheit, diese ist der Wegbereiter für Lebensglück.

Selbstverständlich ist die Penetration ein wichtiger Bestandteil der Sexualität. Das „Ineinandersein“ ist die größtmögliche Form der Nähe und somit gilt die Penetration als eine der leidenschaftlichsten Formen, Liebe zu vermitteln, ganz abgesehen von der damit verbundenen Lust. Für die Penetration bedarf es einer Erektion, deren Wiederherstellung selbstverständlich auch ein erklärtes Ziel einer Sexualtherapie sein muss. Die allermeisten Erektionsstörungen sind psychosomatisch bedingt und können daher mit einer Gesprächstherapie sehr gut beseitigt werden. Auch bei Martin und Sabine war das der Fall. Das neue Verständnis von Sexualität, die Relativierung der Bedeutung von Erektionen hat Martin den Leistungsdruck genommen, der einer Erektion zuvor im Wege stand. Somit war in diesem Fall das Problem gelöst. „Es“ funktionierte wieder.

Ein Sexualmediziner hat auch die Möglichkeit, Medikamente zu verordnen. Solange die anderen Aspekte, Psychosomatik und Beziehung, nicht vernachlässigt werden, ist gegen eine medikamentöse Therapie nichts einzuwenden. Ganz im Gegenteil, sie kann eine wertvolle Unterstützung der Therapie sein. Die Auswahl der richtigen Tablette muss dem Arzt überlassen werden, er kennt seinen Patienten *und* dessen Partnerin, das ist eine nicht verzichtbare Voraussetzung. Die Verordnung eines Potenzpräparates ohne die Einbeziehung der Partnerin, für deren Penetration das Medikament schließlich verordnet werden soll, gilt in der Sexualmedizin als unüblich. Die Nichtbeachtung dieses Grundsatzes kann zu Missverständnissen führen, wie etwa bei folgender Frau, die sich in dieser heiklen Frage übergangen fühlte. Wutentbrannt griff sie zum Telefon, ließ sich mit dem Arzt verbinden und brüllte ihn an: „Wie können Sie sich unterstehen, meinem Mann diese Pille zu verschreiben? Erstens fängt dieser Blödsinn, den ich schon überstanden glaubte, nun von vorne an und zweitens ebnen Sie ihm den Weg zu noch mehr Seitensprüngen." Und recht hatte sie, denn zweifelsohne war da etwas schiefgegangen, sie, die Partnerin, war in die Therapieentscheidung nicht mit einbezogen worden. Wie schon gesagt, so etwas sollte nicht passieren.

Jede Erektionsstörung hat eine Ursache. Sie sollte *vor* einer Therapie abgeklärt werden. Vor allem bei älteren Männern gibt es auch biologische Ursachen. Es ist bekannt, dass Männer über 50 nach dem Auftreten von Erektionsstörungen häufiger Herzinfarkte erleiden als ihre potenten Geschlechtsgenossen. In diesen Fällen ist die Erektionsstörung das erste Symptom von gefäßbedingten Durchblutungsstörungen. Nicht selten führen Prostataoperationen zu Potenzproblemen, obwohl sich die Operateure bemühen, gefäß- und nervenschonend zu operieren. Die dann folgende Therapie sollte nicht bloß aus Medikamenten bestehen, sondern muss eine Gesprächstherapie mit einschließen, selbstverständlich wie immer mit Einbindung der Partnerin. Sie, die Partnerin, ist ebenso Leidtragende und gleichzeitig der Schlüssel zum

Erfolg einer Therapie. Ein falsches Wort, eine unbedachte Äußerung über die bestehenden Defizite könnte den Selbstwert eines Mannes, der noch mit seiner Erkrankung kämpft, derart untergraben, dass „nichts mehr geht". Der Sexualmediziner ist in der Lage, die Sexualität eines Paares auf beiden Schienen zu behandeln, auf der des Gespräches und der der Medikation. Das Rezept alleine ist meist zu wenig, das Gespräch allein auch.

Viele Männer leiden an situativen Erektionsstörungen. Das sind Erektionsstörungen, die immer nur dann auftreten, wenn es „ernst" wird, also ein Geschlechtsverkehr versucht werden soll. Bei der Masturbation dagegen gibt es keine Probleme. Solche an die Situation des (versuchten) Geschlechtsverkehrs gebundene Störungen sind immer psychosomatisch bedingt. Die jüngeren Männer können oft die an sich selbst gestellten Leistungsansprüche nicht erfüllen, weil ihnen falsche Wertvorstellungen vermittelt wurden, die älteren kommen mit den ganz normalen alterungsbedingten Veränderungen ihrer sexuellen Performance nicht zurecht. Manche Männer stecken das cool weg, machen aus ihrer Not eine Tugend und finden Wege, die Defizite durch andere Tools zu ersetzen. Die Devise lautet etwa: „Mehr Hand und Mund als Penis." Andere wieder verzweifeln an der Erkenntnis, dass alles anders geworden ist, und ziehen sich aus dem Beziehungsleben zurück, weil sie Angst haben zu versagen. Vermeidungsverhalten aus Versagensangst war auch das Motiv im vorhin geschilderten Fall von Martin und Sabine. In der Tat verändert sich die Sexualität der Männer mit zunehmendem Alter spürbar. Die Erektion wird nicht mehr so hart wie früher, sie braucht länger, bis sie sich aufbaut, und zeigt auch nicht mehr so steil nach oben. Die Spermamenge nimmt ab, die Energie des Samenergusses lässt nach. Dass der Sexualverkehr insgesamt länger wird, weil die Empfindsamkeit der Eichel abnimmt und die Nervenleitung langsamer wird, mag in den meisten Fällen durchaus als Vorteil empfunden werden, manchmal aber führt das zu

Störungen des Samenergusses. Der „coole“ Mann macht aus der Not eine Tugend, er wird sich mehr Zeit nehmen für das Liebesspiel, seine Partnerin wird es ihm danken. Viele Frauen behaupten übrigens, dass reifere Männer die besseren Liebhaber sind. Der wahre Grund hierfür liegt aber nicht im Lernprozess, den die Männer durchlaufen haben, sondern eben in den alterungsbedingten Veränderungen der männlichen Sexualität. „Älter“ bedeutet in diesem Zusammenhang nicht 70 oder 80 Jahre, schon 30-Jährige zeigen gegenüber den noch jüngeren Männern Veränderungen in der sexuellen Performance, auch wenn diese Altersgruppe es noch nicht wahrhaben will. Der Testosteronverlust wird spürbar. In sich weniger gefestigte Männer laufen geistig Amok, wenn sie merken, dass die Erektion nachlässt. Sie reagieren neurotisch, indem sie sich permanent damit beschäftigen, an nichts anderes mehr denken, nach Ursachen suchen und natürlich keine finden. „Hoffentlich funktioniert alles“, ist ihr einziger Gedanke beim Sex und das ist auch schon das Ende der Erektion. Anstatt zu einer Erektion anzuschwellen, schrumpft der Penis unter dem Einfluss des Stresshormons Adrenalin in sich zusammen. Die zunächst ganz normalen alterungsbedingten Veränderungen der Erektion führen zu einer psychosomatischen Verstrickung, die die Erektion letztendlich gänzlich unmöglich macht. Von diesem „Mechanismus“ sind sehr viele Männer betroffen. Sie alle sollten therapiert werden, gemeinsam mit den Partnerinnen, denn das Problem gibt sich weder von selbst, noch bringt man es in Eigenregie in den Griff. Die zwischen den Partnern einverständliche Neudefinition von Sexualität, die Veränderung der Wertehierarchie – weg vom Phallozentrismus, hin zur emotionalen Sensualität –, das gemeinsame Erarbeiten von Lösungsstrategien ist das einzig wahre Konzept für diese Beziehungen. Wie gesagt, gegen eine Tablette ist nichts einzuwenden, wenn man einem Mann damit das Leben leichter machen kann, allerdings nur in Kombination mit einer Paartherapie. Alles andere birgt Gefahren.

Ein ebenfalls sehr häufiger Grund für sexuelle Störungen ist die Nichtbedienung der wahren sexuellen Präferenz eines Mannes. Wie sollte ein Mann „seinen Mann stehen", wenn sein Lustobjekt so ganz und gar nicht seinem Erregungsmuster entspricht? Darüber wurde an anderer Stelle schon ausführlich berichtet. Als banales, gut verständliches Beispiel dient einmal mehr das Problem homosexueller Männer, die heterosexuell liiert sind. Ein Mann, der auf Männer steht, wird beim Sex mit einer Frau früher oder später versagen. Das ist nun einmal so. Das ist nicht die Folge des Alterns und es gibt auch keine biologischen Ursachen, es ist wie so oft ein Problem der Psychosomatik. Mit 20 funktioniert „es" noch, denn da ist eine Erektion leicht herbeizuführen, mit 30, ganz sicher aber mit 40 wird es zum Problem. Denn mit zunehmendem Alter wird die Bedeutung der sexuellen Präferenz für einwandfreie Funktionalität immer bestimmender. Von dieser Thematik der „Nichterfüllung der sexuellen Präferenz" sind übrigens nicht nur die Männer betroffen. Die Lust der Frauen leidet häufig unter der desaströsen körperlichen „Entwicklung" von Männern, die es nicht begriffen haben, dass man die eigene sexuelle Attraktion auch pflegen muss. „Wie sollte ich noch Lust haben, mit meinem Mann zu schlafen?", beschwerte sich eine gepflegte Mittvierzigerin in einer Therapiestunde. „Ich habe ihn mit 80 Kilo Körpergewicht kennengelernt und nun bringt er 130 auf die Waage." „Ehrlich gesagt", legte sie noch ein Schäuflein nach, „mich ekelt davor von ihm berührt zu werden." Auch das ist eine Frage der sexuellen Präferenz, wenn man auf „schlank" steht, kann man mit „fett" üblicherweise wenig anfangen.

Alexander war ein junger Mann in der Männersprechstunde, der an einer „Durchhaltestörung" litt, wie er sagte. Konkret sagte er auf die Frage nach dem Grund der Konsultation: „*Er* hält nicht durch." Einmal mehr diente auch in diesem Fall die für Männer typische dritte Person in der Ansprache des eigenen Penis. Diese Vorgehensweise ist wie eine Personifizierung, die teils eine Art Respekt vor „ihm" widerspiegelt, andererseits eine Art Abgrenzung, weil er ja ein Eigenleben besitzt, häufig nicht tut, was sein Meister von ihm verlangt. „Durchhaltestörungen? Was hält nicht durch bei Ihnen – die Erektion?", fragte der Therapeut nach Details. „Hart genug wäre er schon, er kommt aber zu früh." „Aha, das ist ja eine ganz andere Geschichte." „Wissen Sie", erklärte Alexander, „ich wäre ja gar nicht zu Ihnen gekommen, wenn da nicht Gabi wäre, meine Freundin. Sie hat ihr Problem damit, weil alles immer so schnell geht." Tatsächlich sehen die Männer selbst in einem zu schnellen Samenerguss meistens kein besonders großes Problem. Sie sind daher aus eigener Initiative auch kaum zu einer Therapie bereit, dabei ist dieses Problem – neben der Erektionsstörung – eine weitere, sehr häufige sexuelle Störung von Männern jeder Altersgruppe. Angeblich, so wurde es zuletzt von einer Pharmafirma kolportiert (die ein Medikament dagegen auf den Markt brachte), handelt es sich um die häufigste sexuelle Störung bei Männern überhaupt. Männer definieren den vorzeitigen Samenerguss sehr unterschiedlich. Walter, 26 Jahre jung, suchte ganz aufgeregt Hilfe für sein Problem. „Ich bin ganz verzweifelt", so sagte er, „früher konnte ich ganz ohne Probleme eine Stunde lang Sex machen, manchmal auch länger! Jetzt aber bin ich nach 10 Minuten fertig und danach dauert es eine ganze Weile, bis er wieder anspringt." Jan, 18 Jahre, „kommt" schon vor der Penetration. „Es genügt schon ein Kuss oder eine Berührung meiner Genitalien durch meine Freundin und es passiert", präzisierte er sein Versagen. „Wir sind nun schon 8 Monate zusammen und es hat noch nie richtig geklappt." Sicherlich sind das Extrembeispiele, die nicht so häufig vorkommen, sie zeigen die Wichtigkeit einer Begriffsbestimmung auf. Das Herausfinden dessen, was mit „zu frühem Kommen" gemeint sein könnte, ist der Kernpunkt der Therapie. Ein Therapeut muss wissen, was ein Mann unter „zu früh" versteht. Die Präzisierung dieses Wortes lässt die meisten „zu frühen" Samenergüsse normal aussehen. Dies erklärt auch, warum die

Verschreibung eines Medikamentes aus der Sicht des Sexualmediziners meistens nicht vonnöten ist. Unter falschen Bedingungen verabreichte Medikamente helfen nicht nur nicht, sondern können sogar schaden, indem sie falsche Vorstellungen von „gutem Sex“ festigen und zu einer Art psychischer Abhängigkeit führen können. Der Mann wird auf eine Tablette konditioniert, ohne die dann nichts mehr geht.

Auch auf die Gefahr hin, dass Männer laut aufschreien, sollte man die Realität nicht verschweigen. Der durchschnittliche Geschlechtsverkehr dauert vom Eindringen bis zum Samenerguss sage und schreibe *zwei Minuten und dreißig Sekunden*. Nach dem Samenerguss ist „es“ üblicherweise einmal vorbei, denn die Erektion schlafft binnen weniger Sekunden ab. Die Zeitspanne, die verstreichen muss, um wieder eine Erektion aufbauen zu können, nennt man Refraktärzeit. Sie ist in hohem Maße altersabhängig und beträgt beim 20-jährigen Mann etwa 15 Minuten, beim 40-jährigen Mann bis zu 2 Stunden. Nach dem Abschlaffen der Erektion ist ein Mann auch „gedanklich“ und stimmungsmäßig ganz woanders, beim Motorrad oder beim Fußball, jedenfalls hat er das Interesse an Sex für einige Zeit verloren.

Die meisten Männer glauben an einer Funktionsstörung zu leiden, wenn es ihnen nicht gelingt, ihre Partnerin mithilfe ihres Penis zum Orgasmus zu bringen. Auch diese Vorstellung ist nicht richtig. Es wäre zu einfach, den Orgasmus der Frau ausschließlich von der Dauer des Geschlechtsverkehrs abhängig machen zu wollen. Daran erkennt man höchstens die Unart der Männer, von ihrer eigenen Sexualität auf die der Frauen zu schließen. Auch das ist ein Fehler. Sehr viel häufiger sind Orgasmusstörungen bei Frauen die Folge einer fehlgeleiteten psychosexuellen Erziehung. Die Frau ist im wesentlich größeren Umfang als der Mann das Opfer der vorherrschenden negativ besetzten Sexualerziehung. Die Angst vor einer allzu frühen Schwangerschaft verleitet Eltern dazu, den heranwachsenden Töchtern ein negatives Bild von Sexualität zu vermitteln – wohlgemerkt bei gleichzeitiger Dämonisierung der Männer („Männer wollen immer nur das Eine" – was allerdings auch teilweise stimmt). Die fehlgeleitete psychosexuelle Erziehung ist einer der wahren Gründe, warum Männer sich allzu oft vergeblich bemühen, ihre Partnerin zum Höhepunkt zu bringen. Der Wunsch, die Partnerin zu befriedigen, setzt Männer unter Druck, weil sie ihre eigenen Qualitäten als Liebhaber davon abhängig machen. Der Gedankengang ist etwa so: Ein Mann darf sich als guter Liebhaber fühlen, wenn er seine Partnerin zum Höhepunkt bringt, vielleicht sogar mehrmals hintereinander. Und was sagen Frauen dazu? Sie sind sehr häufig „not amused". Die einen bemängeln, dass der Orgasmus zum Selbstzweck der Sexualität würde, fühlen sich also als Objekt zur Selbstheroisierung des Partners missbraucht, die anderen – und das ist nicht selten – täuschen einen Orgasmus vor, nur um endlich ihre Ruhe zu haben. „Wissen Sie", sagt eine solche Frau dann ihrem Sexualtherapeuten, „mein Mann würde sich ja recht bemühen, aber bevor er einen Herzinfarkt bekommt, mache ich lieber Schluss." Das ist das häufigste Motiv für den vorgetäuschten Orgasmus der Frau, ganz abgesehen davon, dass sich Frauen damit auch das Wohlwollen und die gute Laune ihrer Liebhaber sichern wollen.

Sexualität lebt von der eigenen Lust, sie ist egozentrisch, nicht heterozentrisch. Jeder der beiden Liebenden kümmert sich um seinen ganz persönlichen Orgasmus, selbstverständlich mithilfe des Partners. Der wiederum wird mitgerissen von dessen Leidenschaft. Leidenschaft ist der wichtigste Motor für guten Sex. Zu sehen, wie der Sexualpartner „auf einen abfährt", bringt erst den richtigen „Drive" in das Liebesspiel. Männer und Frauen wollen beim Sex begehrt sein, jedenfalls aber wollen sie „willkommen" sein. Lediglich „geduldet" zu sein ist abturnend. Auch das ist ein Wegbereiter für sexuelle Störungen. Ganz ähnlich wie die meisten Erektionsstörungen ist auch der vorzeitige Samenerguss die Folge einer psychosomatischen Verstrickung. Das einzig wirksame Medikament gegen die „Ejaculatio praecox" ist übrigens ein Psychopharmakon, ganz abgesehen vom Alkohol, einer ebenso psychotropen Substanz. Ganz selten gibt es auch biologische Gründe, zum Beispiel ein zu kurzes Vorhautbändchen. Weil aber das Durchtrennen des zu kurzen Vorhautbändchens nur in seltenen Fällen zu einer Besserung der Beschwerden führt, muss es als wahre Ursache für das Beschwerdebild angezweifelt werden. Der Sexualmediziner wird seinen Patienten in jedem Fall auch körperlich untersuchen, das ist eine Art Routinevorgang, um biologische Ursachen auszuschließen. Die sinnvollste Therapie bleibt aber in den allermeisten Fällen eine Sexualtherapie unter Einbeziehung der Partnerin. Das Ziel ist die Wiederherstellung der sexuellen Zufriedenheit beider Partner, die Diagnose von Defiziten, die Richtigstellung einer fehlgeleiteten Wertehierarchie und schließlich die Erarbeitung von Lösungsstrategien. Dass all dies ohne die Partnerin nicht funktionieren wird, ist einleuchtend. Das Medikament kann eine hilfreiche Unterstützung sein, kann aber eine Gesprächstherapie nicht ersetzen. Vor allem bei den schweren Fällen, wenn es etwa schon „ante portas“, also vor dem Eindringen, zum Samenerguss kommt, wird die Verordnung der Tablette wertvolle Dienste leisten. Dies entspricht übrigens der offiziellen Definition des vorzeitigen Samenergusses. Er liegt demnach dann vor, wenn sich die Ejakulation schon vor der Penetration oder nach dem Eindringen binnen einer Minute einstellt. Der durchschnittliche Geschlechtsverkehr dauert nämlich – wie schon erwähnt – nicht länger als zweieinhalb Minuten. Der schon oben zitierte Jan ist ein 18-jähriger Bursch. Er ist Single und er weiß auch warum. „Meine Freundin hat mich verlassen, weil es im Bett nicht klappte.“ Da war er sich sicher, obwohl sie andere Gründe vorschob. Mit dieser Einschätzung hatte er wahrscheinlich recht. Der Umstand, dass er in den Ferien fünf Wochen im Ausland gewesen war, war jedenfalls nur ein Vorwand für das Beenden der Beziehung durch seine Freundin. Eine von Liebe getragene Partnerschaft hält so etwas aus. Nein, nein, er wollte sich nichts vormachen, seine Unfähigkeit zum Geschlechtsverkehr habe ihm diese Beziehung vermasselt, nicht seine 5-wöchige Abwesenheit. Und deshalb wollte er jetzt schnell etwas dagegen unternehmen. „Lieber Herr Doktor", schrieb er, „nach dem Verlust meiner Freundin bin ich endlich bereit zu einer Therapie. Was soll ich machen?" Der Arzt schrieb zurück: „Lieber Jan, es wäre besser gewesen, Sie wären *mit* Ihrer Partnerin gekommen und hätten nicht auf das Ende Ihrer Beziehung gewartet. Dennoch lade ich Sie ein, zu mir in die Praxis zu kommen. Ohne Partnerin ist eine Therapie zwar schwierig, aber nicht unmöglich." Jan kam also in die Sprechstunde. Auch ohne eine Partnerin ist es sinnvoll, solche Störungen zu behandeln, denn häufig stehen sie der Neuanbahnung einer Beziehung im Wege. Der junge Mann meidet jede Intimität, um an sein Defizit erst gar nicht erinnert zu werden. Die sexuelle Störung hat also einen direkten Einfluss auf das Beziehungsleben dieses jungen Mannes, weil sie eine Beziehungsfindung gar nicht zulässt. Die Behandlung als Single besteht wie bei der Paartherapie aus mehreren Gesprächen und Übungen, die in Ermangelung der Partnerin masturbatorisch umgesetzt werden müssen. Für den Fall eines möglichen Sexualkontaktes bekam Jan als eine Art Rettungsfallschirm ein Medikament verschrieben. Es sollte ihn vor weiteren Enttäuschungen bewahren. Durch sexuelle Störungen verunsicherte Männer sind meist überglücklich, endlich einen Ansprechpartner für ihr Problem gefunden zu haben. Jan hatte zuvor versucht, sich seinem Vater anzuvertrauen. Abgesehen vom offensichtlichen Desinteresse hatte ihm der Vater gesagt, das würde sich mit dem Älterwerden geben. Ein schwacher Trost für einen Achtzehnjährigen.

Die Erektionsstörung und der vorzeitige Samenerguss, der, weil er sich ja „im Kopf" abspielt, korrekterweise ein „vorzeitiger Orgasmus" ist, sind die häufigsten psychosomatisch bedingten Sexualstörungen bei Männern. Selbstverständlich gibt es noch eine Vielzahl anderer Konstellationen, die über Leistungsdruck oder eine Störung der sexuellen

Identität zu einer Beeinträchtigung der Sexualität führen. Sie alle stören die sexuelle Zufriedenheit und belasten die Beziehung. In all diesen Fällen ist eine Therapie hilfreich.

Last but not least soll noch auf psychosomatisch bedingte sexuelle Störungen bei Frauen eingegangen werden, die es natürlich genauso gibt. Dass auch Frauen im Bett „versagen“ können, ist eine Erkenntnis, die üblicherweise geleugnet wird. Beim Mann ist die Erektion der Gradmesser der sexuellen Energie, nicht umsonst wird sie von den Männern derart hoch bewertet. Wie aber äußern sich bei Frauen psychosomatisch bedingte Störungen der Sexualität? Jedenfalls nicht durch eine nicht ausreichende Lubrifikation (Befeuchtung) der Scheide, diese Meinung ist überholt, auch wenn sich das noch nicht herumgesprochen hat. Moderne Untersuchungen haben ergeben, dass die Befeuchtung der Scheide auch ohne Lust „funktioniert“, es genügt die mechanische Stimulation der weiblichen Genitalien. Man hat herausgefunden, dass eine Lubrifikation nicht mit Erregungspotenzialen in den Sexualzentren gekoppelt sein muss. Sie diene nach Meinung der Forscher dem Schutz der Frau vor Verletzungen beim nicht einvernehmlichen Sex. Jahrtausende lang wurde der Zeitpunkt des Geschlechtsverkehrs durch die Männer bestimmt, die Frau musste in Erfüllung ihrer ehelichen Pflichten zur Verfügung stehen, auch wenn sie gar nicht wollte. In solchen Situationen käme es beim Vollzug des Geschlechtsverkehrs zu Schmerzen und Verletzungen, wenn es diesen Schutzmechanismus der mechanisch ausgelösten Befeuchtung nicht geben würde.

Die Lubrifikation der Scheide ist also nur ein schlechtes Indiz für das Lustpotenzial der Frau. Sexuelle Störungen bei Frauen äußern sich weniger in der Funktionalität der Geschlechtsorgane, sondern im sexuellen Verhalten der Frauen und sehr häufig auch im fehlenden Willen, schwanger zu werden. Frauen neigen dazu, sich ganz einfach zu verweigern. Die HSDD (hypoactive sexual desire disorder) beschreibt den Zustand der (krankhaften) Lustverminderung, der meistens psychosomatisch bedingt ist. Die Ursache für solche Störungen kann in der sexuellen Erziehung oder innerhalb der Beziehung liegen, dies zu erforschen ist Aufgabe des Sexualmediziners.

Frauen können auch Schmerzen beim Sex haben, dies nennt man Dyspareunie. Wenn durch den Frauenarzt eine biologische Ursache ausgeschlossen wurde, kann man davon ausgehen, dass auch hier die Ursache psychosomatischer Natur ist. Schmerzen beim Sex sind rational schwer nachvollziehbar, denn wenn durch die Scheide einer Frau ein ganzes Kind geboren werden kann, wird der Penis des noch so gut gebauten Partners allemal hineinpassen. Dieser banale Vergleich impliziert die meist psychosomatische Genese der Dyspareunie. Schmerzen beim Sex zu haben heißt: „Ich will (mit dir) keinen Sex haben." Der meist emotionale Schmerz wird hier auf ein Organ, die Scheide, transferiert. So funktioniert Psychosomatik. Die Ursache für eine solche Störung muss nicht beim aktuellen Partner oder der mit ihm gelebten Beziehung liegen, sondern kann aus längst vergangenen Tagen in diese Beziehung reflektiert werden.

In solchen Fällen ist der erste Ansprechpartner der Frauenarzt, der eine organische Ursache ausschließt. Dann allerdings sollte eine Sexualtherapie folgen, die üblicherweise von einem Sexualmediziner vorgenommen wird. Sollte der Frauenarzt die Sexualtherapie nicht selbst durchführen können oder wollen, wird er seine Patientin zu einem Sexualmediziner empfehlen.

12. Kapitel

Ist Schwulsein eine Strafe Gottes?

Philipp hasst Erbsensuppe. Schon beim Gedanken daran wird ihm übel. Kurioserweise wird gerade *er* besonders häufig damit konfrontiert, denn sein Vater *liebt* Erbsensuppe. Immer wenn es Erbsensuppe gibt, endet das in einem Fiasko. Philipp stochert dann lustlos in seinem Essen herum und pickt sich die in der Suppe schwimmende Wurst heraus, den Rest lässt er stehen, obwohl er weiß, dass das zu Kontroversen führt. Vater möchte, dass gegessen wird, was auf den Tisch kommt. Um das durchzusetzen, rastet er auch schon einmal richtig aus. Die Mutter zeigt für ihren Sohn viel mehr Verständnis, obwohl sie noch eher einen Grund hätte, verstimmt zu sein, schließlich hat sie die Suppe ja gekocht. Manchmal hatte sie den Jungen schon vorgewarnt. „Heute gibt es Erbsensuppe", flüsterte sie ihm zu, „willst du nicht ein bisschen länger in der Schule bleiben?" Heimlich steckte sie ihm dann ein paar Euros zu, damit er sich „etwas kaufen könne". Philipp versuchte schon mehrmals mit seinem Vater ein Gespräch zu führen. Doch in dieser Frage war er unnachgiebig, er hielt es für einen Affront gegenüber den hungernden Menschen in der Welt, wenn gewisse Gerichte nicht gegessen werden. „Andere wären froh, wenn sie Erbsensuppe hätten", hatte er argumentiert. Für Philipp war das nur ein Vorwand. Vater ahnte wahrscheinlich nicht, wie sehr er mit solch banalen Argumenten an Autorität verlor. „Na, dann schick sie doch nach Afrika", konterte Philipp. Doch das ging zu weit. Eine schallende Ohrfeige war die Konsequenz. Immer wenn Vater nicht mehr weiterwusste, gab es eine Ohrfeige. Fairerweise muss man zugeben, dass das nicht sehr häufig war.

Warum sollte jemand etwas essen, was ihm partout nicht

schmeckt? Der Hinweis auf die hungernde Bevölkerung hinkt, man müsste ja nur weniger zubereiten und schon wäre dieses Problem gelöst. Aber Vater wollte, dass er, Philipp, gemeinsam mit der Familie Erbsensuppe aß. Dafür fehlte Philipp das Verständnis. Die Respektlosigkeit gegenüber den Eltern konnte es auch nicht sein, denn Respekt zeigt sich wohl in anderen Bereichen sehr viel besser als in der Befolgung unsinniger Anordnungen.

Man kann die Sache drehen, wie man will, zurück bleibt ein kompromittierender, fast peinlicher Sachverhalt: Es war in Wirklichkeit egal, ob Philipp diese Erbsensuppe essen wollte oder nicht. Es hungert deswegen niemand mehr oder weniger, selbst Philipp wird deswegen nicht vom Fleisch fallen und mit ein wenig gutem Willen musste sich auch niemand respektlos behandelt fühlen. Philipp mochte keine Erbsensuppe und das war nun einmal so. Bei der ganzen Diskussion ging es ausschließlich um die Macht des Vaters über seinen Sohn. „Du musst deine Suppe essen, ganz egal ob sie dir schmeckt oder nicht." Der Vater brauchte dies zur Stabilisierung seiner eigenen Persönlichkeit.

Ganz ähnlich ist dies mit der Sexualität. Für ihre Reglementierung gibt es keine andere Erklärung, außer dass Macht über die Sexualität Macht über den Menschen bedeutet. Das Verbot des zweitstärksten Triebes macht die Menschen ganz zwangsläufig zu Sündern, denn ein Verzicht ist gar nicht möglich oder wenigstens sehr schwer. Um Sünden zu vergeben, bedarf es einer dazu legitimierten Institution – wie jener der katholischen Kirche. Jedes Verbot zementiert die Macht derer, die es erfunden haben.

Auch die Sexualität ist eine Art Appetit – Libido genannt – und ein Mann hat Appetit auf dieses oder jenes. Ganz egal worin es besteht, es sollte nicht Anlass sein, ihn zu diskreditieren (vorausgesetzt, die sexuelle Präferenz verfolgt nicht kriminelle Inhalte!). Wir wissen, dass 90 Prozent der Männer in ihrer Sexualität überwiegend auf Frauen orientiert sind, 10 Prozent aber sind es nicht; sie sind androphil, bevorzugen also Männer. Schwule Männer begehren Männer in einer ganz ähnlichen Weise wie straighte Männer Frauen begehren. Sie wollen genauso wenig mit Frauen sexuell verkehren wie straighte Männer mit Männern. Das war schon immer so und wird immer so sein, in allen Kulturen und allen Gesellschaftsschichten. Nur ein Beispiel von vielen: Auch bei den Habsburgern gab es schwule Jungs, der letzte bekannte Fall war Erzherzog Ludwig Viktor, ein Bruder Kaiser Franz Josephs. Seine Bestrafung bestand in der Verbannung auf Schloss Klessheim. Bloß dafür, dass ein Mann statt einer Frau einen Mann liebte, wurde er verfolgt, gedemütigt und verbannt.

Es gibt eben viele Motive, Minderheiten zu quälen: die Religion (man denke an das Judentum), die Sprache – man denke an den Ortstafelstreit in Kärnten – und eben auch die sexuelle Orientierung. Heutzutage hat sich einiges geändert, es darf sie zwar geben, die Schwulen, doch „geschafft" haben sie es immer noch nicht! Nach wie vor werden Homosexuelle stigmatisiert und die Straffreiheit gilt nur in wenigen Ländern dieser Erde.

Die Motive für die Verfolgung sind fadenscheinig und vordergründig. Die Menschen wurden durch Jahrhunderte gelehrt, dass die Sexualität der Fortpflanzung zu dienen habe. Deshalb müsse die Verweigerung der Fortpflanzung als Strafe Gottes gewertet werden. Der Gedankengang ist etwa so: Weil schwuler Sex angeblich abartig ist, hat ihm der liebe Gott die Fortpflanzung versagt. Weil aber nach einem anderen Dogma der Sex grundsätzlich der Fortpflanzung zu dienen hat, dürfen Schwule nun gar keinen Sex haben. Punktum. Dieser Gedankengang ist aber fehlerhaft und unvollständig. Sexualität dient nämlich auch der Kommunikation der Liebe zwischen zwei Menschen oder auch etwa „nur" der Lust. Ganz abgesehen davon, sind von der Idee, dass Sex ausschließlich der Fortpflanzung zu dienen habe, nicht nur homosexuelle Männer und Frauen betroffen. Unzählige ungewollt kinderlose Frauen mussten sich demütigen lassen oder wurden sogar verstoßen, nur weil sie ihren Männern keine Nachkommen „schenken“ konnten. Dieses Schicksal blieb nicht einmal Königinnen erspart, ein bestens bekanntes Beispiel ist die Verstoßung Katharinas von Aragon durch den englischen König Heinrich VIII. Sie war seine angetraute Frau und gebar mehrere Kinder, die männlichen Nachkommen überlebten aber nicht, was von Heinrich, einem tiefgläubigen Mann, als Strafe Gottes fehlinterpretiert wurde. Katharina alleine wurde dafür verantwortlich gemacht, dabei liegt die Ursache für Chromosomenfehler und auch ungewollte Kinderlosigkeit zu 50 Prozent bei den Männern! Die Frauen mussten also auch für jene Fälle büßen, die von den Männern selbst verursacht wurden.

Das alttestamentarische Vaterbild leitet sich von der Geschichte Abrahams ab. Es gilt auch heute noch als die Grundlage für die Meinung, nach der die „Vermehrung der Sippe“ die wichtigste Aufgabe eines Mannes ist. Schwule Männer können ihre Sippe nicht vermehren. Wahrscheinlich ist das der Grund, warum manche Kirchen so große Schwierigkeiten haben, schwulen Männern Respekt entgegenzubringen. Leider scheint sich der Klerus nicht bewusst zu sein, dass die diskreditierende Haltung gegenüber einer Minderheit grundsätzlich Türen und Tore zu deren Verfolgung öffnet. Was für die Kirche recht ist, kann dem Volke nur billig sein, totalitären Diktaturen erst recht. Schwule Männer, die nicht „bereit“ waren sich fortzupflanzen, wurden gedemütigt, ausgegrenzt, häufig sogar getötet. Der Vollständigkeit halber soll nicht verschwiegen werden, dass nicht alle christlichen Kirchen die ablehnende Haltung des Vatikan gegenüber homosexuellen Männern teilen. Barack Obamas Angelobung als US-Präsident wurde von einem offen schwul lebenden anglikanischen Bischof geleitet: Gene Robinson. Ein mutiges Signal!

Das abrahamitische Vaterbild gilt heute als überholt. Die Menschen haben sich genug vermehrt, dieser Planet hat keinen Bedarf an einer noch größeren Anzahl an Menschen.

Die sexuelle Gesundheit alleine in der Fähigkeit zur Reproduktion zu sehen, kann daher nicht der Weisheit letzter Schluss sein. Die Sexualmedizin sieht sexuelle Gesundheit primär in der Paar- und Liebesfähigkeit eines Menschen, denn die intakte Beziehung ist in sehr viel größerem Ausmaß eine Voraussetzung für Lebensglück als das Sorgen um die Nachkommenschaft – so sehr auch der Wunsch nach Fortpflanzung in den Herzen von Männern und Frauen verankert ist. Im Sinne der Sexualmedizin sind homosexuelle Männer daher nicht als krank zu beurteilen. Hierzu fehlt einerseits der Leidensdruck, andererseits ist das Bedürfnis nach Liebe und Beziehung und dessen Erfüllungswunsch genauso ausgeprägt wie bei heterosexuellen Männern. Und es gibt keinen legitimen Grund, ihnen diesen zu verweigern.

Die Diskreditierung homosexueller Männer durch die Gesellschaft ist die logische Fortsetzung einer Jahrtausende alten Tradition der Kirche, die bis zur Mitte des 19. Jahrhunderts in Fragen der gesellschaftlichen Moral das Sagen hatte. Sie war nicht in der Lage, den schwulen Männern mit Respekt zu begegnen und ihre psychosozialen Grundbedürfnisse nach Liebe und Beziehung anzuerkennen. Dabei steht diese Ablehnung auf hölzernen Beinen. Die fehlende Fortpflanzung ist ein schlechtes Argument: Auch Jesus hat sich nicht „vermehrt". Von Kindern Jesu Christi kann man höchstens bei Dan Brown nachlesen, nicht aber in der Bibel, obwohl er doch – mit über 30 Jahren zu Tode gekommen – genügend Zeit gehabt hätte, seine Sippe zu vermehren. Und wie ist das mit dem Zölibat? Oder den anderen vielen Männern und Frauen, die in Klöstern ehelos ihr Leben fristeten? Jawohl, da soll es Kinder gegeben haben, doch eigentlich hätten sie alle enthaltsam leben müssen. Was den schwulen Männern zum Vorwurf gemacht wird, verhilft katholischen Würdenträgern zu höheren Ehren: die Ehe- und Kinderlosigkeit. Die Ehelosigkeit homosexueller Männer gehört übrigens in manchen Staaten bereits der Vergangenheit an. Wir leben heute in einer postchristlichen Gesellschaft, die tradierten Vorurteile leben aber weiter. Es ist an der Zeit, die Verfolgung von Minderheiten zu beenden. Schwule sind ganz normale Menschen, nur dass sie sich sexuell vom gleichen Geschlecht angezogen fühlen.

Nichtsdestotrotz muss es natürlich erlaubt sein, sich über den Sinn der Homosexualität Gedanken zu machen. Die Evolution ist perfekt, Gottes Schöpfung auch, wenn man so will. Nichts muss von Menschenhand nachgebessert werden, um zur Perfektion zu gelangen. Männer müssen nicht beschnitten werden – „der Hygiene wegen", wie es heißt – und Schwule müssen nicht bekehrt werden. Warum also leistet sich die Evolution den Luxus von etwa zehn Prozent an Menschen, die nicht dazu bestimmt sind, sich fortzupflanzen? Das muss doch einen Sinn haben? Um ehrlich zu sein, wir wissen es nicht. Wir wissen es genauso wenig, wie wir nicht wissen, woher das Leben kommt und warum es überhaupt Menschen gibt. Die meisten fundamentalen Fragen bleiben ohne Antwort, der Mensch muss sich der Philosophie bedienen, um seinen Wissensdurst zu stillen.

Homosexualität ist ein Grauton im Schwarzweiß der beiden Geschlechter. Hier die Männer, dort die Frauen und die Mitte ist wie ein fließender Übergang, ausgefüllt mit homosexuellen Menschen. Das hetero-/homosexuelle Kontinuum beschreibt den fließenden Übergang in der Orientierung auf das eine oder andere Geschlecht bis in die Transsexualität. Um das alles zu begreifen, bedarf es einer fundierten Kenntnis der Geschlechtsdifferenzierung und -typisierung von Männern und Frauen. Vereinfacht dargestellt ist ein homosexueller Mann ein biologischer Mann mit einem (partiell) weiblichen Gehirn, also das Bindeglied zwischen den Geschlechtern. Es ist kein Klischee, dass sich homosexuelle Männer von ihren straighten Geschlechtsgenossen in ihren Verhaltensmustern ganz wesentlich unterscheiden. Ganz abgesehen davon, dass sie Männer als Sexualpartner bevorzugen – dies ist sicher das am stärksten ausgeprägte differente Verhaltensmuster –, besitzen sie ein besser ausgebildetes prosoziales Verhalten. Definitiv findet man Schwule sehr viel häufiger in Pflege- und Serviceberufen als in anderen Bereichen. Vorausgesetzt natürlich, der Mann ist in seiner Berufsauswahl nicht irgendwelchen Zwängen ausgesetzt, wie zum Beispiel einer familiären Erwartungshaltung zur Fortführung eines elterlichen Betriebes. Das ist nämlich das zweite unheilvolle Präjudiz, das sich aus dem alttestamentarischen Vaterbild ergibt: die Übernahme des elterlichen Betriebes. Der schwule Sohn enttäuscht auch diesbezüglich seine Eltern; er trägt nicht bei zur Vermehrung der Sippe und häufig auch nicht zum Fortbestand des elterlichen Betriebes. Er sucht, seinem partiell weiblichen Gehirn folgend, einen ganz anderen Sinn im Leben, dessen Motive dem straighten Vater nicht immer nachvollziehbar sind, den des sozial oder kreativ wirkenden Menschen. Natürlich gibt es auch den schwulen Bauarbeiter oder Werkzeugmacher, tendenziell neigen homosexuelle Männer aber eher dazu, einen prosozialen Beruf zu ergreifen, als heterosexuelle.

Malaga, Andalusien, am 16. November 2010. Um 11 Uhr vormittags betritt ein renommierter Arzt das Rednerpult im Auditorium 2 des städtischen Kongresszentrums. Hier findet der Jahreskongress der Europäischen Gesellschaft für Sexualmedizin statt. Seit Jahrzehnten sind Forscher dem sogenannten „Schwulen-Gen“ auf der Spur. Dieser Redner war angetreten, die These von der genetisch bedingten Homosexualität wiederzubeleben. Laut Studiendesign befragte er Männer in verschiedenen europäischen Ländern nach deren sexueller Orientierung und kam zu dem Schluss, es müsse sehr wohl ein „Schwulen-Gen“ geben, weil es – für ihn offenbar überraschend – in Deutschland, Großbritannien und den Niederlanden wesentlich mehr homosexuelle Männer gebe als in anderen Ländern, wie etwa in Italien, Spanien oder Polen. So weit, so gut. Ein anderer Arzt verlässt indessen kopfschüttelnd den Hörsaal. Er konnte und wollte es nicht glauben, was er hier gehört hat. Diese „Studie“ wurde nicht an einem Provinzkrankenhaus gemacht, sondern von einem renommierten Forschungszentrum für Sexualmedizin.

Und dennoch kann das Ergebnis den Insider nicht überzeugen: Der erste grobe Fehler ist die Bestimmung der sexuellen Orientierung mittels einer Befragung. Dies ist ganz einfach nicht möglich. Die Zahl der in sich gefestigten Homosexuellen ist sehr gering und variiert je nach dem in einer Gesellschaft gelebten Liberalismus. In Deutschland gibt es angeblich mehr als zehn Prozent homosexuelle Männer. Wie viele, glauben Sie, hätte es bei einer Befragung in der Zeit des NS-Regimes gegeben? Richtig geraten: null Prozent. Die Gründe dafür sind klar.

Kann die Veränderung der Häufigkeit der Homosexualität in derselben Population binnen ein oder zwei Generationen von null auf zehn Prozent wirklich genetisch bedingt sein? Sicher nicht! Das Klima hat sich sehr gewandelt. Aus dem rechtsgerichteten Deutschland ist eine liberale, offene Gesellschaft geworden, wenigstens in den Städten. Immer mehr Männer sind bereit, ihr Glück zu wagen und *ihr* Leben zu leben, mit der Option auf eine zufriedene Sexualität und eine glückliche Beziehung.

Der zweite große Fehler ist der Schluss aus den gewonnenen, unterschiedlichen Daten. Es liegt auf der Hand, dass die geringere Rate an Homosexuellen in Polen, Italien, Spanien oder Griechenland nicht genetisch bedingt ist, wie sollte das auch sein? Die weiße Bevölkerung Europas unterscheidet sich nicht in Form verschiedener Ethnien, ihre genetische Ausstattung ist ident, mit Ausnahme von Genpolymorphismen, die dafür verantwortlich sind, dass sich jeder Mensch doch ein wenig vom anderen unterscheidet. Die Antwort auf die in der Studie präsentierten Daten ist nicht schwierig: Bei den südeuropäischen Staaten handelt es sich um streng katholische Länder, im Falle Griechenlands um ein Land mit orthodoxer Religion. Das Klima in diesen Gesellschaften erlaubt es kaum, sich als Homosexueller zu outen, das bedeutet natürlich nicht, dass es sie nicht gibt.

Die Diagnose Homosexualität ist streng genommen keine Diagnose, denn eine solche würde eine Krankheit implizieren, was sie definitiv nicht ist. Homosexualität ist keine Krankheit und das nicht erst seit jenem Zeitpunkt, zu dem sie von der WHO von der Liste der Krankheiten gestrichen wurde. Warum aber werden bei homosexuellen Männern häufiger psychogene Störungen bis hin zum Selbstmord diagnostiziert? Warum zeigen Schwule so viel häufiger neurotische Verhaltensmuster, wie zum Beispiel Promiskuität? Auch die Antwort auf diese Frage ist ganz einfach: Homosexualität (als sexuelle Orientierung) ist keine Krankheit, der Homosexuelle selbst aber wird krank gemacht. Verstehen Sie den Unterschied? Er wird krank gemacht durch die Gesellschaft und durch übereifrige Therapeuten. Das Leben als Homosexueller ist nach wie vor nicht einfach; es ist gekennzeichnet durch Stigmatisierung und Diskreditierung. Diese Männer leben einen lebenslangen Kampf um Akzeptanz, immer im Bemühen, ihr vermeintliches Defizit wettzumachen. Manche verlagern ihre Sexualität auf andere Ebenen und beweisen dort außergewöhnliche Begabungen. Auch wenn das kaum jemandem bewusst ist – darüber zu sprechen ist ein Tabu –, sind sie ein bestimmender Faktor in Kunst, Architektur und auch im öffentlichen Leben. Die Liste der herausragenden schwulen Männer ist lang, letztendlich wird deren Oeuvre akzeptiert, ohne aber die treibende Kraft zu erkennen: deren Homosexualität.

Ein Mann muss nicht mit Männern Sex haben, um homosexuell zu sein. Dieses leicht verständliche Argument wird auch von Forschern immer wieder ignoriert. Umgekehrt gesagt, ist ein Mann auch dann schwul, wenn er auf Männer orientiert ist und dennoch ausschließlich mit Frauen schläft. Denn die sexuelle Orientierung ist eine der drei Achsen der sexuellen Präferenz, die sich in Tagträumen und sexuellen Fantasien abspielt und nicht gebunden ist an eine entsprechende sexuelle Praktik.

Dieser Gedankengang ist eigentlich recht simpel, interessanterweise scheinen ihn auch Wissenschafter nicht begreifen zu wollen oder bewusst zu ignorieren. Da gibt es Experten, die von einer „Homosexualisierung“ berichten, so als würde man homosexuell „werden“ können. Es ist aber nicht so; niemand *wird* homosexuell, denn die sexuelle Orientierung eines Menschen ist bereits bei der Geburt bestimmt. Sie ist in der pränatalen Phase der Gehirnentwicklung erworben und ist daher angeboren. Das Missverständnis liegt wohl darin, dass jeder homosexuelle Mann seine sexuelle Karriere mehr oder weniger ausgeprägt mit einem Mädchen – also heterosexuell – beginnt. Jeder schwule Bursch tanzt in der Tanzschule mit einem Mädchen, allem Anschein nach gibt es in diesem Alter noch keine Schwulen. Ein paar Jahre später ist das schon ganz anders, ein paar Prozent der Männer outen sich – je nach sozialem Umfeld einmal mehr und einmal weniger – als homosexuell. Diese Männer sind aber nicht schwul „geworden“, man hat sie auch nicht dazu gemacht (!), sie waren damals in der Zeit der Adoleszenz nur noch nicht bereit, dazu zu stehen. Damit das Umfeld einen homosexuellen Mann als solchen wahrnimmt, muss er auch bereit sein, diese Homosexualität tatsächlich zu leben. Die meisten Männer sind es nicht. Die Bereitschaft, die eigene Sexualität anzunehmen, ist umso größer, je eher ein Mann damit rechnen kann, auch akzeptiert zu sein. Je repressiver eine Gesellschaft ist, desto weniger wird dies der Fall sein. In Österreich kann man davon ausgehen, dass mehr als die Hälfte der homosexuellen Männer heterosexuell liiert ist. Das ändert aber nichts an deren Homosexualität.

Die geschlechtsdifferenzierende körperliche Entwicklung eines Menschen erfolgt überwiegend noch im Mutterleib, also vor der Geburt. Das sichtbare Zeichen hierfür ist das zum Zeitpunkt der Geburt bereits vollständig entwickelte Geschlechtsorgan. Das ist aber nicht alles. Auch die geschlechtstypische Prägung des Gehirns und die Ausgestaltung der sexuellen Orientierung scheinen zum Zeitpunkt der Geburt schon festzustehen. Ein Kind wird also bereits als androphil oder gynäphil geboren. Schwul oder nicht schwul ist daher keine Frage des Wollens, sondern des Schicksals oder – wenn man so will – gar des göttlichen Willens. Die Sozialisation – die Erziehung – bestimmt lediglich die Bereitschaft dazu, die jeweilige sexuelle Orientierung auch zu leben. Dies sind die beiden bestimmenden Faktoren für die praktizierte Sexualität des homosexuellen Mannes: die Biologie und die Sozialisation. Dies bedeutet aber auch, dass die Sozialisation die sexuelle Orientierung nicht bestimmen kann, sie kann – nochmals wiederholt – lediglich die Bereitschaft zum Eingeständnis einer gleichgeschlechtlichen Orientierung beeinflussen. Sie spielt daher eine große Rolle im Leben eines schwulen Mannes, ohne dass man die Behauptung, Homosexualität könne anerzogen werden, beibehalten könnte. Diese Erkenntnis ist von größter Bedeutung, wird doch homosexuellen Paaren unter dem Vorwand der möglichen „Homosexualisierung" ihrer Adoptivkinder das Recht auf Adoption verweigert. Eine „Homosexualisierung" aber gibt es nicht, auch nicht durch gleichgeschlechtliche Verführung.

Benjamin wurde als das zweite Kind in eine gutbürgerliche Familie hineingeboren. Er hatte bereits eine um zwei Jahre ältere Schwester. Klarissa war der Liebling des Vaters. Seit ihrer Geburt drehte sich alles nur um sie, sie war „sein" Mädchen. Benjamin aber war der erhoffte Stammhalter, der dazu auserkoren wurde, in dritter Generation den Namen des Großvaters zu tragen, Benjamin III. Seine Mutter wollte ihm sehr gerne einen anderen Namen geben, Ralph oder Lars, hatte aber keine Chance, dies durchzusetzen. Den Namen des Stammhalters bestimmte der Vater. Das war schon immer so. Benjamin war der Kronprinz, von Anfang an sah der Vater in ihm nicht den zu liebenden Sohn, sondern seinen Nachfolger, der die Familie dereinst nach außen hin zu vertreten habe. Er musste von Anfang an hart angefasst werden, sollte zu einem richtigen Mann erzogen werden, um später seine Rolle zur Zufriedenheit aller einnehmen zu können. Benjamin war ein hübscher Junge, er war das Glück der Mutter, die sich umso mehr um ihn bemühte, je härter der Vater glaubte ihn anfassen zu müssen. Schon in den ersten Jahren seines Lebens bemerkte er, dass er seinem Vater nicht genügte. So sehr er sich auch Mühe gab, er konnte ihn nicht zufriedenstellen. Seine große Schwester war ein aufgewecktes Kind, zart und quirlig, sie war nicht nur um zwei Jahre älter, sondern hatte den für Mädchen gegenüber Buben typischen Entwicklungsvorsprung. Es war daher nicht verwunderlich, dass Benjamin noch nicht schwimmen konnte, als Klarissa die Prüfung für den Freischwimmerausweis ablegte, dass Benjamin noch Seitenstützen hatte, als Klarissa bereits frei Radfahren lernte, dass Klarissa bereits eine geübte Schifahrerin war, als er noch im Schneepflug den Hang hinunterfuhr. Immer ein paar entscheidende Schritte zurück und immer im Bemühen, in seinen Leistungen der größeren Schwester nicht hinterherzuhinken.

In der Volksschule war Benjamin der bessere Schüler von den beiden Kindern gewesen. Er tat sich nicht nur beim Lernen leichter, er war auch ein sehr angepasstes Kind, prügelte sich nicht am Schulhof und neckte die Mitschülerinnen nicht. Schnurstracks ging er morgens in die Schule und ebenso kam er wieder nach Hause, immer einen „Einser“ im Gepäck. Doch das alles nützte nichts. Er wurde vom Vater ignoriert, ganz einfach übersehen. Niemals – so erinnerte er sich später – hatte ihn sein Vater seiner guten Noten wegen gelobt, geschweige denn sich überhaupt dafür interessiert. Ganz im Gegenteil, sehr deutlich musste er erkennen, dass er seinen Vater enttäuschte. Er war nicht *der* Junge, den Vater sich gewünscht hatte. Warum nur war das so? Benjamin dacht oft darüber nach, kam aber zu keinem Ergebnis, die Antwort auf das *Warum* sollte er sich selbst erst viele Jahre später geben.

Benjamin war acht, als die Ehe seiner Eltern geschieden wurde. Die Mutter machte sich um ihn Gedanken, versuchte ihn zu trösten, doch in Wirklichkeit konnte er es kaum mehr erwarten, seinen Peiniger endlich los zu sein. „Denk nicht so viel nach“, sagte sie zu ihm, „es wird alles gut.“ Doch Benjamin war gar nicht traurig, ganz im Gegenteil, er war guten Mutes, lang würde es nicht mehr dauern. Er zählte die Tage, bis es so weit war. Der erste Tag, an dem der Vater nicht mehr heimkam, das war der beste Tag. Aus irgendwelchen, nicht nachvollziehbaren Gründen musste er erkennen, dass er für die Scheidung seiner Eltern oft bedauert wurde, er aber empfand sie als eine Art Erlösung. Für die Mutter war das Ende ihrer Ehe nicht so einfach, sie konnte es sich gar nicht vorstellen, plötzlich alleine dazustehen, obwohl dieser Mann – vorsichtig ausgedrückt – auch für sie nicht einfach gewesen war. Doch diese Frau hatte schon zeitlebens so etwas wie „Attitüde“ – Haltung –, sie bewies sie auch in dieser Situation und wuchs mit ihrer neuen Aufgabe, der Aufgabe des Familienerhalters. Sie wusste, dass die beiden Kinder sie nun brauchten, und gerade Benjamin war ihre Stütze und ihr Lebenszweck, er war „ihr Beschützer“. Benjamin war nun der „Mann im Hause“, diese Anforderung mag ihn ein wenig überfordert haben, zu guter Letzt aber profitierte er davon. Er musste Dinge tun, die sonst dem Vater obliegen würden, das machte aus ihm einen geschickten Handwerker. Benjamin besuchte das Gymnasium, er war ein guter Schüler. Die Noten waren ihm eigentlich egal, er musste nicht bei den Besten sein. Sein Motiv, in der Schule nicht zu versagen, war, der Mutter keine Probleme zu bereiten. Der Vater hatte sich aus der Erziehungsarbeit vollends verabschiedet, kümmerte sich – im Gegensatz zur Mutter – nicht im Geringsten um den Schulfortgang seines Sohnes. Sehr wohl nahm er sich aber heraus, schlechte Noten zu kritisieren und die Kindesmutter dafür verantwortlich zu machen.

Benjamin schilderte seine Kindheit und Jugend als sehr schön. Er wuchs in der großelterlichen Villa am Stadtrand einer mittelgroßen Stadt auf und als der Vater ausgezogen war, kehrte Ruhe in dieses Haus ein. Die Großmutter war eine gütige Frau und eine wichtige Bezugsperson für Benjamin. Sie schien auch stolz zu sein auf ihren Enkel, den Stammhalter der Familie. Das schönste Kompliment, das sie ihm jemals gemacht hatte, war, dass Benjamin sie an ihren Mann, den verstorbenen Großvater, erinnerte. Auch sagte sie, dass sie es noch gern erleben würde, dass etwas aus ihm werden würde.

So verlief das Leben friktionsfrei und ohne Turbulenzen. Benjamin war immer schon ein braver Junge gewesen und er war dies auch beim Eintritt in die Pubertät. Da war vor Kurzem ein gleichaltriger Junge in das Nachbarhaus eingezogen, mit dem er sich vornahm, eine Freundschaft zu eingehen, denn dieser Junge interessierte ihn. Das war auch nicht verwunderlich, haben doch gleichaltrige Jungen ähnliche Interessen. Herbert wurde eine wichtige Bezugsperson für Benjamin und offenbar galt das auch umgekehrt. Mit siebzehn besuchten die beiden die Tanzschule. Benjamin war ein hübscher Junge und tat sich nicht schwer bei der Auswahl einer Partnerin. Doch wenn er so recht darüber nachdachte, suchte *er* gar keine Tanzpartnerin aus, denn er *wurde* ausgesucht. Carolina war nicht minder hübsch und so gaben die beiden ein schönes Pärchen ab. Benjamin ging in die Tanzstunde, tanzte dort mit seinem Mädchen und verabschiedete sich wieder. Da gab es nicht die geringsten Avancen zu mehr, wenigstens nicht von ihm. *Sie* wollte mehr, das war ihm schon klar, doch Benjamin war nicht bereit dazu. Obwohl schon 17-jährig, hatte er nicht das geringste Bedürfnis, dieses Mädchen zu küssen, ganz im Gegenteil. Nach der Tanzstunde war er wieder mit dem Nachbarsjungen unterwegs, um Moped zu fahren und um gemeinsam Zeit zu verbringen. Benjamin merkte sehr wohl, dass mehr zwischen ihnen war. Im Laufe des Tanzkurses wurde er eifersüchtig, denn Herbert hatte dort ein Mädchen gefunden, das ihm einiges zu bedeuten schien; sie wurde später seine Frau.

Zum ersten Mal in seinem Leben war Benjamin verliebt! In Herbert. Er wusste es, vielleicht erahnte er es auch nur und doch wies er es weit von sich. Selbst als die beiden im

Bett „rummachten“, erklärte er sich dieses Phänomen als die Folge einer ganz normalen pubertären Verirrung. Eines Tages hatte Benjamin einen Knutschfleck. „Wer hat dir denn den gemacht?“, fragte die sonst so zurückhaltende Mutter. Benjamin war ehrlich: „Herbert.“ Das hätte er nicht sagen sollen. Die Mutter reagierte panisch, ganz anders, als er es erwartet hatte. Sie hatte es wohl schon geahnt, der Umgang zwischen diesen beiden Jungen war nicht „normal“. Weitere Gespräche über diese Thematik gab es nicht. Ein Onkel, der im selben Haus wohnte, ahnte wohl ein wenig, worum es hier ging. Jedenfalls beschwor er gegenüber Benjamin immer wieder die Frauen als das schönere Geschlecht. Benjamin wagte nicht zu widersprechen, war aber ganz anderer Meinung.

Die Verwirrung war perfekt. Benjamin ahnte, wohin das alles führen würde, und quittierte Herbert die Freundschaft. Er wollte ihn nicht mehr sehen. Als Grund hierfür musste eine konstruierte Geschichte dienen. Nach der „Trennung“ litt Benjamin wie ein Hund der verloren gegangenen Liebe wegen, umso mehr wurde ihm bewusst, dass es wirklich Liebe war, und umso mehr war er sich klar, dass diese Entscheidung die richtige gewesen war. Er war Hals über Kopf verliebt in diesen Jungen, doch er wollte nicht schwul sein. Unter keinen Umständen. Und deshalb konnte er Herbert nicht mehr sehen. Das Ausmaß dieses Dramas konnte damals niemand erahnen, es machte sich in einem drastischen Abfall der schulischen Leistung bemerkbar. Benjamin wusste den Grund für seinen schlechten Leistungen, es blieb ihm aber nichts anderes übrig, als alles für sich zu behalten; mit wem auch hätte er auch über seine unglückliche Liebe zu dem Jungen sprechen sollen?

Diese Episode war die wohl wichtigste in seinem Leben. Benjamin war inzwischen ein erwachsener Mann, hatte seine Matura abgelegt und ging zum Militär. Die Großmutter starb am Heiligen Abend seines 18. Lebensjahrs. Alles nahm seinen Lauf. Nach dem Militär begann er – sehr erfolgreich – zu studieren.

Immer wieder stellte er sich die Frage, was denn am Sex so prickelnd wäre. Einen Mann gestand er sich nicht zu, das war pervers in seinen Augen, und außerdem, woher auch nehmen? Und Mädchen mochten ihn nicht so richtig zu begeistern. Zweifelsohne konnte auch er einen gewissen Typ von Frauen als attraktiv wahrnehmen, Claudia Schiffer zum Beispiel, schlank mussten sie sein und einen flachen Busen sollten sie noch haben; und ein schmaler Po wäre auch nicht schlecht. Was ihm fehlte, war dieser Wunsch nach Intimität, nach Berührung oder gar nach Paarung. Das wollte er sich gar nicht vorstellen. Dennoch war Benjamin kaum jemals Single. Die Mädchen hatten ein Auge auf ihn geworfen. Er war ein hübscher junger Mann und vor allem war er ein ganz außergewöhnlicher Mann. Er war kein Macho, prügelte sich nicht mit anderen, trank sich nie ins Koma, interessierte sich nicht für große Autos, auch nicht für andere Frauen, und er hatte nicht die Angewohnheit, immer „nur „auf das Eine" aus zu sein. Er war der perfekte Mann, der geeignete Mann zum Heiraten.

Ganz abgesehen davon gab es auch immer einen „besten Freund", zu dem er eine Beziehung in einer Intensität aufbaute, die unter Männern sicherlich nicht üblich war. Natürlich gab es keinen Sex, nicht einmal andeutungsweise, wie gesagt, das hielt er für pervers.

Nach dem Studium zog Benjamin wieder nach Hause. Auch daran hatte der brave Sohn niemals einen Zweifel gelassen. Sein Platz war im großelterlichen Haus, das er später einmal besitzen wollte. Zu diesem Zeitpunkt war er Single und eigentlich ging ihm nichts ab. Seine neue Arbeit erfüllte ihn zur Gänze und es war auch gar nicht schwierig, Freundschaften zu schließen und Kontakte zu knüpfen. Da war auch Sonja, ein recht hübsches Mädchen, die begann sich für ihn zu interessieren. Er selbst hätte es sich niemals zugetraut, ein so attraktives Mädchen für sich zu reklamieren, doch Sonja wusste, was sie wollte. Dabei war sie heiß begehrt, sie konnte ganz andere Kaliber haben, wenn sie wollte. Wollte sie aber nicht, sie wollte *ihn*, diesen gut aussehenden, sportlichen jungen Mann mit den weichen Augen. Er war es, den sie für sich auserkoren hatte. Aus gemeinsamen Freizeitinteressen wurde eine Freundschaft, aus der Freundschaft eine Beziehung und es dauerte nicht lange, da waren die beiden ein Paar. Und was für eines, ein Traumpaar.

Acht Jahre trugen sich die beiden wie auf Händen. Die Beziehung funktionierte sehr gut, Benjamin war ein liebenswürdiger Ehemann mit all jenen Vorzügen, die man selten bei Männern findet. Er legte im Haushalt Hand an, betreute den Garten und hatte nicht diese schlechten Manieren, die man bei jungen Männern meist zu akzeptieren hat. Zum Beispiel, dass sie hemmungslos anderen Frauen hinterherschauen oder vielleicht sogar einem kleinen Flirt nicht abgeneigt sind, selbst wenn die eigene Partnerin mit dabei ist. Eigentlich sollte so etwas Anlass sein, sich Sorgen zu machen, Sonja machte sie sich jedoch nicht. Ganz im Gegenteil. Sie dachte, sie hätte das große Los gezogen. Sie war zufrieden, doch ganz so perfekt war ja nicht alles, das „Bett" spielte eine sehr marginale Rolle in ihrer Beziehung, aber, so mag Sonja wohl gedacht haben, alles kann man eben nicht haben. Und so lebten sie glücklich und zufrieden.

Bis zu jenem Tag, an dem Robert die Bühne betrat. Er war der Traumprinz, nicht für sie, sondern für ihn. In der Arbeit hatten sie sich kennengelernt und das war der Anfang vom Ende dieser Ehe.

Benjamin war 32, die Weisheit der Sexualmedizin, dass eine sexuelle Präferenz mit zunehmendem Alter immer quälender auf ihre Erfüllung pocht, schien sich zu bewahrheiten. Benjamin war nicht zu halten. Er begann eine Beziehung zu diesem Mann und daran zerbrach schließlich seine Ehe.

Von diesem Tag an wusste Benjamin, was er wollte. Er verfolgte seine Ziele mit Vehemenz, opferte sogar das Haus der Großeltern, nur um möglichst schnell die Freiheit zu erlangen, die er brauchte. Er konnte sich nicht mehr verleugnen, wollte einen Mann zum Partner, um jeden Preis. Plötzlich lernte er zu begreifen, worum es eigentlich bei Sexualität und Liebe ging. Da gab es so viel Neues zu entdecken: dieses Kribbeln in der Magengegend und die Schmetterlinge im Bauch; das alles war neu für ihn. Robert war seine Liebe. Er verhalf Benjamin zum Eingeständnis einer längst fälligen Wahrheit. Endlich war er bereit, sich seine eigene Homosexualität einzugestehen. Und es war ihm egal, was die anderen dachten. Er hatte keine Wahl mehr.

Erst Jahrzehnte später beleuchtete er sein gesamtes Leben unter dem Aspekt der Homosexualität. Deswegen kam er auch in die Sprechstunde des Arztes, er wollte reden, obwohl er selbst schon alles wusste. „Ja", sagte er, „ich bin so schwul, dass man schwuler nicht mehr sein kann. Da gibt es so viele Indizien, die auch beweisen, dass ich es schon immer war." Bis zu seiner Liebe zu Robert hatte er all jene jedoch weggewischt und sich etwas vorgemacht von wegen „Männerfreundschaft", doch nun fiel es ihm wie Schuppen von den Augen.

Da war zunächst einmal das angespannte Verhältnis zu seinem Vater. Man sagt ja, intrafamiliär inkompetente Väter provozieren die Homosexualität ihrer Söhne, doch Benjamin sah das anders, nämlich genau umgekehrt. „Mein Vater merkte, dass sein Sohn seinen Vorstellungen nicht entsprechen konnte, ich war sanft und nachdenklich, interessierte mich für Blumen und nicht für Autos. In den Augen dieses Mannes war ich kein richtiger Junge. Wahrscheinlich verlor er deshalb sein Interesse, was eine Erklärung sein soll, nicht aber eine Entschuldigung." Das Puppenspielen mit der größeren Schwester, das enge Verhältnis zu seiner Mutter, die sehr stolz war auf den braven Buben, sein bloß zufälliger Umgang mit dem weiblichen Geschlecht, all das ergibt ein großes zusammenhängendes Bild, dessen Aussage nur sein konnte: Jawohl, Benjamin war homosexuell, und zwar so lange er denken konnte.

„Von den Mädchen wurde ich geliebt, *weil* und nicht obwohl ich schwul war", ist die Meinung Benjamins. „Sie liebten an mir den Anti-Macho, den sie daran erkannten, dass ich nicht anderen Frauen nachstellte und sie nicht nötigte, permanent an Sex zu denken.“

„In der Tat“, so erklärte ihm sein Therapeut, „ist Homosexualität mit größter Sicherheit angeboren. Wir wissen auch, dass homosexuelle Buben in vielen Bereichen andere Verhaltensmuster aufweisen als ihre straighten Geschlechtsgenossen. Jungen mit mädchenhaftem Benehmen werden zu 85 Prozent schwul“, erklärte er. Das muss noch lange nicht bedeuten, dass ein schwuler Bub auf Mädchenkleider steht, nein, der Übergang von der Hetero- zur Homosexualität ist fließend, da gibt es viel Grautöne. „Bei Ihnen“, nahm der Therapeut Bezug auf Benjamins spezielle Situation, „war doch auffallend, dass sie eher ein für Buben untypisches Verhalten zeigten.“

„*Und*“, der Arzt musste schmunzeln, „ist nun Schwulsein eine Strafe Gottes?“

„Schwulsein kann gar keine Strafe Gottes sein, denn jede sexuelle Orientierung ist grundsätzlich schuldlos erworben. Es ist nicht so, wie manche glauben, dass sich die Bösen für das Schwulsein entscheiden und die Guten für die Frauen. Gott lässt den Männern keine Wahl, er lässt sie schwul zur Welt kommen“, war Benjamins spontane Antwort, um dann weiter auszuholen. „Wissen Sie, die Gesellschaft neigt dazu, sich in ihren Vorurteilen auf Gott auszureden. Was ihr missfällt, missfällt auch Gott. Doch die Bibel ist ein sehr altes Buch und die Sicht der Dinge hat sich maßgeblich geändert. Vor allem aber die Erkenntnislage des Menschen in den Naturwissenschaften. Dementsprechend hat auch Gott eine andere Bedeutung bekommen. Mein Gott ist ein liebender Gott, er straft höchstens den, der Böses tut, nicht aber jenen, der angeblichen Normen nicht entspricht. Der schwule Mann genießt den Respekt Gottes, nicht aber den mancher Kirchen. Die Kirche aber hat mit Gott sehr wenig zu tun, sie ist ein Spiegelbild des fehlerhaften Menschen. Das haben zuletzt auch die Missbrauchsfälle eindeutig bewiesen.

Manche Kirchen müssen sich ändern, dann kann sich auch die Gesellschaft ändern. Eine Gesellschaft ist dann anständig, wenn sie ihre Bürger nicht demütigt."

Danksagung

Wir danken dem Goldegg-Team und hier speziell Verlagsleiterin Verena Minoggio für die tolle Unterstützung und Betreuung. Ihr persönlicher Einsatz gepaart mit Freundlichkeit und Professionalität sucht seinesgleichen.

Kontakt zu den Autoren
Dr. Georg Pfau
www.sexualmedizin-linz.at

Dr. Thomas Hartl
www.thomashartl.at

Quellen und weiterführende Literatur

SEXUALMEDIZIN, Beier, Bosinski, Loewit; Urban & Fischer

GEHIRN UND GESCHLECHT, Lautenbacher, Güntürkün, Hausmann; Springer Verlag

DIE ANFÄNGE DER ELTERN-KIND-BINDUNG, K.H. Brisch, Th. Hellbrügge; Verlag Klett-Cotta

DIE BIOLOGIE DES MENSCHLICHEN VERHALTENS, Irenäus Eibl-Eibesfeldt; Verlag Blank Media

DIE MÄNNLICHKEITS-LÜCKE, Andreas Gößling; Verlag Zabert Sandmann

VON DER PFLICHT ZU FÜHREN, Bernhard Bueb; Verlag Ullstein

STIRB, SUSI, Kiani Wäis; Goldmann Verlag

DER JUNGE, DER ALS MÄDCHEN AUFWUCHS, John Colapinto; Walter Verlag

MÄNNLICHE ADOLESZENZ, King, Flaake; Campus Verlag

EMMA, Alice Schwarzer; Collection Rolf Heyne

DER NEUE KINSEY-INSTITUT-REPORT, Reinisch, Beasly; Heyne Verlag

GESCHLECHTSSPEZIFISCHE PSYCHIATRIE UND PSYCHOTHERAPIE, Rohde, Marneros; Kohlhammer Verlag

DAS KINDESOPFER, Mathias Hirsch; Psychosozial-Verlag